Walter Löhde:

Ein Kaiserschwindel der „hohen" Politik

WALTER LÖHDE

Ein Kaiserschwindel der «hohen» Politik

Abschnitte aus dem Ringen um
die Weltherrschaft zwischen
dem Jesuitismus und der Freimaurerei

Verlag für ganzheitliche Forschung und Kultur

Reihe: Hintergrundanalysen

Band 11

Diese Reihe dient Forschungszwecken.
Die Darstellungen der Verfasser der einzelnen in dieser
Reihe veröffentlichen Titel entsprechen nicht immer
der Überzeugung des Verlegers.

1988
Faksimile-Druck für Forschungszwecke nach
der im Ludendorff-Verlag erschienenen Erstausgabe
Verlag für ganzheitliche Forschung und Kultur, 2257 Struckum
Druck: Bäuerliche Druckerei, 2251 Hattstedt

ISBN 3-922314-83-X

„Ich werde Abwehrkampf und Aufklärung
so lange führen, als das Blut in meinen Adern
kreist, dann werden es andere im
gleichen Geiste tun."

Erich Ludendorffs Antwort an den Jesuitengeneral Graf Ledochowski 1931

INHALTS-ÜBERSICHT

Erster Abschnitt
Ein „Kaiserschwindel"? 9

Zweiter Abschnitt
Wer war Napoleon III.? 24

Dritter Abschnitt
Was ging in Mexiko vor? 147

Vierter Abschnitt
Der Schwindel wird hoffähig 176

Fünfter Abschnitt
Die „zwei Schwerter" in Mexiko 209

Sechster Abschnitt
Der Bischof grollt – der Kaiser greift ein – Bruch mit Rom .. 241

Siebenter Abschnitt
Der Freimaurer ging – der Jesuit kam 283

Achter Abschnitt
Der Wahnsinn im Vatikan 325

Neunter Abschnitt
Schüsse in Queretaro 356

Zehnter Abschnitt
Wetterleuchten auf der Pariser Weltausstellung 403

ERSTER ABSCHNITT

EIN «KAISERSCHWINDEL»?

---

*"Wehe einem Volk, dem die Geschichte nicht
Lehrmeisterin sein kann."* Erich Ludendorff

Am 19.6.1867 wurde der Erzherzog Ferdinand Maximilian von Österreich als Kaiser Maximilian von Mexiko zu Queretaro standrechtlich erschossen. — Damit fand eine merkwürdige geschichtliche Episode ihren tragischen Abschluß.

Mit Spannung hatte die Welt die Entwicklung der Ereignisse in Mexiko verfolgt. Viele hatten damals die Errichtung des mexikanischen Kaisertums kopfschüttelnd zur Kenntnis genommen, ohne die Zusammenhänge zu kennen. Man staunte nur, daß sich der österreichische Erzherzog zu einem Unternehmen hergab, für dessen Durchführung alle — aber auch alle — Voraussetzungen fehlten. Erst im Laufe der Zeit hellte sich das über den Einzelheiten ruhende Dunkel auf, und es wurden Ehrgeiz und Habgier, Büberei und Niedertracht, geschäftliche und kirchliche Interessen und was dergleichen bei einem politischen Unternehmen wirksame Triebkräfte mehr sind, nach und nach sichtbar. Es stellte sich dabei heraus, daß der klar blickende Deutsche Kulturhistoriker Johannes Scherr diese mexikanische Angelegenheit seiner Zeit mit vollem Recht einen „Kaiserschwindel" genannt hatte.

Zweifellos ist der an sich edeldenkende Erzherzog Ferdinand Max bei der Annahme der mexikanischen Kaiserkrone von den besten Absichten beseelt gewesen, wenn auch bei ihm und seiner unglücklichen

Gattin neben einem unbefriedigten Tätigkeitdrang ein ebenso unbefriedigter Ehrgeiz in diesem Kaisertum ihre Erfüllung zu finden suchten. Habgier und Ehrgeiz sind ja bekanntlich die beiden Kräfte, mit welchen das politische Getriebe so oft in Gang gesetzt wurde und erhalten wird. Da der Erzherzog der Habgier unzugänglich war, so wirkte der aufgestachelte Ehrgeiz um so stärker und riß ihn ins Verderben. Auf der anderen Seite war es ein hochentwickeltes Pflichtgefühl und eine Treue zu dem einmal gegebenen Wort, welche ihn veranlaßten, in der von ihm eingenommenen Stellung bis zum bitteren Ende auszuharren.

Ferdinand Max hat seinen verhängnisvollen Entschluß, die Kaiserkrone von Mexiko angenommen zu haben, mit dem Leben bezahlt, während seine Gattin durch die Entwicklung der Ereignisse in geistige Umnachtung getrieben wurde, aus der sie der körperliche Tod erst im Jahre 1927 erlöste. Beide waren zweifellos würdig, ihr Leben an eine bessere Sache gesetzt zu haben, als es die mexikanische Krone war und je hätte werden können. Maximilian und Charlotte sind durchaus tragische Gestalten, deren trauriges, von anderen herbeigeführtes Schicksal nicht nur seiner Zeit den warmen Anteil der ganzen Welt erweckte, sondern deren Erinnerung die Geschichte bewahren wird als eine Erinnerung an die unglücklichen Opfer einer gewissenlosen, sogenannten „hohen" Politik.

Desto schuldbeladener stehen jene vor dem Forum der Weltgeschichte, welche durch falsche Vorspiegelungen, verlogene Berichte und gegenstandslose Zusagen den Erzherzog veranlaßten, jenen Schritt zu tun, um hinter seiner Person und mit seinem Namen ihre dunklen Ziele und Zwecke zu verfolgen. Es sind jene politischen Spekulanten, unter denen — wie stets in solchen Fällen — auch die hohe Geistlichkeit entsprechend vertreten gewesen ist.

„Im gleichen Jahre (1867)" — so schrieb der Kirchenhistoriker Friedrich Nippold, bezugnehmend auf das damals erschienene, der katholisch-theologischen Fakultät der Universität Bern gewidmete Werk „Geschichte des Katholizismus seit der Restauration des Papsttums", in der 3. Auflage dieses Buches — „hat die Tragödie des armen Maximilian in Queretaro ihr Ende gefunden. Vor seinem eigenen Untergang hatte er noch die Nachricht erhalten, daß die Kaiserin Charlotte im Vorzimmer Pius IX. nach der Audienz, in welcher der Papst die um Hilfe flehende mit rohen Vorwürfen überhäuft hatte, an unheilbarer Geistesverwirrung zusammengebrochen sei.... Das furchtbare Verhängnis des von den edelsten Bestrebungen erfüllten Fürstenpaares aber ist seither durch eine Reihe authentischer Veröffentlichungen (nach den bei dem Sturz des Kaisertums in der kaiserlichen Kanzlei vorgefundenen Originalien) aufgehellt worden. Es sind dadurch als die alle weiteren Krisen hervorrufende tiefste Ursache die ebenso unersättlichen als mit dem modernen Staatswesen absolut unvereinbaren Ansprüche der Kurie herausgetreten..... Hat" — so schreibt Nippold, auf die Schuld des Papstes hinweisend, weiter — „der ‚Altkatholische Bote' unrecht, wenn er seine Besprechung der neuveröffentlichten Aktenstücke mit der Frage schließt: ‚Ob dem alten Pius in seinen letzten Träumen der blutige Sandhügel von Queretaro und die Wahnsinnige von Tervueren niemals aufgestiegen ist?' Wir" — so schreibt Nippold — „beantworten diese Frage auch nur darum verneinend, weil Pius IX. zu keiner Zeit jemand anders lieb gehabt als — sein liebes Ich."

Es ist denn auch äußerst aufklärend, was der an den Kämpfen in Queretaro teilnehmende Prinz zu Salm-Salm, der von Maximilian testamentarisch beauftragt war, eine Geschichte über die drei Jahre der kaiserlichen Regierung zu schreiben, über seine vergeblichen Bemühungen, in die nach Europa gebrachten Dokumente und Papiere Einsicht zu erhalten, sagt. Man wußte plötzlich nicht mehr, wo sich diese Urkunden befanden und die geistiger Umnachtung verfallene Exkaiserin konnte natürlich keine Auskunft geben. Der Prinz schreibt nun: „In dem Testamente des Kaisers heißt es, diese Papiere seien in England und in Miramare aufbewahrt; allein eine sehr hochgestellte Person, an welche ich mich wegen näherer Nachrichten wandte, schrieb mir in Bezug auf diese Papiere....: ‚On dit aujourd'hui que le Pape en est dépositair'." (Man sagt heute, daß der Papst deren Verwahrer ist.)[1]) Ein recht eigenartiger Umstand! —

Wir werden bei der Betrachtung des mexikanischen Kaiserschwindels und dessen Hintergründen das große Interesse Pius IX. an diesen Dokumenten noch verstehen lernen.

Aber diese politischen Ränkespinner — und selbst der Papst — konnten ihre Pläne nur dadurch zur Ausführung bringen, daß der auf die merkwürdigste Weise auf den französischen Thron gelangte Napoleon III. sie förderte und unterstützte. Daher ist auch Napoleon III. für den mexikanischen Kaiserschwindel in erster Linie verantwortlich. Die widerspruchsvollen politischen Maßnahmen dieses französischen Kaisers sind vielen Zeitgenossen ein Rätsel gewesen und geblieben. Nur wenige erkannten, daß er — zunächst Freimaurer, dann von den Jesuiten gefördert — trotz gelegentlicher Abweichungen, grundsätzlich jesuitische Politik betrieb, und aus diesem Grunde auch der Beschützer des Papstes und seines Kirchenstaates gewesen ist.

Man braucht dem französischen Schriftsteller Victor Hugo keineswegs zustimmen, kann aber doch den treffenden Ausspruch anerkennen, mit dem er das zweite Kaiserreich gekennzeichnet hat: „Remuez la boue et vous trouverez le sang." Scherr übersetzte diesen Satz: „Schiebt den Kot beiseite und ihr findet Blut", während er hinzufügte: „Der Mensch, der meineidige und mörderische

---

[1]) Felix, Prinz zu Salm-Salm: „Queretaro. Blätter aus meinem Tagebuch in Mexiko", Stuttgart 1868, Vorwort Seite VIII.

Usurpator," (Napoleon III.) „dessen auf die kürzeste Formel gebrachte Geschichte also lautet, hat nahezu zwanzig Jahre lang die Geschicke Europas gelenkt, ohne, wohlverstanden: ein Mann von Genie, ohne ein Finder neuer und großer Ideen, ohne ein Held zu sein, sondern einzig und allein, weil er ein glücklicher Verbrecher war." [2])

„Allerdings" — so meinte der Prinz zu Salm-Salm im Jahre 1868 sehr richtig — „die Episode des mexikanischen Kaiserreichs unter Maximilian war zu kurz, und hinterließ in jenem von Revolutionen bewegten Lande zu wenige nachhaltige Spuren, als daß die Geschichte große Aufmerksamkeit darauf verwenden sollte; allein diese Episode greift in die Geschichte Napoleons III. in einer Weise ein, die sie wichtig macht, indem sie den Wendepunkt in der Laufbahn des französischen Kaisers bildet, — an welchem sicher der Schatten des von ihm hingeopferten edlen Mannes gerächt werden wird."

Es ist daher notwendig, sich zunächst mit Napoleon III. etwas näher zu beschäftigen, wenn man jenes vielverschlungene politische Gewebe entwirren will. Selbst der Ordonnanzoffizier des damals in Mexiko kommandierenden, später durch die Kapitulation von Metz berühmt gewordenen französischen Marschalls Bazaine, Graf Kératry, hat sehr richtig geschrieben: „Bei jedem Schritt, den man durch das Labyrinth dieser beklagenswerten, aus einer zweideutigen Politik hervorgegangenen Geschichte macht, stößt der Fuß auf Intrigen und Verschwörungen." [3])

Um sich daher in diesem Labyrinth zurecht- und herauszufinden, muß man also schon den Faden — wie in jener griechischen Sage

---

[2]) Johannes Scherr: „1870—1871. Vier Bücher Deutscher Geschichte", Leipzig 1880, Seite 67

[3]) Kératry: „Kaiser Maximilians Erhebung und Fall", Originalkorrespondenzen und Dokumente. Leipzig 1867, Seite 221. („L'empereur Maximilien: son élévation et sa chute").

Theseus den Faden der Ariadne — am Ausgangspunkt befestigen. Der mexikanische Kaiserschwindel ist nur verständlich und auch nur dadurch möglich geworden, daß in Frankreich bereits der napoleonische Kaiserschwindel in üppiger Blüte stand. Wenn dieser länger dauerte, so lag das daran, daß der Empereur des einen und Entrepreneur des anderen, Napoleon III., nicht wie sein Opfer, Ferdinand Max von Österreich, aus dem Traumland erzherzoglicher Romantik kam, sondern einer Umgebung entstammte, in der das Lügen und Schwindeln zum Dasein gehörte wie das tägliche Brot. Außerdem war das mexikanische Kaisertum nur ein Außenposten jesuitisch-bonapartistischer Politik. Er mußte aufgegeben werden, als die Hauptstellung des Jesuitismus in Europa sehr gefährdet schien, indem das römische Papsttum von dem nationalen Italien und das französische Kaisertum von dem aufstrebenden Preußen-Deutschland bedroht wurde. Das Deutsche Volk hat sich den großen Ruhm erworben, dem bonapartistisch-jesuitischen Kaiserschwindel im Jahre 1870 durch den weltgeschichtlichen Sieg von Sedan ein Ende bereitet zu haben. Ein Ereignis, dessen Folgen es dem geeinten Italien wiederum ermöglichten, den Kirchenstaat des römischen Papstes zu beseitigen.

Es besteht zwar kein Zweifel mehr daran, daß bei Sedan mit dem Bonapartismus auch der Jesuitismus geschlagen wurde, aber man scheint doch oft zu vergessen, daß nur der erstere damals kapitulierte, während der letztere seine volkszerstörende Tätigkeit bis auf den heutigen Tag fortgesetzt hat und noch fortsetzt.

Bereits im Jahre 1877 — also sieben Jahre nach Sedan — hatte Graf Herbert v. Bismarck, der Sohn des Deutschen Reichskanzlers, Veranlassung, am 30. 10 an Graf Henckel-Donnersmarck, bezugnehmend auf die damals wieder in Paris auflebenden jesuitischen Umtriebe, zu schreiben: „Eine ultramontane Regierung — möge sie heißen wie sie wolle — wäre an sich gar nicht im Stande, einen Krieg mit uns nicht zu führen, sobald die Jesuiten es für zweckdienlich hielten, daß er geführt werde. Auf die Wünsche und Dispositionen einer solchen Regierung käme es nicht an, denn sie müßte eben den von Rom kommenden Weisungen gehorchen; unter einem klerikalen Regime ist die französische Armee nichts anderes als ‚Soldaten des Papstes', die auf seinen Befehl marschieren werden, wohin die Jesuiten sie dirigieren wollen. Ähnliches haben wir im Sommer 1870 schon einmal erlebt. Das Eintreten einer solchen Möglichkeit zu verhüten, liegt aber in den Zielen der Politik meines Vaters...." [4])

In diesem Lichte gesehen, wird eine Darstellung des mexikanischen Kaiserschwindels auch für uns Deutsche außerordentlich aufklärend sein. Man wird an diesem frevelhaften Spiel erkennen, wie in dem sich für so klug und „aufgeklärt" dünkenden 19. Jahrhundert Politik gemacht wurde und gemacht werden konnte. Damit wird man gleichzeitig das Wirken und den Kampf aller derjenigen Männer zu würdigen wissen, die sich um die Herbeiführung anderer und besserer Verhältnisse verdient gemacht haben. Aber darüber hinaus wird man gerade in diesem Falle hinter den, von scheinbar selbständig handelnden Persönlichkeiten herbeigeführten Ereignissen die sich bemerkbar machenden Einflüsse des Jesuitismus und der Freimaurerei und ihr Ringen gegeneinander erkennen. Für die Einflüsse dieser, wie aller durch Geheimorden wirkender Mächte sind natürlich außer den sonst nicht erklärlichen, aber deutlich sprechenden Tatsachen kaum Urkunden und Dokumente vorhanden. Daher wird man in dieser Beziehung auch unseren Darstellungen zubilligen müssen, was der große Deutsche Geschichteforscher Leopold v. Ranke bei der Untersuchung des politischen Wirkens des Geheimordens der Carbonari für seine Ausführungen verlangte, in-

---

[4]) „Aus Bismarcks Briefwechsel", Anhang zu den „Gedanken und Erinnerungen von Fürst Otto v. Bismarck", Stuttgart 1901, 2. Band, Seite 496.

dem er schrieb: „Wenn es schon schwer ist, sich über Zustände und Ereignisse der neuesten Zeit, welche offen am Tage liegen, zu unterrichten, wie viel schwieriger wird es, den geheimen Verzweigungen verborgener Bildungen, die lange gleichsam ein unterirdisches, der Sonne entzogenes Dasein fortsetzen, auf die Spur zu kommen. Begnügen wir uns, wenn wir zu dem Unbezweifelten nicht gelangen können, mit dem Wahrscheinlichen."

Otto v. Bismarck, der Deutsche Staatsmann jener Zeit, in die der mexikanische Kaiserschwindel fällt, sagte am 28. 11. 1885 im Deutschen Reichstag, der Jesuitenorden sei „eine Vereinigung geschickter Leute für Zwecke weltlicher Herrschaft, und mit großem Erfolg. Ich bin nie in meinem Leben Freimaurer gewesen," — so fuhr er fort — „aber der Erfolg liegt ja heutzutage in der Assoziation, namentlich in der geheimen Assoziation, wo niemand sehen kann, wer dazu gehört. Eine Assoziation, die Geld hat, viel Geld hat," (Bismarck meinte hier in erster Linie den Jesuitenorden) „das ist eine Macht."

Diese von Bismarck hier „Mächte" genannten Gruppen der Freimaurerei und des Jesuitismus, zu denen noch der „in dreifache Nacht" gehüllte und in beiden wirkende Jude trat, hatte zweifellos auch der ebenfalls zeitgenössische Deutsche Kulturhistoriker Johannes Scherr im Auge, als er von diesen, von ihm durch bestimmte internationale Betätigunggebiete gekennzeichneten Mächten schrieb: „Zwischen diesen drei Internationalen, dem schwarzen Klerikalismus, dem gelben Kapitalismus und dem roten Sozialismus wird dermaleinst der furchtbarste Krieg, welchen unsere arme alte Erde noch gesehen, ausgefochten werden, und der Friedensschluß könnte vielleicht dieser sein, daß sich die drei streitenden Ismen in ihre gemeinsame höhere Einheit auflösen, in den Jesuitismus."

Es wäre natürlich durchaus möglich, daß sich der Jesuitismus nach einem solchen Kriege und bei einer Vereinigung dieser Gegner zu einer solchen „höheren Einheit" in irgendeiner Weise tarnte oder veränderte, ja, vielleicht sogar manches von seinem bisher vertretenen Christentum zu Gunsten einer anderen brauchbaren Ideologie fallen ließe. Als Bismarck seinen Kampf mit dem Jesuitismus begann, war es allerdings noch nicht so weit. — Daher sagte auch Scherr — einer der wenigen Deutschen, die den Jesuitismus damals seinem Wesen nach verstanden hatten — nach dem Ausgange des sogenannten „Kulturkampfes" mit Bezug auf die Freimaurer und die Jesuiten, „daß es neben dem Dampfkessel und der Elektrisiermaschine, neben der mathematischen Formel, neben ‚Eisen und Blut' doch noch andere Mächte gebe — Mächte, denen man weder mit dem Mikroskop, noch mit der Retorte, weder mit dem Kurszettel noch mit dem Gensdarm beikommen kann.... Jesuitismus und Freimaurertum waren und sind und bleiben wohl noch lange zwei feindliche, einander verneinende, abstoßende und befehdende Fermente in dem Gärungsprozeß der sozialen Entwicklung." [5]

Als Bismarck den Jesuitismus bekämpfte, unterstützte die Freimaurerei diesen Kampf, wie sie in dem Kriege von 1870/71 die nationalen Regungen unterstützte, bis ihr Ziel, der Sturz Napoleons III. und die Errichtung der Republik in Frankreich, erreicht war. In anderer Beziehung stand die Freimaurerei ebenso gegen die Deutsche nationale Regierung wie der Jesuitismus, so daß Bismarck sich oft über die auf die Freimaurerei zurückzuführenden Widerstände beklagte und u. a. an Savigny schrieb: „Deshalb sage ich Ihnen, die Freimaurer haben einen versteckten Einfluß, gegen den ich nicht aufkomme." Aber auch Bismarck — so schrieb der Feldherr Erich Ludendorff — „hielt es dennoch nicht für seine Pflicht, das ganze Volk aufzuklären und mit ihm den Kampf gegen

---

[5] Johannes Scherr: „1870—1871. Vier Bücher Deutscher Geschichte", I. 2, Leipzig 1880 und „Letzte Gänge", Stuttgart 1887.

2 W. Löhde: „Ein Kaiserschwindel der ‚hohen' Politik"

die Pest jetzt endlich aufzunehmen. So wuchs auch die Generation, der ich angehöre, wieder gänzlich ahnungslos auf."

Eine Geschichte des mexikanischen Kaiserschwindels wird diese Umstände berücksichtigen müssen. Sie zeigt, wie jener Kampf, auf den Scherr hinwies, bereits heimlich und getarnt entbrannt war und in der Politik jener Tage zum Ausdruck kommt. Selbstverständlich ist auch dieser Machtstreit — wie Bismarck von dem seit Bestehen des Christentums tobenden Kampf zwischen dem Staat und der Kirche sagte — „zu beurteilen wie jeder andere Kampf: er hat seine Bündnisse, er hat seine Friedensschlüsse, er hat seine Haltepunkte, er hat seine Waffenstillstände".

Wir haben im Weltkrieg 1914/18 erlebt, daß die Freimaurerei mit dem Juden und dem Jesuitismus, — daß die „rote Internationale" mit der „schwarzen Internationale" verbunden gegen Deutschland stand. Deshalb griff der Feldherr Erich Ludendorff diese Fragen nach dem Kriege in umfassender Weise auf. Er nannte diese getarnt arbeitenden, oft in Geheimorden eidlich verschworenen Gruppen in ungemein treffender Weise „überstaatliche Mächte", weil sie zwar in den nationalen Staaten stehend, aber über diese hinweg und hinaus international verbunden waren und politisch zielstrebig zusammenwirkten. Sichtbar und in organisatorischer Zusammenfassung zeigten sie sich im Judentum, in der Weltfreimaurerei und in der Romkirche. Wie die Logen für die Freimaurerei, so war der Jesuitenorden — beziehungsweise die römische Kirche — die organisatorische Grundlage für den Jesuitismus. Die beiden Mächte, welche sich nach Ausscheidung einzelner Gruppen und besonderer Organisationen als Kern zeigten, auf die sich alle irgendwie zurückführen ließen, waren: das Judentum und der Jesuitismus, oder — kurz und allgemein gesprochen: Juda und Rom.

Wie der Freimaurerbund die Politik und die öffentliche Meinung bestimmte, indem er sich auf jenem Gebiete maßgebliche Persönlich-

keiten durch die Logenzugehörigkeit hörig machte und oft bis in die
höchsten, ja führenden Staatsstellen hinein wirkte, tat dies der
Jesuitenorden auf seine Weise auch.[6]) Nur so war und wurde es
möglich, Monarchen und Minister zu leiten, die staatliche Macht
nach freimaurerischen oder jesuitischen Willenszielen zu formen und
dementsprechend einzusetzen, wie dies die Romkirche durch ihre Beichtväter und Gewissensberater ja bereits Jahrhunderte hindurch in ihrer
Zielrichtung so erfolgreich getan hatte. „Es muß daher unsere Aufgabe sein," — so wurde noch auf der vom 8.—10. Juli 1911 in
Paris stattfindenden 4. Internationalen Freimaurer-Zusammen-
kunft mahnend gesagt — „darauf hinzuwirken, daß der Geist der
Freimaurerei nicht an die Logen gebunden bleibe, sondern hinaus-
getragen werde in die Öffentlichkeit, damit künftig auch die Regierenden bei ihren Handlungen von den maurerischen Grundsätzen... geleitet werden." („Latomia"Neue Zeitschrift für Freimaurerei, 34. Jahrgang, Nr. 22 vom 28. 10. 1911, Seite 347.)
Es ist also durchaus verständlich, daß durch die mächtig anwach-
sende Freimaurerei eine gefährliche Konkurrenz für den Jesuitismus erwuchs.[7])

„Dieser Wettbewerb" — so schrieb der Feldherr Ludendorff in
seinem Werke „Kriegshetze und Völkermorden" — „führte zu
einem erbitterten Kampf der beiden Mächte gegeneinander, die da-

---

[6]) Der Hochgradfreimaurer Br. Dr. Köthner schrieb in „Das letzte Geheimnis": „Die Anschauungen, wie die Stimmungen des überwiegenden Teiles der
Bevölkerung jedes Landes sind stets durch geheime Weisungen und Parolen entscheidend beeinflußt worden, welche die Freimaurer des betreffenden Landes von
ihren Oberen empfingen." General Ludendorff sagte dazu: „Klar ist hier die politische Suggestivbearbeitung, die natürlich innerhalb der Freimaurerlogen aller
Grade und Stufen noch in weit verstärktem Maße geübt wird. Sie wird vorbereitet durch die Art unserer christlichen Erziehung in der Schule. Der Jesuit
bleibt in der Suggestivbearbeitung des Volkes nicht hinter der Freimaurerei
zurück." („Vernichtung der Freimaurerei durch Enthüllung ihrer Geheimnisse".)

[7]) Es ist sehr belustigend und aufschlußreich, wenn man die Jesuiten hört, wie
sie in ihrem Konkurrenzneid den Freimaurern Bestrebungen, Absichten und Methoden vorhalten, die sie selber betätigen. So sagt der Jesuit Pachtler: „Wer die

bei sorglich darauf achteten, daß die Völker von ihm und ihnen nichts erfuhren, sonst hätten ja diese die Ziele, die die überstaatlichen Mächte erreichen wollten, erkennen können."

Um Anhänger zu gewinnen, bediente sich nun der Freimaurerbund einer ganz anders gearteten Ideologie als dies der Jesuitenorden getan hatte. War die Ideologie des Jesuitismus das Christentum, dessen Lehren die Menschen bereits durch tausendjährige, immer wiederkehrende Suggestionen für göttlich und von Gott gegeben ansahen, so arbeitete die Freimaurerei ganz entgegengesetzt mit den Begriffen der „Aufklärung" und „Freiheit", des „Weltbürgertums" und dergleichen, um damit die edleren, geistig regsameren, das stupide Zwangssystem des Jesuitismus ablehnenden Menschen in den Logen einzufangen und aus ihnen freimaurerische Kampfscharen zu bilden. Gleichzeitig wurde damit die Ideologie und die organisatorische Grundlage des jesuitischen Gegners, der Jesuitenorden und die Kirche, schwer getroffen.

Ganz in diesem Sinne zitiert der Jesuit Koch in dem von ihm herausgegebenen „Jesuitenlexikon" (Paderborn 1934) nach Findels „Geschichte der Freimaurerei": „Nicht selten hat man den Freimaurerbund mit dem Jesuitenorden verglichen. Nicht mit Unrecht; denn beide verhalten sich zueinander wie Pol und Gegenpol. Beide

---

Erscheinungen der neuen und neuesten Geschichte nicht oberflächlich betrachtet, sondern nach ihren tieferen Gründen durchforscht, wird immer auf ein Zentrum kommen, aus welchem der unheimliche Geist unserer Zeit seine Fälschungen der Wahrheit der Geschichte und des Rechtes ausstrahlt.... Diese Hauptmacht des Unheiles ist die Organisation menschlicher Irrungen und Leidenschaften in dem Geheimbunde der Freimaurerei.... Der Jesuitensturm in Deutschland war ein Werk der Loge...." usw. („Der stille Krieg"). Der Jesuit Gruber schreibt im „Staatslexikon der Görresgesellschaft", II., 1254/86: „Denn die Freimaurerei hat ihrem Wesen nach, weil sie nur so ihre Ziele erreichen kann, das Bestreben, einen Staat im Staate zu bilden," (was die Kirche seit ihrem Bestehen getan hat!) „eine geheime Nebenregierung zu sein, welche der wirklichen Regierung entgegenarbeitet" (was die Jesuiten als i h r Vorrecht betrachten!). Jeder schreit eben „haltet den Dieb!" Beide — Jesuit und Freimaurer — können sich gegenseitig gleiche Vorwürfe machen und b e i d e haben recht!

Verbindungen stammen aus der Periode des untergehenden Mittelalters: während der Jesuitenorden sich für die mittelalterliche Idee der kirchlichen Hierarchie begeisterte, fingen die Freimaurer an, in ihrer Weise an dem großen Neubau der modernen Gesellschaft zu arbeiten. Beide Vereine haben sich von Anfang an über die lokale und nationale Beschränkung erhoben, der Jesuitenorden als ein christliches Institut, die Freimaurerei als ein rein menschlicher Verein." Weiter führt jenes Lexikon bestätigend an: „Die Gegner fanden sich; im 18. Jahrhundert, dem Aufklärungs- und Geheimbund-Jahrhundert, sammelten sie sich unter dem Zeichen der Maurer, und bald stellten sie eine Macht ins Feld nicht minder geschlossen, nicht minder zielbewußt als die des Gegners, stärker aber dadurch, daß diese Macht nicht im hellen Tageslicht wirkte, sondern in dem geheimnisvollen Zwie- und Dämmerlicht der Logen. Diese Macht hatte ihre Verbündeten an jedem Hof; an jedem ‚aufgeklärten' Bischofssitz; in jedem Domkapitel saßen ihre Getreuen." Dieser im allgemeinen geführte Kampf schließt selbstverständlich keineswegs den Versuch der Jesuiten aus, auch ihrerseits in die Freimaurerei einzudringen und sie in ihrem Sinne zu leiten, was — durchaus verständlich — an jener Stelle in Abrede gestellt wird. Es würde der in der Geschichte genügend erwiesenen Geschicklichkeit des Jesuitenordens völlig widersprechen, wenn er nicht die Möglichkeit, besonders zuverlässige und eingeweihte Mitglieder in die Logen zu entsenden, ausgenutzt haben würde, um über den Gegner unterrichtet zu sein und sein Wirken zu lähmen oder abzubiegen.

Es hat sich inzwischen gezeigt und braucht deshalb nicht besonders erläutert zu werden, daß diese freimaurerische Ideologie von der „Freiheit" und der „Aufklärung" nur eine Scheinfreiheit und Scheinaufklärung bedeutete, um die Völker zu zersetzen, in der Form des jüdischen Kollektivs, der sogenannten „Weltpolitik" zu verknechten und den einzelnen Freimaurer zum Kampf für das ihm unbekannte Ziel der Judenherrschaft zu begeistern. Ein ganz ähnliches Kollektiv sucht indessen der Jesuitismus auf seine Weise und mit der christlichen Ideologie im christlichen „Gottesstaat" oder im „Königreich Christi" zu verwirklichen. In dem bereits genannten Werke „Kriegshetze und Völkermorden" schreibt der Feldherr: „Der römische Papst will den ‚Gottesstaat' auf Erden errichten wie der Jude die ‚Weltrepublik'. Sie gleichen letzten Endes einander. Den Völkern kann es gleich sein, ob sie in dem Kollektiv des ‚römischen Gottesstaates' oder in dem Kollektiv der ‚jüdischen Weltrepublik' verschwinden und dort bei Arbeit ohne Lohn ihr Leben zu fristen haben."

Es war daher auch durchaus der tatsächlichen Lage entsprechend, wenn der Feldherr Erich Ludendorff diese beiden überstaatlichen Mächte gleichzeitig bekämpfte und auf die gemachten Einwürfe: „Man müsse doch taktisch sein und dürfe nicht alle Feinde auf einmal angreifen" folgerichtig erwiderte: „Selten habe ich solch törichtes Geschwätz gehört. Nicht ich habe Rom neben dem Juden angegriffen, sondern Juda und Rom befinden sich seit über tausend Jahren im Angriff gegen unser Deutsches Volkstum und wir Deutschen sind nur in der Lage, sie abzuwehren. Wenden wir uns nur einem Gegner zu, so dringt der andere um so mehr vor, gerade wegen des Nibelungenkampfes, den beide gegeneinander führen, um letzten Endes als Sieger über den anderen und damit als Herr über die Völker hervorzugehen. Es bleibt uns nichts anderes übrig, als beide Feinde gleichmäßig zu treffen, allerdings mit Waffen, die richtig gewählt sind." [8]

Wir können hier auf weitere Einzelheiten nicht eingehen, sondern

---

[8] Aus dem Nachlaßwerk Erich Ludendorffs: „Vom Feldherrn zum Weltrevolutionär und Wegbereiter Deutscher Volksschöpfung (Meine Lebenserinnerungen von 1919 bis 1925)", München 1940.

Hortense Beauharnais
Herzogin von St. Leu und zeitweilige Königin von Holland
Miniaturgemälde von A. Garnerey

Die Stieftochter Napoleons I. und mit dessen Bruder Ludwig verheiratet. Die Mutter Napoleons III. und des Herrn v. Morny. Der Onkel Napoleons I., Kardinal Fesch, sagte, auf ihre Beziehungen zu ihren Liebhabern anspielend: „Hinsichtlich der Väter ihrer Kinder wird sich Hortense nie zurecht finden; die Rechnung ist zu verwickelt."

Mit Genehmigung von Franz Hanfstaengl, München

Graf Flahault

Der ehemalige Ordonnanzoffizier Napoleons I., der spätere Groß-Stallmeister und Geliebte der zeitweiligen Königin Hortense von Holland (Hortense Beauharnais)

Er ist der außereheliche Vater des am 23. 10. 1811 von Hortense geborenen und sofort von dem Herrn v. Morny adoptierten, späteren Herzogs von Morny, des Halbbruders Louis Napoleons.

Nach einer zeitgenössischen Photographie aus seinen letzten Lebensjahren müssen auf die entsprechenden Werke des Feldherrn verweisen[9]), die das Verständnis erst erschließen und zu denen der hier behandelte kleine Ausschnitt aus der Geschichte einen ergänzenden Beitrag bieten will. Denn auch hier zeigt es sich, was der Feldherr schrieb:

> „Immer ist der Gang der Weltgeschichte selbst das beste Dokument, wie es sich aus dem Zielstreben der überstaatlichen Mächte folgerichtig ergibt."

---

[9]) General Ludendorff: „Die Vernichtung der Freimaurerei durch Enthüllung ihrer Geheimnisse", „Kriegshetze und Völkermorden in den letzten 150 Jahren"; Erich und Mathilde Ludendorff: „Das Geheimnis der Jesuitenmacht und ihr Ende", „Die Judenmacht — ihr Wesen und Ende"; Feldherrnworte: „Worte des Feldherrn über die überstaatlichen Mächte"; sämtlich erschienen in Ludendorffs Verlag GmbH., München 19.

ZWEITER ABSCHNITT

WER WAR NAPOLEON III?

———

1.

Der unter dem Namen Napoleon III. in die amtliche und offizielle Geschichtschreibung eingegangene Mann mit dem gewichsten Schnauz- und gekräuselten Kinnbart, der alttestamentlichen Nase, den verschleierten, glanzlosen Augen und den verlebten Gesichtszügen galt — und gilt heute noch — als der Neffe des berühmten Onkels, Napoleon I. Dieser Onkel hatte zwar Europa etwa ein Dutzend Jahre lang tyrannisiert und das Menschenmögliche getan, um die Freiheit zu vernichten, aber er war doch wenigstens ein Mann von Genie gewesen; wenn auch nicht das Genie für das ihn die Gläubigen der napoleonischen Mythologie hielten, und zu dem sie ihn machen wollten.

Charles Louis Bonaparte, der durchaus kein Genie war, und sich aus Gründen der Propaganda Louis Napoleon und später Napoleon III. nannte, war einer der Söhne der Hortense Beauharnais, der Stieftochter Napoleons I. Dieser hatte das anmutige, vielen Männern die Köpfe verdrehende Mädchen im Jahre 1802 mit seinem Bruder Louis verheiratet, den er im Jahre 1806 zum König von Holland machte. Während nun wegen der mütterlichen Abkunft des Charles Louis — des späteren Napoleon III. — keinerlei Zweifel besteht, so ist seine Abkunft von Louis Bonaparte, dem Bruder Napoleons I. und Schattenkönig von Holland, nicht nur sehr fraglich, sondern durchaus unwahrscheinlich.

Bereits nach seiner Geburt summte man in Paris ein kleines
Chanson, dessen eine Strophe lautet:

„Le roi de Hollande	(„Der König von Holland
Fait la contrebande	Treibt Schleichhandel
Et sa femme	Und seine Frau
Fait des faux Louis."	Macht falsche Louis.")1)

Da dieser „faux Louis" aber von seiner legitimen Ehefrau geboren
worden war, blieb dem König Louis zunächst nichts übrig, als ihn
stillschweigend als seinen Sohn anzuerkennen. Trotzdem wußte er
— was alle Welt wußte —, daß seine liebestolle Frau Hortense aus
den Armen des einen heimlichen Liebhabers in die des anderen
glitt, und somit auch dieser Sohn einen anderen Vater hatte. In
einem Brief an seine Frau, mit der er in denkbar unglücklichster
Ehe lebte, stellte Louis am 14. 9. 1816 fest: „.... Das zweitemal,
als wir in ehelicher Gemeinschaft lebten, es fand nach zwei Jahren
statt, waren wir in Compiègne, wo wir etwa zwei Monate blieben
— endlich in Toulouse im Jahre 1807, wohin Sie von Cauterets
kamen, um mich zu sehen, und zwar vom 12. August bis zu unserem
am Ende des Monats erfolgenden Eintreffen in St. Cloud." —
„Dieser Brief" — so meint der Franzose Turquan — „ist von
großer Wichtigkeit; abgesehen von einzelnen doppelsinnigen Wendungen, in welchen Anspielungen auf eine schlechte Aufführung
Hortenses enthalten zu sein scheinen, beweist das Datum, 12. August,
daß Hortenses dritte Schwangerschaft eine illegitime war. Eine
normal verlaufende Schwangerschaft währt bekanntlich 270 Tage;

---

1) Dies ist absichtlich doppelsinnig, da Louis („d'or) einmal eine Goldmünze
bedeutet und dann der Name ihres Sohnes war. Der Schleichhandel, den der
König von Holland treiben soll, bezieht sich auf den umfangreichen Schmuggel
nach Errichtung der Kontinentalsperre. Da Holland von England aus bequem
zu erreichen war, blühte dieser Schleichhandel hier besonders. Die Betätigung der
Falschmünzerei paßt zu dem Gewerbe des Schmugglers. Da nun aber Hortense
tatsächlich keine falschen Louisd'ors machte, so ist eben dadurch auf die Geburt
des Bastards Louis angespielt.

da das Kind am 20. April 1808 geboren wurde, so ist auf eine etwa am 24. Juli 1807 erfolgte Empfängnis zu schließen. Da die Königin aber erst am 12. August mit ihrem Gemahl zusammentraf, so folgt mit überzeugender Sicherheit, daß sie damals bereits seit 19 Tagen guter Hoffnung war — es müßte denn sein, daß eine Frühgeburt vorläge." Das wäre an sich natürlich möglich, aber unter den besonderen Umständen ist diese Annahme durchaus unwahrscheinlich. Desto wahrscheinlicher ist es jedoch, daß die aus dem Bade kommende und dort auffallend intim mit ihren Verehrern verkehrende Hortense in ihrer bis zur Meisterschaft beherrschten Verstellungkunst jene „eheliche Gemeinschaft" mit dem von ihr verabscheuten und gemiedenen Gatten in Toulouse eigens herbeigeführt hat, um ihre erfolgte Schwangerschaft auf diese Weise zu legitimieren. Deshalb sagt auch Turquan, die Möglichkeit einer Frühgeburt ausschließend: „Wir lassen es ununtersucht, ob es dem Herrn Decazes oder dem Admiral Verhuel zusteht, sich als Vater Napoleons III. anzusehen...."[2])

In dem Buche „Le dernier des Napoléon" wird gesagt: „Napoleon III. hatte übrigens in diesem Punkte keine Vorurteile. Es war zu Saint-Sauveur in den Pyrenäen, daß die Vorsehung für die Welt die Ankunft des künftigen Kaisers vorbereitete; dorthin hatte die Königin Hortense 1807 ihren Weg genommen, um sich von ihren Anstrengungen zu erholen, und zwar in Begleitung des Admirals Verhuel, welcher in dem auf der anderen Seite des Gebirges liegenden Cauterets zurückblieb, von wo er fortwährend Besuche in Saint-Sauveur abstattete. Als nun Napoleon III. Saint-Sauveur besuchte, bat der Doktor Fabas Seine Majestät, das noch unberührt bewahrte Zimmer der Königin Hortense zu besehen.

‚Sire,' sagte er, ‚hier ist der Ort, von welchem Eure Majestät

---

[2]) Joseph Turquan: „Die Königin Hortense", Deutsche Übersetzung von Oskar Marschall von Bieberstein, 1. Band, Seite 156, Leipzig 1897.

datieren', und dabei wies er auf das Bett der Königin. ‚Und wo wohnte der König?' fragte der Kaiser. ‚In Cauterets, Sire, aber er brachte immer 24 Stunden in Saint-Sauveur zu.' Napoleon lächelte dazu munter mit der Miene eines Philosophen."

Zweifellos wußte er, daß Napoleon I. auf Helena über gewisse Vorkommnisse während des italienischen Feldzuges von 1796/97 geschrieben hatte: „Die Gräfin C. hinterließ bei Louis, als wir Brescia passierten, ein Andenken an ihre Gunstbezeugungen, das ihm für viele Jahre verbleiben sollte." Er wußte aber auch, daß sein angeblicher Vater — wohl infolge dieser nie ausgeheilten Geschlechtskrankheit — später impotent war, was der Leibarzt Napoleons I., Corvisart, der Louis ebenfalls behandelt hat, Vertrauten erzählte und aus diesem Umstand medizinisch und zynisch folgerte, daß dieser nicht der Vater der Kinder Hortenses gewesen sein könne.

Der arme König mochte indes den Zorn und die Ungnade seines kaiserlichen Bruders fürchten, wenn er diesen, am 20. 4. 1808 von seiner aus dem Pyrenäen-Bad Saint-Sauveur kommenden Gemahlin zu Paris geborenen Knaben verleugnete und damit einen öffentlichen Skandal heraufbeschwor. Derartige Skandale mußte der Kaiser bereits bei seinen schönen, ihre Liebesgunst sehr freigebig und vielseitig austeilenden Schwestern sehr oft mit der ganzen Wucht seines Ansehens unterdrücken. Denn es ist nun einmal so, wie der Franzose Turquan sagte, „daß die Frauen der Familie Bonaparte, die Schwestern Napoleons sowohl wie seine Schwägerin, einen sehr üblen Ruf hatten und die Wahrheit erfordert, einzuräumen, daß derselbe verdient war." Aber abgesehen davon, daß Napoleon zu jener Zeit einen solchen Skandal politisch gar nicht gebrauchen konnte, konnte eine solche dumme Geschichte mit der Hortense Beauharnais den Franzosen manche andere dumme Geschichten aus der Vergangenheit von deren Mutter, der derzeitigen

Kaiserin von Frankreich, ins Gedächtnis rufen. Denn warum sollte Hortense — ein Geschöpf, das zum Verführen und zum Verführtwerden geboren zu sein schien — durchaus ein tugendhafteres Leben führen als ihre Mutter, die Generalin Beauharnais es geführt hatte, bevor Napoleon sie heiratete? — Es gab noch sehr viele Franzosen, die erlebt hatten, wie Madame Beauharnais gemeinsam mit der berüchtigten Revolutionsdirne, Madame Tallien, die Attraktion des „Salons" des wollüstigen citoyen directeur Barras bildete. Der mitregierende Kollege dieses Direktor Barras, La Réveillière-Lépaux, hat von diesem „Salon" geschrieben: „Im Luxembourg sah man in Barras Umgebung nur Häupter der Anarchie, verkommene Aristokraten, gefallene Weiber, Bankrotteure, Schacherer und Wucherer, Maitressen und Mignons" (d. h. Lustknaben). „Seine Räume im Luxembourg waren Stätten wüster Orgien, die unter seiner Intendanz stattfanden." [3]

Wenn man jedoch diese Feststellungen des Revolutionsmannes als zu „kollegialisch" ablehnen sollte, so stehen genügend andere, ähnlich lautende Auskünfte zur Verfügung. So heißt es z. B. in den „Mémoires d'une Inconnue" von diesem „Salon" und dieser „Gesellschaft" schlicht, deutlich und unverdächtig: „Mein Mann nahm mich ein- oder zweimal, nicht ohne Widerstreben mit; eine Frau, noch dazu eine junge, gehörte nicht dorthin; es war nicht angenehm mit den Frauen, welche ich vorfand, in Berührung zu kommen." Zu diesen Frauen, die dort verkehrten und mit denen auf ihre Frauenwürde bedachte Französinnen nicht gerne in Berührung kamen, gehörte nun aber auch Josephine Beauharnais, die Mutter der Hortense, die spätere Kaiserin von Frankreich. Gerade sie nahm — wie ihre Freundin, die notorische Dirne Therese Tallien — in dem Salon — oder besser — in dem Serail des Direktors

---

[3] „Mémoires de La Réveillière" I, 339.

Barras eine besonders geschätzte Stellung ein und erfreute sich
dessen höchster Gunst. Man kennt nun den Vicomte Barras zu gut,
um nicht zu wissen, was eine Frau anbieten oder doch gewähren
mußte, um von ihm begünstigt und sogar geschätzt zu werden. Selbst
der Napoleonforscher Max Lenz meint, daß Josephine nach der
Hinrichtung ihres Mannes und ihrer Verhaftung, an Barras „einen
Beschützer und, wie wohl zu glauben, bald noch mehr als das
fand". [4]) Barras erzählt in seinen Memoiren von seinen Verhältnissen mit Frauen, und es ist nach seinen Ausführungen kein
Zweifel mehr möglich, daß Josephine eine seiner Maitressen gewesen ist. Selbstverständlich entspricht diese nichtswürdige Handlungsweise Barras', der Nachwelt derartig intime Angelegenheiten
schamlos zu übermitteln, ganz seinem Charakter; aber die Ge-
schichteforschung muß auch solche Quellen benutzen, wenn sie nun
einmal vorliegen.

In diesem „Salon" des Direktors Barras verkehrte auch der
damals ziemlich unbekannte und völlig einflußlose General Bonaparte. Er fand es gut, und vor allen Dingen wohl auch zweckmäßig, Madame Beauharnais zu heiraten und erhielt, nach der in
aller Stille unter Barras' bemerkenswerter Zeugenschaft geschlossenen Ehe, das Kommando der in Italien operierenden Armee —
gewissermaßen als „Mitgift" seiner Frau. Man versteht nun,
warum der französische General Thiébault gelegentlich der Krönung
Napoleons und Josephines schrieb: „Josephine blieb nichts desto-
weniger für mich, wie für viele andere, die frühere Maitresse
Barras." [5]) Weshalb sollte denn auch gerade die heißblütige, hübsche und graziöse Kreolin Josephine in der Bordell-Atmosphäre
des Luxemburg-Palastes, wo nur feile Weiber zur Bedeutung gelangten, keusch und rein geblieben sein, weil sie später Napoleons

---

[4]) Max Lenz: „Napoleon", Leipzig 1908, Seite 45.
[5]) „Mémoires" II, 364; Turquan: „Die Königin Hortense", Leipzig 1897.

Frau wurde? — Zumal der im Elternhause Josephinens auf Martinique verkehrende französische Marineoffizier Graf Montgaillard übereinstimmend mit den Angaben des ebenfalls dort bekannten General Tercier erzählen konnte, daß die damals dreizehnjährige Josephine „getanzt habe wie eine Elfe, verliebt wie eine Taube und von einer Leichtlebigkeit, einer Koketterie — um nicht mehr zu sagen — gewesen sei, die selbst in den Kolonien Erstaunen erregt habe". [6])

Während des ersten Kaiserreiches wurde von ihr in Paris der Vers gesummt:

„Puis, suivant du hasard l'impulsion propice
Passa de lit en lit au rang d'impératrice."

(„Nachher, dem günstigen Anstoß des Zufalls folgend,
Gelangte sie von Bett zu Bett zum Range einer Kaiserin."

Bereits um den ersten Sohn der Hortense war wegen der Regelung der Erbfolge schon zur Zeit des Konsulats ein Familienzwist entstanden. Der durch seine enge Freundschaft mit Joseph Bonaparte in die bonapartistischen Familiengeschichten gut eingeweihte, französische Staatsrat Miot de Melito schreibt über diese seltsame Angelegenheit:

„Der erste Konsul," (Napoleon Bonaparte) „mit seiner Frau," (Josephine Beauharnais) „war den Tag zuvor mit ganz ungewöhnlichem Pomp von einem Piquett von 30 Mann zu Pferd mit gezogenem Säbel geleitet, zu Louis Bonaparte gefahren.... Er" (Louis) „war über diesen Besuch und dessen auffallende Förmlichkeit sehr erstaunt. Der erste Konsul hatte eine frostige Haltung und schien verlegen; seine Frau nahm Louis beiseite und gab ihm in abgebrochenen, geheimnisvollen Worten zu verstehen, man beabsichtige ihm ein hochwichtiges Projekt mitzuteilen, und er müsse

---

[6]) „Souveniers de Montgaillard" p. 11; Turquan: „Die Generalin Bonaparte", Leipzig o. J., Seite 209; „Die Königin Hortense", Leipzig 1897, I, 1.

zeigen, daß er ein Mann sei. Nach dieser Einleitung sagte sie ihm, man habe ein Gesetz über die Erbfolge entworfen, und einem Gesetze müsse man sich natürlich unterwerfen; ihm würde dasselbe vor allen anderen große Vorteile bringen. Es setze nämlich fest — fuhr sie fort —, daß die zur Erbfolge zu berufenden Mitglieder der Familie wenigstens 16 Jahre jünger sein müssen als der erste Konsul. Nun habe man ausgerechnet, daß sein Sohn der einzige sei, der diese Bedingung erfülle: somit sei dieses Kind zum Nachfolger des ersten Konsuls ausersehen, da sie selbst ihrem Manne keine Kinder mehr gebären könne....

Louis, der ungeachtet des unbedingten Einflusses, welchen seit seiner frühesten Jugend sein Bruder Napoleon über ihn ausübte, und trotz der Abhängigkeit, in der man ihn immer noch hielt, einen durchaus ehrenhaften Charakter hatte, war über diesen Antrag aufs Tiefste entrüstet. Er betrachtete ihn, wenn er darauf einginge, als das Siegel seiner Entehrung; er brachte ihm die ehedem im Publikum verbreiteten schmählichen Gerüchte über ein strafbares Verhältnis, welches seine Frau" (Hortense) „vor ihrer Heirat mit dem ersten Konsul unterhalten haben sollte, wieder in Erinnerung, und wenn auch eine Vergleichung des Datums seiner Heirat mit der Geburt seines Sohnes ihm zu verbürgen schien," (!) „daß er wirklich dessen Vater sei, so blieb ihm immer noch der Argwohn, daß man dem ersten Konsul den Glauben beigebracht habe, er sei der wahre Vater des Kindes.... Madame Bonaparte hatte ihm schon zu verstehen gegeben, daß der Thronerbe unter den Augen des Staatsoberhauptes erzogen werden müsse. Bei diesem Gedanken kam Louis ganz außer sich: er brach in die heftigsten Verwünschungen gegen seine Schwiegermutter aus, beschuldigte sie, in ihren Gefälligkeiten gegen ihren Mann soweit gegangen zu sein, daß sie ihm ihre eigene Tochter preisgegeben habe...." [7]

---

[7] „Memoiren des Grafen Miot de Melito", Stuttgart 1868, 1. Band, Seite 448—450.

Lucian Bonaparte, der seinem Bruder Napoleon bei dessen Staatsstreich vom 9. November 1799 entscheidende Hilfe leistete, hat — wie seine Schwester Karoline — behauptet, Napoleon wäre der Liebhaber seiner Stieftochter gewesen, und die Heirat Hortensens mit Louis sei damals „sehr dringlich" gewesen. Auch der spätere Polizeiminister Fouché war davon überzeugt und erklärte — wie Miot dies von Louis berichtete —, Josephine habe Hortense ihrem Manne (Napoleon) zugeführt. In diesem Zusammenhang wäre auch noch die Mitteilung des Grafen d' Hérisson beachtlich, der im „Cabinet noir" p. 129 ein Bruchstück eines Manuskriptes des Barons Mounier wiedergibt, in dem es heißt, Josephine habe Herrn Capelle, dem früheren Geliebten Elisa's gegenüber zugegeben, daß Hortense in intimer Beziehung zu Napoleon Bonaparte gestanden habe.[8] Napoleon selbst sagte einmal erregt zu dem Vertrauten der Tuilerien, dem Staatsrat Röderer: „Ich liebe Hortense, gewiß, ich liebe sie.... Wenn mich Hortense zu sprechen wünschte, während ich im Staatsrat war, ging ich weg, um sie zu empfangen."[9] Eine beachtliche Äußerung, da er sich sonst n i ch t von einer Frau in dieser Weise stören ließ.

Es ist Tatsache, daß die in ihren Leidenschaften so unberechenbare und wechselsüchtige Hortense stets eine gleichbleibende, glühende Liebe zu Napoleon I. bewahrte, die seinerseits ebenso erwidert wurde. Hortense hielt sich auch daher nicht gerne in der Nähe des ihr verhaßten Gatten auf, sondern strebte stets nach Paris, in die Nähe Napoleons.

James Augustus St. John schrieb zu dieser Frage, daß über den Ursprung ihres ältesten Kindes starkes Dunkel schwebe. Es starb in Holland am 5. Mai 1807, sein Geburttag ist unbestimmt. Na-

---

[8] Joseph Turquan: „Die Generalin Bonaparte", Deutsche Übersetzung, Leipzig o. J., Seite 211; „Die Königin Hortense", Leipzig 1897, I, 1.

[9] „Tagebuch des Grafen P. L. Röderer", Deutsche Übersetzung, Berlin 1909.

poleon ließ die Leiche aus dem Haag nach Paris holen und feierlich in der Notre-Damekirche beisetzen. Nach dem Tode dieses Kindes kam der Gedanke an eine Scheidung von der kinderlosen Josephine bei ihm auf.[10]) Gegen das erste Kind der Hortense bekundete Napoleon eine auffallende, wahrhaft väterliche Liebe. Das Kind mußte stets um ihn sein, wenn es nur irgendwie möglich war. Dies ging so weit, daß er, der Vielbeschäftigte, oft stundenlang mit dem Knaben auf dem Fußboden liegend spielte. Er wußte auch, daß ihm dieses Kind von der öffentlichen Meinung ganz Europas zugesprochen wurde. Allerdings hat Hortense in ihren Memoiren — durchaus verständlich — geschrieben, Napoleon hätte bezüglich seiner Vaterschaft an dem verstorbenen Kinde später zu ihr gesagt: „Du weißt wie absurd eine solche Behauptung ist. Du würdest aber den Glauben, das Kind wäre von mir, dem gesamten Europa nicht genommen haben.... Es war vielleicht gut, daß man es glaubte; auch habe ich seinen Tod für ein großes Unglück gehalten."[11]) Bei ihrer Meisterschaft im Lügen, sind solche Aussagen natürlich sehr vorsichtig zu werten. Wir können indessen die Frage nach dem Vater **dieses Kindes** hier auf sich beruhen lassen, da wir jene Umstände nur mit Bezug auf die Frage nach der Abstammung des **dritten** Sohnes der Hortense — des späteren Napoleon III. — berührt haben. In diesem Zusammenhang und für die Beurteilung der Mutter ist es natürlich beachtlich, daß solche Vermutungen und Behauptungen überhaupt auftauchten, und Zweifel entstehen konnten.

Man wird es also verstehen, daß Napoleon I. in Anbetracht dieser recht unbequemen Tatsachen ein solcher Skandal gerade mit seiner Stieftochter recht peinlich gewesen wäre, besonders weil er schon damals mit dem im Jahre 1810 verwirklichten Gedanken

---

[10]) „Louis Napoleon, Kaiser der Franzosen", Leipzig 1858.
[11]) Masson: „Napoleon und die Frauen", Berlin o. J. Masson lehnt die Vaterschaft Napoleons an diesem Kinde ab und hält auch Charles Louis für echtbürtig. Seine diesbezüglichen Ausführungen sind jedoch keineswegs überzeugend.

umging, sich von Josephine zu scheiden, um — wie er meinte — eine „legitime" Fürstentochter heiraten zu müssen.

Die Tochter der Josephine Beauharnais, die schöne Hortense, hat nun im Laufe ihres bewegten Lebens **vier** Söhne zur Welt gebracht. Der **erste** starb, wie bereits erwähnt, im Jahre 1807 im Haag, der **zweite** im Jahre 1831 zu Forli in Italien. Nach der Geburt des **dritten** Sohnes, Charles Louis, soll im Geheimarchiv eine Urkunde niedergelegt worden sein, in welcher der erboste Gatte der Königin Hortense, der König Louis Napoleon, gegen die ihm zugemutete Vaterschaft protestiert hat. „Die Geständnisse des Königs erklärten mit Nachdruck," — so heißt es in dem Buche „Der letzte Napoleon" — „daß es nicht die Forderungen des kaiserlichen Despotismus allein waren, die ihm seinen Platz zu verlassen eingaben, sondern, daß die allzu leichtgeschürzten Gewohnheiten der Königin mächtig zu seiner Verzweiflung beigetragen hätten." Der gute König Louis wollte eben in dieser Hinsicht wohl auch lieber den „Bürgersmann machen", wie der Sekretär Wurm in Schillers „Kabale und Liebe", als ihm zugemutet wurde: „Tröst' er sich mit dem hiesigen Adel: — wissentlich oder nicht — bei uns wird selten eine Mariage geschlossen, wo nicht wenigstens ein halb Dutzend der Gäste — oder der Aufwärter — das Paradies des Bräutigams geometrisch ermessen kann."

Von dieser Urkunde wußte die so schamhafte, amtlich zugelassene Geschichteschreibung — wie so oft in solchen Fällen — natürlich nichts, und sie ist selbstverständlich später verschwunden. [12]) Immer-

---

[12]) Nach einer späteren Mitteilung des Direktors der Archive und der Bibliothek der Königin von Holland, Herrn Snouckert van Schauburg, sind „zu der Zeit, als Holland mit Frankreich verbunden wurde, alle Dokumente, welche die kaiserliche Familie betrafen, nach Paris geschafft und in den Archiven am Quai d'Orsay untergebracht worden. Napoleon III. hat sie später nach den Tuilerien schaffen lassen. Wahrscheinlich sind sie in der Feuersbrunst 1871 zu Grunde gegangen." Vielleicht ist aber diese Urkunde auch schon früher vernichtet worden. Wenn nicht, so konnten die Bonapartisten mit Recht sagen: „Wohltätig ist des Feuers Macht!"

hin scheint Napoleon I. unterrichtet gewesen zu sein. Er hat nämlich — eine sonst gar nicht verständliche Maßnahme — gerade den dritten Sohn seiner Stieftochter Hortense besonders ausdrücklich, feierlich und förmlich als „Neffen" und „kaiserlichen Prinzen" anerkannt und damit seinem Bruder den Mund verschlossen. Auf d i e s e Anerkennung, nicht auf die erwiesene leibliche Vaterschaft des Louis Napoleons, stützt sich dessen napoleonische „Abstammung".

Ob nun der leibliche Vater des späteren Napoleons III. der holländische Admiral Verhuel gewesen ist — wie Scherr behauptet — oder ob er unter den anderen Liebhabern der Königin Hortense zu suchen ist, ist natürlich nicht festzustellen und auch völlig nebensächlich. Es kommt nur darauf an, zu beachten, daß Napoleon III. kein napoleonisches Blut in den Adern hatte. Dies hat ein anderer Bruder Napoleons I., Jérôme, der Exkönig von Westfalen, der bekannte, sich in ständiger Geldverlegenheit befindende „Morgenwieder-lustig-Jérôme", gelegentlich einer verunglückten Pumpaktion bei dem Kaiser gewordenen, angeblichen Neffen klar zum Ausdruck gebracht. Dieser hatte damals, der fortgesetzten Geldforderungen seines leichtsinnigen „Onkels" Jérôme müde (Jérômes Familie hat während des zweiten Kaiserreiches das hübsche Taschengeld von 37 078 364 Francs bezogen), ärgerlich hingeworfen, der Kaiser Napoleon I. hätte auf St. Helena seinen jüngsten Bruder — eben diesen „Morgen-wieder-lustig-Jérôme" — den liederlichsten Menschen genannt. Damit hatte der Kaiser keineswegs übertrieben. Der alte Jérôme nahm jedoch seinem sogenannten Neffen diese Antwort sehr übel und durch die Verweigerung des Geldes zornig geworden, fuhr er ihn an: „Der Kaiser? — Was geht Euch der Kaiser an, Herr Neveu? — Der Platz, den I h r einnehmt, gehört eigentlich uns; denn Ihr habt, wie Ihr gar wohl wißt, k e i n e n n a p o l e o n i s c h e n B l u t s t r o p f e n in den A d e r n!"

„Eh bien" — erwiderte Napoleon III. trocken —: „Nun wohl, aber die napoleonische Familie habe ich auf dem Hals."

Eine sehr witzige Antwort und — vielleicht die einzige Wahrheit, die er ausgesprochen hat!

Dieser und viele andere Krachs mögen — neben seiner freimaurerischen Einstellung — den sich für erbberechtigt betrachtenden, „Plon-Plon" genannten Prinzen Napoleon, den Sohn des alten Jérôme, später veranlaßt haben, von seinem angeblichen Vetter, dem Kaiser Napoleon III., zu sagen: „Mag sich Frankreich doch verhehlen, daß es einen Gänserich für einen Adler nahm, das begreift sich, man gibt nur schwer zu, sich so sehr getäuscht zu haben. Aber, daß ganz Europa in die Ketzerei verfällt, diesen Menschen für intelligent zu halten, das streift an das Wunderbare!" Wenn man aber erst weiß, durch welche Hilfe dieser Mann zu Thron und Ansehen gelangte, ist dieses „Wunderbare" natürlich kein Wunder mehr. Wahrscheinlich hat der Prinz Napoleon dies gewußt, aber fürchtete sich, es auszusprechen. Was die andere Frage betrifft, so können wir in diesem Falle einmal unbesorgt einem Kardinal, dem Kardinal Fesch, dem Onkel Napoleons I. glauben, der einmal ironisch und sehr wenig „fesch" sagte: „Hinsichtlich der Väter ihrer Kinder wird sich Hortense nie zurechtfinden; die Rechnung ist zu verwickelt." [13])

Im Jahre 1814, nach dem Einzug der Verbündeten in Paris, entspann sich ein sehr inniges Verhältnis zwischen Hortense Beauhar-

---

[13]) Vergleiche zu diesen verschiedenen Äußerungen Johannes Scherr: „Sommertagebuch 1872", Zürich 1873 und „Der Dezemberschrecken", „Le dernier des Napoléon", Paris 1872, autorisierte Deutsche Übersetzung, Wien 1872. — Wenn solche Nachrichten auch vielleicht teilweise anekdotischen Charakter tragen, so sind sie deshalb nicht weniger bedeutend. „Denn" — so schrieb Johannes Scherr in gegebener Veranlassung — „die Anekdote ist für die Historik keineswegs so ganz unwesentlich oder gar so ganz verwerflich, wie jene Herren Pedanten meinen, welche wähnen, die ganze Geschichte und Geschichtschreibung müßten von wissenschaftswegen so geistverlassen und langweilig sein, wie sie von naturwegen sind."

nais, der Exkönigin von Holland, und dem wollüstigen Zaren Alexander, dem Selbstherrscher aller Reußen, den man bekanntlich nur durch entsprechende Schilderungen von der Pariser D...amenwelt zu dem Marsch nach Paris hatte bewegen können. Dieses Verhältnis und ihre aufgenommenen Beziehungen zu den Bourbonen brachte Hortense außer anderen Vorteilen den Titel einer Herzogin von St. Leu ein.

Als der zweite Sohn der Hortense, der ebenfalls Louis Napoleon hieß, im Jahre 1831 zu Forli ums Leben kam, hat der Exkönig Louis das Geheimnis, welches über der Geburt des dritten Sohnes — Charles Louis — lag, gelüftet. Die Umstände, welche dazu Anlaß gaben, sind nicht nur hinsichtlich der Klärung der Frage nach dessen Abstammung beachtlich, sondern sie sind auch für dessen spätere politische Laufbahn sehr wichtig.

Louis Napoleon der jüngere, sowie Charles Louis, der spätere Napoleon III., gehörten dem in Logen (Venditen) organisierten italienischen Geheimorden der Carbonari an. Diesem Orden war im Rahmen seiner freimaurerischen und politischen Tendenzen von seinen Oberen seiner Zeit die Aufgabe zugewiesen, gegen den Papst und den Kirchenstaat zu arbeiten. Es war bestimmt worden, daß der „bon cousin", der „gute Vetter" — so nannten sich die Carbonari — Louis Bonaparte eine Unternehmung gegen den Papst durchführen sollte. Als die Sache ernst wurde, weigerte er sich jedoch, diesen Befehl auszuführen und erklärte: „Alle meine Pflichten und meine Dankgefühle verbieten mir, den Papst unmittelbar anzugreifen. Meine Familie hat Zuflucht und Hilfe in Europa nur beim heiligen Vater gefunden, und ich müßte fürchten, auf der Treppe des Vatikans meiner Großmutter und all den Meinigen zu begegnen. Ich gehe mit Euch, um das klerikale Regiment in den Provinzen anzugreifen, aber verlangt nicht von mir, nach Rom zu marschieren." Die Carbonari ließen solche überraschende Erklärung ihres „guten Vetters" nicht gelten. Orsini, einer der Oberen, dessen Sohn im Jahre 1858 die Bombe gegen Napoleon III. schleuderte, erwiderte, „solche Bedenklichkeiten in der letzten Stunde seien seltsam, ärgerlich, vor allem aber verspätet, und daß es sich besser geziemt hätte, sie ausgesprochen zu haben, ehe er noch die Geheimnisse der Verschwörung entgegennahm; das klerikale Regiment angreifen, heiße ohnedies nichts anderes, als den Papst angreifen, der Unterschied lasse sich nicht gut finden.... wohl habe man gemurmelt, daß die Bonapartes bloß deshalb der Bewegung beigetreten seien, um sich durch die anderen Verschworenen eine Krone aus dem Feuer herauszuholen zu lassen".[14])

Am nächsten Morgen starb Louis Napoleon in den Armen seines Wirtes. Einige sagten durch eine Kugel, andere — was wahrscheinlicher ist — durch einen Dolchstoß.

Der Freimaurer und Jude Louis Blanc nennt den Tod des Louis Napoleon sehr „geheimnisvoll". Wenn man aber den Eid, den die Carbonari — also auch die beiden Bonapartes — geschworen hatten, kennt und berücksichtigt, so ist es durchaus nicht so sonderbar, daß der den Gehorsam weigernde Carbonaro Louis Napoleon auf diese Weise beseitigt worden ist. Der Eid lautete:

„Ich N. N. gelobe und schwöre bei den allgemeinen Ordensstatuten und bei diesem Stahl," (d. h. dem Dolch) „dem rächenden Werkzeuge des Meineidigen, gewissenhaft zu bewahren das Geheimnis des Carbonarismus, und nie ohne erhaltene schriftliche Erlaubnis irgend etwas darauf Bezügliches zu schreiben, zu stechen oder abzumalen. Ich schwöre, meinen guten Vettern im Falle der Not beizustehen, so viel in meinen Kräften steht, und nichts gegen die Ehre ihrer Familien zu unternehmen. Ich willige ein und wünsche, daß, im Falle des Meineids, mein Leichnam in Stücke zer-

---

[14]) „Le dernier des Napoléon", Paris 1872, autorisierte Deutsche Ausgabe, Wien 1872.

hauen und verbrannt, so wie meine Asche in den Wind gestreut werden möge, auf daß mein Name immerdar verflucht werde von den guten Vettern auf der ganzen Erde. So wahr mir Gott helfe!"

„Es ist wirklich bei den Carbonaris allgemein angenommener Grundsatz," — so schreibt Doering — „daß jeder mit einem Dolche bewaffnet sein soll, worauf schon die nach einem Dolche greifende Hand auf dem Ordenssiegel hindeutet; auch weigert sich niemand dieser Sitte. Bei der Aufnahme eines Mitgliedes in die Gesellschaft schwingen sie ihre Waffen vor dem Novizen, um dadurch anzudeuten, daß sie, falls er der Verbindung treu ist, stets zu seinem Schutze bereit sind, wofern er aber seinen Eid bricht, sein Blut vergießen werden." [15]

Der andere Sohn der Hortense, Charles Louis, der spätere Napoleon III., floh in der gleichen Nacht zu seiner Mutter nach Ancona, die schleunigst alles zusammenpackte, Italien verließ und mit ihrem Sohn weiter nach Paris flüchtete. Die Mutter Napoleons I., die stets darauf bedacht gewesen war, sich rechtzeitig ein Vermögen zu sammeln, die geizige und bigotte Madame mère, schrieb damals warnend an Charles Louis: „Du weißt, mein Kind, daß wir das Dach, welches uns birgt, und das Brot, welches wir essen, bloß dem heiligen Vater danken."

Wir werden sehen, wie Napoleon III. unter dem Druck dieses

---

[15] Heinrich Doering: „Denkwürdigkeiten der geheimen Gesellschaften in Unteritalien, insbesondere der Carbonari", Weimar 1822, Seite 140. Die Eide in den „Deutschen" Logen lauteten ganz ähnlich. (Vergleiche General Ludendorff: „Vernichtung der Freimaurerei durch Enthüllung ihrer Geheimnisse".) In dem Buche von Doering heißt es: „Es ist leicht, zum ersten Grade der Carbonari zugelassen zu werden, und wer sich den Ceremonien in der großen Versammlung nicht unterziehen will, kann bloß in Gegenwart von drei Großmeistern denselben Zweck erreichen. Da man den Lehrlingen nichts vertraute, so konnte man sie unbesorgt vermehren. Die Hauptidee war, sich einer Zahl von Trabanten zu versichern, welche sich willig zeigten, unsichtbaren Oberen und einer Leitung zu gehorchen, die sie nicht begreifen konnten." (Sperrung von uns.)

freimaurerischen Geheimordens den Krieg gegen Österreich führt und dadurch die antipäpstliche, freimaurerische aber auch nationale Bewegung in Italien unterstützt, während er zuvor mit Hilfe des Papstes und der Jesuiten den Thron bestiegen hatte. Seine für viele Zeitgenossen rätselhafte und ihn schließlich in den Abgrund stürzende zweiächslerische Politik erhält durch diesen Umstand, daß er von den beiden, sich derzeitig heftig befehdenden Gruppen überstaatlicher Mächte wechselseitige Unterstützung lieh, ihre einfache Erklärung. Trotzdem er sich später den Jesuiten verschrieb, konnte er sich der freimaurerischen Einwirkung nie ganz entziehen und besonders die Carbonari wußten ihren Forderungen sehr ernsten Nachdruck zu geben.

Als nun der echte und letzte Sohn des Exkönigs von Holland auf solche Weise dem Geheimorden der Carbonari zum Opfer gefallen war, schrieb der betrübte Vater einen, die Unechtheit seines angeblichen Sohnes Charles Louis (Napoleon III.) aufdeckenden Brief an den Papst. Dieser Brief bildet — so heißt es in dem oben erwähnten Buche — „einen der seltsamsten Autographen dieser seltsamen Familie".

Der Brief lautet nach dem Buche „Le dernier des Napoléon" in Deutscher Übersetzung:

„Heiliger Vater! Meine Seele ist von Kummer gebeugt; und ich bebte vor Entrüstung, als ich das verbrecherische Unternehmen meines Sohnes gegen die Autorität Eurer Heiligkeit vernahm. Mein ohnedies so schmerzvolles Leben mußte also nochmals durch den grausamsten Verdruß geprüft werden, zu hören nämlich, daß einer von den Meinigen alle Guttaten vergessen konnte, welche Sie auf unsere verfolgte Familie häuften. Das unglückliche Kind ist tot, Gott erbarme sich seiner. Was den anderen betrifft, welcher sich meinen Namen anmaßt, dieser da, Gott sei Dank, geht mich nichts an (ne m'est rien). Ich hatte das Unglück, eine Messalina zur Frau zu haben, welche entbunden wird....(d'avoir pour femme une Messaline qui accouche)." [16]

Der König hatte zwar nicht ganz recht, sich in seinem verständlichen Kummer mit dem römischen Kaisertrottel Claudius zu vergleichen. Denn dessen „erlauchte" Gemahlin Messalina gab sich bekanntlich nicht nur ihren vielen Liebhabern hin, sondern stellte sich — was Hortense denn doch nicht tat — in einem Bordell der Öffentlichkeit zur Verfügung. Aber immerhin hatte Hortense — nachdem sie inzwischen noch ein Liebesverhältnis mit einem Herrn de Brack unterhalten hatte — am 23. 10. 1811 noch einen vierten Sohn geboren, dessen nicht zu verheimlichender Vater ihr Stallmeister, der frühere Ordonnanzoffizier Napoleons I., Graf Flahault war. Dieser, nach seiner Geburt sofort von einem gefälligen Herrn de Morny gegen eine jährliche Rente von 6000 Frcs. adoptierte und auf diese Weise dessen Namen tragende Halbbruder Na-

---

[16]) In dem Buche von Turquan „Die Königin Hortense" ist dieses Bruchstück des Briefes in etwas anderer Übersetzung zitiert. Er ist weiter abgedruckt bei Sorrin: "La France impériale", Paris 1873, p. 28. Dem nach dem Original forschenden Verfasser des Buches „Die Königin Hortense" wurde seiner Zeit die Einsicht in die Dokumente des päpstlichen Archives verweigert. Er schreibt dazu: „Es ist erwiesen, daß König Louis, als er gegen seine Frau klagte, nur eines der beiden Kinder, das älteste nämlich, verlangte. Hatte er Zweifel inbezug auf die Geburt des anderen?" Zweifellos! Er war ja auch nicht bei dessen Geburt und der mit einer Familienfeier begangenen Taufe zugegen gewesen. Dagegen unterschrieb der von Scherr als Vater Napoleons III. vermutete und anwesende Admiral Verhuel das Protokoll des Ziviltaufaktes als Zeuge! Der Umstand, daß Charles Louis später im Testament des Exkönigs Louis als „Sohn" bei der Erbschaft bedacht ist, beweist nichts. Sehr richtig wird in dem Buche „Die Königin Hortense" angemerkt: „Das Testament aber besagt nicht viel, weil Louis, dem kein Kind mehr geblieben war, seinen Skrupeln Schweigen geboten haben könnte aus höheren Parteiinteressen, auch die Mutter des jungen Mannes, auf welchen sich nun alle Hoffnungen der Familie Bonaparte und der Partei konzentrierten, nicht beschimpfen wollte. So sehr er von der Illegitimität des Kindes überzeugt sein mochte, es wäre seiner unwürdig gewesen, jetzt die Schande seiner Frau öffentlich zu verkünden; hätte er sich damit nicht selber zugleich lächerlich gemacht? War es nicht besser, den Mund zu halten? — Die Gründe liegen also auf der Hand, die ihn zu seinem Testament bewogen haben." (2. Band, Seite 193.)

poleons III., leistete diesem bei dessen politischen Banditenstreich — oder wie zünftige Historiker sagen — bei dessen „Staatsstreich" wichtige Hilfe. Er verstand es auch — wie wir noch sehen werden —, das Millionengeschäft des mexikanischen Kaiserschwindels in seine unergründlichen Taschen zu leiten.

Auf ihrer Flucht vor den Carbonari kaum in Paris angekommen, wurde Hortense mit ihrem Sprößling von der Regierung des sogenannten „Bürgerkönigs", des Freimaurers Louis Philipp von Orleans, aus Frankreich ausgewiesen. Charles Louis — oder Louis Napoleon, wie wir ihn jetzt dem geschichtlichen Brauch folgend nennen wollen — ging zunächst nach London und traf im August 1834 wieder auf dem in der Schweiz gelegenen Schlosse seiner Mutter, Arenenberg, ein. Hier sammelten sich nach dem im Jahre 1832 erfolgten Tode des Herzogs von Reichstadt, des Sohnes Napoleons I. und der Exkaiserin Maria-Luise von Habsburg, die Bonapartisten und andere politische Spekulanten, um aus dem sich jetzt langsam entwickelnden französischen Kaiserschwindel Nutzen zu ziehen und zu diesem Zwecke eine entsprechende Napoleon-Propaganda in Wort und Schrift zu betreiben.

Außer der Anknüpfung von anderen recht dunklen Beziehungen, „hatte sich der Prätendent" — so heißt es in der zeitgenössischen, i. J. 1859 erschienenen Schrift „Louis Napoleon Bonaparte" — „auch einen kuriosen Bundesgenossen ausgewählt... nämlich den **Jesuitismus**. Die Autorität, wie er sie im Kopfe hatte, konnte sich kein besseres Werkzeug denken.... Der Prinz Louis ließ sich also in der Schweiz dem Orden affiliieren.[17] Als der Präsident der fran-

---

[17] Anmerkung des Verfassers: Über diese „Affilierten" vergleiche Hoensbroech: „Der Jesuitenorden", 1. Band, Seite 28 ff., Bern und Leipzig 1926. In einer „Belehrung für die Fürsten über die Art, wie die Patres Jesuiten regieren" (Handschrift, Pariser „Bibliothèque nationale, fonds italiens" Nr. 986) heißt es z. B.: „Es gibt eine Klasse von weiblichen Jesuiten beiderlei Geschlechts, welche in blindem Gehorsam sich der Gesellschaft anschließen, indem sie ihre

zösischen Republik geworden war, sandten die Pariser Freimaurerlogen eine Deputation an ihn ab, mit der Frage, ob er nicht auch das Schurzfell getragen. Antwort: Er habe dem Orden niemals angehört, wohl aber sich stets zu dessen Grundsätzen bekannt! Seine Tante Stephanie von Baden" (Beauharnais) „hatte wohl recht: c'est un grand coeur!" Mag sein — aber auch der englische Gesandte in Paris, Lord Cowley, hatte recht, als er auf die Frage, ob Napoleon III. viel spreche, antwortete, „er spricht wenig, aber er lügt viel"! 18)

St. John sagt dazu: „Es schien Louis Napoleon, daß es ihm, ohne selbst religiös zu sein, durch den Schein der Achtung für die Kirche, möglich sein würde, sich die Mitwirkung der Geistlichkeit zu sichern, und daher wurde er, wie man sagt, ein Glied der Gesellschaft Jesu, welche, obgleich den Bourbonen ergeben, den Bonaparten sich nicht widersetzen würden, vorausgesetzt, daß sie durch dieselben den Glanz und die Macht ihres Ordens erhöhen könnten."

Als Louis Napoleon in seinem Exil in „politische Träumereien" verfiel, hatte er in sentimentaler Anwandlung sein Leid über die ihm auferlegte Verbannung aus Frankreich in tönenden Worten geklagt. „Und kein Tyrann" — so setzt der unbekannte, aber sehr gut unterrichtete Verfasser der oben erwähnten Schrift, der jenen literarischen Erguß bringt, hinzu — „säte jemals diesen Fluch so tausendfach über ein Land wie ihn unser Jesuit im kurzen Rock über Frankreich verbreitet hat!"

ganze Handlungsweise nach dem Rate der Jesuiten einrichten und jedem ihrer Befehle gefügig sind." Der Herzog von Saint-Simon erwähnt in seinen Memoiren XII, 164 ebenfalls solche „Affiliierten" der Jesuiten und schreibt: „... Die Politik kommt dabei auf ihre Rechnung durch die sichere Hilfe dieser heimlichen Bundesgenossen." Wir werden bei Louis Napoleon noch sehen, wie dieser und wie der Jesuitenorden auf „ihre Rechnung" kamen.

18) Nach Schwartz-Bostunitsch: „Die Freimaurerei", Weimar o. J., 5. Auflage, Seite 255, hat Louis Napoleon einer schweizerischen Freimaurerloge angehört. (Acacia, Juli 1908, Nr. 66, Seite 405.) Siehe auch Wichtl: „Weltfreimaurerei, Weltrevolution, Weltrepublik", 11. Auflage, München 1928, Seite 90.

Aus den Andeutungen dieser Schrift aus dem Jahre 1859 — aus einer Zeit also als Napoleon III. regierte — entnimmt man bereits, daß er sich den Weg zum Thron mit Hilfe der Jesuiten gegen die freimaurerische Regierung des Königs Louis Philipp von Orléans gebahnt hat. Durch eine ihm gemachte „Prophezeiung" wurde er in seinem Handeln bestärkt. Wir stehen vor der geschichtlichen Tatsache des Kampfes jener beiden überstaatlichen Mächte gegeneinander, ohne deren Kenntnis die politischen Ereignisse gar nicht zu verstehen sind.

Der erste Versuch, die Macht in Frankreich zu erlangen, begann in Straßburg. Dieses Unternehmen war jedoch so kümmerlich vorbereitet, daß es völlig mißlang. Louis Napoleon mochte von einem überraschenden Zuge träumen, wie ihn sein angeblicher Onkel, Napoleon I., im Jahre 1815 von Grénoble nach Paris ausführte. Während jener Marsch indessen gelang, so wurde der sogenannte Neffe im Jahre 1836 bei seinem Unternehmen in Straßburg mühelos festgenommen. Es wurde nur etwas getrommelt und völlig vergeblich Geld ausgeteilt. Einige Soldaten gröhlten: „Es lebe Napoleon, es lebe der Kaiser, es lebe Napoleon III., es lebe der Präsident der Republik, es lebe die Freiheit!" — Sie hätten mit gleicher Berechtigung schreien können: Es lebe der Unsinn, es lebe der Widerspruch, es lebe die Phrase, es lebe der Zwang!

Mutter Hortense bewirkte es — durch welche Beziehungen weiß man nicht —, daß ihr Junge weder vor ein Gericht gestellt noch verurteilt wurde, sondern daß man ihn auf der Fregatte „Andromède" nach Amerika verfrachtete und ihn nach einer längeren Spazierfahrt längs der brasilianischen Küste schließlich in New York absetzte. Scheinbar gerührt über diese große Gnade des Königs Louis Philipp und um diesen in Sicherheit zu wiegen, gab Louis Bonaparte sein feierliches Ehrenwort, weder jemals eine Verschwörung gegen den König anzuzetteln, noch in den nächsten zehn Jahren

Amerika zu verlassen. Aber bereits am 5. 10. 1837 kehrte er unter Bruch des Ehrenwortes zurück und beginnt zunächst von der Schweiz, dann von London aus, unter nochmaligem Bruch des Ehrenwortes gegen die französische Regierung zu wühlen.

Am 5. 8. 1840 fuhr Louis Napoleon von England ab, um Frankreich von neuem zu „erobern". Dieser abenteuerliche Putschversuch hat durch seine theatralische Aufmachung, seine groteske Art und seinen komischen Ausgang ein unbändiges Gelächter in Europa hervorgerufen. Dies hinderte dieselben Kreise später jedoch nicht daran, dem verlachten Louis Napoleon nach dem schließlichen Erfolge, als Kaiser die widerlichsten Huldigungen und Beweihräucherungen darzubringen. Das Unternehmen selbst ist so unglaublich, daß wir die Schilderung des Franzosen Eugène de Mirecourt aus seiner auch ins Deutsche übersetzten Schrift „Napoleon III." (Berlin 1860) hier anführen wollen. Mirecourt schreibt unter Heranziehung der Prozeßakten:

„Folgendes ist die Geschichte dieser bonapartistischen Harlekinade. Man gibt sich Mühe, vier Londoner Wucherer zu überlisten und erhält von ihnen durch Anwendung von Lügen, gemeinen Streichen, Bitten und Versprechungen eine ziemlich beträchtliche Summe, welche noch durch den Verkauf der Güter einer hübschen Engländerin vermehrt wird, deren Herz und Vermögen der zukünftige Cäsar ausbeutete. Da man nicht ohne ungeheure Opfer zum Thron gelangen kann, so fordert man außerdem von der Unglücklichen, daß sie ihre Diamanten und Kaschmire versetzt.[19])

---

[19]) „Man muß hinzufügen, daß Louis Napoleon, nachdem er Präsident geworden war, diese Dame, von der er zwei Söhne hatte, alle Tage im Elysee empfing. Man konnte sie selbst am Anfange des Kaisertums in den Tuilerien sehen. Das war nun zwar weder moralisch noch schicklich, aber es war doch wenigstens nicht undankbar. Zur Zeit der Verheiratung hörte sie plötzlich auf zu erscheinen und erhielt unter dem Namen von Schadloshaltungen Adelstitel und ein Schloß in der Umgebung von Paris." (Anmerkung Mirecourts.) Mirecourt meint hier Miß Howard. Clara Tschudi schrieb über diese Angelegenheit: „Er nahm Miß Ho-

Nachdem dies abgemacht ist, durchläuft man die Seitengassen des Sohoplatzes und wirbt 30 Arbeiter ohne Verdienst und Dienstboten ohne Dienst. Aber diese Zahl ist noch nicht ausreichend.

Louis Bonaparte befestigt an seinem Hut zwei Ellen rotes Band, mietet in der nächsten Kaserne drei Musikanten (einen Pfeifer, eine große Trommel und eine kleine Trommel) und reist triumphierend nach Ramsgate ab. Dort verwandelt er sich in einen Werbeoffizier und bringt den Plebs durch Musik und Ansprache zusammen. Kurz, er bringt die ursprüngliche Zahl seiner Werbungen auf 60 und kehrt wieder nach London mit seiner zerlumpten Rotte zurück.

Während dieser Zeit gehen zwei Emissäre über den Kanal. Der eine macht dem General Magnan zu Boulogne den Antrag, seinen Degen für einen Sack Geldes zu verkaufen; der andere dringt sogar bis Paris vor, wo er unter den Säulen des Temple einen Haufen alter Uniformen kauft. Er bringt sie dem Prätendenten, der sogleich die Knöpfe des 42. Linienregimentes daran annähen läßt, welche in einem Londoner Magazine angefertigt waren. Nachdem diese Vorbereitungen fertig sind, befrachtet M. Bonaparte ein Paketboot, „Die Stadt Edinburgh", auf dem er sich einschifft mit einer Fahne, an der Spitze einen goldenen Adler, eine Anzahl Champagnerflaschen, einem lebendigen Adler in einem Käfig, den 60 armen Teufeln, die er in London und Ramsgate an-

---

ward mit nach Paris, wo die schöne, blonde Engländerin offen als Prinz-Präsidenten-Maitresse figurierte, erhob sie, sowie er nur Kaiser geworden, zur Gräfin von Beauregard und verehrte ihr überdies eines der schönsten Besitztümer in der Nähe von Paris. Doch damit gab die anspruchsvolle Dame sich noch lange nicht zufrieden. Als Lohn der ihm gebrachten Opfer hatte sie den Thron mit ihrem Anbeter zu teilen gehofft, und ihr Neid gegenüber ihrer glücklichen Rivalin war groß. Um die Kaiserin zu ärgern, pflegte die Gräfin Beauregard sich im Boulogner Walde in einer Equipage mit kaiserlicher Livrée zu zeigen, und als Eugenie eines Abends in die Große Oper trat, hatte sie sich einen in die Augen fallenden Platz gegenüber der kaiserlichen Loge gesichert. Mit echt englischer Unverschämtheit lorgnettierte sie ihre Souveränin in so auffälliger Weise, daß sich diese zornig erhob und das Theater verließ." („Eugenie, Kaiserin der Franzosen".)

geworben hatte (man hatte ihnen weisgemacht, daß es sich um eine Vergnügungsfahrt nach Holland handle) und seinen treuen schnurrbärtigen Gefährten.

Einmal auf dem Meere, steigt der Prätendent auf den Sitz einer seiner Kutschen, die mit Stricken auf das Verdeck gebunden, und beginnt eine glänzende Rede, in der er das wahre Ziel seiner Reise aufdeckt. Er zeigt den 60 Hilfstruppen an, daß er sie dazu bestimmt habe fälschlich Soldaten des 42. Regiments zu präsentieren, um desto besser die Garnison von Boulogne in die Falle zu locken, wirft jedem 100 Francs hin und läßt den Champagner entkorken.

Der Adler sollte beim Einzug des Neffen des Kaisers in Boulogne aus seinem Käfig gezogen werden und triumphierend über der Fahne schweben.[20]) Sie begreifen, daß die Vorsehung auch dabei berufen war, eine Rolle zu spielen. Da er aber fürchtete, daß sie nicht zum richtigen Augenblick einen Adler schicken würde aus Zerstreuung, deren sie wohl fähig, so hatte M. Bonaparte einen solchen in einer Menagerie der City gekauft.

Man schifft sich aus.

Die Adjutanten trugen um ihren Hals Blechrollen mit Goldstücken gefüllt. Andere folgen, mit Säcken voll Geld in der Hand. Um den Prinzen drängt sich die Bande von Banditen, Stallknechten und anderen als Soldaten verkleideten Kerlen. Sie sind betrunken und schwingen ihre Säbel wie närrisch. Diese groteske Horde zieht in Boulogne ein. Man wirft ganze Hände voll Fünf-Frankenstücken dem Volk und den Matrosen hin. Aber auch da, wie zu Straßburg, bleibt der Enthusiasmus bei dem Volke aus; es zeigt nichts als Verwunderung. Die Soldaten widerstehen und

---

[20]) Nach anderen Darstellungen sollte dieser Adler über seinem Haupte schweben und zu diesem Zwecke — so schrieb man — habe Louis Napoleon einen Brocken Fleisch an seinem Hute befestigt. Tatsächlich wurde der Adler in Gravesend von Oberst Parquin gekauft, blieb aber in seinem Käfig. Die Geschichte ist toll genug und bedarf keiner Übertreibungen. (Anmerkung des Verfassers.)

M. Bonaparte sät seine Goldstücke vergebens. Vergebens schwingt er auf der Spitze seines Degens den kleinen Hut seines Onkels, mit dem er sich für diese Gelegenheit schmücken zu müssen glaubte. Vergebens schreit er selbst aus allen Kräften ‚Vive l'empereur!' — es fruchtet nichts. Kein Abfall, kein Zeichen von Sympathie. Wütend schießt er auf einen Offizier eine Pistole ab, deren Kugel einem Soldaten drei Zähne entreißt; dann ergreift er die Flucht. Eng bedrängt von Verfolgern, versucht er sich einzuschiffen, aber in zu großer Eile fällt er mit seiner Generalsuniform, seinem Hut, seinen Waffen und 500 000 Francs in Gold und Banknoten, welche er bei sich trägt, ins Meer.

Unzweifelhaft würde er ertrunken sein, wenn ein Matrose mit Namen Lallet nicht nachgesprungen und ihn herausgezogen hätte...

Dies ist die abgekürzte, aber authentische Geschichte des zweiten Versuchs des Neffen Napoleons des Großen, das Szepter und die Kaiserkrone zu erlangen. Seine wärmsten Anhänger empfinden, wenn sie zu dieser Seite seiner Lebensgeschichte kommen, eine ungeheuere Verlegenheit und würden alles in der Welt darum geben, sie zu unterdrücken."

Man würde sich nun aber völlig irren, wenn man angesichts dieses mißglückten Versuches, mit einem derartigen Karnevalsaufzug eine Staatsumwälzung herbeizuführen, folgern wollte, Louis Napoleon sei ein phantastischer oder geistig beschränkter Mensch gewesen. Im Gegenteil, er wußte genau, was er tat und spielte seine Rolle hier wie auch später meisterhaft. Er meinte nur, daß die mythische Phrase viel schneller eine Wirkung erzielt als die verständigsten Worte, und damit hat er zweifellos — wenigstens für seine zeitlichen Erfolge — recht behalten. Es kam ihm auf die Reklamewirkung an. Deswegen sagte er auch, als man über seinen derzeitigen Mißerfolg lachte: „Mir ist lieber, man spricht übles von mir, als daß man gar nicht von mir spräche. Ich will, daß die Öffentlichkeit sich mit mir beschäftige."

Louis Napoleon war zwar kein Genie oder auch nur ein genial veranlagter Mensch, aber er war ebensowenig ein Phantast oder gar ein Dummkopf. Es war ein kalt rechnender und rücksichtlos handelnder, sogenannter „Realpolitiker" — also ein damals besonders gepriesener Typus in der Politik —, der die Torheiten und Schwächen der Menschen zu benutzen verstand. „Die Fähigkeiten des ‚Prinzen'" — so schreibt sein scharfsichtiger Deutscher Zeitgenosse, Johannes Scherr — „sind von seinen Vertrauten nie überschätzt, von seinen Gegnern aber häufig unterschätzt worden.... Aufgewachsen in einer Atmosphäre von Verschwörung, blieb er ein Verschwörer sein Leben lang.... Seine ganze Politik von A—3, vom Arenenberg bis nach Chiselhurst war dilettantische Verschwörerei. Weiter reichten weder seine Gaben noch sein Charakter. Sein Gewissen, wenn er jemals eines besessen, hatte er beizeiten abgeschafft! Sittengesetz, Recht, Pflicht, Ehre, Redlichkeit sind ihm demzufolge nur gelegentlich anzubringende Phrasen und Dekorationsschnörkel gewesen. Er wohnte in der Lüge als in seinem Prätorium. Der Staat war für ihn nur die Domäne seiner gemeinen Selbstsucht, Frankreich nur die von Prätorianern und Pfaffen bewachte Geldkiste, aus welcher er für sich und seine Bande die Mittel zu egabalischer Prasserei und Schwelgerei schöpfte."

Als Louis Napoleon schließlich Kaiser der Franzosen geworden war, staunte alle Welt ihn an wie ein Wunder. Nur Bismarck hat ihn einmal sehr treffend eine „Incapacité méconnue", d. h. einen verkannten Unfähigen genannt. Es ist in dieser Beziehung recht interessant, wenn der Bismarck nahestehende R. v. Keudell schrieb: „Bismarck erzählte gern von den Eindrücken der in Paris verlebten Augustwochen. Der Kaiser Napoleon galt damals in der öffentlichen Meinung Deutschlands als einer der klügsten Männer der

4 W. Löhde: „Ein Kaiserschwindel der ‚hohen' Politik"

Welt, dem wie durch Zauber" (sic!) „alles zu gelingen schien, was er unternahm, und dessen geheimen oder offenbaren Einfluß man bei allen Vorkommnissen in Europa als selbstverständlich zu betrachten gewohnt war. Bismarck aber schilderte ihn anders auf Grund mehrfacher Beobachtungen. Sein Verstand, meinte er, sei keineswegs so überlegen, wie es die Welt glaube, und sein Herz nicht so kalt." Die öffentliche Meinung jener Zeit konnte sich die erstaunlichen Ereignisse in der Politik natürlich nicht erklären. Da es nun aber keinen „Zauber" gibt, hielt man Louis Napoleon für einen der „klügsten Männer der Welt", während Bismarck einen ganz gewöhnlichen Menschen vorfand. Wie nun aber jeder „Zauber" auf einem sehr realen Trick beruht, so beruhten die zauberhaften und überraschenden Erfolge Napoleons III., wie sein überall spürbarer geheimer Einfluß auf seinem Zusammenarbeiten mit der den damaligen Zuschauern in ihrem vollen Umfang noch nicht bekannten überstaatlichen Macht des Jesuitismus. Ohne die Ursachen zu kennen, staunten die Menschen damals über jene politischen Wirkungen, wie heute z. B. jemand über ihm vorgeführte elektrische Experimente staunen würde, der von der unsichtbaren elektrischen Kraft keine Ahnung hat. Am 23. 12. 1870 hat Bismarck nach den „Tagebuchblättern" von Busch, die von Keudell berichtete Auffassung bestätigend und ergänzend, von Napoleon III. gesagt: „Mit seiner Intelligenz ist es nicht weit her, auch mit seinem Wissen nicht. Besonders schlecht ist's mit ihm in der Geographie, obwohl er in Deutschland erzogen worden und auf die Schule gegangen ist, und er lebt in allerhand phantastischen Vorstellungen... Man hat mir das nicht glauben wollen, aber ich habe das schon vor langer Zeit ausgesprochen. 1854 und 1855 sagte ich es schon dem Könige."

Louis Napoleon hat uns indessen den Maßstab, den wir an ihn legen sollen, selbst gegeben, indem er einmal schrieb: „A quel signe

Charles Louis Bonaparte-Beauharnais (der spätere Napoleon III.)
der jüngste, diesen Namen tragende Sohn der Hortense Beauharnais

Seine napoleonische Abstammung ist jedoch zweifelhaft. Diese zeitgenössische Lithographie stellt ihn in jüngeren Jahren dar, als er seine politische Tätigkeit, gemeinsam mit seinem Bruder, im Geheimorden der Carbonari begann.

Archiv Ludendorffs Verlag

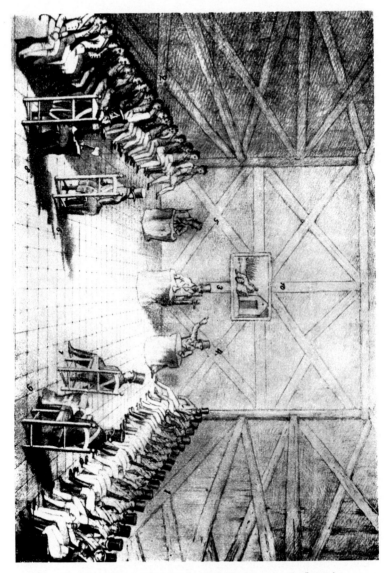

Eine Logensitzung (Vendita) des Geheimordens der Carbonari
Nach einem zeitgenössischen Steindruck
1. Platz der Meister. 2. Platz der Lehrlinge. 3. Großmeister. 4. Redner. 5. Sekretär. 6. Experte. 7. Zeremonienmeister. 8. und 9. erster und zweiter Assistent. 10. Gemälde des heiligen Theobald.

reconnaître la grandeur d'un homme? — A l'empire de ses idées, lorsque ses principes et son système triomphent en dépit de sa mort ou de sa défaite." („An welchen Merkmalen soll man die Größe eines Mannes erkennen? — An der Herrschaft seiner Ideen, wenn seine Grundsätze und sein System trotz seines Todes oder seiner Niederlage triumphieren.")

Nun, sein sogenannter „Grundsatz" war: Le succés justifice tous, der Erfolg rechtfertigt alles, sein „System", soweit es nicht das System des Jesuitismus war, war brutale Gewalt. Daher ist auch von der „Herrschaft seiner Ideen" nach der Niederlage von Sedan nichts übrig geblieben. Mit seiner „Größe" ist es also nach seiner eigenen Meinung nichts!

Natürlich konnte das uns heute so albern erscheinende Unternehmen von Boulogne nur dann glücken, wenn die, durch die bonapartistische Propaganda zu einer phantastischen Höhe hinaufgeschwindelte Napoleonmythe genügend benebelnd auf das Volk gewirkt hatte. Dies war eben im Jahre 1840 noch nicht der Fall. In dieser Beziehung sind auch geheime Zusammenhänge zwischen den Vorgängen in der französischen Regierung und jenem Putschversuch von Boulogne erkennbar. Am 1. 3. 1840 war nämlich der bekannte Napoleonmythograph und — so nennt ihn Scherr — „Geschichtsf...inder" Thiers berufen worden, ein neues Ministerium zu bilden. Die französische Kammer bewilligte infolge seines Einflusses am 13. 5. 1840 eine Million Franken für die Überführung der Leiche Napoleons I. von St. Helena nach Paris und am 7. Juli segelte die Fregatte „Belle-Poule" zu diesem Zwecke nach jener Insel ab.

Es konnte gar nicht ausbleiben, daß dadurch die Erinnerung an Napoleon überall wachgerufen wurde. Auf diese, von der französischen Regierung veranlaßten Ehrungen Napoleons I. und die von ihr selbst betriebene Napoleonpropaganda baute Louis Napoleon den Plan seines Unternehmens auf, indem er mit der Leiche seines angeblichen Onkels spekulierte. In einer beabsichtigten Proklamation sagte er unter anderem: „Franzosen! Die Asche des Kaisers soll nur in ein wiedergeborenes Frankreich kommen, die Verräter des Vaterlandes müssen vorher verschwunden sein.... Ich werde nicht Halt machen, bis ich den Degen von Austerlitz zurückgenommen, die Völker unter unsere Fahnen zurückgeführt, das Volk in seine Rechte wieder eingesetzt habe." Wie sehr er dabei auf die Mitwirkung Thiers zählte, zeigt eines seiner vorbereiteten „Dekrete", in dem es im Ton seines angeblichen Onkels heißt: „Das Haus Bourbon-Orléans hat aufgehört zu regieren.... Der Präsident des Ministerrats Thiers ist zum Präsidenten der vorläufigen Regierung ernannt." Er zweifelte also nicht daran, daß Thiers ihm zum Thron verhelfen würde. Es ist nun recht spaßhaft, daß gerade Thiers später beim Staatsstreich des 2. Dezember 1851 unter denjenigen war, die Louis Napoleon auf die unwürdigste Weise festnehmen ließ. Thiers hatte Gelegenheit in seiner Gefängniszelle darüber nachzudenken, in welcher Weise sich die bonapartistischen Methoden des Onkels sowohl wie die des angeblichen Neffen für die Freiheit des Einzelnen und der Völker auswirken! Nach diesem fehlgeschlagenen bonapartistischen Putsch wurde das Ministerium Thiers — sehr bezeichnend — von seinen, diese Zusammenhänge zweifellos erkennenden Gegnern gestürzt. Aber die Beisetzung der inzwischen in Cherbourg eingetroffenen Leiche Napoleons I. mußte natürlich trotzdem mit entsprechender Feierlichkeit begangen werden. Diese fand am 15. 12. 1840 zu Paris statt. Bei dieser Gelegenheit schrien die Massen — meist betörte Arbeiter aus den Vorstädten —: „Es lebe der Kaiser! Es lebe Thiers! Nieder mit den Ministern aus dem Ausland! Rache an Europa!" Aus diesen Tatsachen ist ersichtlich, daß die Propaganda bereits gewirkt hatte, welche die hilflose französische Regierung durch diesen feierlichen Staatsakt wider ihren Willen natürlich noch förderte.

Wenn also Louis Napoleon auf Grund der in die Welt gesetzten Napoleonmythologie zu putschen begann, kam er nur noch etwas zu früh. Die nach dieser Boulogner Maskerade verstärkt einsetzende Napoleon-Propaganda erstreckte sich jedoch nicht nur auf Frankreich, sondern — sehr bezeichnend — auch auf das übrige Europa. So sah sich Georg Herwegh im Jahre 1841 veranlaßt, die mahnenden Worte an das Deutsche Volk zu richten:

„Wie lang mit Lorbeern überschütten,
Wollt ihr die korsische Standarte?
Wann hängt einmal in deutschen Hütten
Der Hutten statt des Bonaparte?"

Diese schöne Mahnung und Meinung des revolutionären Dichters deckte sich in diesem Falle allerdings völlig mit der derzeitigen Auffassung der Freimaurerei, da die Napoleon-Propaganda von den Jesuiten betrieben wurde und deren Zielen in Frankreich entsprach. Noch im gleichen Jahre erließ die Hamburger Großloge eine die Lage kennzeichnende Botschaft an die Großloge von New York, in der es (laut „Latomia", Leipzig 1842, Seite 324) u. a. heißt: „Der Jesuitismus, diese hundertköpfige Hydra, lüftet bald hier, bald dort ein Haupt, welches, obgleich kriechend und versteckt, doch bemerkbar ist." Von solchen einzelnen Äußerungen abgesehen, erkannte man jedoch weder in Frankreich noch in dem übrigen Europa — geschweige denn in dem durch die Metternichtige Reaktion geistig kastrierten Deutschland —, daß sich hinter den bonapartistischen Phrasen von den „Volksrechten" und „der Wiedergeburt Frankreichs" der Jesuitismus verbarg, der mit jener in den Schlamm von Waterloo gesunkenen und von politischen Geschäftemachern wieder entfalteten „korsischen Standarte" zur Macht strebte.

Nach seinem mißglückten Unternehmen, die Regierung zu stürzen, wurde der festgenommene Louis Napoleon zu entsprechender Haft auf der Festung Ham verurteilt. Hier genoß er bald die größten und auffallendsten Vergünstigungen. „Ich bin jetzt gut eingerichtet," — so schrieb er selbst an Madame Salvage — „ich habe ein gutes Bett, weiße Vorhänge, einen runden Tisch und sechs Stühle. Sie sehen, ich habe alles, was ich brauche. Bis auf eines." Mit diesem „eines" meinte Louis Napoleon hier aber nicht etwa die Freiheit oder die Sehnsucht nach geistiger Anregung, beziehungsweise Gemeinschaft mit einem anderen verständnisvollen Menschen, sondern er meinte — die ganz brutale, körperliche Verbindung mit irgendeinem Weibe. Im Jahre 1841 ließ er ein ärztlich begutachtetes Gesuch an die französische Regierung abgehen, in dem er ausführte, daß er nicht nur wegen seiner Veranlagung, sondern auch aus Gesundheitsrücksichten einer Maitresse bedürfe, und daß es „unmenschlich" sei, ihm eine solche zu verweigern. Wie weit die Regierung diesem sonderbaren, die köterhafte Veranlagung des Bittstellers verratenden Gesuch nachgekommen ist, ist nicht ersichtlich. Tatsache ist jedoch, daß Louis Napoleon während seines Aufenthaltes auf der Festung mit einer „La belle Sabotière" oder „Blanchisseuse" genannten Wäscherin, Vergeot, zwei Kinder zeugte, die nach der Errichtung des Kaiserreiches natürlich gegraft wurden.[21]) Man kann ihm jedenfalls nicht vorwerfen, daß er seine vielen vornehmen und geringen Dirnen und seinen mit ihnen gezeugten Nachwuchs nicht ausreichend bezahlt hat! Durch die Vermittlung der französischen Regierung besuchten ihn in Ham auch verschiedene sozialistische Politiker, u. a. der ihn so „unnapoleonisch" findende Freimaurer und Jude Louis Blanc, um mit ihm, der sich in dieser Richtung schriftstellerisch zu Propagandazwecken aber bewußt schwindelnd betätigte, Rücksprache zu nehmen. Wie weit und durch welche

---

[21]) Vergleiche Schlagintweit: „Napoleon III., Lulu und Eugenie", München 1935, Seite 36.

Mittel er es erreichte, solche Politiker für seine Sache zu gewinnen, kann hier nicht erörtert werden. Jedenfalls verstärkte sich die bonapartistische Agitaion, wie wir bereits bei der Erwähnung der Feierlichkeiten der Beisetzung der Leiche Napoleons I. angedeutet haben.

Am 2. 5. 1847 gelang es Louis Bonaparte dann mit entsprechender Hilfe und Unterstützung — wobei wieder die englische D...ame ihre kleinen Hände im Spiele hatte —, in der Verkleidung eines Arbeiters aus der Festung zu entweichen, oder besser — man ließ ihn entweichen!

Während Louis Napoleon auf der Festung saß, gestaltete sich die Lage der Regierung des Freimaurers und „Bürgerkönigs" Louis Philipp von Orléans immer schwieriger. Die Priester hatten ein besonderes Interesse daran, daß diese Regierung beseitigt würde und betätigten sich in dieser Richtung. Der Regierungantritt des Königs Louis Philipp, „die Revolution des Jahres 1830" — schrieb Leopold von Ranke — „konnte an sich als eine Niederlage der strengen kirchlichen Gesinnung betrachtet werden; man weiß, daß der religiöse Eifer Karls X." (des Vorgängers Louis Philipps) „seinen Sturz vornehmlich vorbereitet hat".

Wir können bei diesen verschiedenen Revolutionen und Regierungwechseln jener Zeit stets den Kampf zwischen der Freimaurerei und dem Jesuitismus beobachten. So wurde z. B. das Ministerium für geistliche Angelegenheiten unter der Regierung Louis Philipps sofort abgeschafft und die Gehälter der Priester und Prälaten herabgesetzt. Unter geschickter Ausnutzung der gewissen äußerlichen Scheinfreiheit, die ja jede freimaurerisch ausgerichtete Regierung ihren Staatsbürgern lassen muß, versuchten dagegen die Jesuiten während der Regierung Louis Philipps neue Organisationen zu bilden. Es ist wiederum charakteristisch, daß die französische Kammer damals einmütig gegen den nach seiner Aufhebung im Jahre 1814 neuerstandenen Jesuitenorden Stellung nahm, „so daß Rom"

Schritt zurückwich".[22]) Die Jesuiten gingen nunmehr andere Wege.

Es entstanden neben den Logen besondere geheime Gesellschaften, in welchen die getarnten Jesuiten ihren Einfluß geltend zu machen wußten. Der bekannte katholische Kirchenhistoriker Nippold hat von diesen, sich zu jener Zeit in Frankreich bildenden geheimen Gesellschaften geschrieben: „Dieselben geheimen Genossenschaften, die uns schon im 18. Jahrhundert von der Aufhebung des Jesuiten-Ordens bis zum offenen Ausbruch der Revolution begegneten und deren erstes gewichtigstes Vorbild der Jesuiten-Orden selbst war, lassen auch während der dreißiger und vierziger Jahre des 19. Jahrhunderts allenthalben ihre Spuren verfolgen."[23])

Aber auch in der Öffentlichkeit breitete sich der Jesuitismus, auf alle erdenkliche Weise getarnt, aus. Im Jahre 1843 veröffentlichte der Professor der Universität Straßburg, F. Genin, ein aufklärendes und die Regierung warnendes Buch: „Die Jesuiten und die Universität". Es heißt dort u. a. mit Bezug auf die sich in dieser Zeit stärker bemerkbar machende jesuitische Agitation: „Man hatte sie verbannt, sie haben ihren Bann gebrochen; sie sind da, mitten in der Gesellschaft, bereit sich an ihr zu rächen; sie erweisen sich übermütig, schamlos, ihr Auge flammt, im Munde führen sie Drohung und Bannstrahl. Sie predigen in Paris, in ganz Frankreich; sie dringen in die Salons; in die Kathedralen und selbst in die Kapellen der Gelehrtenschulen; sie sind Eigentümer, große Eigentümer, in Lyon, in Paris, in Toulouse, in Grenoble, Straßburg, Avignon, in der Picardie, im Mans, im Norden, im Süden, überall und auch auswärts noch; sie nennen sich Kapuziner, Dominikaner, Glaubensväter, Benediktiner, auch geradezu Jesuiten. Sie schleichen; sie kriechen; sie klettern. Wohin die Verführung nicht zu dringen vermag, da siegen sie durch Keckheit.

---

[22]) „Die römischen Päpste", 9. Buch.
[23]) „Geschichte des Katholizismus seit der Restauration des Papsttums", Elberfeld 1883, Seite 295.

Sie spielen alle Rollen, sie verleugnen sich und sie proklamieren sich. Sie streuen mit Erfolg Zweifel und Überzeugung, Schreck und Freude, Mißtrauen und Sicherheit aus; alle Intrigen stehen ihnen zu Gebot, alle Klassen werden zur gleichen Zeit von ihnen belagert. Den Weltmenschen bieten sie Konzerte in den Kirchen; bald werden sie darin Bälle geben. Den Arbeitern und Bauern falsche Reliquien, geistliche Gesänge, wundertätige Medaillen; was soll ich weiter sagen? Mit Ausnahme der wahren Frömmigkeit wenden sie alles an, und alles gelingt ihnen. Die Brüderschaften vervielfältigen sich, breiten sich aus, wie ein weit umfassendes Netz. Sie dingen, sie werben jedermann, ja sie versäumen selbst die Kinder an der Mutterbrust nicht, für welche Herr Forbin-Janson, stürmischen Angedenkens, den Verein der heiligen Kindheit erfunden hat. Ermuntert durch diese zahlreich zuströmenden Rekruten, lassen sie sich nicht mehr mit Privatleuten in den Kampf ein — das ist ihnen viel zu gering — sondern mit der Regierung." In diesem Kampf der Universität rief der bekannte Historiker Michelet den Jesuiten im öffentlichen Auditorium zu: „Um Euch fortzujagen, haben wir eine Dynastie gestürzt, und ist es nötig, so werden wir noch sechs Dynastien umstürzen, um Euch fortzujagen!"

In jenen geheimen Gesellschaften wurde allerdings teilweise antiklerikale, nihilistische oder kommunistische Politik getrieben. Das konnte dem Jesuitismus jedoch völlig gleichgültig sein; es hielt ihn jedenfalls nicht ab, jene gegen die Regierung wühlenden Verschwörer zu unterstützen. Gelang es nicht, diese rechtzeitig zu beeinflussen, so gab es andere Möglichkeiten für die Jesuiten, um die Früchte von deren Unternehmungen zu ernten. Es wurden nämlich derartig utopische und verworrene politische Tendenzen und Gedanken vertreten, bei deren möglicher Durchführung das Volk schon in kurzer Zeit nach der Reaktion rufen würde. Diese Reaktion verkörperte jedoch die Kirche, deren Zeit dann — so rechnete man —

gekommen wäre. Auf solche Weise fanden sich in diesen Geheimgesellschaften Kommunisten, Jesuiten und Bonapartisten zusammen, die zwar jeder für sich Sonderziele verfolgten, aber in einem Ziel, dem Sturz der Regierung des „Bürgerkönigs" Louis Philipp, einig waren. Die Unsicherheit der sich durch Attentate und Unruhen kennzeichnenden Lage hatte die sich bedroht fühlende Regierung veranlaßt, ein besseres Verhältnis zu der Kirche zu suchen. Aber — so schreibt Nippold — „je mehr Zugeständnisse die Ministerien des Juli-Königtums dem Klerus machten, desto mehr stiegen naturgemäß dessen Ansprüche. Ein offener Brief der Bischöfe an den König im Jahre 1844 schlug einen bisher unerhörten Ton an.... Beichtstühle und Kanzeln, Vereine und Flugschriften, politische Journale, fromme Unterhaltungsblätter sorgten unter der bischöflichen Oberhoheit für die Wirkungslosigkeit der staatlichen Mittel."

Durch diese Schwenkung erreichte der schwankende König jedoch nur, daß er auch noch die Freimaurerei, der er seine Regierung verdankte und die den Sturz Karl X. herbeigeführt hatte, gegen sich aufbrachte.

Es ist für die Entwicklung der Lage außerordentlich kennzeichnend, daß sich der damals in Paris weilende Jude Heinrich Heine bereits im Jahre 1840 anläßlich der Judenverfolgungen in Damaskus, in seinen Berichten über die „französischen Zustände" an die „Augsburger Allgemeine Zeitung" bitter über die antijüdische Haltung der jesuitisch-katholischen Kreise beklagte. Er nennt u. a. — allerdings ganz richtig — den „Grafen Montalembert, einen Jung-Jesuiten, der als das tätigste Werkzeug der ultramontanen Rotte bekannt ist. Dieser Anführer der sogenannten Neokatholiken dirigiert die Zelotenzeitung ‚L'univers', ein Blatt, welches mit ebensoviel Geist wie Perfidie geschrieben wird". Der den Jesuiten mehr und mehr nachgebende Louis Philipp mußte daher weichen, obgleich er Freimaurer war, wie der bigotte Karl X. auch. Die Freimaurerei ließ ihn schließlich fallen und daher schrieb der Freimaurer und Jude Glasbrenner, der schon im Juni 1847 in der „Berliner Montagszeitung" das Datum der Flucht des Königs, den 24. 2.1848, vorausgesagt hatte: „Das Haus Louis Philipp macht Inventur und ist bestürzt zu sehen, daß die Passiva die Aktiva übersteigen." Das hieß ganz deutlich, daß der König gestürzt werden würde, da er die freimaurerischen Forderungen nicht den Erwartungen entsprechend erfüllt hatte.

Man sieht an solchen geschichtlichen Tatsachen, daß die Jesuiten bei ihrem Ringen um die Weltherrschaft auch antisemitische Propaganda treiben können. Solche jesuitische Einstellung erfolgt aber niemals aus irgendwelchen nationalen, völkischen oder gar rassischen Beweggründen, sondern dient lediglich den eigensüchtigen, machtpolitischen Zielen des Jesuitismus. Für die Freiheit der Völker ist daher auch diese Art des jesuitischen Kampfes völlig wertlos und die ehrlich für ihre Befreiung von der jüdischen Herrschaft ringenden Staaten werden eine solche Kampfgemeinschaft früher oder später zu büßen haben. Daraus folgt aber weiter, daß eine einseitige Stellungnahme gegen den Juden oder den Freimaurer an und für sich noch gar nichts zu bedeuten braucht, weil auch Jesuiten unter Umständen einen solchen Standpunkt vertreten können. Selbstverständlich gilt die entsprechende Einschränkung auch für die, den Jesuiten bekämpfenden Freimaurer und Juden, welche ihrerseits die Weltherrschaft erstreben.

Die Umtriebe der Freimaurerei und des Jesuitismus vermehrten sich im Jahre 1848, dem „Tollen Jahr", wie es genannt worden ist.[24]) Sie führten in Frankreich, Italien, Deutschland und Österreich zu Revolutionen, bei denen die in jenen französischen Geheim-

---

[24]) Vergleiche ergänzend die Schrift „Das tolle Jahr" von Klaus Besser, Ludendorffs Verlag GmbH., München 19.

gesellschaften wirkenden Elemente erkennbar sind, wenn auch die Freimaurer mit der Idee der „Freiheit", die sie meinten, die Führung an sich rissen, indessen Juden und Jesuiten im Hintergrund machenschafteten. In Paris begann diese Revolution am 22. 2. 1848 und, wie vorher bestimmt, flüchtete der König Louis Philipp am 24. 2. nach England. Während er über den Kanal fuhr, traf von England kommend, und wie auf ein Stichwort erscheinend, Louis Napoleon in Frankreich ein, um der neuen republikanischen Regierung seine „Dienste" anzubieten. Die französischen Republikaner hatten jedoch zunächst die Oberhand, und sie schienen noch vom 9. November (18. Brumaire) 1799 zu wissen, daß die „Dienste" für die neue Republik, die ein Bonaparte anbot, nur Henkersdienste sein würden. Somit wurde der „Prinz" trotz der umfangreichen bonapartistischen Propaganda, in deren Dienst sogar die gekauften Pariser Bänkelsänger gestellt worden waren, ausgewiesen. Er war wieder zu früh gekommen und verließ Frankreich abermals, aber in der Gewißheit, bald endgültig wiederzukehren.

Dem nunmehr beginnenden bonapartistischen Schwindel von einem „demokratischen Kaiserreich" ist ein dementsprechender jesuitischer Schwindel von einem „liberalen Papsttum" vorangegangen und steht mit diesem in unmittelbarem Zusammenhang.

Am 16. 6. 1846 wurde der judenblütige Kardinal Graf Mastai-Feretti zum Papst gewählt. Man munkelte damals in Italien, er wäre — wie sein politischer Partner Louis Napoleon — als junger Mann einmal Freimaurer geworden und habe in engster Verbindung mit den Umtrieben der antipäpstlichen Carbonari gestanden. Wir können hier auf diese Behauptungen nicht eingehen.[25]) Auf

---

[25]) Der Jesuit Pachtler schreibt: „Aber die letzten Pläne der Hochgrade in betreff eines künftigen Konklave geben wir eines der wichtigsten Dokumente, das zum großen Ärger der Geheimbünde in klerikale Hände kam und selbst um hohe Summen nicht zurückerobert werden konnte. Es datiert aus dem Jahre 1818, also aus der Zeit einer scheinbaren Restauration nach dem Sturme der

jeden Fall verschaffte ihm dieses Gerücht bei den damals wegen der päpstlichen Mißwirtschaft sehr antiklerikal und revolutionär gesonnenen römischen Bevölkerung weitgehende Sympathien. Für Wissende — also für die kleine Minderheit — war natürlich ein irgendwie freiheitlich oder auch nur „liberal" gesonnener Papst ebenso widerspruchsvoll wie „hölzernes Eisen" und gegenstandslos wie „ein Messer ohne Heft und Klinge". Die Entwicklung der Ereignisse hat ihre Auffassung völlig bestätigt.

Zunächst aber trat im Jahre 1846 — nachdem jener, die ergebnislose Wahl eines Papstes ankündigende weiße Rauch im Verlauf der Wahlzeremonie bereits einigemale aufgestiegen war —

Revolution und trägt den Titel: ‚Fortlaufende Instruktion', oder auch ‚Gesetzbuch und Handweiser der Oberen in der hohen Freimaurerei.' Dieses Aktenstück wurde im Jahre 1875 in der „Civilta cattolica" veröffentlicht. Es wird darin von Möglichkeiten gesprochen, ob durch entsprechende Einflußnahme beim nächsten Konklave ein Freimaurer zum Papst gewählt werden könnte. Hoensbroech, der diese Mitteilung in dem Werk „Der Jesuitenorden", Leipzig 1926, I, Seite 396, bringt, weist dieses Aktenstück allerdings als „albern" zurück. Sein Gewährsmann dafür ist jedoch, so schreibt er, „ein Meister vom Stuhl einer deutschen Freimaurerloge (der nicht genannt sein will) ....."!! Dieses Argument ist natürlich nicht stichhaltig, denn auch ein „Meister vom Stuhl" ist — wie wir wissen — durchaus nicht immer in die Pläne der Hochgrade eingeweiht. Aber selbst wenn der „große Unbekannte" des Grafen Hoensbroech es gewesen wäre, würde er in diesem Falle selbstverständlich solche Absichten — wie auch andere — bestritten haben. Wir nehmen hier zu diesem „Aktenstück" Pachtlers keine Stellung. Immerhin kann eine derartige Absicht irgendwie bestanden haben, die man vielleicht mit der Wahl Pius IX. zu verwirklichen hoffte. Man suchte die einstige Logenzugehörigkeit des Papstes jedenfalls festzustellen. So schrieb das „Logenblatt" Hamburg vom 3. 2. 1869, Nr. 12, Seite 96: „Von Philadelphia aus wird die vielfach verbreitete Meinung, daß der Papst Pius IX. in die dortige Freimaurerloge aufgenommen sei, durch die von ‚Monde mac.' mitgeteilten Schreiben des Schriftführers der großen Landesloge von Pennsylvanien als irrtümlich bezeichnet. Es heißt darin, daß eine genaue Prüfung der Mitgliederverzeichnisse das Vorhandensein des Namens Johann Maria Mastai Ferrety in denselben nicht ergeben habe. Der ähnlichste Name, welcher sich vorfindet, ist Martin Ferrety, welcher im Jahre 1819 in der eingegangenen Loge Nr. 157 in der Havanna auf Cuba rezipiert wurde." Das schließt natürlich noch nicht aus, daß der Graf Mastai Ferrety in einer anderen Loge aufgenommen sein konnte. Aber beide Seiten hatten Veranlassung, die Sache zu vertuschen! Auch Johannes Scherr hielt Pius IX. für einen abtrünnigen Freimaurer.

der blaue Dunst eines „liberalen Papstes" in der Gestalt Pius IX. auf die Altane hinaus, um die begeisterte Menge zu segnen. „Der hohe Grad seiner theologischen Unwissenheit" — so schreibt der Kirchenhistoriker Nippold — „mit einem noch höheren Grade von Eitelkeit gepaart, war nur wenigen Eingeweihten bekannt." Pius IX. war somit geeignet, der Hampelmann des Jesuitengenerals zu werden, als welcher er sich dann auch in der Geschichte gar herrlich geoffenbart hat.

Der Papst stieß nun aber tatsächlich zu Beginn seines Pontifikates mächtig in das Horn des Liberalismus. Er übertönte mit diesem liberalen Getute die jesuitenfeindlichen Stimmen der murrenden kirchenstaatlichen Bevölkerung. Aber solche liberale Betätigung des Papstes hatte noch andere, weitgehendere Ziele, die Nippold verständlich genug angedeutet hat. Er schreibt nämlich in jenem von uns bereits genannten Werk: „Es war der Papst gewesen, der mehr als irgendein anderer die Bewegung entfesselt hatte, welcher der Thron des Bürgerkönigs zum Opfer fiel und welche in rascher Folge zu den Aufständen in Wien und Berlin führte. Er hat im Anfang selbst seine Freude daran gehabt und sie nicht verhehlt, daß der Sohn Philipp Egalités" (das war Louis Philipp von Orléans) „gestürzt sei und, daß der Staat des gottlosen Joseph II." (ein seltener, Deutsch — also antirömisch — denkender Habsburger) „in seinen Grundfesten wanke."

Die „Liberalität" vertrat Pius IX. auch nur so lange, bis die Pläne in Frankreich erreicht waren und die durch solche Hilfestellung des Papstes unterstützte Propaganda der revolutionären Ideen den Ausbruch der Revolution bewirkt hatte. In gleicher Richtung lag es auch, wenn er sich als „Gegner der Jesuiten" ausgab, denn — so schreibt Nippold — „der weitere Verlauf der Dinge ließ nur zu bald Papsttum und Loyoliten-Orden mehr wie jemals als zusammengehörige Begriffe erscheinen".

So wurde die Revolution in Frankreich ganz zweifellos mit der ideellen Unterstützung des Papstes zum Ausbruch gebracht, während die Revolutionäre selbst keineswegs päpstlich gesonnen waren, ja, teilweise sogar zu den erbitterten Gegnern der Kirche gehörten. Jetzt verstehen wir, wie es der päpstliche Nuntius Meglia meinte, als er — nach Bismarcks Mitteilung im Reichstag — seiner Zeit in München sagte: „Uns kann doch nichts helfen als die Revolution." Wir haben im Jahre 1918 einen ganz ähnlichen Fall in Deutschland erlebt. Von dieser Revolution des Jahres 1918 schrieb der Feldherr Ludendorff: „Es war stets die Kunst des Papsttums andere vorzuschieben.... Der von Sozialdemokraten geführte Deutsche Arbeiter mußte die Revolution machen, aber tatsächlich war es so, wie Bismarck einst sagte, die Jesuiten würden die Führer der Sozialdemokraten sein."

So war es auch bei der Februar-Revolution von 1848 in Frankreich. Die Revolutionäre in den mit Jesuiten durchsetzten Geheimgesellschaften, die französischen Arbeiter, die von dem mit Louis Napoleon während dessen Festunghaft in Verbindung tretenden Freimaurer Louis Blanc geführt wurden, glaubten ihre Ziele zu verfolgen, während sie tatsächlich die Ziele des römischen Papstes förderten.

Aber die überstaatlichen Berechnungen gehen niemals ganz auf, weil man es eben mit Menschen und nicht mit Maschinen zu tun hat. Die Rückschläge, die infolge solcher Unwägbarkeiten eintreten, müssen mit in Kauf genommen werden. So griff die so selten in der Geschichte anzutreffende Gerechtigkeit auch in diesem Falle — wenigstens vorübergehend — ein und die Lage gestaltete sich für den „liberalen" Papst recht ungemütlich. Die revolutionären Geister, die er in Frankreich gerufen hatte, begannen nämlich jetzt in seinem Rom wirksam zu werden. Am 15. 11. 1848 wurde der päpstliche Minister Rossi auf der Treppe der Cancellaria erdolcht.

Es brachen wachsende revolutionäre Tumulte aus, die Geistlichen und Kardinäle flüchteten und die Kugeln pfiffen durch die päpstlichen Gemächer, in denen der vereinsamte „Stellvertreter Gottes" angstvoll umhergeisterte. In der Nacht von dem 24. auf den 25. November verließ der „Heilige Vater" als Flüchtling — zwar nicht heilig, aber sehr eilig — seine apostolische Residenz.

Die Welt hatte wieder einmal Gelegenheit zu einem Heidengelächter. Die Flucht des „Stellvertreter Gottes" vollzog sich nämlich in angemessener Verkleidung mit Hilfe und im Wagen des bayerischen Gesandten, des Grafen Spaur. Die italienische „inoffizielle" Geschichteschreibung kennt eine Schilderung dieser Flucht, die nicht gerade von den dümmsten Italienern als wahre Begebenheit bezeichnet worden ist. Nach dieser Schilderung soll der geängstigte Pius nicht etwa — wie in der biblischen Legende — im Schutze einer ihn einhüllenden Wolke entrückt worden sein, sondern der sich der Liebe der Frauen erfreuende Papst entwich in den profanen Kleidern der frommen Gemahlin senes Gesandten. Diese Dame, von der man sagte, sie habe „früher aus der Liebe eine Religion und später aus der Religion eine Liebe gemacht", erwartete den in weibliche Kleidung gesteckten Papst in Albano und fuhr mit ihm weiter über die neapolitanische Grenze nach Gaëta.[26]) Hier angelangt, entledigte sich der Papst seiner unpassenden Kleidung und verwandelte sich wieder in den passenden „Stellvertreter Gottes", der „unfehlbare" Flüche und Bannstrahlen gegen diejenigen Italiener schleuderte, welche ihm die weltliche Herrschaft abzusprechen gewagt und eine römische Nationalversammlung einberufen hatten.

Aber „die Römer" — so schreibt der Kirchenhistoriker Nippold — „verspürten keine Neigung in den Schafstall zurückzukehren; sie lachten über den Bannstrahl". Das war nun zwar nicht gerade

---

[26]) Johannes Scherr: „1848", Leipzig 1875.

fromm von den Römern; aber sie proklamierten am 9. 2. 1849, um 2 Uhr nachts unter dem Geläute der Glocken die Republik und — das war schlimmer — verkündeten dabei unter anderem:

„1. Der Papst ist in Wirklichkeit und von Rechts wegen von dem weltlichen Regiment des römischen Staates abgesetzt.

2. Der römische Papst wird alle nötigen Garantien dafür erhalten, daß er seine geistliche Gewalt unabhängig ausüben kann."

Eine solche Wirkung seines Liberalismus hatte der geflüchtete Pius nun aber doch nicht erwartet. Wann hätte sich denn auch ein römischer Papst mit der „Ausübung der geistlichen Gewalt", mit Messelesen, Segnen und ähnlichen Beschäftigungen begnügt. Pius IX. war ohnehin kein dickes Kirchenlicht und der Kirchenstaat war ihm viel wichtiger als der Kirchendienst. Er wies also die unerhörte Zumutung, sich nur mit kirchlichen Angelegenheiten zu beschäftigen, empört zurück. Da nun aber der auf die römischen Republikaner herabgefluchte oder — geflehte Zorn Gottes ausblieb oder sich doch zum mindesten als wirkungslos erwies, so mußte sich der entthronte „Stellvertreter Gottes" — wie schon oft in ähnlichen Fällen — nach menschlicher Hilfe umsehen. Und siehe da, er fand diese Hilfe — natürlich ganz „zufällig" — bei der französischen Republik.

In Frankreich war nämlich inzwischen der am 26. September 1848 wieder einmal zurückgekehrte Louis Napoleon nun endlich mit Hilfe der Jesuiten — zwar noch nicht Kaiser — aber zunächst einmal Präsident der französischen Republik geworden. Die mit gepumptem Geld betriebene Propaganda der bonapartistischen Partei hatte die schweren Bedenken gegen diesen Mann beseitigt und die warnenden Stimmen einzelner Franzosen mit ihrem Phrasenschwall übertönt. Der Name Napoleon wirkte plötzlich Wunder. Nationale Eitelkeiten wurden geweckt, man ließ die Gloire der

„Grande nation" neu erstrahlen, man nährte bestimmte Erinnerungen an die große Revolution von 1792, man belebte legitimistische und monarchische Hoffnungen, und — last not least — man ängstigte die besitzenden Klassen und schreckte die Bürger mit drohenden kommunistischen oder anarchistischen Zuständen, wie sie bei dem Juni-Aufstand des Jahres 1848 vereinzelt in Erscheinung getreten waren. Man versprach allen alles, um später nichts zu halten, als die von der Kirche für ihre Hilfe festgesetzten Bedingungen zu erfüllen.

Da Louis Napoleon von dem Minister seines angeblichen Onkels, dem gewesenen Bischof Talleyrand, wußte, daß den Menschen die Sprache gegeben ist, um ihre Gedanken zu verbergen, hielt der „Prinz" zur Beruhigung der republikanischen Gemüter eine Rede, in der er u. a. ausführte:

„Nach 33 Jahren der Achtung und der Verbannung finde ich endlich mein Vaterland und alle meine bürgerlichen Rechte wieder. Die Republik hat mir dieses Glück bereitet, sie empfange daher meinen Schwur der Dankbarkeit, meinen Schwur der Hingebung." („La république m'a fait ce bonheur, que la république reçoive mon serment de reconnaissance, mon serment de devouement.") „Meine Handlungsweise, immer getragen vom Pflichtgefühl, immer beseelt von der Achtung vor dem Gesetz, wird den Beweis liefern, daß niemand entschlossener sein kann, als ich es bin, der Verteidigung der Ordnung und der Befestigung der Republik sich zu weihen." („...à se devouer à la défense de l'ordre et à l'affermissement de la république.")

Wir erwähnen diese bemerkenswerte Rede nicht etwa, um zu zeigen, wie es in der französischen Politik zuging, sondern wir führen sie an, damit man erkennt, wie meisterlich Louis Napoleon zu lügen verstand. Denn seitdem er versuchte sich in die Ereignisse einzuschalten, hatte er nur den einen Gedanken verfolgt, das

Kaisertum seines angeblichen Onkels wieder aufzurichten. "Bei dem Namen, den ich trage," — so hatte er in einem Briefe aus der Festung Ham geschrieben — "gibt es für mich nur den Schatten eines Kerkers oder den Glanz eines Thrones." Zunächst war es allerdings für ihn besser, wenn er sich den Franzosen als überzeugter und verantwortungbewußter Republikaner vorstellte.

Dieser Schwindel mußte natürlich in der französischen Nationalversammlung seine besondere Weihe erhalten. In der Sitzung vom 20. 12. 1848 wurde dem Präsidenten Louis Napoleon folgende feierliche Eidesformel vorgelesen: "Im Angesichte Gottes und in Gegenwart des französischen Volkes schwöre ich, der demokratischen Republik treu zu bleiben und die Verfassung zu verteidigen."

Der neue Präsident der französischen Republik, Monsieur Louis Napoleon Bonaparte, erhob die Hand und — leistete den Eid! — "Je le jure!" — Welchen Eid hätte er nicht geleistet? — Darauf erklärte der Präsident der Nationalversammlung nochmals feierlich:

"Wir nehmen Gott zum Zeugen dieses Eides, welcher soeben geschworen wurde."

"Die Wahl der Nation" — sagte Louis Napoleon in seiner Ansprache an die Nationalversammlung — "und der Eid, welchen ich soeben geschworen, bestimmen mein künftiges Gebaren. Meine Pflicht ist mir vorgezeichnet. Ich werde sie als Ehrenmann erfüllen. Ich werde für Feinde des Vaterlandes alle ansehen, welche versuchen wollten, auf ungesetzlichem Wege die Regierungsform zu ändern, welche Sie festgesetzt haben." [27]

In Frankreich schrie man: "Vive la république!" Aber in den Kabinetten, Kirchen, Kasernen, Kanzleien und Kontoren" der übrigen, durch die Revolutionen des "tollen Jahres" erschreckten europäischen Länder jubelte man — wie Scherr als Zeitgenosse die Be-

---

[27] Vergleiche Taxile Delord: "Histoire du second Empire", Paris 1869, tome premier, p. 126.

deutung jener geschichtlichen Komödie gekennzeichnet hat —: „Gepriesen sei, der da kommt im Namen der Reaktion!"

Diese Reaktion begann denn auch sofort ihr dunkles, freiheitmordendes Gewerbe.

Der neue Präsident der französischen Republik ließ sofort unter dem Marschall Oudinot Truppen gegen Rom rücken, um der dort eingerichteten antipäpstlichen, römischen Republik ein Ende zu bereiten. Trotzdem sich die Italiener unter der Führung Garibaldis tapfer verteidigten, erlagen sie bald der französischen Übermacht und über Trümmer und Blutlachen hinweg führte Louis Napoleon den „Stellvertreter Gottes" unter dem Schutze französischer Kanonen und Bajonette in den Vatikan zurück. „Noch kein Papst" — so stellt der bereits erwähnte Kirchenhistoriker Nippold fest — „ist so den Wünschen der Jesuiten entgegengekommen wie der bußfertige Pius." Der Papst nahm Rom und den Kirchenstaat wieder in Besitz und der Jesuitengeneral hatte erreicht, was er wollte. Wie sich Pius IX. fördernd in die revolutionäre Bewegung gestellt hatte, um sie, soweit es den Jesuiten nützlich war, zum Ausbruch zu bringen, so trat er jetzt ebenso eifrig an die Spitze der siegreichen europäischen Reaktion. In Frankreich verhalf man Louis Napoleon zur Regierung; in Deutschland fand im Juli 1849 eine Jesuitenzusammenkunft zu Köln statt, bei welcher der Jesuitengeneral anwesend war und wo die Katholisierung der protestantischen Gebiete beschlossen wurde; in Österreich schloß man jenes der Kirche alles nur denkbare in die Hände spielende Konkordat von 1855.

Wie das französische Volk über die Bedeutung und den Zweck dieses französischen Eingreifens gegen die römische Schwester-Republik getäuscht wurde, während die Minister die Maske nach und nach fallen ließen, geht aus den Sitzungberichten der Nationalversammlung vom 16. 4. und 7., 9. und 11. 5. 1849 hervor. Bereits nach der Wahl Louis Napoleons, am 10. 12. 1848, wurde zum

Schutz des bedrohten Papstes ganz im geheimen ein Expeditionheer von 15 000 Mann aufgestellt. Eine solche Expedition kostete natürlich Geld und so forderte der Ministerpräsident Odilon Barrot einen außerordentlichen Kredit von 1 200 000 Francs. Er erklärte den Zweck der Expedition damit, „den französischen Einfluß in Italien aufrecht zu erhalten, Frankreich auf freundschaftlichem Wege mit dem Willen des römischen Volkes bekannt zu machen, den römischen Völkern eine auf liberalen Institutionen gegründete gute Regierung zu verschaffen". Später hieß es: „Die Fahne Frankreichs wird sich nur im Interesse jener alten Sache, die stets unsere Sympathie besaß, beteiligen, der Sache der wahren Freiheit und einer guten Regierung." Nach der Erstürmung Roms sagte derselbe Minister: „Oh, wenn den erteilten Instruktionen zuwidergehandelt worden wäre, wenn ich das Unglück gehabt hätte, meine politische Ehrenhaftigkeit zu verletzen, das Heiligste, was es auf Erden gibt, dann hätte ich mich des größten Verbrechens schuldig gemacht, das an einer freien Nation begangen werden kann."

Als dann Marschall Oudinot in Rom eingezogen war, hieß es ganz unverblümt und unverschämt, daß „Frankreich, die heißen Wünsche der Christenheit erfüllend, die weltliche Souveränität des Oberhauptes der christlichen Kirche in der Hauptstadt restauriere". In einer am 18. Oktober vorgelegten Korrespondenz sowie aus den Erklärungen des Kultusministers de Falloux vom 7. August geht ganz eindeutig hervor, daß diese Wiederherstellung der Papstherrschaft von vorneherein fest beschlossene Sache gewesen ist!

Wie bei der Rettung des Papstes bemühte sich Louis Napoleon aber auch in anderer Weise der Kirche gegenüber gefällig zu sein. Er brauchte ihre weitere Hilfe. In seinem Ministerium gab der sich völlig in den Händen der Jesuiten befindliche Minister de Falloux den Ton an. Der Unterricht in den Schulen wurde in diesem Sinne umgestaltet und im Jahre 1850 stellte man alle Elementarlehrer unter polizeiliche Aufsicht. Der Minister hatte Vollmacht erhalten, die Lehrer nach seinem Gutdünken abzusetzen. Auf solche Weise verschwanden allmählich alle un- oder gar antikirchlich gesinnnen Lehrer, indem man sie wegen ihrer „politischen Gesinnung" verdächtigte. Die französische Polizei wurde bald so sehr von den „Idées Napoléoniennes" ergriffen, daß sie sich rasch „einarbeitete". Wie diese Arbeit vor sich ging, können wir am besten aus einem Fall entnehmen, in den Herr de Maupas verwickelt war. Maupas war Polizeipräfekt von Toulouse. Um sich bei Louis Napoleon bekannt und beliebt zu machen, „entdeckte" er eines Tages eine politische „Verschwörung" und ließ drei Präfekturräte verhaften. Der erstaunte, die Angelegenheit untersuchende Staatsanwalt fand jedoch nicht den Schatten einer Begründung, um diese Verhaftung zu rechtfertigen, geschweige denn den eines Beweises für die Anklage. „Oh, seien Sie ganz ruhig," — sagte de Maupas — „ich erwarte aus Paris einen sehr gewandten Polizeiagenten, welcher es schon zu machen wissen wird, daß man bei den Beschuldigten Waffen und gefüllte Granaten findet." Der noch nicht genügend napoleonisch vorgebildete Staatsanwalt wandte sich jedoch beschwerdeführend an den Justizminister, der — damals gab es noch so etwas wie Gerechtigkeit in Frankreich — die Absetzung des Herrn de Maupas bewirkte. Gekränkt und erbost eilte dieser zu dem Präsidenten Louis Napoleon, der für die „saubere Arbeit" dieses so arg verkannten Polizeigenies volles Verständnis hatte. Kurze Zeit darauf wurde de Maupas — zum Polizeipräfekten von Paris ernannt!! Er hat denn auch bei dem Banditen- — oder zünftig gesprochen — bei dem „Staatsstreich" — seinem Genie entsprechend mitgewirkt und genug Unschuldige verhaftet.

Der sich früher als „Voltairianer", d. h. also antikirchlich gebärdende, aber so wandlungsfähige Thiers verlangte jetzt, der Geistlichkeit weitreichenden Einfluß auf die Schulen zu sichern. In den neu gebildeten, sogenannten Unterrichtsrat ließ man vier Bischöfe eintreten, während der Unterricht in den unteren und mittleren Schulen den Geistlichen völlig ausgeliefert wurde. Man wird jetzt verstehen, warum die Vertreter der Freimaurerlogen, wie wir dies bereits erwähnten, damals bestürzt zu Louis Napoleon eilten, um ihn zart an seine Logenpflichten zu erinnern.

Nachdem sich Louis Napoleon auf jede Weise den Jesuiten und dem Papste gefügig gezeigt hatte, konnte er, ihrer weiteren Unterstützung gewiß, damit beginnen, die Republik abzuschaffen, um seinen Kaiserthron zu errichten. Im Dezember 1851 wurde es höchste Zeit, seine Pläne auszuführen. Die Amtszeit des Präsidenten war nämlich abgelaufen und eine Wiederwahl war — selbst wenn es gelang die nötigen Stimmen zusammen zu propagieren — verfassungsmäßig unmöglich. Aus diesem Grunde machte Louis Napoleon am 2. Dezember 1851 jenen Schurkenstreich, welcher, weil er Erfolg hatte, in der Geschichte der „Staatsstreich" genannt worden ist. Denn ein „Staatsstreich" gehört zu jenen Unternehmungen, welche — wie Johannes Scherr erläuternd ausführte — „aus praktischen Dingen wie Lug und Trug und Gewalt zusammengeschweißt werden müssen und, wenn sie siegreich zwar von vornehmem und geringem Pöbel, sowie von einer hochwürdigen Klerisei als Gesellschaftrettungen bejubelt und betedeumt, wenn aber besiegt, ebenso eifrig als Torheit oder gar als Verbrechen verdammt werden".

Aber auch auch die Gegner bereiteten sich auf diesen geplanten Staatsstreich vor. Adolf Ebeling schreibt über die Lage: „Die geheimen Gesellschaften, von denen die Hauptstadt wimmelte, hielten ununterbrochen ihre Sitzungen, denn auch sie bereiteten eine Katastrophe vor, um den Präsidenten heimlich aufzuheben und nach Vincennes zu schaffen." [28]) Das ist zwar — wie manches in jenem

---

[28]) Adolf Ebeling: „Napoleon III. und sein Hof", Köln 1893, 1. Band, S. 95.

Buche — unklar und sehr allgemein ausgedrückt. Es kennzeichnet jedoch immerhin die Stellung der Freimaurerei, um deren Logen und logenähnliche Verbände es sich bei den hier vorsichtig „geheime Gesellschaften" genannten Vereinigungen handelte.

Zu einem solchen Unternehmen, wie es Louis Napoleon vorhatte, brauchte man natürlich Geld. Aber außer der jetzt wieder dahin zu schwinden drohenden Macht waren die Geldmittel des „Prinzen" und seiner Minister-Spießgesellen bereits lange dahingeschwunden. Sie waren nicht nur völlig erschöpft, sondern man hatte obendrein riesige Schulden gemacht, die man im Falle des Abtretens Louis Napoleons nie bezahlen konnte. Besonders verschuldet war Herr von Morny, der uneheliche Sohn der schönen Hortense und Halbbruder Louis Napoleons. Er erzählte später wie einen guten Witz, daß er seine schlechten Finanzen durch den „Staatsstreich" innerhalb eines Monats „geregelt" habe. Er hatte kurz vor dem Ende des Novembers einige Millionen der um die Hälfte gesunkenen französischen Staatspapiere aufgekauft, die nach dem erfolgreichen „Staatsstreich" plötzlich so bedeutend stiegen, so daß er beim Verkauf mehrere Millionen gewann. In dem sauberen Konsortium, welches sich jetzt zu dieser „Gesellschaftsrettung" und zur „Rettung Frankreichs" zusammenfand, spielten aber auch die besorgten und drängenden Bankiers — unter ihnen der spätere Finanzminister, der Jude Fould — eine wesentliche Rolle. Es mußte also zunächst für Geld gesorgt werden, und zwar für sehr viel Geld, denn eine solche „Gesellschaftsrettung" ist nun einmal nicht billig. Da nun die Gläubiger aber nichts mehr geben wollten oder konnten, so ließ der „Prinz"-Präsident am Abend des 1. Dezember durch einen seiner Vertrauten und Hauptpropagandisten, Monsieur Fialin, dem späteren Herzog von Persigny, völlig widerrechtlich und unter Androhung von brutaler Gewalt 25 Millionen Francs in Gold und Banknoten von der Bank von Frankreich „besorgen". Das war zwar ein ganz gewöhnlicher Raub, aber — wie in diesem Falle — an der Spitze einer Kompagnie französischer Chasseurs ausgeführt, erhält sogar der Bankraub ein nationales und legales, ja, ein heroisches Gepräge. Selbst Adolf Ebeling, der doch Louis Napoleon günstig gesonnen ist und daher vieles schönfärbt, um seine geschichtliche Rettung einigermaßen bewerkstelligen zu können, schreibt: „Um ein Uhr waren die Hauptverschwörer (denn einen anderen Titel kann man ihnen nicht geben) im Kabinett des Präsidenten beisammen. Ihre genauen, man möchte sagen mathematisch berechneten Instruktionen hatten sie schon. Jeder empfing aus der Hand des Prinzen ein mehr oder minder dickes Paket, das er hastig einsteckte; die einen, wie Saint-Arnaud, stumm...., die Lampen brannten düster, so daß man die Schamröte, die vielleicht bei einigen als letzte Gewissensregung aufstieg, nicht bemerken konnte, die anderen mit wenigen Worten, aber nicht des Dankes, sondern mit einer zynischen Bemerkung. Hoffentlich nur auf Abschlag, soll Magnan gesagt haben, denn eine halbe Million betragen gerade meine Schulden, und der sittenlose, genußsüchtige Fleury murmelte: Gottlob, jetzt kommt endlich die Reihe an uns. Dann verabschiedeten sie sich, um an ihr Tagewerk zu gehen .... ein Werk der Nacht." [29]

Nachdem man die Geldfrage auf diese „geniale" Weise gelöst hatte, wurden die bereits vorher nach ihrer Gesinnung ausgeforschten und auf dementsprechend wichtige Posten gestellten Offiziere mit dem Losschlagen beauftragt. Die Sache ging furchtbar einfach zu.

„Am 2. Dezember," — so berichtet ein Zeitgenosse — „morgens um 3 Uhr, weckte der Generalzahlmeister des Komplotts, Herr de Persigny, den Obersten Espinasse mit den Worten: ‚Morgen Brigadegeneral, Adjutant des Prinzen mit 30000 Francs jährlich,

---

[29] Ebeling a. a. O. 1. Band, Seite 99/100.

hier 100 000 Francs in Banknoten, bald ebensoviel. Schließen Sie die Tore der Nationalversammlung, leisten Sie starke Hand bei der Verhaftung der Quästoren!' Espinasse zählte die Banknoten.... Dann stürzte Espinasse mehrere Gläser Branntwein hinab. Dem Major vom Bataillon des 42., dem die Obhut der Versammlung anvertraut war, gebot Espinasse, die Quästoren um jeden Preis aufzuheben und sie ,im Falle der Widersetzlichkeit zu töten'. Persigny zahlte dem Major 10 000 Fr. Handgeld. Der Oberstleutnant, die Chefs der beiden übrigen Bataillone, Offiziere und Unteroffiziere wurden in strenger Auswahl entboten. Persigny überzeugte sie handgreiflich, stets neue Banknoten aus seinem Portefeuille hervorlangend. Um 5 Uhr schlug man Reveille, um halb 6 stand das 42. unter den Waffen. Die Sergeant-Majors verteilten 10 Francs an jeden Gemeinen, 20 Fr. an jeden Unteroffizier. Dann marsch! Persigny und Espinasse voraus! 40—50 Polizisten, Stadtsergeanten, ,Friedensoffiziere', wie das Geschmeiß der Mouchards heißt, gesellten sich zu ihnen, die Taschen voller Dolche und Pistolen.... Das Tor der Versammlung öffnete sich. Espinasse stieg die Treppe hinauf zum Militärkommandanten der Versammlung, den Obersten Niel, ergriff ihn, als er sich nach seinem Degen stürzte, beim Halse: ,Sie werden füsiliert, wenn Sie zu entrinnen suchen! General Leflô ward arretiert, in der Uniform von Espinasse beschimpft. Der Oberstleutnant rief: ,Wir haben die Advokaten-Generale satt!' Das 42. vertrank das Donativ" (d. h. die Schenkung) „Bonapartes in den Höfen und Gängen des Versammlungspalastes, die Prätorianer waren vorhanden...." [30])

Ein Augenzeuge hat später berichtet: „Die Soldaten klimperten mit dem Gelde, das sie in der Tasche hatten, und die Offiziere brachen die Rollen mit Louisd'ors (Goldstücke) wie Schokoladetafeln."

---

[30]) „Louis Napoleon Bonaparte", Hamburg 1859. Seite 65/66.

Morgens um 5 Uhr rückte die Brigade de Cotte aus, um die einflußreichen andersdenkenden Offiziere, die höheren Beamten und die Mitglieder der Nationalversammlung zu verhaften und in die Gefängnisse zu bringen. Deren Verbrechen bestand allein darin, daß sie so unpraktisch waren, an der von Louis Napoleon „im Angesichte Gottes" beschworenen Verfassung festzuhalten. General de Cotte — so schreibt jener Zeitgenosse weiter — „stand auf dem Concorde-Platz, hier übergab ihm der Finanzier der Bande, Herr de Persigny, vor seiner Brigade ein versiegeltes Papier mit 100 000 Francs in Banknoten, und versprach ihm die Ernennung zum Adjutanten des Prinzen mit 30 000 Frs. Gehalt. De Cotte redete von nichts mehr als von Füsilieren und Bajonettspießen. Herr de Larochejaquelein, der mit de Cotte zusammen beim Regiment gestanden hatte und sich mit ihm duzte, eilte über den Concorde-Platz, um sich zur Nationalversammlung zu begeben; de Cotte stürzt schäumend herbei und flucht seinen Soldaten zu: ‚Jagt diesem bougre das Bajonett durch den Leib und werft ihn in die Seine!' Larochejaquelein glaubt, hier müsse ein Mißverständnis obwalten und gibt sich dem General zu erkennen. Dieser aber tobt: ‚Was, Freund, was Volksvertreter! Du willst in der Versammlung den Advokaten spielen, du bist eine Canaille wie die anderen! Soldaten füsiliert mir diesen bougre!' So der ehemalige Legitimist und fromme Katholik de Cotte."

Die Nationalversammlung war also beseitigt und entsprechende Maueranschläge brachten den Parisern die Vorgänge der Nacht zur Kenntnis. Jetzt erlebten die französischen Republikaner die Folgen ihrer begangenen Fehler. Der Hauptfehler bestand zweifellos darin — wie Scherr in seiner kurzen Darstellung „Der Dezemberschrecken" sehr richtig meint —, „ihren Feind gering einzuschätzen und in dem Luftschiffe der Phrase über unbequeme Tatsachen hinwegzusegeln. Sie glaubten oder taten so, als glaubten sie, daß ein

Mann, welcher von der fixen Kaiseridee besessen war, durch einen im Angesichte Gottes und des französischen Volkes geschworenen Eid sich gebunden erachten würde. Sie wollten in Louis Bonaparte schlechterdings nur die lächerliche Figur vom Finkmattkasernenhof zu Straßburg und vom Strande von Boulogne sehen...." Besonders waren sie im Unklaren darüber, welche Macht hinter diesem Manne stand. Es half ihnen jetzt nichts mehr, wenn sie den, sie in die Gefängniszellen schleppenden Offizieren den zwar rechtlich begründeten, aber praktisch nutzlosen Vorwurf eines Verbrechens machten. Es wirkte nicht mehr, daß der französische Staatsgerichtshof Louis Napoleon gesetzmäßig auf Grund des Artikels 68 der Verfassung des Hochverats anklagte. Es war vergeblich, daß der Staatsrat gegen diesen Verfassungbruch feierlich und wirkunglos protestierte. Der sene Anklage in das von gut bezahlten, teilweise von Alkohol, teilweise von bonapartistischer Propaganda trunkenen Truppen besetzte Palais de l'Elysee bringende Staatsgerichtshofpräsident wurde ebenso die Treppe heruntergeführt, wie die protestierenden Mitglieder des Staatsrates. Man hätte sich über diesen Monsieur Louis Bonaparte vorher genauer unterrichten sollen. Dann wäre es vielleicht manchem bewußt geworden, daß jedes aus seinem Munde kommende Wort eine Lüge war, daß er zwar oft vom Recht sprach, aber nur nach dem einzigen Grundsatze handelte: „Le succés justifice tous" — der Erfolg rechtfertige alles.

Es liegt indessen nicht die geringste Veranlassung vor, diese „Republikaner", „Demokraten", Legitimisten, Orléanisten und was sonst noch alles in der parlamentarischen Kloake von Paris herumkroch, irgendwie zu bedauern. Bis auf wenige Ausnahmen taugten sie nicht mehr als die Bonapartisten und sie hätten sich keinen Augenblick besonnen, für Geld, gute Posten oder Ministersessel die Verfassung ebenso zu verraten wie diese, oder mitzutun, wenn sie nur dazu aufgefordert worden wären. Louis Napoleon wollte aber — wie Scherr in seiner Abhandlung "Der Dezemberschrecken" meinte — "von den parlamentarischen Schwätzern und Intriganten überhaupt nichts mehr wissen.... Er wußte, daß die Franzosen, deren überwiegende Mehrzahl des Lesens und Schreibens unkundig, in der Nacht tiefer Unwissenheit vegetierte, nicht nur nicht sich selbst regieren könnten, sondern auch nicht wollten. Er war überzeugt, daß für dieses Volk, welches despotisch beherrscht, aber mit Geräusch, Glanz und Gloire repräsentiert sein will, der Napoleonismus, beflittert mit etlichen Phrasen von den ,großen Prinzipien von 1789' die passendste Staatsform, d. h. die Zwangsjacke sei, und so verschritt er getrost dazu, den ‚Ratschluß der Vorsehung' in Erfüllung zu bringen."

Trotzdem gab es in Paris doch noch einige Franzosen, die sich ihre vermeintlich von dem republikanischen Regierungssystem abhängende Freiheit nicht ohne weiteres rauben lassen wollten. Sie ahnten natürlich nicht, daß sie nur die Kampfscharen für die verschiedenen Parteien bildeten oder bilden sollten. Daher löste die verfassungswidrige Machtergreifung Louis Bonapartes immerhin einige Unruhe in der Bevölkerung aus. Die damit im Zusammenhang stehenden schwächlichen und politisch belanglosen Aktionen mögen das schlechte Gewissen der Staatsstreichler geweckt haben, so daß bei ihnen plötzlich Besorgnisse wegen des Gelingens ihres Unternehmens aufstiegen.

"Man führe meine Befehle aus", sagte der seine Füße am Kaminfeuer des Elysee-Palastes wärmende „Prinz" mit verschleierter Stimme und — man führte sie aus!

Von einem ernstlichen Widerstand oder gar von einer planmäßigen Gegenaktion konnte am 4. Dezember in Paris überhaupt keine Rede mehr sein. Allerdings hatten sich viele Neugierige und zweifellos auch mißvergnügte, durch die Ereignisse erregte Menschen auf den Boulevards eingefunden. Die Angst scheint die Staatsstreichler nervös gemacht zu haben. Denn jetzt begann plötzlich und völlig grundlos jene Boulevard-Schlächterei, bei der die beteiligten Offiziere harmlose Menschen wahl- und rücksichtlos zusammenknallen ließen. „Damals haben sich" — so schrieb Johannes Scherr über dieses Morden — „französische Generale, denen die aus der Bank von Frankreich geraubten Banknoten, mit denen sie gekauft worden waren, in den Taschen knisterten, aus den Blutlachen der von ihnen kommandierten Boulevardschlächtereien Marschallsstäbe herausgefischt. Aus dem Dezembergrauen aber wurde das zweite napoleonische Empire geboren, die Schmach Frankreichs, die Schande Europas; denn Europa hat sich des verhuel'schen Frevels mitschuldig gemacht, indem es denselben nicht nur anerkannte, sondern auch bewunderte, verehrte, förmlich vor demselben kniete und räucherte. Der König Friedrich Wilhelm IV. von Preußen ,war voll Jubel', als die Nachricht vom Gelingen des Banditenstreiches eingetroffen; der Statthalter Christi gab hocherfreut dem meineidigen Mörder seinen Segen; Könige, Fürsten und Prinzen, Königinnen, Herzoginnen und Prinzessinnen drängten sich buntgemischt mit geldprotzigen Hoheiten und pornokratischen Durchlauchten nach Paris, um dem Sohne der Hortense demütige Huldigungen darzubringen..."

Der von uns bereits angeführte Zeitgenosse gibt folgende Schilderung von diesem Gemetzel:

„Canroberts wein- und schnapstrunkene Brigade, im Bunde mit der Kavalleriebrigade des Generals Reybell, hat die ,Beseitigung der Neugierigen', die ,Säuberung der Boulevards' besorgt. 2000 Personen jedes Alters, jedes Geschlechts, Frauen, Kinder, Greise... Musketen, Kanonen, Haubitzen... à la guerre, comme à la guerre...' ,Religion, Eigentum, Familie' standen auf dem Spiel! Ein großer weltgeschichtlicher Akt ging über die spießbürgerliche Moral weg: Du sollst nicht töten! General Canrobert, dem eine von ihrem Manne getrennte Russin, Madame K., ihre Gunst als Siegespreis

Charles Louis Bonaparte-Beauharnais

Nach einer zeitgenössischen Photographie   Photo Nadar, Paris

Ein Sohn der Hortense Beauharnais. Seine napoleonische Abstammung ist äußerst zweifelhaft. Er war zunächst Freimaurer und wurde später Affiliierter der Jesuiten, mit deren Unterstützung er als Napoleon III. Kaiser der Franzosen wurde. Er setzte die Macht Frankreichs zum Schutze des römischen Papstes ein.

Jean Gilbert Victor Fialin, späterer Herzog von Persigny

Als einer der Hauptpropagandisten des Bonapartismus nahm er an dem Putsch Louis Napoleons in Boulogne teil und war einer der Hauptbeteiligten bei dessen Staatsstreich vom 2. 12. 1851.

Nach einer zeitgenössischen Photographie

ausgesetzt hatte, war offenbar bei der Vorsehung angestellt.... General Reybell war betrunken, wie er es so oft gewesen. Aber Canrobert war nüchtern, ganz nüchtern wälzte er seine Infanterie und Artillerie gegen die Massen der Neugierigen, ohne irgendeine Aufforderung zum Auseinandergehen, ohne irgendeine Warnung! Musketerie, Kartätschen, Kanonenkugeln brachen der geschichtlichen Offenbarung Bahn. Was hat das Volk zu solchen Zeiten spazieren zu gehen? — Es sollte ja, gerettet' werden. In den oberen Stockwerken lagen die Leute platt auf dem Boden; die Kugeln, welche über sie weg in die Zimmerdecken fuhren, kündeten ihnen pfeifend an, daß sie soeben ‚gerettet' wurden. Ein Dezembrist sagte, Canrobert habe gewartet, bis der ‚Haufen' dicht geworden, ehe er das Verderben hineinspielen ließ. Die Säuberung war umso wirksamer." [31]

Um dem Unternehmen einen nationalen und moralischen Anstrich zu geben, hatte Louis Napoleon, beziehungweise der saubere, im Erfinden von „Verschwörungen" schon geübte Herr de Maupas, das Gerücht von einer „sozialdemokratischen Verschwörung" aussprengen lassen, damit man die Truppen mit gutem Gewissen „zur Rettung Frankreichs" und der „Gesellschaft" antreten lassen konnte. Der angebliche Onkel Louis Napoleons, der General Bonaparte (Napoleon I.), hatte bekanntlich am 9. November 1799 (18. Brumaire) zu diesem Zweck eine lediglich in seiner Phantasie existierende „jakobinische Verschwörung" erfunden. Die Szenerie wechselt zwar oft in der Geschichte, aber die Phrasen, mit denen die Menschen betört werden, sind immer die gleichen.

Der sehr fromme französische Hofhistoriograph P. Mayer, der Verfasser der offiziellen „Histoire du deux décembre", Jude von Geburt, „Deutscher" dem Namen nach und „Franzose" aus Gründen des Geschäfts, sagt, das Unternehmen geschah, um „Frankreich

---

[31] „Louis Napoleon Bonaparte", Hamburg 1859.

und die Christenheit (la France et la Chrétienté) zu retten". Daher
— so schreibt jener Jude weiter — "sollte man sich nicht einer
schmählichen Niederlage bloßstellen, so müßte man nicht nur zuvor-
kommen, sondern auch schrecken (ne pas seulement prévenir, mais
épouvanter)." 32)

Um zu zeigen, wie man "schreckte", wollen wir einige Auszüge
aus dem Bericht eines Augenzeugen anführen. Es heißt dort u. a.:

"Es war ein finsterer und unaussprechlicher Augenblick; Geschrei, zum Himmel erhobene Arme, Überraschung, Schrecken, das
Volk nach allen Seiten hin fliehend, ein Hagel von Kugeln, die
niederfallen und vom Pflaster wieder zu den Dächern zurückpral-
len, die Straße in einer Minute mit Toten bedeckt, junge Leute
fallen, die Zigarre im Munde, Frauen in Samtkleidern von den
Biscayern totgeschossen; zwei Buchhändler auf ihrer Ladenschwelle
arquebussiert," (d. h. niedergeknallt) "ohne zu wissen, was man von
ihnen wollte, Schüsse in die Kellerlöcher gerichtet und tötend, gleich-
viel was es ist, der Basar mit Granaten durchlöchert, das Hôtel
Gallandrouse bombardiert, das Maison d'or mit Kartätschen be-
schossen, Tortoni mit Sturm genommen und Kanonen die Front
der Häuser bestreichend vom Prophète bis zur Straße Montmartre.
Die Soldaten an den Straßenecken im Hinterhalte lauerten den
vorübergehenden Parisern auf, wie Jäger, welche nach Wild auf
dem Anstand stehen, und sobald sie einige sahen, schossen sie auf sie
wie auf eine Scheibe. "Gehen Sie fort!" sagten die Offiziere zu
den harmlosen Bürgern, die ihren Schutz anflehten... Bei diesen
Worten entfernten sie sich schnell und ohne Argwohn; aber es war
nur ein Schlagwort, welches Tod bedeutete, und kaum hatten sie
einige Schritte getan, als sie sie rücklings überfielen...

Vom Eingang in der Straße Montmartre bis zur Fontaine, in

---

32) Vergleiche auch Johannes Scherr: "Der Dezemberschrecken", heute in der
bekannten Sammlung "Menschliche Tragikomödie".

einem Raum von 60 Schritt gab es 60 Leichname, Männer, Frauen, Kinder, junge Mädchen. Alle diese Unglücklichen waren Schlachtopfer der ersten Schüsse geworden, welche durch die Soldaten und die Gensdarmerie, die gegenüber auf der anderen Seite des Boulevards aufgestellt waren, abgefeuert wurden.... Eine Frau mit einem Brote unter dem Arme glaubte, über die Straße gehen zu können. Zwei Tirailleure streckten sie nieder. Ein Greis von 80 Jahren, der irgendwo auf der Erde liegend gefunden war, wurde nach der Treppe des Prophète gebracht und erschossen....

Ein Kakao-Kaufmann, mit Namen Robert, der Nummer 97 der Straße der Vorstadt Poissonnière wohnte, floh nach der Straße Montmartre, seine Maschine auf dem Rücken. Man tötete ihn. Ein Kind von 13 Jahren, Lehrling bei einem Sattler, ging auf dem Boulevard an dem Café Vachette vorüber, man zielt auf ihn. Er stößt einen verzweifelten Schrei aus; er hält einen Zügel in der Hand, den er schwingt, indem er ausruft: ‚Ich bin auf eine Bestellung ausgeschickt!' Man tötete ihn. Drei Kugeln durchbohrten seine Brust....

Die ganzen Boulevards entlang hörte man das Achzen der Verwundeten, welche von den Soldaten auf die Bajonette gespießt worden waren und denen sie nicht einmal den Garaus machten....

Ein Hauptmann, die Augen stier im Kopfe, schrie den Soldaten zu: Keine Schonung! Ein Bataillonschef heulte: Geht in die Häuser und tötet alles!....

Als es vorüber war, kam Paris, um es sich anzusehen. Dies Volk drängte sich zu diesen schrecklichen Stellen, man ließ es gewähren. Das war eben der Zweck der Schlächter. Louis Bonaparte hatte es nicht tun lassen, um es zu verbergen. Ein Zeuge sagte: ‚Der Anblick des Boulevards war schrecklich. Wir marschierten wörtlich im Blut.'" [33])

---

[33]) Eugène de Mirecourt: „Napoleon III.", Berlin 1860, Seite 60/62.

Später haben allerdings viele diese Boulevardschlacht ein Verbrechen genannt. "Damals aber" — so schreibt der Kirchenhistoriker Nippold — "segnete der Heilige Vater das glückliche Ereignis, die Bischöfe überstürzten sich in Gratulationen, Schwarzenberg und Manteuffel wetteiferten in Komplimenten für den Retter der Gesellschaft."

Es sind jedoch in neuerer Zeit tatsächlich wieder Leute aufgetreten, welche diese Boulevardschlächterei verteidigt und diesen "Staatsstreich" gepriesen haben. Daher möchten wir noch eine Schilderung Adolf Ebelings anführen, der dabei sogar unfreiwillig beteiligt gewesen ist.

Ebeling wurde am 3. Dezember 1851 durch die Rue Rambuteau kommend angehalten und zum Barrikadenbau gezwungen. Er hat dies Erlebnis damals in seinem Tagebuch aufgeführt und schreibt u. a.: "Lange sollte indes unsere Zwangsarbeit nicht dauern, denn plötzlich hörte man Trommelwirbel von der Rue Saint-Denis und die Barrikadenhelden — es tut mir leid, aber ich berichte was wahr ist — liefen sämtlich davon, noch bevor die Soldaten sich blicken ließen." Man sieht an diesem Vorfall, daß ein ernstlicher Widerstand, der das Eingreifen von Truppen in diesen Massen und in dieser Form gerechtfertigt haben k ö n n t e , überhaupt nicht geleistet wurde. Ebeling sagt nun von dem Gemetzel auf den Boulevards: "Viele tausend Menschen standen dort auf den breiten Trottoirs, Männer, Frauen und Kinder, vornehm und gering, s ä m t l i c h e u n b e w a f f n e t und die nur eine unselige Neugier hinausgetrieben. Auf diese, so gut wie ganz h a r m l o s e M e n g e , denn es gab dort weder Barrikaden noch Insurgenten, schleuderten plötzlich, wie ein vom Himmel herabfallender Blitz, die Batterien, die auf der Höhe der Madelaine-Kirche aufgefahren waren, einen vollen Kartätschenhagel und die gleich darauf hereilenden Truppen, Kavallerie und Infanterie, eröffneten ein ununterbrochenes Kreuzfeuer und schossen blindlings in alle Fenster hinein, drangen auch in die Häuser und machten alles nieder, was ihnen in den Weg kam. Das Morden und Gemetzel, denn mit diesem Namen stehen diese Greuelszenen unerbittlich in der Geschichte verzeichnet, dauerte über eine Stunde; hunderte von unglücklichen Opfern lagen entseelt auf den Trottoirs oder auf den Türschwellen der Häuser, und viele andere hundert Verwundete schleppten sich blutend so weit wie sie konnten. Das war die von Morny empfohlene Schreckenstheorie in ihrer grauenhaften Praxis...."[34]) Diese Darstellung eines wohlwollenden Beurteilers Louis Napoleons deckt sich mit den bereits herangezogenen Berichten der übrigen Zeitgenossen.

Zuverlässige Zahlen der Opfer des „Staatsstreiches" sind nie bekannt geworden und werden sich auch nicht feststellen lassen. Es handelte es sich nämlich nicht nur um die Aufzählung der in der Boulevardschlacht gemordeten, sondern auch um die vielen in den verschwiegenen Höfen der Gefängnisse und Präfekturen heimlich erschossenen Franzosen. Der damals in Paris anwesende Ebeling berichtet weiter: „In der Schreckensnacht vom 3. auf den 4. Dezember 1851 wurden allein in dem hinteren, am Quai liegenden Hofe des Präfekturgebäudes zwischen 60 und 70 Insurgenten erschossen, d. h. diejenigen, die man als solche ergriffen hatte. Das Verfahren war dergestalt summarisch, daß die bloße belastende Aussage der Offiziere, oft nur der Unteroffiziere und Soldaten genügte, die Unglücklichen niederzumachen. Wir wohnten damals, unserer drei Landsleute, am Quai des Grand Augustins, auf der anderen Seite der Seine, und konnten deutlich aus unseren Fenstern den mit Fakkeln erleuchteten Hof sehen und noch deutlicher die Schüsse fallen hören, oft ganze Gewehrsalven. Am anderen Morgen war der jenseitige Quai abgesperrt, denn man hatte die Leichen noch nicht fort-

---

[34]) Ebeling a. a. O., I., Seite 112 (Hervorhebung von uns).

geschafft; mit Hilfe unserer Operngläser sahen wir sie hinter dem hohen Gitter neben- und übereinander in ihren Blutlachen liegen."

War Louis Napoleon am 2. Dezember noch inmitten eines glänzend uniformierten Stabes von Generalen durch die Pariser Straßen geritten, um sich dem betörten Volke zu zeigen, so verkroch er sich nach dieser Boulevardschlächterei wohlweislich in dem, von gut bezahlten Leibgarden besetzten und bewachten Palais de L'Elysee. Vor dem „Staatsstreich" hatte er, prahlerisch zu den Offizieren sprechend, gesagt: „Ich werde Ihnen nicht sagen: Marschieren Sie, ich folge; sondern: Ich marschiere, folgen Sie mir." Er hatte die Offiziere indessen nicht nur in jene schmachvolle Boulevardschlacht gegen ihre unbewaffneten Volksgenossen marschieren lassen, sondern er war ihnen noch nicht einmal gefolgt. Jetzt erklärte er mit großer Geste, daß er sich und die Beurteilung seiner bisherigen Maßnahmen einer Volksabstimmung unterwerfe. Mit diesem parlamentarischen Zwischenakt wollte man die erregten Franzosen wieder beruhigen und die Gegner gewinnen, damit nach dem Trauerspiel der Boulevardschlacht als Satyrspiel der Kaiserproklamation über die politische Bühne Europas gehen konnte. Die konsularische Plebiscitmaschine Napoleons I. hatte im Jahre 1804 so tadellos funktioniert und dessen Kaisersüchte befriedigt, warum sollte die von den Bonapartisten mit Geld und Propaganda geölte und von den Jesuiten bediente demokratische Abstimmungmaschine für den angeblichen Neffen weniger gut ihre Schuldigkeit tun? —

Und sie tat ihre Schuldigkeit!

„Die Priester und die religiösen Orden" — so schreibt der zeitgenössische St. John — „zerstreuten sich geräuschlos, gleich einer dunklen Wolke, über das Land, nährten den Aberglauben des Volkes und verbreiteten den Glauben, daß die Religion in Gefahr wäre." Der Bischof von Chartres, das Kirchenlicht de Montalembert und der jesuitische Reaktionär Falloux trommelten ihre Gläubigen um ihrer Seelen Seligkeit willen zur Abstimmungurne. Louis Napoleon ließ sich durch 7½ Millionen Stimmen bestätigen, daß alles, was bisher geschehen war, die Billigung des französischen Volkes gefunden habe und er selbst das unbegrenzte Vertrauen dieses Volkes besitze. So konnte man dem französischen Volke mit den Worten seines Dichters Molière sagen: „Vous l'avez voulu George Dandin". („Ihr habt es so gewollt, George Dandin.")

Nach dieser am 20. und 21. 12. 1851 stattgefundenen Abstimmung wurde am 1. 1. 1852 das übliche und bei keiner weltgeschichtlichen Schurkerei entbehrliche Tedeum besonders feierlich in der Notre-Dame-Kirche begangen. Bei dieser Gelegenheit ließ die beglückte Geistlichkeit den „erhebenden" Gesang anstimmen „Domine, salvam fac rempublicam, salvum fac Ludovicum Napoleonem!" Es wurde angeordnet, bei jedem öffentlichen Gottesdienste, wie früher für die Könige, für Louis Napoleon ein besonderes Gebet zu sprechen, um dadurch — nach christlichem Glauben — den Segen des Himmels auf den meineidigen Betrüger herabzuflehen. Bei den Truppen wurde der kaiserliche Adler eingeführt. „Der Geist der zweiten napoleonischen Usurpation" — so schrieb ein klar blickender Zeitgenosse — „trat allsofort mit plumpester Bosheit in Szene: die Presse ward vernichtet und nur für die Bonapartisten reserviert; durch die Armee wirkte man auf das Landvolk; nur die erstaunlichen Konzessionen an den Klerus und das ultramontane Element waren neu, und bezeichneten den ‚Fortschritt der Zeiten' von 1800 auf 1851. Das Pantheon ward dem katholischen Kultus zurückgegeben... die ‚Schwester' Rosalie mit dem Kreuz der Ehrenlegion dekoriert."

Aber damit war der „Fortschritt" natürlich noch nicht beendet. Der Jesuit Falloux hatte gesagt, es müßten erst 100 000 „Störenfriede" aus Frankreich ausgewiesen werden, dann könne man das Land „regieren"; d. h. in diesem Falle, man könnte Frankreich nur dann zu einer Domäne der Jesuiten und zum Ausbeutungobjekt der bonapartistischen Bande machen, wenn die das Spiel durchschauenden Franzosen verschwinden würden. Es wurden daher Kommissionen eingesetzt, die mit inquisitorischen Methoden jede politische Denunziation, jede rachsüchtige Anzeige aufgreifend, gegen diese Franzosen vorgingen. Ebeling, der zwar Louis Napoleon selbst gerne in Schutz nehmen möchte, indem er Maupas, Morny, Saint-Arnaud und Espinasse — an deren Schurkenhaftigkeit nicht gezweifelt werden soll — für diese nicht zu leugnenden Scheußlichkeiten allein verantwortlich macht, schreibt: „Die geringfügigsten, oft geradezu kindischen Ursachen genügten zur Verhaftung: eine, vielleicht gar mit einem Kranze geschmückte Büste Ledru-Rollins oder Blanquis" (beides bekannte Republikaner) „im Wohnzimmer eines Bürgers — ein paar Flugschriften, die noch vor wenig Monaten in allen Straßen feilgeboten wurden, oder ein paar Bänkelsängerlieder, und diese wie jene zu Gunsten der Republik — vorgefundene Einlaßkarten zu den Sitzungen irgendeines patriotischen Klubs — rote Kokarden und Bänder, ein zerrissenes und in den Papierkorb geworfenes Portrait des Prinz-Präsidenten — die an die Wand des Hausganges, vielleicht von einem Gamin geschriebenen Worte: nieder mit den Bonapartes.... und ähnliche Lappalien brachten manche auf die Anklagebank, und man sollte es nicht für möglich halten, wenn es nicht durch unwiderlegbare Zeugen konstatiert wäre, nach Lambessa oder Cayenne. Auch anonyme Denunziationen wurden berücksichtigt. Kurzum, es herrschte in den ersten drei Monaten nach dem Staatsstreich im Schoß der Untersuchungskommissionen ein geradezu infames Treiben, wo die Gemeinheit, welcher die Menschennatur fähig ist, in schauderhafter Weise zutage trat."

Im Verlauf solcher „Untersuchungen" wurden Zehntausende von Beamten, Rechtsanwälten, Ärzten, Fabrikanten, Offizieren,

Kaufleuten, Bauern und Arbeitern, ja, selbst Kinder und Frauen nach den Verbrecherkolonien Cayenne und Lambessa deportiert, soweit es ihnen nicht gelang, rechtzeitig ins Ausland zu flüchten. „Aber die Deportation nach Cayenne ist der Tod" — so hatten einige Franzosen aus der Umgebung Louis Bonapartes erschreckt über diese furchtbaren Maßnahmen gemeint. „So versteh ich sie auch (Je l'entends bien ainsi)" war dessen einfach und kühle Antwort. [35]) Man muß die Berichte über diese Deportationen lesen, um sich eine Vorstellung von den furchtbaren Zuständen machen zu können. Man wird dann auch die spätere Wahlverwandtschaft zwischen der kaiserlich-französischen Regierung und den Sklavenstaaten der amerikanischen Union besser verstehen, die für die Ereignisse in Mexiko ausschlaggebend geworden ist. Es ging bei diesen Transporten nämlich weit schlimmer zu wie auf jenen Sklavenschiffen, über die alle Leute damals zeterten. Denn der Sklave stellte ja schließlich noch Kapital dar. Man hatte also Interesse daran, ihn auf den Transporten am Leben zu erhalten. Wenn die Amerikaner außerdem darauf hinwiesen, daß ihre Sklaven Neger wären, so haben die Beamten der französischen Regierung — vom Präsidenten bis zum letzten Gefängnisaufseher — ihre eigenen Volksgenossen derartig behandelt, die nicht etwa Verbrechen begangen hatten, sondern nur so unpraktisch waren, ihre politische Überzeugung nicht von heute auf morgen wechseln zu können und das „Genie" des meineidigen Louis Napoleon nicht sofort zu erfassen. Wir bringen daher das bei Ebeling abgedruckte Bruchstück eines solchen beglaubigten Berichtes über einen am 10. 1. 1852 mit der Dampfer-

---

[35]) Am 15. August 1859 erließ Louis Napoleon eine Amnestie für jene nach Cayenne und Lambessa deportierten Franzosen. Nach der amtlichen Verlautbarung waren von 38 315 nach dem Staatsstreich eingelieferten Personen nur noch 1927 vorhanden, alle anderen waren dem mörderischen Klima und der grausamen Behandlung erlegen. (Vergleiche Ghillany: „Europäische Chronik", Leipzig 1865, 2. Band, Seite 500.) Es besteht die begründete Annahme, daß die ursprüngliche Zahl der Verbannten weit größer war.

fregatte „Le Canada" von Le Havre abgehenden Transportes. Es heißt dort: „Im ganzen befanden sich 420 französische Bürger an Bord, die in drei verschiedenen Räumen des Schiffes untergebracht waren, im Zwischendeck, in den Seitenbatterien und in den Schanzen. Das Zwischendeck war nur 14 Meter lang, 4½ Meter breit und 1 Meter 80 Zentimeter hoch. Dort waren 120 Menschen eingepfercht, die sich in dem engen Raum kaum rühren und in der so gut wie gar nicht ventilierten Luft, die durch die Hitze der nahen Dampfmaschine noch unerträglicher wurde, kaum atmen konnten. Aufs Verdeck wurde keiner hinaufgelassen.

In der einen Ecke des Raumes stand für die notwendigen Bedürfnisse eine große offene Bütte, die alsbald einen pestilenzialischen Gestank verbreitete. Viele wurden ohnmächtig, andere bekamen die Seekrankheit und bespieen sich gegenseitig; wer seine volle Besinnung behielt, wurde vor Wut und Verzweiflung fast rasend.

Die zweimal täglich in schmutzigen Holznäpfen gereichte Nahrung war ungenießbar: halbverschimmelter und zerbröckelter Schiffszwieback, dazu eine Art Erbsensuppe mit ranzigem Öl und voll von Schaben und Würmern! Nur der heftigste Hunger zwang uns, davon zu essen.

An Schlaf war natürlich gar nicht zu denken, denn kaum die Hälfte der Gefangenen konnte sich auf dem Boden ausstrecken, die anderen blieben stehen, und diejenigen waren noch glücklich, die sich an die Schiffswand lehnen konnten, um auszuruhen. Mitleidig wechselte man mit dieser Aushilfe.

Und unter diesen Unglücklichen befanden sich viele gebildete Männer, die früher angesehene Stellungen bekleidet hatten und die an allen Komfort des Lebens gewöhnt gewesen waren: Ärzte und Advokaten, höhere Beamte der untergegangenen Republik, sogar ein ehemaliger Präfekt und mehrere Präfektur- und Generalräte! Ihr Verbrechen bestand einfach darin, nicht sofort den Staatsstreich anerkannt und dem neuen Machthaber zugejubelt zu haben. Die ihrem Eide treu Gebliebenen wurden von den Eidbrüchigen gemartert!" Weiter schreibt derselbe Verfasser nach den Angaben des Franzosen Taxile Delord in dessen umfangreicher "Histoire du Second Empire" (2. Band, Seite 47/48): "Die Proskriptionen nach dem Staatsstreich des 2. Dezember gehören zu den größten Abscheulichkeiten, welche die Weltgeschichte kennt; im heidnischen Altertum gibt es kaum etwas Ähnliches, und diese Greuel geschahen zu unserer Zeit inmitten unserer modernen christlichen Civilisation! Selbst Frauen wurden nicht verschont.

Ich nenne hier nur eine: Madame Pauline Roland, eine liebenswürdige, geistreiche Schriftstellerin, Mutter von drei Kindern, die sie nach dem Tode ihres Gatten mit hingebender Sorgfalt erzog. Sie war durch ihre freisinnigen Schriften mißliebig geworden und man fürchtete die Republikanerin, die einen großen Anhang hatte.

Sie wurde nachts verhaftet und ohne Verhör und Urteil nach Marseille und von da nach Algerien gebracht.... eine Deportierte. Sie teilte mit einigen Leidensgefährtinnen, die aber an Bildung weit unter ihr standen, eine enge Zelle, zuerst im Gefängnis von Oran. Zweimal täglich wurden die Armen ins Freie gelassen, und zwar in einen engen, von Mauern umgebenen Hof, ohne Raum oder sonstigen Schutz gegen die glühende afrikanische Sonne. Madame Roland wurde später von Oran nach Sétif und von da nach Bona transportiert und überall schmählich behandelt; dies geschah auf besonderen Befehl des Marschalls Randon, des damaligen Generalgouverneurs'" (und späteren Kriegsministers) "um sie zu bestrafen, weil sie sich hartnäckig weigerte, ein Gnadengesuch einzureichen." (Sie wollte Recht und keine Gnade!) "Endlich, nach anderthalb Jahren, erlangte sie durch die Verwendung einflußreicher Freunde in Paris ihre Freiheit wieder und erhielt 50 Franken Reisegeld. Sie war körperlich und geistig gebrochen und kam nur bis Lyon, wo sie im Hospital starb, ohne ihre Kinder wiedergesehen zu haben, deren sich mitleidige Verwandte angenommen hatten."

Der Name dieser unglücklichen Frau weckt unwillkürlich die Erinnerung an die hochherzige und edle Manon Roland, welche in der jüdisch-freimaurerischen „französischen" Revolution von 1789 auf dem Schafott gemordet wurde und vor ihrem Ende ihren Landsleuten zurief: „Die Freiheit? — Sie ist für stolze Seelen, welche den Tod verachten. Sie ist nicht für Schwächlinge, die mit dem Verbrechen paktieren, indem sie ihre Selbstsucht und Feigheit für Klugheit ausgeben. Sie ist auch nicht für verdorbene Leute, welche sich vom Lotterbette der Ausschweifung oder aus dem Kote des Elends erheben, um sich in dem Blute zu baden, das von Schafotten strömt. Sie ist für ein besonnenes Volk, welches die Gerechtigkeit pflegt, seine Schmeichler verachtet, seine wahren Freunde kennt und die Wahrheit hochhält. Solange ihr nicht ein solches Volk sein werdet, o meine Mitbürger, werdet ihr vergebens von Freiheit reden! Ihr werdet bloß die Frechheit haben, die Willkür, welcher ihr, jeder zu seiner Zeit zum Opfer fallen werdet. Ihr werdet Brot verlangen, aber man wird euch Leichen geben und schließlich werdet ihr immer wieder Sklaven sein."

Während man jedoch in der jüdisch-freimaurerisch geführten Revolution von 1789 noch offen mit der Guillotine mordete, so arbeitete man bei dem jesuitisch geleiteten „Staatsstreich" Louis Napoleons mit den — sehr treffend — „trockene Guillotine" genannten Deportationen nach Cayenne. Ganz nach dem Grundsatz: „Ecclesia non sitit sanquinem" — die Kirche vergießt kein Blut. Der Jesuit hatte schon aus der Inquisition und den Greueln von 1789 bis 1796 gelernt, daß es besser sei, dem Volk derartige Gewalttaten und Massenmorde zu verbergen und arbeitete in der Stille um so wirksamer. Wir können uns aber das Urteil über jene Schandtaten der unter der Führung Louis Napoleons in dieser Weise an der

„Spitze der Civilisaton" marschierenden „Grande Nation" ersparen. Die Geschichte hat bereits gesprochen! „Mehr als ein Menschenalter ist seit diesen Schandtaten vergangen" — schrieb Ebeling — „und noch stehen sie lebendig in der Erinnerung der Zeitgenossen, und alle Deduktionen, die man im Namen der Staatswohlfahrt, der öffentlichen Sicherheit und im Interesse der durch die Anarchie bedrohten Ordnung zur Beschönigung und Rechtfertigung vorgebracht hat, können die schwere Verschuldung und die damit verbundene Anklage willkürlicher Grausamkeit nicht aus der Welt schaffen." — Aber die Schuld Louis Napoleons läßt sich ebenso wenig „aus der Welt schaffen", wie es Ebeling gar zu gern tun möchte. Er trägt nicht nur als derzeitiger Präsident, sondern erst recht als Haupt der bonapartistischen Bande die volle Verantwortung für alle Greueltaten seiner Genossen. Waren diese gut genug, um ihm den Thron mit Verbrechen aufzubauen, so war er schlecht genug, ihn zu besteigen! „Der öffentlichen Meinung" — so heißt es bereits in dem zeitgenössischen Buche „Louis Napoleon Bonaparte" — „wurde der gröbste Sand in die Augen gestreut, auf dem Ruin von hunderttausenden von Familien erbaute der endlich entdeckte Neffe seines Onkels seine persönliche Despotie."

Er suchte diese Herrschaft dadurch zu festigen, daß er alle schlechten Anlagen der Menschen weckte, indem er der Ehr- und Habgier, der Lust- und Machtgier des Einzelnen weitgehende Möglichkeiten für die Betätigung und Erfüllung ihrer entarteten Triebe bot, womit er natürlich die Mehrzahl auf seine Seite zog.

Man täusche sich also nicht in der Annahme, daß es um das Wohl des französischen Volkes gegangen wäre, wo es sich nur um Hab- und Machtgier einzelner handelte, die zur Erreichung jesuitischer Ziele gebraucht wurden. Man borge auch nicht — wie Schiller sagte und jene taten — „vom Gesetz das Schwert", welches einzig und allein die brutale Gewalt führte,

„und kleide nicht in heiliges Gewand
Der rohen Stärke blutiges Erkühnen.
Solch Gaukelspiel betrüge nicht die Welt!"

Diese Deportierten gehörten zwar größtenteils zu der Minderheit der denkenden Franzosen, waren aber politisch betrachtet recht harmlos, denn die tatsächlich gefährlichen Republikaner hatten sich rechtzeitig ins Ausland begeben. Zweifellos waren viele von ihnen ebenso harmlose Freimaurer. Die Freimaurerei verstand es eben damals mit der angeblich von ihr im Gegensatz zu dem stupiden Zwangssystem des Jesuitismus vertretenen Duldsamkeit und Freiheit, gerade geistig lebendige und auch edeldenkende Menschen in ihre fensterlosen Logen zu locken. Es ist bei diesen Deportationen außerdem bezeichnend, daß ihnen nur Orleanisten und Republikaner zum Opfer fielen, obgleich Frankreich ja tatsächlich immer noch eine Republik war, indessen die streng kirchlich eingestellten Legitimisten (Anhänger der Bourbonen) im großen Ganzen unbehindert in Paris bleiben konnten. Auch der „Jesuit mit den Generalsachselstücken", Cavaignac, der Gegner Louis Napoleons bei der Präsidentenwahl, mit dem sich der Halbbruder Louis Napoleons noch am Abend des 1. Dezember in der Oper sehr freundschaftlich unterhalten hatte, wurde nach kurzer und milder Haft wieder auf freien Fuß gesetzt, obgleich jeder meinte, daß man Anlaß hätte, ihn besonders zu fürchten.

Nach den Vorgängen des 2. Dezembers 1851 hatte der „Grand Orient de France" beschlossen, alle Logen einstweilen zu schließen. Von allen Seiten, besonders in der jesuitischen Zeitschrift „L'univers" richtete man die heftigsten Angriffe gegen die Freimaurerei. „Die jetzige Regierung" — so heißt es in der „Latomia" (13. Band, Leipzig 1854, Seite 228) — „scheine den Logen, die hauptsächlich in der eben nicht beliebten Bourgoisie wurzeln, nicht ganz günstig gestimmt zu sein, und es soll sogar schon ein Dekret zur gänzlichen

Unterdrückung der Freimaurerei in Frankreich fertig gelegen haben, als es dem Grand Orient de France gelungen sei, sich dem gegenwärtigen Regierungssystem zu nähern und die gefährdete Existenz der Logen zu sichern." Es ist sehr deutlich, wenn gerade in diesem Bande der „Latomia" an anderer Stelle ein Aufsatz gegen die Jesuiten gebracht wurde, in dem eingangs eigens festgestellt wird: „Es ist in der gesamten Maurerwelt anerkannt und durch zahlreiche unableugbare Tatsachen dargetan und bewiesen, daß der Freimaurerbund seine erbittertsten Gegner in den Jesuiten gefunden hat."

In dieser für die Freimaurerei bedrohlichen Lage retteten sich die Logen durch einen besonderen Schachzug. Der „Grand Orient" wählte am 9. 1. 1852 Lucien Murat, den zweiten Sohn Joachim Murats, des Schwagers Napoleons I. und Exkönigs von Neapel, zum Großmeister. Lucien Murat hatte bis zum Antritt der Präsidentschaft seines angeblichen Vetters als Anwalt in New York gelebt und war wie sein Vater Freimaurer geworden. Zu der Übernahme dieses hohen freimaurerischen Amtes hatte er die besondere Zustimmung Louis Napoleons erhalten. In seiner Antrittsrede sagte er u. a., die Lage äußerst kennzeichnend: „Von der anderen Seite habe ich begriffen, daß bei den freien Verhandlungen, welche in unseren Versammlungen stattfinden und bei dem philanthropischen Zwecke, auf den es in der Regel" (natürlich galt auch hier das Sprichwort: Keine Regel ohne Ausnahme!) „hinausläuft, es besonders notwendig ist, daß die Regierung versichert sein müsse, daß wir niemals die uns durch unsere Gesetze vorgeschriebenen Grenzen überschreiten. Nun wohlan! Ich habe Ihre Idee begriffen: Sie haben die Absicht gehegt, als Sie mich zum Nachfolger meines Onkels Joseph" (Bonaparte, Bruder Napoleons I. und Exkönigs von Spanien) „machten, dem Präsidenten" (Louis Napoleon) „einen Beweis Ihrer Sympathien für seine Familie zu liefern, und indem Sie mich in Ihren Bund aufnahmen, der Regierung eine Bürgschaft zu geben, die alle Furcht weichen lassen müsse, welche möglicherweise ein so weit verzweigter Bund wie der unsrige einflößen könnte."

Lucien Murat, der den 30. Grad bereits erreicht hatte, wurde denn auch bald der 33. Grad verliehen, bei welcher Gelegenheit Br. Berville am 27. 1. 1852 u. a. sagte: „Der Kaiser, Ihr erhabener Onkel," (Napoleon I.) „welcher ebenfalls in unsere Mysterien eingeweiht war, begriff recht wohl, welche Vorteile die gesellschaftliche Ordnung aus der richtig verstandenen und gut geleiteten Freimaurerei schöpfen könnte...." [36]) Diese deutlich an Louis Napoleon gerichtete Empfehlung der Freimaurerei erreichte ihren Zweck. Am 31. 1. 1852 beging der „Grand Orient" ein großes Fest, auf dem der eintretende Großmeister, Lucien Murat, mit vielstimmigen Freudenrufen empfangen wurde. Denn der Präsident Louis Napoleon hatte für die jetzt besonders in den Vordergrund gerückten „wohltätigen Zwecke" dem „Grand Orient" einen größeren Geldbetrag übersandt. In dem Bericht heißt es sehr vielsagend:

„Ebenso begriff die Regierung des Prinzen Louis Napoleon die heilige Mission, welche er von der Vorsehung empfangen hatte... In dieser Eigenschaft hat er mit Befriedigung die große Freimaurerfamilie ihrem Großmeister, dem Prinzen Lucien Murat, zu-

---

[36]) Auf St. Helena sagte Napoleon I.: „Die Freimaurer tun einiges Gute. Sie haben die Revolution" (von 1789) „unterstützt, und noch in letzter Zeit haben sie dazu beigetragen, die Macht des Papstes und den Einfluß des Klerus zu hindern." („Mémorial de Saint-Hélène par Las Casas.") Er sagte aber auch: „Die Jesuiten sind die gefährlichste aller Gesellschaften, sie haben mehr Unheil angerichtet als alle die anderen." („Napoleon in exile: or a voice from St. Helena by O'Meara.") Man erkennt an diesen beiden, die Gegensätzlichkeit des Freimaurerbundes und des Jesuitenordens betonenden und deren Tätigkeit richtig wertenden Aussprüchen, zu welchem Zweck Napoleon I. die Freimaurerei benutzen zu können glaubte. Man versteht aber auch damit die Bedeutung dieser freimaurerischen Selbstempfehlung für jene politische Lage, in der sich Louis Napoleon jetzt befand.

jauchzen sehen, der so würdig ist, daß er ihm seine edlen Eigenschaften mitteile." Lucien Murat war dazu ausersehen, einen versöhnenden Ausgleich zwischen dem sich auf Jesuiten stützenden Louis Napoleon und der Freimaurerei herzustellen. Daher sagte er auch nach seiner Eidesleistung am 9. 2. 1852: „Sie haben Louis Napoleon zu erkennen geben wollen, daß Sie denjenigen an Ihrer Spitze zu sehen wünschen, der es sich immer zur Ehre geschätzt hat, stets im Einklange mit ihm gestanden zu haben. Dank, tausendmal Dank!...." Nämlich dafür, daß die Freimaurerei — wenigstens angeblich — mit Louis Napoleon im Einklang stehen wollte! Wahrscheinlich kannte Murat die Gefahr für diesen, wenn das nicht der Fall sein würde. Dann sagte er weiter: „Ich habe alle die Garantien, welche meine Ernennung ebensowohl der Regierung als dem Freimaurerbunde selbst bietet, recht wohl begriffen; ich begreife auch, daß es in Zeiten der Revolutionen und Unruhen, wie wir sie erlebt haben, Übel gut zu machen und Elend zu erleichtern gibt.." [37]

Der „Grand Orient de France" änderte angesichts dieser Lage sein Motto: „Liberté, Egalité, Fraternité" in die harmloser klingenden Worte: „Charité et Fraternité" um. Als trotzdem die jesuitisch geleitete Zeitschrift „L'univers" mit ihren Angriffen fortfuhr, klagte — laut „Latomia" — ein hochgestellter Freimaurer, „daß übrigens bis zu dieser Stunde der „L'univers" noch nicht aufgehört hat, mit aller Heftigkeit gegen die Freimaurerei zu kämpfen, scheint am sichersten geeignet zu sein, die neuerdings lautgewordene Versicherung zu widerlegen, daß die Gesellschaft Jesu den Haß gegen die Masonen" (Freimaurer) „aufgegeben habe und sich derselben beim päpstlichen Stuhl anzunehmen beabsichtige". [38] Man hört hier deutlich, wie schwer die Freimaurerei getroffen wurde und — von

---

[37] „Lucien Murat, seine Wahl und Installation als Großmeister des Freimaurerbundes in Frankreich", Latomia, Freimaurerische Vierteljahrsschrift, 13. Band, Leipzig 1854.

wem sie getroffen worden war. Man entnimmt aber auch aus dieser Mitteilung, daß so eine Art „Waffenstillstand" zwischen den beiden Gegnern angestrebt wurde.

Inzwischen wirkte die Napoleon-Propaganda, von bonapartistischen Haus- und Presse-Sklaven gemacht und von der Regierung unterstützt, ungehemmt im Volke fort. Die albernsten und schwülstigsten Traktätchen, Broschüren und Bilder wurden zu Spottpreisen, teils sogar kostenlos bis in die entlegensten Hütten der französischen Dörfer vertrieben. Bei der allmählichen Ausschaltung jeder anderen Meinung konnten diese Schriften ihre Wirkung gar nicht verfehlen. Mit den durch sie wachgerufenen ruhmreichen Erinnerungen an die siegreichen napoleonischen Feldzüge wurde ganz zweifellos auch ein echt empfundenes Nationalgefühl bei den Franzosen lebendig. Aber dieser lebhaft empfundene Nationalstolz wurde sehr bald durch ganz bestimmte Tendenzen und Methoden in grenzenlosen Dünkel hineingesteigert und zu maßloser Eitelkeit verzerrt. Mit dem Namen Napoleon und der Staatsform des Kaiserreiches verband sich mehr und mehr der überspannte, imperialistische Gedanke, als die „Grande Nation" „à la tête de la civilisation", an der Spitze aller Völker marschieren — und diese folglich auch beherrschen zu müssen. Dieser phantastische Gedanke machte das französische Volk allmählich völlig blind gegen die politischen Tatsächlichkeiten. „Man muß sich durch diese Scharteken hindurch gewunden haben" — so schreibt ein zeitgenössischer Kenner dieser politischen Propagandaliteratur — „um den Charakter der französischen Massen zu begreifen: leicht entzündlich, generös, mystisch, hingegeben an das Ideal ihrer politischen Religion, das ihnen die Mühe des Selbstdenkens ersparte. ‚Er'" (d. i. Louis Bonaparte) „‚ist unglücklich gewesen, er denkt an die, welche dulden' — ‚Oh, wenn der

---

[38]) „Latomia", a. a. O., 13. Band, Seite 228.

Kaiser es wüßte!' der hilft allen." [39]) Mit solchen und ähnlichen Worten trösteten sich die Franzosen bei allen schauerlichen Gewalttaten, angesichts der entsetzlichen Korruption, der empörenden Rechtsbeugungen, des unvorstellbaren Sittenverfalles und des sozialen Schwindels des zweiten Kaiserreiches. Sie hofften von Jahr zu Jahr, bis ihnen endlich, als es zu spät war — nach der Schlacht von Sedan —, die allerdings sehr einseitige Erkenntnis kam, so daß an der Stelle des unter den Deutschen Siegesschlägen zusammenkrachenden jesuitisch-bonapartistischen Empires, die jüdisch-freimaurerische Republik wieder erstand.

Der Deutsche Kulturhistoriker Johannes Scherr hat als aufmerksamer zeitgenössischer Beobachter der Ereignisse von 1848 bis 1871 die Ursachen dieser Erscheinungen in Frankreich besonders gekennzeichnet. Er hat damit — wenigstens in einer Beziehung — das getan, was Napoleon III. selbst in seinem so beweihräucherten und unter Beihilfe anderer geschriebenen Buche über Cäsar forderte: „L'historien doit.... découvrir le secret de la transformation des sociétés" („Der Geschichteschreiber soll.... das Geheimnis der Umgestaltungen der Gesellschaft offen legen"). Scherr schrieb nun über jene „Umgestaltungen" in Frankreich: „Bei Menschen, Parteien und Völkern ist es ein untrügliches Merkmal des Verfalls, wenn sie die Kritik nicht mehr vertragen können, in eitler Selbstüberhebung sich spreizend und nur noch in ihren Schmeichlern ihre Freunde erkennend.... Solche Dünkelheimischkeit ist dann das rechte Ackerfeld für den Cäsarismus, den Jesuitismus und den Kommunismus, welche darum alle drei innigst wahlverwandt, jeder in seiner Weise die Volksschmeichelei systematisch organisiert hat und methodisch betreibt. Am verderblichsten wirkt dieses Gift, wann und wo es amtlich in alle Poren des Volkskörpers hineingepumpt wird. Die Franzosen haben das furchtbar erfahren. Hätten sie bei-

---

[39]) „Louis Napoleon Bonaparte", Hamburg 1859, Seite 92.

7 W. Löhde: „Ein Kaiserschwindel der ‚hohen' Politik"

zeiten sich warnen lassen, hätten sie, statt Gloire-Absynth hinabzuschlingen, das bittere Kraut der Wahrheit.... hinabgewürgt und verdaut, fürwahr, sie hätten sich nicht zwanzig Jahre lang von dem Dezember-Manne nasführen und tyrannisieren und schließlich von einem spanischen Weibe von sehr eindeutiger Vergangenheit und von der verhuel'schen Schwefelbande in einen unheilvollen Krieg hetzen lassen. Umgekehrt sind die Deutschen die Kerle, als welche sie sich in dem großen Jahre (1870/71) erwiesen haben, ganz wesentlich mit dadurch geworden, daß sie sich die schonungs- und rastlose Kritik, welche .... eine Reihe unerschrockener und unbeirrbarer Wahrheitsager an ihnen geübt hat, nicht allein gefallen ließen, sondern auch zu Herzen nahmen. Den Franzosen sagten ihre glatten Schmeichler: Ihr seid schon alles!' Den Deutschen ihre rauhen Kritiker: ‚Ihr müßt alles erst werden!' Beide Völker — das ist der ungeheure Unterschied zwischen ihnen — glaubten, was man ihnen sagte und taten darnach. Hierin liegt das ganze Geheimnis der Deutschen Triumphe und der französischen Niederlagen." [40])

Am 14. 9. 1852 unternahm Louis Napoleon im Rahmen dieser von den Bonapartisten betriebenen Propaganda eine damit in offensichtlicher Verbindung stehende Rundreise durch Frankreich, um dadurch dem Volke Gelegenheiten zu Kundgebungen für ihn und das Kaisertum zu bieten. Die Geistlichkeit beteiligte sich in hervorragender Weise an diesen recht wirkung- und prunkvoll aufgezogenen Reisen, auf denen ihr Prätendent seine anmaßende Dirne mitschleppte. Louis Napoleon begab sich, in einer Stadt angelangt, jedesmal sofort in die Hauptkirche und wurde dort von den Bischöfen und Priestern wie ein Monarch empfangen. Es ging etwa so zu wie in Shakespeares Drama „Richard III."

---

[40]) Johannes Scherr: „Hammerschläge und Historien", Zürich 1878, Seite 224/26.

wo Buckingham, um das törichte Volk für den Königsschwindel des Herzogs von Gloster zu gewinnen, rät:

"And look you get a prayer-book in your hand,
And stand between two churchmen....."

("Und nehmt mir ein Gebetbuch in die Hand,
Und habt, Mylord, zween Geistliche zur Seite....")

Louis Napoleon war jedoch gründlicher als Mylord. Sein Schwindel war ja auch wirklich, — d. h. größer als ihn je ein Dichter ersinnen konnte — er zeigte sich in Avignon nicht etwa nur zwischen „zween", sondern zwischen 500 Geistlichen, die sich zu seinem feierlichen Empfang versammelt hatten. Ein Triumphbogen trug die bezeichnende Inschrift:

"Vox populi vox Dei! Ave Caesar Imperator!"

("Die Stimme des Volkes ist Gottes Stimme!
Gegrüßt seist Du Cäsar und Kaiser!")

Auf dieser Propagandareise hielt Louis Napoleon auf einem Bankett jene Rede, in der die bekannten sich durch die vielen dann von ihm geführten Kriege — wie alles, was er sagte — als Lüge erweisenden Worte gesprochen wurden: „Das Kaisertum, meinen manche, sei der Krieg; nein, meine Herren, das Kaisertum ist der Friede" (L'empire c'est la paix). Ein Wort, das später ein kluger Mann, der Tatsächlichkeit entsprechend richtig stellte, indem er nur ein gleichklingendes Wort auswechselte: „L'empire c'est la paye" (Das Kaiserreich ist die Zahlung).

Der Deutsche Geschichteschreiber Leopold von Ranke schreibt — allerdings als Zeitgenosse jener Ereignisse etwas hofmännisch — über diese Zusammenarbeit und Verbindung des seiner Zeit noch regierenden Louis Napoleon mit der Kirche: „Der Klerus ergriff die starke Hand, durch welche seine eben gewonnene Stellung gegen die bei der Fortdauer einer republikanischen Verfassung zu befürchtende umstürzende Bewegung gesichert wurde. Er schlug es dem

Fürsten, der noch Präsident war, hoch an, daß er durch seinen Einfluß und seine Waffen zur Wiederherstellung des Papstes in Rom hauptsächlich beitrug; die kirchlich-katholische Haltung, die der neue Machthaber bei seinen Reisen an den Tag legte, erweckte eine allgemeine Befriedigung. Er redete, sagten sie, wie Konstantin; in diesem Sinne ward er von der Geistlichkeit empfangen. Die kirchliche Partei glaubte selbst den Akt des 2. Dezembers vorbereitet zu haben; sie half denselben durch das einstimmige Votum ihrer Anhänger legalisieren. Die Bischöfe schlossen sich dem neuen Kaisertum an, welches in ihrem populären Ansehen und Einfluß eine seiner Stützen sah und dem kirchlichen Interesse wiederum verpflichtet war. Man sah Kardinäle im Senat des Reiches; die kirchlichen Bedürfnisse wurden bis auf die der Dorfkirchen herab im Budget berücksichtigt; die Ernennungen zu den bischöflichen Sitzen erfolgte nicht ohne Rücksprache mit dem römischen Hofe." [41]

„Die moralischen Folgen des Eidbruches des Trägers der neuen Krone" — schrieb dagegen der zeitgenössische Kirchenhistoriker Nippold — „sind für die Untertanen furchtbar gewesen. Das von oben herab gegebene Beispiel ließ keinerlei Ehrfurchtsgefühl aufkommen, zeigte vielmehr jedem im Volke den Weg, ohne Gewissensskrupel Vorteil und Macht einzuernten. Die innigsten Familienbande waren damit gelockert, das Gemeindeleben geknickt, der Staat seiner sittlichen Grundlagen beraubt. Literatur und Kunst vergaßen über dem Lohne des Augenblickes der Aufgaben der Zukunft. Aber alle diese Übel aber, wie nicht minder über den Verlust der Freiheit selbst, hat die große Masse sich mit der Phrase der allgemeinen Gleichheit getröstet."

Als Louis Napoleon von dieser letzten Reise nach Paris zurückkehrte, riefen bezahlte Schreier, Priester und bonapartistische Bonzen bereits auf allen Plätzen: „Es lebe der Kaiser!" Der angehende

---

[41] Leopold v. Ranke: „Die römischen Päpste", 9. Buch.

Kaiser nahm auch nicht mehr Wohnung in dem Präsidentenpalais des Elysee, sondern bezog bereits vielsagend das königliche Schloß der Tuilerien.

Am 21. und 22. 11. 1852 arbeitete wiederum die Plebiszitmaschine und am 2. Dezember — ein Jahr nach dem Banditenstreich — am gleichen Tage, an dem der angebliche Onkel, Napoleon I., vom Papste als Kaiser gesalbt wurde, wurde Louis Napoleon zum „erblichen Kaiser der Franzosen" ausgerufen.

Das ersehnte Ziel — das Empire — war erreicht! Und „das Empire" — so hat ein Zeitgenosse geurteilt — „ist der Jesuitismus und die Korruption im Innern, die Bravade nach außen. Wenn das Innere ermattet hinsinkt, perinde ac cadaver," (gleich einer Leiche) „so wird ein Aderlaß nach außen appliziert. Wenn jede edle freie Regung im Inneren erdrückt ist, und Frankreich nur noch einer stummen, zahlenden und gehorsamen Herde gleicht, wenn die Symptome sich häufen, daß es so nicht weiter existieren kann: so kündigen ihm schmetternde Fanfaren an, daß es sich für die ‚Unabhängigkeit und Freiheit' — anderer Völker begeistern darf. Wenn der Despotismus, die Spionage, die Delation" (= Denunziantentum) „ihm die Kehle zuschnüren, daß man glaubt, es verröchle: so zieht der Empereur einen Vorhang auf und zeigt ihm den Kaiser Nikolaus, wie er auf dem Großtürken kniet, oder den Kaiser Franz Joseph, wie er Parma, Modena und Toscana am Stricke führt und mit demselben Stricke nach Turin hindroht. Wenn in der lautlosen Nacht des Empire schreckliche Seufzer aus den Gefängnissen laut werden, wenn das Stöhnen aus dem afrikanischen Sande über das Mittelmeer dringt und die verzweifelten Flüche aus der Glut des tropischen Guayana sich über den Ozean stehlen: so rührt der Empereur die Trommel wirbelnd, und erzählt von den Untaten der Russen zu Jassy und Bukarest und von ihren räuberischen Absichten auf Konstantinopel, oder er beschreibt den Spielberg und den

Carcero duro" (= der verschärfte Kerker) „zu Mantua und die Greuel der lombardischen Conscription und das Standrecht zu Bologna — sogar der vortreffliche Papst seufzt unter österreichischem Despotismus! Der Mann der Antithese, der die Kunst erfand, zu binden, was ewig sich flieht, als er Kaiser wurde erfand er das Schiboleth [42]): Sklaverei im Innern, Chauvinismus nach außen, brutale Gewalt nach beiden Seiten, die eine gegen die Franzosen, die andere durch sie." [43])

Der bekannte Deutsche Dichter Franz Grillparzer sagte indessen in einem kleinen, im Jahre 1852 verfaßten und „Napoleon III." überschriebenen Zeitgedicht:

„Von seiner Weisheit tönt ein Geschrei
Bis in Europas letzten Winkel:
Mir scheint er klug aus Schurkerei
Und dumm aus Eigendünkel."

---

[42]) = hebräisch, d. h. das „Kennwort" mit Bezug auf die Zugehörigkeit zu einer Partei, hier des Jesuitismus. Auch als „Paßwort" in der Freimaurerei gebräuchlich.

[43]) „Louis Napoleon Bonaparte", Hamburg 1859, Seite 97/98.

2.

In der Annahme, daß der Leser zeitgenössische Äußerungen begrüßen wird, wollen wir unseren folgenden Ausführungen ein Bild der Zustände an dem jetzt entstandenen französischen Kaiserhofe voranstellen, das der Deutsche Kulturhistoriker Johannes Scherr mit wenigen Strichen aber äußerst charakteristisch skizziert hat. Scherr schreibt:

"Ein Deutscher Maler hat unlängst eine Orgie der sieben Todsünden gemalt. Er hätte den Schauplatz in die Tuilerien zur Zeit des zweiten Empire verlegen sollen. Wer die Schwelle dieses Palastes überschritt, verließ ihn nur befleckt wieder. Das Schloß war ein Lupanar und eine Räuberhöhle zugleich. Der Affe des angeblichen Onkels hatte seinen Hof auf dem byzantinisch-pompösen Fuß des ersten Empire eingerichtet. Aber hinter dieser steifen Etikette welche zynische Sittenlosigkeit, hinter diesem bis zum Wahnsinn getriebenen Luxus welcher Schmutz von Personalien, hinter diesen sklavenhaften Untertänigkeitsbezeigungen welche gemeine Begehrlichkeit und lauernde Verräterei! Was für ein Menschenspülicht floß da aus und ein und ein und aus! Dezember-Mörder mit Marschallsstäben, oberste Justizmagistrate, welche die Vermittler machten zwischen den greisenhaften Gelüsten des Herrschers und der Habsucht käuflicher Weiber, Minister, welche die Staatsgelder armvollweise in den unersättlichen Schlund der kaiserlichen Privatkasse schütteten, Militär und Zivilbeamte aller Grade, welche ihre Anstellungspatente für General-Lizenzen jeder Durchstecherei und jeden Unterschleifs ansahen und ansehen durften, verlorene Söhne, welche ihre Väter zu denunzieren, verbuhlte Mütter, welche ihre

Töchter zu verkaufen kamen, Prälaten, welche Generalabsolutionen brachten und dafür Brevete der Volksverdummung mit fortnahmen, Mouchards jeden Ranges, Phrynen aus Neigung und Buhlknaben von Gewerbe, Mönche von allen Farben und Jesuiten von allen Zonen, Falschspieler, Schwindelhuber, Kneipzotensängerinnen, Geisterbeschwörer — drängten, schoben und stießen sich hin und her an dieser richtigen ‚cour de miracles'."

Diese knappe Darstellung Johannes Scherrs ist keineswegs übertrieben. Sie zeigt nur schonungslos den eigentlichen Kern dieser Gesellschaft, ohne die sie umhüllende, glänzende Schale. Als der französische Unterrichtsminister am 25. Oktober 1871 in der Jahressitzung der Academie française eine Rede hielt, hat er sich ganz dementsprechend ausgedrückt, indem er sagte: „Wir haben den Ruhm durch das Geld ersetzt, die Arbeit durch die Agiotage, die Ehre und die Ideale durch die Skepsis, die Kämpfe der Doktrinen und der Parteien durch die Politik der Interessen, die Schulen durch die Clubs. Wir verziehen und rühmten sogar die schlechten Sitten, schufen den verdorbenen Frauen ein Reich, füllten unsere Augen mit ihrem Luxus, unsere Ohren mit den Berichten von ihren Orgien, unseren Geist mit ihrem Blödsinn, unsere Herzen mit ihren hohlen Leidenschaften. Wir unterstützten die notorischen Spitzbuben in ihren Machenschaften oder klatschten ihnen wenigstens Beifall. Wir waren verschwenderisch mit allem, was die Welt verleihen kann, mit Genüssen, Macht und Ruf. Der Moral spotteten wir oder verleugneten sie. Wir glaubten nur noch an den Erfolg, wir liebten nur das Vergnügen und verehrten nichts als die brutale Gewalt.... Wir sprachen, bevor wir gedacht hatten, und zogen dem Ruhme die Reklame vor. Wir verleumdeten Grundsätze und Tatsachen, nur um nicht genötigt zu sein, sie zu glauben, zu bewundern und zu befolgen. Wir errichteten ein System der Verleumdung und machten aus dem Lügen eine Staatseinrichtung. Ist dies nicht die Gesellschaft, der wir angehörten? Und wenn dem so ist, müssen wir nicht bekennen, daß wir lange vor Sedan besiegt waren? — Ja, wir trugen die Ursachen der Niederlage in uns selbst." [1])

Es ist außerordentlich bezeichnend, daß sich jeder, der an diesem Hofe oder bei der Regierung irgendetwas erreichen wollte, zunächst einmal mit irgendwelchen, die anderen kompromittierenden Schriftstücken, Briefen und dergleichen versah. Mit diesen Waffen wollte er sich vor Intrigen der betreffenden Personen schützen und deren Unterstützung für seine eigenen dunklen Pläne erzwingen. Der Umstand, daß für solches Material gegen die höchsten Würdenträger und Beamten überhaupt ein Angebot und eine Nachfrage bestand, wirft weiteres Licht auf die Zustände. Den oft schnellen und unerwarteten Aufstieg einer von den vielen in den Tuilerien auftauchenden fragwürdigen Gestalten erklärte man ganz offen damit: Er hat „Papiere"! Jeder einzelne dieser Gesellschaft — vom Kaiser bis zum letzten Sekretär war mehr oder weniger in irgendwelche schmutzige Angelegenheiten verwickelt oder doch verwickelt gewesen, die nicht dem Einblick des Volkes preisgegeben werden durften. Hand in Hand damit ging folgerichtig ein unvorstellbares Spitzeltum. Es heißt in dem Buche „Der letzte Napoleon" nach persönlichen Erinnerungen des Verfassers: „Das ganze Land vom Kaiser und der Kaiserin bis zum Feldwächter, Armee, Magistratur, Verwaltung ist in ein Netz von Verdacht und gärenden Angebereien verwickelt.

Wenn das fortdauert, so wird die eine Hälfte der Nation die andere überwachen; man kann keinen Salon mehr besuchen, ohne daß man uns sagt: ‚Achtung! Diese große Dame, dieser Beamte usw. usw. sind von der Polizei!' Es ist eine Epidemie. Das Pikante da-

---

[1]) Johannes Scherr: „Das große Jahr" in „Hammerschläge und Historien", Zürich 1878, Seite 94, Anmerkung 1.

bei ist, daß die Chefs dieser furchtbaren Institutionen Spar- und geheime Fonds im Dienste ihrer persönlichen Ränke verwenden, besonders aber um ihre Kollegen oder Vorgesetzten zu unterminieren... Eine Regierung, welche es wagte, eine Menge ehrenwerter und friedliebender Menschen am hellen Tage von ihrem Herde, aus den Armen ihrer Weiber und Kinder darum wegzureißen, weil sie das Verbrechen begingen, ihrer heiligen Pflicht gemäß gegen die Treulosigkeit der Niedermetzelungen des Staatsstreiches zu protestieren oder das andere Verbrechen, den Janitscharen des 2. Dezember zu mißtrauen, und sie wie Mörder gefesselt auf die Galeeren von Cayenne und Lambessa zu senden und dies zwar ohne Urteil, ohne Gesetz, ohne Vorbereitung.... Was kann eine solche Regierung gegen den Unglücklichen, welcher des Schutzes und der Hilfe entbehrt, nicht wagen! Was kann sich nicht in der Dunkelheit alles begeben!"

In einer „Pariser Betrachtung" aus jener Zeit heißt es: „Die geheime Polizei hat ihre Netze übrigens überall verborgen, und in alle Kreise, die nur irgendwie politische Zwecke verfolgen könnten, sind ihre Agenten oft unter den verschiedensten Formen und Verkleidungen eingedrungen. Dem Namen und ihrem äußeren Auftreten nach vornehm sein wollende Edelleute, Künstler, Schriftsteller, Arbeiter aller Art und gar die im französischen sozialen Leben so einflußreichen Loretten, von der mit Diamanten bedeckten Maitresse des reichen Bankiers, die in der elegantesten Equipage einherrollt, bis zu dem unglücklichen, halb verhungerten Geschöpf, das sich des Nachts in den Straßen umhertreibt, um sich für einen Franc dem ersten Besten zudringlich anzubieten: sie alle, alle dienen der geheimen Polizei."[2]

Wie die geringsten und noch so harmlos gemeinten Äußerungen

---

[2] „Kaiser Napoleon III. und seine Herrschaft", Pariser Betrachtungen von einem Nicht-Diplomaten. Dresden o. J., Seite 24/25.

„L'empire c'est la paix", zeitgenössische Karikatur
Photo Dr. F. Stoedtner

(Bilderklärung umseitig)

„L'empire c'est la paix"

Auf seiner Propagandareise für das Kaisertum sagte der Präsident Louis Napoleon am 9. 10. 1852 zu Bordeaux: „L'empire c'est la paix" (Das Kaiserreich ist der Friede). Das Kaiserreich führte jedoch entgegen dieser Behauptung fortgesetzt Kriege. (Krim-Krieg, Krieg in Italien, Kriege in Nordafrika und China, Krieg in Mexiko, Deutsch-französischer Krieg 1870.) Daher entstand diese bemerkenswerte Zeichnung. Bereits gleich nach jener Rede hatte das Deutsche, politische Witzblatt „Kladderadatsch" vom 7. 11. 1852 den Satz Louis Napoleons vorausschauend umgeformt in die gleichklingenden Worte: „L'empire c'est l'épee" (Das Kaiserreich ist der Degen). Angesichts der riesigen Börsenspekulationen und Bereicherungen während des zweiten Kaiserreiches, an denen höchste Persönlichkeiten beteiligt waren, prägte man den Ausspruch in den ebenfalls gleichklingenden Satz um: „L'empire c'est la paye" (Das Kaiserreich ist die Zahlung [das Geld]).

Eugenie von Montijo, spätere Kaiserin der Franzosen

Ihr Großvater unterhielt eine Weinstube in Malaga, in der ihre Mutter die Gäste zum Trinken anregte. Sie war als Kaiserin völlig in der Hand ihrer Beichtväter und der Geistlichen, welche durch sie wachsenden Einfluß auf die französische Politik gewannen. Sie förderte unter solchen Umständen die mexikanische Expedition mit allem Eifer der Unwissenheit.   Scherl-Bilderdienst

Kaiserin Eugenie und ihre Damen

Gemälde von Winterhalter · Scherl-Bilderdienst

über die kaiserliche Regierung Veranlassung zu Verhaftungen gaben, die oft noch Cayenne — der sogenannten „trockenen Guillotine" — führten, zeigt folgender von Ebeling berichteter Vorfall: „In der Zeit, wo die neuen Hofkostüme so viel von sich reden machten, kam eines Nachmittags ein Mann in das Café de Paris, damals das feinste Kaffeehaus des Boulevards, setzte sich an einen Marmortisch und verlangte eine Tasse Kaffee. Der Mann trug eine Blouse und eine Kappe, war aber sonst gut gekleidet, mithin ein Arbeiter, aber ein anständiger.

Als man ihm die bestellte Tasse Kaffee nicht brachte, verlangte er sie nochmals und zwar ziemlich laut und barsch.

Wir servieren nichts für ‚Blousen', entgegnete der Kellner ebenso laut und in ziemlich verächtlichem Tone, und die übrigen Gäste fingen schon an, aufmerksam zu werden.

Was!, rief der Mann zornig, weil ich eine Blouse trage, wollen Sie mir für mein gutes Geld nichts geben? Ich soll wohl in dem neuen Hofkostüm erscheinen? Meine Blouse ist vielleicht ein ehrenhafteres Kleid als ein solcher Samtrock. Ich suche hier einen Herrn, mit dem ich zu sprechen habe." (Der Mann war Maurermeister und von einem Architekten wegen eines Auftrages bestellt.) „Wenn das der Segen des neuen Regiments ist, da war es früher besser.

Kaum hatte er diese Worte gesprochen, als zwei Polizeidiener ihn ergriffen und abführten. Polizeidiener waren in solchen Momenten sofort zur Stelle."

Wenn auch Louis Napoleon zufällig von dieser Sache erfuhr, und in diesem Falle — um der günstigen propagandistischen Wirkung willen — eine kitschige Großmutsszene mit dem Arbeiter aufführte, so liefen derartige Verhaftungen nicht immer so gut ab. Mancher Franzose mag wegen einer ähnlichen, an sich völlig unbedeutenden Äußerung, in der Tropenglut jener Verbrecherkolonie von Cayenne sein Leben unter schrecklichen Qualen ausgehaucht haben.

Bei einer anderen Gelegenheit wurde — nach Ebeling — die Gemüsefrau Libersale als „staatsgefährlich" verhaftet, weil an ihrem Stand unter einem Stoß Druckpapiere einige „revolutionäre Schriften" gefunden wurden. Die arme Frau konnte tatsächlich kaum lesen und hatte die Schriften mit anderen Zeitungen als Altpapier zum Einwickeln ihrer Waren gekauft. Als der Staatsanwalt sie in der Anklagerede pathetisch als eine „heimtückische" und „gefährliche Republikanerin" darstellte, rief sie gesund menschenverständig dazwischen: „Ich gefährlich und eine Republikanerin? — Ich verkaufe Salat, Erbsen und Bohnen und bekümmere mich nicht darum, ob mein Gemüse kaiserlich oder republikanisch ist!" Die Frau wurde zu sechs Jahren Gefängnis verurteilt, und zwar auf Antrag eines eifrigen kaiserlichen, anderthalb Jahre früher ebenso eifrig republikanische Gesinnungen vertretenden Staatsanwaltes. Was die Überzeugungtreue betrifft, kann man nämlich mit gleicher Berechtigung von den Franzosen sagen, was Schiller seine Maria Stuart von den Engländern sagen läßt:

„Ich sehe diese würd'gen Peers mit schnell
Vertauschter Überzeugung unter vier
Regierungen den Glauben viermal ändern —."

Es ist keineswegs überraschend, sondern eine politische Binsenweisheit, daß die Korruption auf diese Weise nur noch gefördert wurde, während die Regierung charakterlose Subjekte oder sich verstellende Menschen für überzeugungtreue Untertanen hielt und sich auf diese stützte. Ein Umstand, der kurz über lang zum Zusammenbruch führen mußte. Gerade Louis Napoleon, der sich sonst so bemühte, seinem „Onkel" alles nachzumachen, hätte aus dessen z. T. recht bitteren Erfahrungen sehr viel lernen können. Was ist denn — so fragte Scherr einmal — aus den sogenannten Republikanern unter dem ersten Kaiserreich geworden? — „Lumpen, Diebe und Wüstlinge," — so antwortete er — „Spione, Sbirren, Banditen und sonstige Knechte und Handlanger des bonapartistischen Despotismus." Aber nur so lange — so muß man hinzufügen — als es für sie praktisch war und etwas einbrachte. Man braucht ja nur — von Talleyrand ganz zu schweigen — an den Jakobiner Fouché zu denken, der im ersten Kaiserreich sogar kaiserlicher Polizeiminister wurde und seinen von ihm umkrochenen, sogenannten Kaiser, sobald es ihm angebracht erschien, schamlos verriet. „Ganz natürlich," — so erklärt Scherr diese Erscheinung — „denn gemeinen Seelen macht es wenig Sorge, von einem Extrem ins andere hinüberzuspringen. Sie haben ja nie einen Anhauch jenes Schamgefühls empfunden, welches edlen Gemütern verwehrt, auch nur die Gedankensünde eines Verrats an ihren Überzeugungen zu begehen."

Aber von der sich in solchen Vorfällen spiegelnden Angst und Unsicherheit der Regierung abgesehen, erkennt man hier ein ganz bestimmtes, den Grad gerechtfertigter Maßnahmen überschreitendes System. Wenn irgend etwas, so ist es dies System, wodurch sich die jesuitische Teilhaberschaft an dem zweiten Empire am deutlichsten bemerkbar macht. Es ist eine Bespitzelung wie in einem jesuitischen Institut. Bismarck sagte daher im Jahre 1870 — nach den Aufzeichnungen Busch's — von diesem, auf solche Weise gebildeten und entstandenen jesuitisch-bonapartistischen Frankreich, es wäre „eine Nation von Nullen, eine Herde; sie haben Geld und Eleganz, aber keine Individuen, kein individuelles Selbstgefühl — nur in der Masse. Es waren dreißig Millionen gehorsamer Kaffern, jeder einzelne von ihnen ohne Klang und Wert.... Es war leicht, aus diesen Person- und Charakterlosen eine schockweise Masse zu bilden, die die anderen erdrückte, solange sie noch nicht einig waren."

Um sich bei dem von der Hofclique ziemlich isoliert gehaltenen Kaiser in Gunst zu setzen, war natürlich — wie bei allen Machthabern, deren Geistesenge und Machtfülle im Mißverhältnis stehen

— eine zur höchsten Kunst gesteigerte Fertigkeit in der Speichelleckerei und Kriecherei unerläßliche Vorbedingung. Nicht nur politische Geschäftemacher und bonapartistische Kammermameluken haben sich in dieser schmählichen Kunst gegenseitig übertroffen, sondern auch Künstler und Professoren — leider auch Deutsche — haben es mit ihrer Würde vereinbar gehalten, ihre gelehrten Pudelkünste an den Stufen des napoleonischen Schwindelthrones zu zeigen und die ihnen gnädigst zugeworfenen Gnadenbrocken schweifwedelnd zu apportieren. Es bedarf wohl kaum der Erwähnung, daß anständige und ehrliche Leute oder gar edle und charaktervolle Menschen in solcher Umgebung nicht einmal stillschweigend leben, geschweige denn Einfluß gewinnen konnten.

Um durch ein Beispiel zu erläutern, wie diese „kaiserliche" Gesellschaft beschaffen war, erwähnen wir ganz kurz einen der vielen, fast unglaublichen Vorfälle, den Ebeling gebracht hat und der ihm seiner Zeit in Paris „von unzähligen Seiten" mitgeteilt wurde. Diese Geschichte — so sagt er — „ist nie widerlegt worden und sogar die aufrichtigsten Anhänger des Kaiserreiches beobachteten darüber ein dumpfes Schweigen, das freilich nur um so beredter sprach".

Am 6. 4. 1854 waren der alte Exkönig Jérôme, der Marschall Saint-Arnaud — einer der Hauptmacher bei dem „Staatsstreich" von dunkelster Vergangenheit — und der General Cornemuse abends beim Kaiser gewesen. Als dieser wieder allein war, vermißte er seine Brieftasche, die er während des Besuches aus der Hand und auf ein Seitentischchen gelegt hatte. Die Tasche enthielt 100 000 Francs, „die am nächsten Morgen für verschiedene Kirchenbauten verschickt werden sollten". Nach vergeblichem Suchen wurde der Polizeipräfekt Piétri geholt. Man stellte nochmals einwandfrei fest, daß niemand außer jenen drei Besuchern in der fraglichen Zeit das Zimmer betreten hatte und überlegte, wer der Dieb sein könnte. Der alte Jérôme war zwar stets in Geldverlegenheit, aber als Mitglied der kaiserlichen Familie konnte er — so meinte man — wohl als Täter nicht in Betracht kommen. Von General Cornemuse erklärte der Polizeipräfekt der Wahrheit entsprechend, er sei einer der ehrenwertesten Offiziere der ganzen französischen Armee. Als Louis Napoleon als dritten Besucher Saint-Arnaud nannte, erwiderte Piétri, dem das dunkle Vorleben dieses „Marschalls von Frankreich" natürlich bekannt war: „Sire, ich höre an Ihrer Stimme und verstehe Sie, kein anderer als der Marschall hat das Portefeuille gestohlen." Obgleich es bereits Mitternacht war, wurden die beiden Offiziere herbeigerufen. Louis Napoleon teilte ihnen in Piétris Gegenwart das peinliche Vorkommnis in entsprechender Weise mit und ersuchte um Erklärungen. Der General Cornemuse sagte mit besonderer Betonung, s e i n e Vergangenheit wäre derartig, daß sich eine Erklärung wohl erübrige. Bei diesen Worten fuhr der Marschall wütend auf und schrie den General an: „Sie wollen wohl damit sagen, ich sei der Dieb? Das fordert Blut, wenn Sie kein ehrloser Schuft sein wollen! Und das sofort, im Augenblick!" Er öffnete die zum Garten führende Glastür und zerrte den General über die Treppe in den dunklen Garten hinunter, wo er ihn angriff und „im Duell" tötete. Am folgenden Tage reiste er zur Orientarmee ab, während man veröffentlichte, General Cornemuse sei „am Herzschlag" gestorben. „Man fragt sich hierbei unwillkürlich," — so bemerkt Ebeling — „wie das Duell in so unmittelbarer Nähe des Kaisers, gewissermaßen unter seinen Augen möglich war, da er es doch durch einen energischen Befehl verhindern konnte. Eine vertrauliche Äußerung Piétris gibt uns den Schlüssel des Rätsels: ‚Der Kaiser kannte Cornemuse als einen sehr gewandten Fechter und hoffte auf einen entgegengesetzten Ausgang des Duells, der ihn schon damals von Saint-Arnaud befreit haben würde. Ich hoffte dasselbe.'" Diese fehlgeschlagene Hoffnung ging jedoch auf andere Art in Erfüllung. Der Marschall erkrankte nämlich bereits während der Reise und starb auf der Fahrt nach Konstantinopel. „Ein würdiger Priester, der Abbé Parabère," — so schreibt Ebeling — „verließ den Marschall nicht mehr; er hörte seine letzte Beichte und reichte ihm die h. Sterbesakramente." Er ist also immerhin noch rechtzeitig gestorben! „Gottlob, so ist doch schon e i n e r hinüber!" soll Louis Napoleon auf die fragwürdigen Teilnehmer an dem „Staatsstreich" anspielend, bei dieser Nachricht gesagt haben. Vielleicht hatte Saint=Arnaud auch „Papiere", zweifellos aber Erinnerungen, die recht aufklärend gewesen wären. Aber in solchen merkwürdigen Fällen ist eben oft „ein würdiger Priester" anwesend, der — wie dieser Abbé Parabère — den Kranken „nicht mehr verließ"!

Ob nun tatsächlich der „Marschall von Frankreich" oder gar der vom Verhör ausgeschlossen gewesene ehemalige „König von Westfalen" die Brieftasche gestohlen hat, ist nie aufgeklärt worden. Jedenfalls ist es für diese Gesellschaft des zweiten Kaiserreiches kennzeichnend, daß man in den Tuilerien keine Brieftasche aus der Hand legen konnte, ohne fürchten zu müssen, daß sie hinterrücks gestohlen würde. Also hatte Scherr schon recht, wenn er sagte, das Schloß war „eine Räuberhöhle".

Die Befriedigung der Geldbedürfnisse der zahlreichen und verschwenderischen napoleonischen Familie, sowie der „verdienstvollen" politischen Komplizen nötigten Napoleon III. zu den dunkelsten finanziellen Spekulationen und fragwürdigsten Machenschaften. Außerdem mußte er die durch das schamlose Gebaren seiner Anhänger hervorgerufenen Skandale mit seinem Namen und Ansehen decken. Es kam vor, daß durch Unterschleife und Schiebungen kompromittierte hohe und höchste Beamte mit dem Kreuz der „Ehrenlegion" ausgezeichnet wurden, um durch solche Äußerlichkeiten wenigstens ihren „guten Ruf" beim Volk zu wahren. Das staunte dann solche ausgezeichneten und betitelten Subjekte ehrfurchtvoll an! Von Natur aus freigebig und dankbar, gab Napoleon gerne und reichlich; er hätte aber von seinen Freunden wissen müssen, was sich Schillers Wallenstein von seinen Anhängern sagt — sie „setzen wie auf eine große Nummer ihr alles auf dein einzig Haupt und sind in deines Glückes Schiff mit dir gestiegen".

Außer dem am Hof getriebenen Luxus und der Verschwendung der vielen Nutznießer des Kaiserreiches, wurden für die Bauten außerordentliche Summen benötigt. Der am 17. Mai 1856 in einer politischen Mission zu Paris eintreffende Erzherzog Ferdinand Maximilian, der spätere „Kaiser von Mexiko", schrieb darüber an seinen Bruder, den Kaiser Franz Joseph: „Es ist kaum zu glauben," — so heißt es in dem Berichte — „welche Umwälzungen Napoleon in kurzer Zeit in der äußeren Gestalt von Paris zustande gebracht hat. Das Rätsel löst sich nur, wenn man weiß, wie wenig das Budget des Staates und der Stadt geschont worden sind. Neue Straßen, neue Boulevards, unzählige Bauten, alles von riesenhaften Dimensionen, sind unter der jetzigen Regierung entstanden. Paris ist, wie gesagt, keine Kaiserstadt, aber eine Imperatorenstadt, daher die hier herrschende Vergötterung der Kunst, der Luxus von Monumenten, Säulen usw." [3])

In der drei Jahre später erscheinenden Schrift „Louis Napoleon Bonaparte" ist in diesem Zusammenhang eine Aufstellung des Geldbedarfes der einzelnen französischen Regierungen gebracht, aus der sich ergibt, daß das zweite Kaiserreich die vorhergegangenen Regierungen um 6—700 Millionen Francs übertrifft! Dieser Mehrbedarf allein stellt fast den Gesamtbedarf des ersten Kaiserreiches dar! Später ist der Verbrauch noch gestiegen; denn der Prunk und der Aufwand waren ungeheuer. Diese Gesellschaft von

---

[3]) Conte Corti: „Maximilian und Charlotte von Mexiko", Wien 1924, 1. Band, Seite 59.

8 W. Löhde: „Ein Kaiserschwindel der ‚hohen' Politik"

Parvenus mußte sich natürlich entsprechend in Szene setzen, um durch äußerliche Protzerei ihre innerliche Hohlheit zu verbergen. Feste, Empfänge, Bälle und andere Veranstaltungen wechselten miteinander ab. "Bei diesen Festen" — so heißt es in der Biographie Clara Tschudis — "wurde ein Glanz entfaltet, von dem man sich heutzutage kaum eine Vorstellung zu machen vermag.... Der Kaiser und die Kaiserin nahmen auf den erhöhten Sitzen Platz, Prinzen und Prinzessinnen scharten sich um sie. Die Herren erschienen sämtlich in Uniform, von denen die eine strahlender als die andere. Die der Kammerherren bestand in einem scharlachroten, mit breiten Goldborten besetzten Frack, das Stallamt war in Grün mit Gold, der Jagdetat in Grün mit Silber, während die Palastpräfekten eine amaranthfarbene mit Goldverbrämung trugen. Die Zeremonienmeister hatten violette, die Ordonanzoffiziere endlich himmelblaue, über und über mit Silber bestickte und mit Troddeln behängte Galakleidung. Und mitten zwischen den glänzenden französischen Uniformen tauchten verschiedene fremde Nationaltrachten auf, sah man Fürsten und Militärs aus aller Herren Länder. Die Damenwelt ihrerseits erschien durchgehend in pompöser Toilette. Unter diesen Tausenden gab es nämlich auch nicht wenig unbekannte Namen, für welche die Kleiderpracht das einzige Mittel, sich bemerkbar zu machen." [4] Aber selbst hinter dieser üppigen Kleiderpracht und dem zur Schau getragenen Prunk konnten sich die mit bedenklichsten Mitteln aus bedenklichen Verhältnissen aufgestiegenen Menschen nicht verbergen. Es ist äußerst erheiternd, wenn der an einem dieser Hoffeste teilnehmende Bismarck in seinen Erinnerungen schreibt: "Es kamen körperliche Zusammenstöße der gestickten und bebänderten Herren und reich eleganten Damen vor, die in Handgreiflichkeiten und Verbalinjurien übergingen, wie sie bei

---

[4] Clara Tschudi: "Eugenie, Kaiserin der Franzosen", Übersetzung aus dem Norwegischen von Erich Holm, Leipzig o. J., Seite 98/99.

uns im Schloße unmöglich wären." So „drängte, schob und stieß man sich — wie es in dem von Scherr gezeichneten Bilde heißt — an diesem seltsamen Hof.

Es ist keineswegs überraschend, sondern nur selbstverständlich, daß sich an einem so geldbedürftigen und so gearteten Hofe bald die Juden einstellten. Wo Aas ist — so lautet ein bekanntes Sprichwort — sammeln sich die G e i e r; aber — auch das hätte Louis Napoleon wissen müssen — niemals die A d l e r!

Nachdem bei dem politischen Spiel um die äußere Macht die von Juda ausgeworfene demokratisch-freimaurerische Karte von dem jesuitischen Gegenspieler durch die kaiserlich-bonapartistische übertrumpft worden war, mußten die Juden versuchen, das große Spiel auf andere Weise zu gewinnen. War ihnen die Vordertür zur Regierung verschlossen, so benutzten sie eben die Hintertreppe, um mit finanziellen Transaktionen Einfluß zu gewinnen und statt der schlechten Staatsgeschäfte wenigstens gute Staats p a p i e r geschäfte zu machen. Der Jude Fould — der noch im Jahre 1852 von Louis Bonaparte sagte, „dieser Schuft ist imstande, von mir Geld zu borgen" — stellte die Verbindung des Judentums mit dem Kaiserreich her und es waren besonders drei andere Juden, welche dann in Frankreich wirtschafteten. Georg Herwegh hat sie im Jahre 1863 in dem satirischen Gedicht „Die drei Juden des Kredits" angegriffen und die Dummen verspottet, die auf ihre schwindelhaften Transaktionen hereinfielen. Die letzte Strophe dieses Gedichtes lautet ihre Namen nennend und zusammenfassend:

> „Die drei Juden, die merke dir, aktienschwer,
> Von wegen deines Papieres;
> Den Rothschild merke, den Isaak Pereire,
> Und merke dir auch den Mires.
> Und merke dir, Schwindler, überhaupt:
> Der Schwindel dauert, so lang man dran glaubt."

Man wird den Verfasser des Buches „Der letzte Napoleon" kaum für einen Judengegner halten dürfen; aber auch er schreibt von einem gewissen Abschnitt in dieser Entwicklung der Verhältnisse am französischen Kaiserhofe: „Man könnte diese Periode mit Ankunft der Juden überschreiben. Noch hat man nicht die Thronerhebung der Juden durch Napoleon III. ins Auge gefaßt. Es ist die Herrschaft Israels, es wimmelt von Juden...." Das ist zweifellos richtig. Nur muß man den jüdischen Einfluß in diesem Falle richtig einzuschätzen und abzuwägen verstehen.

Als jene korrupten Zustände nach dem Zusammenbruch des zweiten Kaiserreiches nicht mehr durch die Zensur aller Länder abgeschirmt, sondern erbarmungslos in das Licht kritischer Betrachtung gerückt wurden, wollten weder die Jesuiten noch die damit so eng verbunden gewesenen kirchlichen Kreise irgendetwas mit diesem Reich zu tun gehabt haben. Sie bemühten sich daher — wie stets in solchen Fällen — ihre Mitwirkung an diesem politischen Schwindel abzuleugnen und es war ihnen daher äußerst willkommen, daß sie einen gewichtigen Anteil daran mit Erfolg und äußerer Wahrscheinlichkeit den Juden zuschieben konnten. Diesem Bestreben der Kirche kam u. a. das sonst sehr gute, aber auch sehr christliche Buch Eduard Drumonts „Das verjudete Frankreich" — soweit die Darstellungen diese Zeit betreffen — entgegen. Für jeden, der das Wirken der überstaatlichen Mächte Juda und Rom kennt — und nach den Enthüllungen des Feldherrn Ludendorff sollte es jeder kennen —, ist es ohne weiteres klar, daß die Juden alles daran setzten, das bonapartistisch-jesuitische zweite Kaiserreich zu stürzen, um — wie es im Jahre 1870 denn auch geschah — ihre Republik zu errichten. Zur Verwirklichung und Vorbereitung dieser Pläne war ihnen das Umsichgreifen jener Korruption nur willkommen und sie taten selbstverständlich alles, um diese Zustände zu fördern und dabei auch ihrerseits Geschäfte zu machen. Aber die Möglichkeit und die Ausbreitung dieser Korruption lag doch zunächst einmal in dem System begründet, das alle ernstlich auf die Beseitigung dieser Schäden drängenden und anders denkenden Franzosen brutal unterdrückte, indem man sie als „Republikaner" oder „Gegner des Kaisers" politisch verdächtigend, planmäßig aus den Staatsstellen ausschaltete. Das System war jesuitisch und das Reich von Jesuiten gebildet. Die Freimaurer waren deren Gegner. Daher förderten die Juden die Zersetzung des Reiches und haben es schließlich ja auch mit Hilfe der von ihnen geleiteten Freimaurerei gestürzt. Aber deswegen war weder das System noch das Reich jemals tadellos oder auch nur so beschaffen gewesen, daß das französische Volk dessen Untergang zu beklagen gehabt hätte; wenn es natürlich auch bei dem Wechsel im Jahre 1870 nur von dem Regen in die Traufe kam.

Es ist daher ganz nützlich, zu erinnern, daß z. B. die klerikale Zeitschrift „L'univers" im Frühjahr des Jahres 1853 schleimigfromm feststellte, „mit derselben Devotion faltete sich die zarte Hand der Gräfin und die mit Schwielen bedeckte des Arbeiters; durch gleiche Inbrunst vereint kniete der Vornehmste und der Geringste nebeneinander; niemand schloß sich aus von dieser Begeisterung für die Religion.... Und dies alles verdanken wir dem Sinne unseres erhabenen Kaisers, der mit solchem Eifer die religiösen Zeremonien ermutigt." [5] Aber im Café de Paris war solches „Nebeneinander" — wie wir sahen — nicht möglich!

---

[5] Dieses fromme Blatt hetzte im Jahre 1873, nachdem der „erhabene Kaiser" abgesetzt war, derartig gegen Deutschland und verleumdete Kaiser Wilhelm I. in einer so niederträchtigen Weise, daß Bismarck den französischen Botschafter in Berlin, de Gontaut-Biron, am 13. 1. 1874 zu sich bat und u. a., sehr ernst auf diese Umstände hinweisend, sagte: „In Frankreich wie überall heutzutage, sucht die klerikale Partei die Herrschaft über den Staat an sich zu reißen. Hier haben wir den offenen Kampf mit ihr und mit der römischen Kirche. Der Papst, dem seine Unfehlbarkeit zu Kopf gestiegen ist, hat den Rechten des Staates mit aller Entschiedenheit den Krieg erklärt.... In bayerischen Zeitungen habe ich sogar gelesen, daß man nur abwarten will, bis die klerikale Partei in Frankreich aus

Nachdem Napoleon III. „Kaiser der Franzosen" geworden war, bemühte er sich an verschiedenen Fürstenhöfen Europas um die Hand einer Prinzessin. — Vergebens! — Die überaus anrüchige Vergangenheit und Moralität des gekaiserten Brautwerbers war anscheinend inzwischen doch wohl bekannt geworden. Jedenfalls fand sich keine Prinzessin, die gewillt war, diesem meineidigen Mann die Hand zu reichen und auch kein Fürst, der um den Preis dieser Kaiserkrone gesonnen war, seine Tochter zu verhandeln. Napoleon III. war daher gezwungen, auf seine vielen D....amen-bekanntschaften zurückzugreifen, wenn er eine Dynastie begründen wollte. Und das wollte er!

Zu diesen Bekanntschaften gehörte nun auch ein Fräulein Eugenia von Teba-Montijo, deren Mutter auf eine etwas eigenartige Weise zu diesem Namen und dem Titel einer Gräfin gekommen war. Ihr Großvater, Herr Kirkpatrick, war nämlich eines Tages völlig mittellos aus Schottland nach Spanien eingewandert und hatte — wie das so geht — in Malaga eine Weinstube eröffnet. Eine solche Weinstube gewinnt zweifellos an Zuspruch, wenn der Wirt hübsche Mädchen aufwarten läßt, welche die Gäste durch ihren Liebreiz und ähnliche Mittel in geeigneter Weise zum Trinken anregen. Der heutige Sprachgebrauch nennt solche Tätigkeit allgemein

---

Ruder kommt, um dann die katholische Opposition in Bayern zu verstärken und zu organisieren. Wenn die Bischöfe den Befehl von Rom empfangen, unsere Untertanen zur Rebellion anzureizen und wenn zu ihrer Erleichterung auch noch ständige Angriffe von Frankreich gegen die Deutsche Politik ausgehen, dann fühlen wir uns bedroht, es ist für uns eine einfache Frage der Sicherheit, die uns zum Kriege gegen Sie zwingen kann. Das liegt noch im weiten Felde, Ihre Minister sind ja keine Klerikalen, ich fürchte nur, sie könnten zu schwach sein, um die Forderungen des Ultramontanismus abzuwehren. Sind Sie sich klar darüber, daß die ganze Stellung der katholischen Kirche sich seit dem Vatikanischen Konzil geändert hat?....." Als der Botschafter Bismarck über die Macht der Kirche beschwichtigen wollte, erwiderte dieser lachend: „Ich würde eine Provinz opfern, wenn Sie mit dem, was Sie über die Ungefährlichkeit des Klerus sagen, recht hätten." (André Dreux: „Dernières Années de L'Ambassade en Allemagne de Mr. de Gontaut-Biron", zitiert nach „Bismarck, Die gesammelten Werke", Berlin 1926, 8. Band, 2. Abteilung, Seite 94 ff.)

„animieren" und ein Lokal, wo das geschieht, eine „Animierkneipe". Es traf sich nun sehr gut, daß Herr Kirkpatrick über zwei Töchter verfügte, die nicht nur sehr hübsch, sondern auch entsprechend veranlagt waren, um die weinseligen Gäste ihres Vaters mit ihrer freundschaftlichen — und nicht nur freundschaftlichen — Gunst und Huld zu beglücken. Besonders Manuela war in dieser Hinsicht sehr tüchtig und verstand es mit ihrem Liebreiz und ihrer im Laufe der Zeit erworbenen Fertigkeit, die Gäste, zu denen auch die Offiziere von Malaga gehörten, zu veranlassen, dem von ihr kredenzten Wein reichlich zuzusprechen. Die Weinstube erfreute sich daher nicht nur eines entsprechenden Rufes bei den Weinkennern, sondern auch bei den sogenannten „Frauen"kennern. Unter diesen befand sich nun der zwar bereits ältere und einäugige, aber für die Reize der schönen Weinhändlerstochter keineswegs blinde Graf Teba-Montijo. Diesen — wie man sagte — etwas beschränkten Mann hatte sich Manuela erwählt, um mit ihm ihre ehrgeizigen Absichten, in der Gesellschaft eine Rolle zu spielen, durchzuführen. „Sie bezeigte ihm" — so schreibt Clara Tschudi — „das zärtlichste Entgegenkommen, die rücksichtsvollste Ehrerbietung. An ihn — an ihn allein — verschwendete sie ihr süßestes Lächeln, ihre feurigsten Blicke, ihre berückendste Liebenswürdigkeit." [6]) Da der Graf das Mädchen nicht lassen und dieses Frau Gräfin werden wollte, so drückte er eines Tages — vielleicht nach mehreren Flaschen feurigen Weines — das ihm noch verbliebene Auge vor der Vergangenheit seiner Liebsten zu und heiratete sie trotz des heftigen Widerstandes der gräflichen Familie.

Der Weinhändler hatte jedoch inzwischen ein beträchtliches Vermögen erworben. Außerdem eröffnete seine Tochter, jetzt Gräfin Montijo, ein angesehenes gastliches Haus in Malaga, wo es sehr

---

[6]) Clara Tschudi: „Eugenie, Kaiserin der Franzosen", autorisierte Übersetzung aus dem Norwegischen von Erich Holm, Leipzig o. J.

frei zuging und an dessen Tafel man sehr gut speiste. Daher tat man in der sogenannten guten Gesellschaft bald so, als ob man ihre etwas eigenartige Vergangenheit vergessen habe.

Die Gräfin Montijo brachte zwei Töchter zur Welt, von denen die jüngste, Eugenia genannt, am 5. 5. 1826 geboren wurde; am gleichen Tage und genau fünf Jahre später als Napoleon I. auf St. Helena starb, wie der den Kaiser bis zum Wahnsinn verehrende alte Graf freudig bewegt feststellen konnte. Nach dem im Jahre 1839 erfolgten Tode des Mannes verlegte die noch sehr lustige Witwe ihren Wirkungskreis nach Madrid, soweit sie sich nicht — wie so oft — mit ihren Töchtern in Paris oder auf Reisen befand. In Madrid eröffnete sie einen ebenfalls recht gastfreien Salon, wo es sehr lebhaft herging und der sich, wie einst jene Weinstube in Malaga, bald einer wachsenden Anziehungskraft bei der internationalen Lebewelt erfreute. Schon zu Lebzeiten ihres Mannes hatte die Gräfin je nach Laune oder Vorteil intime Beziehungen zu ihr gefallenden oder einflußreichen Männern unterhalten. Aber auch ihre Liebhaber versuchten, die gräfliche D....ame auf diese oder jene Weise auszubeuten. So verschwand eines Tages ein von ihr geliebter Italiener nach dem Genuß aller ihrer Reize mit ihren Diamanten, die er wahrscheinlich für wertbeständiger hielt als ihre Liebe. Wir erwähnen diese Umstände, um zu zeigen, welches Gesindel sich in diesem Salon der Gräfin herumtrieb; denn auch ein junger Mexikaner wurde mit ihrer zweifelhaften Gunst beehrt, dessen verhängnisvolle Mitwirkung bei dem mexikanischen Kaiserschwindel durch seine hier geknüpften Beziehungen erst möglich wurde, und den wir noch kennenlernen werden.

Unter solchen Umständen überrascht es nicht, wenn gesagt wurde — was durchaus wahrscheinlich ist —, daß die Gräfin auch ein Liebesverhältnis mit dem auffallend intim bei ihr und später in den Tuilerien verkehrenden Dichter Prosper Mérimée unterhalten habe.

Ebenso wenig erstaunlich ist es, wenn man behauptete, Eugenie sei nicht die leibliche Tochter des bejahrten gräflichen Gatten ihrer Mutter, sondern die des Grafen Viel-Castel gewesen. Die Töchter — besonders Eugenie — hatten sich zu auffallenden Schönheiten entwickelt, als Mutter Gräfin noch eine ansehnliche und umworbene D....ame war, die, in Liebesangelegenheiten erfahren, mit ihren Mädchen noch recht viel erreichen wollte. Da der alte Graf Teba ein glühender Napoleon-Verehrer gewesen war, in dessen Hause ein förmlicher Napoleonkult getrieben wurde, hatte die Gräfin auf einer mit ihrer Tochter Eugenie unternommenen Reise die Bekanntschaft des damals noch verlachten Louis Napoleon angeknüpft. Als der „Prinz" dann Präsident wurde, erneuerte er die anziehende Bekanntschaft und versuchte, die schöne Eugenie zu gewinnen, wie er bereits so viele andere D....amen gewonnen hatte. Wider Erwarten stieß er trotz der zweifellos von ihm gemachten verlockenden Anträge bei dem Mädchen auf energischen Widerstand. Eugenie hatte schon manche Erfahrung hinter sich. Sie hatte u. a. auch dem Verlobten ihrer Schwester, einem Herzog von Alba, nachgestellt. Als sie diesen nicht an sich fesseln konnte, und er dennoch ihre Schwester heiratete, versuchte sie sich zu vergiften, wurde aber dabei überrascht und konnte kaum gerettet werden. Corti schreibt: „Louis Napoleon war ein großer Verehrer der Frauenwelt und hatte dies, noch bevor er Frankreichs Krone auf sein Haupt gesetzt, oft genug bewiesen. Auch bei Eugenie von Montijo soll er es gar nicht so ernst gemeint haben, aber die stolze Spanierin war für eine Tändelei nicht zu haben...." Denn — so meint er an anderer Stelle — „die Sinnlichkeit ihrer Mutter hatte sie nicht voll geerbt und konnte sich daher in Liebesdingen fast stets ganz in der Hand behalten."[7]) Es ist nur gut, daß es hier etwas widerspruchsvoll und umständlich

---

[7]) Conte Corti: „Maximilian und Charlotte von Mexiko", Wien 1924, 1. Band, Seite 47.

heißt, daß sich Eugenie bei ihrer maßlosen Koketterie „fast stets ganz" in der Hand behalten konnte. Sie tat es zwar in diesem Falle; aber wohl weniger aus Gründen des Stolzes als in ganz bestimmter Absicht. Ob sie es aber immer gekonnt oder getan hat, wollen wir hier nicht weiter erörtern. Jedenfalls hat Johannes Scherr sich in dieser immerhin etwas heiklen Frage etwas verständlicher ausgedrückt, indem er sagte, daß Eugenie „abergläubig und fanatisch war wie eine echte Spanierin und gerade so tugendhaft und züchtig, wie eben eine in dem von ihrer Frau Mutter vordem in der Chausse d'Antin Nr. 8 gehaltenen Spielhause Aufgewachsene sein mußte.... und maßen Mademoiselle diesmal klug war und erklärte, der Weg in ihr Schlafzimmer ginge nur durch die Kirche, so schlug ihr Liebhaber diesen Weg ein und heiratete die Donna, welche ihm hinsichtlich seiner Legitimität gerade so viel oder so wenig vorzuwerfen hatte, als er ihr hinsichtlich der ihrigen".[8])

Bevor Napoleon sie heiratete war der Prinz Camerata ihr begünstigter, stets in ihrer Gesellschaft erscheinender Liebhaber gewesen. Es war nur gut, daß er sich noch vor ihrer Vermählung zur rechten Zeit erschoß, oder auch — erschossen wurde. Wer weiß es? — Die sich dabei abspielende folgende Szene war jedenfalls eigenartig genug, um alle Vermutungen zu rechtfertigen. „Der bekannte französische Polizeibeamte Monsieur Claude" — so heißt es bei Clara Tschudi — „berichtet in seinen Memoiren, wie er infolge dieses Selbstmordes mitten in der Nacht den Besuch einer Dame erhalten, die keine Geringere als die Gräfin Montijo gewesen. Sie trug ein Etui voll Fläschchen mit stark riechenden Essenzen bei sich und während sie mit südländischer Zungengeläufigkeit den Grund ihres Kommens auseinandersetzte, führte sie dieselben unaufhörlich an die Nase. Sie erzählte ihm, der verstorbene Prinz sei im Besitze

---

[8]) Johannes Scherr: „Das große Jahr" in „Hammerschläge und Historien", Zürich 1872, Seite 46, und „Sommertagebuch 1872", Zürich 1873, Seite 60.

von Briefen, die ihre Tochter kompromittieren könnten und da die nächste Anverwandte des Prinzen zu ihren erbittertsten Feinden zähle, so unterläge es keinem Zweifel, daß die Dame die Papiere als Waffe gegen Eugenie gebrauchen würde. Die Gräfin flehte den Polizeichef an, sie verschwinden zu lassen. Da er sich zu keinerlei Entgegenkommen in der Sache verstehen wollte, warf sie sich ihm zu Füßen und rief mit jener Hartnäckigkeit, die ein hervorstechender Zug ihres Charakters, daß sie sich nicht eher erheben würde, als bis er ihre Tochter zu retten versprochen." (Das scheinen ja nette Sachen gewesen zu sein!) „So sehr Claude die Verzweiflung der Mutter rührte, blieb er ihren Bitten gegenüber doch standhaft. Er begab sich kurz darauf von der Gräfin, dem Sekretär und einem Arzte begleitet in die Behausung des Prinzen Camerata. Sie fanden die Leiche von einer Kugel durchbohrt. Auf dem Schreibtische lag ein offener, von des Prinzen eigener Hand geschriebener Brief, der ihm augenscheinlich von Eugenie Montijo zurückgesendet worden und dessen Schlußlinien folgendermaßen lauteten: ‚Weigern Sie sich auch ferner, meine tiefe Liebe zu erwidern, behandeln Sie mich, wie einst Herzog ...... Sie behandelte, so töte ich mich, das schwöre ich Ihnen und ich will es nicht machen, wie einst Sie bei ähnlicher Gelegenheit: ich werde den Tod nicht narren!' Kaum hatte der Polizeichef diesen Brief zu sich genommen, als die Tante des Verstorbenen ins Zimmer stürzte. Sobald sie der Gräfin Montijo ansichtig wurde, vergaß die sehr heftige Fürstin über der leibhaft vor ihr stehenden Feindin den toten Neffen, und da Monsieur Claude aus Amtsrücksichten sich weigerte, den Brief herauszugeben, fuhr sie wie eine Furie auf die Gräfin los und überhäufte sie mit Schimpfworten. Die Gräfin vergaß in ihrer Aufregung, sich der Riechfläschchen zu bedienen und eilte zur Türe hinaus, doch nicht ohne vorher die Schmähungen der anderen mit einigen Kraftwörtern vergolten zu haben. — Die kompromittierenden Briefe, deren Beiseiteschaffung

Madame de Montijo so sehr am Herzen lag, waren nirgends zu finden. Doch als die glückliche Schwiegermutter des Kaisers, die ein sehr dankbares Gemüt besessen zu haben scheint, Claude später hin einen neuerlichen Besuch abstattete, um ihm zu danken, erfuhr dieser zu seiner höchstlichen Überraschung, daß sein Sekretär die gefährlichen Papiere hinter seinem Rücken dem Schreibtische des Prinzen Camerata entnommen und in Sicherheit gebracht habe." Eine immerhin recht merkwürdige Begebenheit, die, wenn sie sich nicht tatsächlich zugetragen hätte, einem Kriminalroman entnommen sein könnte. Aber die Umgebung, in der sich Eugenie bewegte und aufgewachsen war, war nun einmal derartig, daß solche Vorfälle nicht so absonderlich waren. Die Liebhaber der Mutter gingen mit deren Brillanten durch, die Liebhaber der Tochter erschossen sich „zur rechten Zeit" wegen der sie kompromittierenden Briefe. Auf jeden Fall eine recht interessante Familie, die mit ihren bewegten Erlebnissen in dieser Beziehung der Familie Bonaparte keineswegs nachsteht. Daher sagte ein alter Diplomat — ein Kenner jener intimen Verhältnisse — auch einmal ironisch: „Die Gräfin Montijo war vorherbestimmt, für den Sohn der Comtesse de St. Leu (Hortense Beauharnais) eine Gefährtin zu werden." Zweifellos, sie paßten zueinander!

Jene Äußerung hatte jedoch außer dem diese Verhältnisse bestätigenden Hinweis — wohl unbeabsichtigt — noch eine andere Bedeutung, indem die Ehe Napoleons III. mit der bigotten, sich in den Händen ihrer Beichtväter befindlichen Eugenie zweifellos durch jesuitistische Mit- oder Einwirkung „vorherbestimmt" und beschlossen wurde. Dem würde dann auch eine von einer halb-blödsinnigen Nonne gemachte „Prophezeiung" entsprechen, die ihr beim Besuch eines Klosters sagte: „Meine Tochter, suche nicht Schutz hinter unseren Mauern. Du bist berufen, einen Thron zu zieren." Eine solche geheime Mitwirkung bei dieser Ehestiftung seitens der Jesuiten wäre nicht einmal originell, denn z. B. auch die Eheschließung Wallensteins hat der Orden bekanntlich aus ihm wichtig erscheinenden Gründen veranlaßt. Auch hier wäre eine solche, durch „Prophezeiungen" recht wirkungvoll gestaltete „göttliche Fügung" durchaus verständlich, denn Napoleon hatte im begreiflichen Zorn über die ihm von den Prinzessinnen erteilten beschämenden „Körbe" ausgerufen: „Sie mögen sich in Acht nehmen, daß ich nicht die rote Mütze auf mein Haupt setze, denn an demselben Tage werden die Kronen auf den ihrigen wackeln." Möglich, daß ihm nach dieser Abfuhr ernstlich der Gedanke kam, sich doch noch der in Bereitschaft stehenden und dieses Ziel erstrebenden Freimaurerei zuzuwenden und seinen Staat wieder in eine Republik umzuwandeln. Er tat es jedoch nicht, sondern behielt seine Kaiserkrone und machte am 29. 1. 1853 unter einer sauersüßen Berufung auf seine „demokratischen Grundsätze" das von Jesuiten beherrschte Fräulein von Montijo zu der ihn bald mehr und mehr beherrschenden Kaiserin Eugenie. Da Louis Napoleon zu seinen Ministern sagte: „Und Sie, meine Herren, werden, wenn Sie sie kennen lernen, überzeugt sein, daß ich auch diesmal wieder von der Vorsehung geleitet worden bin", so sind auch wir überzeugt, nur muß man uns schon gestatten, darüber nachzudenken, wer in diesem Falle und unter diesen Umständen die „Vorsehung" gespielt hat. Der Kaiser machte aber dazu noch einen zwar unfreiwilligen aber guten Witz, indem er ausführte: „Anmutig und gut wie sie ist, wird sie, ich hoffe dieses fest, die Tugenden der Kaiserin Josephine wieder aufleben lassen." [9]) Das hat Eugenie zweifellos getan und wir haben die „Tugenden" der Josephine Beauharnais, der Großmutter Napoleons III., bereits zart angedeutet. Aber diese „Tugenden" waren noch nicht hinreichend. Damit seine Frau hoheitsvolle Bewegungen auszuführen lernte, ließ Louis Napoleon ihr vor einem hohen Spiegel Unter-

---

[9]) „Der letzte Napoleon", a. a. O., Seite 95. Schlagintweit a. a. O., Seite 104.

richt in fürstlicher Haltung geben. Diese Lehrstunden wurden ihr in seiner Gegenwart von der geilen, jüdischen Schauspielerin Rachel erteilt, die seine Geliebte in England gewesen war, in deren Besitz er sich aber zeitweilig mit seinem „Vetter", dem Prinzen Napoleon, teilen mußte. Trotzdem Eugenie dies aus seinem eigenen Munde wußte, unterzog sie sich — man denke — mit gelehrigem Eifer diesen Unterweisungen jener jüdischen Theaterdirne.[10]) Gewiß — die beiden paßten zueinander! Es gibt aber natürlich dennoch Leute — besonders Gelehrte —, die in ihrer blinden Erfolgsanbetung und trinkgeldlüsternen Lakaienhaftigkeit, bei „gekrönten Häuptern" oder anderen Mächtigen alles zu entschuldigen bereit sind, was sie sonst schärfstens verurteilen würden. Denn es ist ja leider eine traurige Tatsache, daß jedes erfolgreiche Scheusal in der Geschichte seinen gelehrten Anwalt gefunden hat, wie es — nach der Feststellung Johannes Scherrs — „eine der jämmerlichsten weltgeschichtlichen Tatsachen ist, daß das arme, unwissende, genasführte Volk immer und überall willig war und ist, sich mit seinen falschen Freunden gegen seine wahren zu verbünden" und sich lieber tausendmal belügen als nur einmal belehren läßt.

Wir wollen die um Eugenie entstandene äußerst umfangreiche und teilweise haarsträubende „Chronique scandaleuse" auch nicht im Auszug wiedergeben. In dem Buche „Der letzte Napoleon" heißt es zweifellos mit gewissem Recht, „daß all dasjenige, was Leichtfertigkeit und Mißgunst in allen Gassen und in allen Zirkeln durch ganz Europa über die Moralität und das Privatleben der Kaiserin zischelte, uns gewagt und in jedem Falle als absonderlich übertrieben erscheint". Aber ebenso richtig ist, wenn dort weiter gesagt wird, daß „die Kaiserin Eugenie der Kritik, ja selbst den nachsichtigsten Zeugen ihrer Handlungen, bedauernswerte Haltepunkte gegeben hat".

---

[10]) Schlagintweit: „Napoleon III., Lulu und Eugenie", München 1935, Seite 99.

Einige solcher Vorfälle mögen dieses Benehmen zeigen.

In jenem, durch die zarten Hände der Kaiserin eingefädelten mexikanischen Kriege war es einem in Gefangenschaft geratenen französischen Offizier gelungen, Aufzeichnungen zu machen und diese an den in Mexiko kommandierenden französischen Marschall Bazaine zu schicken. In diesen Briefen war außer den politischen und militärischen Verhältnissen beim Feinde auch das schamlose Treiben der mit den fragwürdigsten Weibern ausschweifenden mexikanischen Offiziere aus der Umgebung des Juarez in allen eindeutigen Einzelheiten und mit unverhüllter Derbheit geschildert. Bazaine hatte diese Briefe nach Paris geschickt, wo auch später der Schreiber selbst nach seiner bewerkstelligten Flucht aus der Gefangenschaft eintraf.

Er wurde vom Kaiser zur Berichterstattung befohlen.

Während dieser Unterredung trat plötzlich die Kaiserin in das Zimmer. Nachdem ihr der Offizier vorgestellt worden war, sagte sie mit einem bedeutungvollen Lächeln: „Mein Herr, ich bin entzückt, Sie kennen zu lernen. Wir haben Ihre Briefe gelesen, welche uns sehr amüsierten."

„Der Offizier" — so heißt es in dem, diesen Vorfall festhaltenden Buche „Der letzte Napoleon" — „errötete bis unter die Stirne und hätte gewünscht, daß sich der Boden unter seinen Füßen öffnete. Der Kaiser begriff die Verlegenheit des Unglücklichen und verabschiedete ihn." [11]

---

[11]) Damit soll nicht etwa gesagt sein, daß es bei der französischen Armee anders und besser gewesen wäre. Am 9. August 1870 während des Deutschfranzösischen Krieges schrieb Johannes Scherr in sein „Tagebuch vom Berge" (zum ersten Male veröffentlicht in „Farrago", Leipzig 1870): „Da hat z. B. der Marschall Mac Mahon zwei ‚vornehme' Dirnen unter seiner Bagage mitgeschleppt, die bestimmt waren, in den eroberten Deutschen Hauptstädten die Honneurs der französischen Gloire zu machen. Unter dem erbeuteten Gepäck französischer Offiziere fand man viele Gebetbücher, welche Sammlungen von bordellischen Schandbildern zu Futteralen dienten. Verwundet in Deutsche Gefangenschaft geratene französische Veteranen haben nicht allein über die Unfähig-

Auf einem dem Großfürsten Konstantin zu Ehren gegebenen Feste fragte Eugenie diesen plötzlich, welche von den dazu bestellten Hofdamen ihm denn nun am besten gefiele. Die Kaiserin der an der „tête de la civilisation" marschierenden „grande nation" erhielt von dem Russen die ironische Antwort: „Madame, Sie sehen einen Barbaren vor sich; ich habe niemals eine andere Frau bewundern können, als die meinige."

„Ganz Paris" — so heißt es in dem Buche „Der letzte Napoleon" weiter — kommentierte mit Betroffenheit diese Privatgesellschaften der Kaiserin, in welchen die schamlosesten Bänkelsängerinnen und Theaterdamen von beklagenswerter Allbekanntheit geladen waren."

Napoleon III. war — was Eugenie nach seinen, bei ihr fehlgeschlagenen Verführungkünsten zweifellos wußte — ein Mann, der in dem Weib nur das Geschlechtswesen sah und begehrte. Daher war er — wie alle derartigen Männer — bald nach einem Wechsel des Objektes begierig und wurde selbstverständlich auch seiner Frau untreu. Der Graf Viel-Castel hat in seinen Memoiren die Gattin des Ministers Graf Walewska — eines außerehelichen Sohnes Napoleons I. —, die Gräfin von Labédoyère und noch

---

keit, sondern auch über die Feigheit ihrer Offiziere bitterlich sich beklagt.... Seht, das sind so Früchte eines Regierungssystems, welches unter der Ägide eines bildungslosen spanischen Weibes durch den meineidigen Dezember-Blutmann eingeführt worden ist. Das sind so Früchte, der den Jesuiten gestatteten Jugendverderbung, Resultate der planmäßig betriebenen Volksverdummung." — Was hätte Scherr aber erst zu jenen Stücken des „Théâtre érotique de la rue de la santé" gesagt, welches tatsächlich von 1862 bis 1864 gespielt hat! Wie hätte er z. B. Gedichtesammlungen wie „Femmes" und „Hombres" von Paul Verlaine beurteilt? Die sogenannte Kunst und die Literatur aus der Zeit Louis Napoleons bieten ein getreues Spiegelbild der in den Tuilerien herrschenden Zustände. Die Ehebrecherin ist ein erhabenes, die Dirne aus Erwerb ein entzückendes und die Dirne aus Neigung ein angebetetes, ja sogar „höheres" Wesen. Da sich diese Gattung der französischen Literatur später auch im Deutschen Schrifttum auswirkte, so hatte Scherr völlig recht, als er damals sagte, daß die Sündenrechnung des zweiten Empire noch nicht abgeschlossen sei und das 20. Jahrhundert noch manche Ziffer in dieselbe einzustellen haben werde.

viele andere als Maitressen des Kaisers bezeichnet. „Ja," — so schreibt Conte Corti — „es gab Frauen, die später in ihren Memoiren ganz schamlos die intimsten Abenteuer ausplauderten, die Napoleon III. gehabt." [12]) Warum auch nicht? — Sie hatten sich ja auch eben so schamlos dazu angeboten. Bacciochi und Mocquard — den der Graf Viel-Castel den „weißen Eunuchen" nennt — vermittelten als privilegierte Kuppler den Verkehr dieser D....amen mit Louis Napoleon. „Alle schönen Frauen" — so schreibt Viel-Castel deutlich genug — „machen Bacciochi den Hof, um mit dem Kaiser schlafen zu können. Hat man mit dem Kaiser geschlafen, kann man alles erreichen." Wie Louis Napoleon, für den es irgendwelche seelische und geistige Beziehungen zwischen den Geschlechtern überhaupt nicht gab, über diese Angelegenheiten dachte, zeigt am besten die Tatsache, daß er sich erbot, dem als preußischen Gesandten in Paris eintreffenden Bismarck eine Maitresse zu besorgen. Bismarck lehnte dieses sonderbare Angebot natürlich ab und bemerkte, daß der Kaiser der an der „Spitze der Zivilisation" marschierenden Grande Nation doch eine wesentlich andere Auffassung vom Familienleben habe als Deutsche „Barbaren". Man sieht also, daß Johannes Scherr wörtlich recht hatte, wenn er in dem von ihm entworfenen Bilde des Tuilerienhofes sagte: „Das Schloß war ein Lupanar...."

Die bekannte Biographin Eugenies, Clara Tschudi, berichtet: „Der Kaiser blieb seiner Gemahlin zu keiner Zeit, in all den Jahren ihres Zusammenlebens, treu, ja er vergaß zuweilen, von seiner leichtsinnigen Umgebung beeinflußt, ganz und gar, was er seiner Stellung als Regent und Gatte schuldete. Die Kaiserin, die ihn aufrichtig liebte, und deren südländische Natur zur Eifersucht nur zu sehr geneigt war, vermochte sich in diese Liebesaffären, denen sie zumeist auf die Spur kam, nicht zu finden. Es geschah nicht einmal,

---

[12]) Conte Corti a. a. O., 1. Band, Seite 80.

nein wiederholt, daß sie Napoleon mit Damen, die im Hofdienste standen, im zärtlichsten tête-à-tête traf. Eines Tages, nicht lange vor dem Ende des Kaiserreiches, hatte er im Walde von Compiègne ein Rendezvous mit einer wunderschönen Italienerin, die seit lange seine Geliebte war und sich so fest im Sattel fühlte, daß sie die Kaiserin offen zur Zielscheibe ihres Gespöttes machte. Eben war der Kaiser mit seiner bezaubernden Schönen zusammengetroffen, als Eugenie wie eine Göttin der Rache einhergesprengt kam. Ihr spanisches Blut geriet in Wallung und sie fuhr mit der Reitpeitsche in der Hand auf ihre Rivalin los. — Sehr bekannt ist das Liebesverhältnis Napoleons mit Marguerite Belanger, die ihn glauben machen wollte, daß ein Kind, welches sie mit einem anderen Geliebten gehabt, das des Kaisers sei — ein Skandal, welcher der Kaiserin gleichfalls zu Ohren kam und ihren heftigen Zorn erregte."

An diesen Umständen erkennt man, welcher Art die D....amen waren, die sich an dem französischen Kaiserhofe umhertrieben. So war die Gräfin Benedetti, die Gattin des Grafen Benedetti — des judenblütigen, im Jahre 1870 so berühmt gewordenen französischen Gesandten in Berlin — eine griechische Sklavin gewesen. Der griechische Multimillionär und Konsul in Alexandrien Herr d'Anastasi hatte diese Sklavin — die Einrichtung der Sklaverei bestand damals noch im osmanischen Reiche — von einem gewissen Mary-Bey gekauft, der sie sich bei einer der üblichen Razzien angeeignet hatte. Herr d'Anastasi hat die von ihm geliebte und gebrauchte schöne Sklavin dann später an den sie begehrenden derzeitigen französischen Konsulatsbeamten Benedetti unter Zugabe entsprechender Geldsummen verheiratet. Nun, sie blieb jedenfalls in diesem Serail der Tuilerien und unter den bonapartistischen Hofsklaven in ihrem gewohnten Milieu.

Diese — sit venia verbo — Geilheit Napoleons als Posten in seine politische Rechnung stellend, hatte der berühmte italienische

Staatsmann Cavour mit voller Absicht die bezaubernde und kokette Gräfin Castiglione als Gesandtin nach Paris geschickt. Diese Wahl wurde ihm in einer seiner schwierigsten politischen Situationen der Jahre 1857/58 nützlich. Die Gräfin konnte den im Jahre 1856 zur Aufrechterhaltung der guten Beziehungen zwischen Napoleon III. und Kaiser Franz Joseph unternommenen Besuch des Erzherzogs Maximilian unwirksam machen. Sie konnte Napoleon durch eine entsprechende Einflußnahme für die italienische Sache gewinnen und gleichzeitig die gegen Cavour und Piemont gerichteten Bestrebungen der vatikanischen Diplomatie zerschlagen. Eine doppelt schwere Leistung. „Vor allem hatte" — so heißt es in dem Buche „Der letzte Napoleon" — „Cavour Louis Napoleon wunderbar ausgespäht und erraten. Er lenkte ihn als Herr und Meister... Der wahre Feldherr war Cavour, und das Feld seiner Schlachten und Manöver die Tuilerien.... Vom ersten Augenblick sah er, daß der Kaiser nicht von jenem moralischen Wuchse war, um mit Streichen zu treffen, welche in der Geschichte widerhallen und die Geschicke der Völker festlegen."

Cavours Erkenntnis und Berechnung erwies sich durchaus richtig. Dem Erzherzog fiel die Gräfin bereits auf, ohne natürlich zu wissen, welche Rolle die schöne Frau am Hofe Napoleons spielte, beziehungsweise spielen sollte. Er schrieb darüber u. a. nach Wien: „Es wimmelte von Abenteurern, was einen Hauptcharakterzug des hiesigen Hofes bildete. Darunter zähle ich eine gewisse Comtesse Castiglione, die bildschön ist, aber nicht nur im costume und coiffure, sondern auch durch ihr freies, keckes Auftreten ganz wie eine dem Grabe entstiegene Tänzerin aus der Zeit der regence aussieht. Diese Person könnte für das innere Glück der kaiserlichen Familie gefährlich werden..... Unangenehm fällt das Herumschwärmen des Kaisers um alle hübschen Frauen auf...."[13]

---

[13] Conte Corti a. a. O., 1. Band, Seite 63.

Wenn der Kaiser seine Neigungen nicht einmal bei ganz offiziellen Hoffeierlichkeiten verhehlen konnte, so hat man einen Maßstab dafür, wie es im engeren und gar im engsten Kreise zugegangen sein mag! Louis Napoleon verliebte sich auch ganz programmäßig und leidenschaftlich in die zwar nicht für die Liebe, aber desto besser für die Wollust geschaffene Gräfin. Eine Frau, „die einen Geruch von Lasterhaftigkeit um sich verbreitete" — wie der Franzose Octave Aubry sagt — „und der die Männer wie Hunde nachliefen". Sie betrieb aber nicht nur die ihr aufgetragene politische Mission, sondern ließ sich — wie andere, weniger vornehme Dirnen auch — ihre körperliche Hingabe mit barem Geld von ihrem Liebhaber bezahlen. Sie ist also nicht etwa als ein Opfer der Politik auf dem „Altar des Vaterlandes" zu betrachten, wenn sie Louis Napoleon im „Kostüm" einer Aphrodite auf einem eigens mit schwarzer Seide bezogenen Divan ruhend, empfing.[14])

Aber eine noch dringlichere Mahnung, in die italienischen Angelegenheiten einzugreifen, waren die Bomben des Grafen Orsini. Am 14. Januar 1858, als Napoleon III. mit der Kaiserin Eugenie nach der Großen Oper fuhr und auf dem Theaterplatz hielt, wurden diese Bomben geworfen. Der Wagen wurde zwar getroffen, aber weder Louis Napoleon noch Eugenie, dagegen eine große Zahl umstehender Personen wurde getötet und verletzt. Der Attentäter war der 39jährige, aus dem Kirchenstaat stammende Graf Felix Orsini, der bei seiner Vernehmung offen gestand, daß er Napoleon III. habe töten wollen, weil dieser der einzige sei, der Italien von der österreichischen Herrschaft befreien könne, es aber nicht wolle. In dem Buche „Der letzte Napoleon", welches anonym erschien, dessen Verfasser aber — nach Johannes Scherr — der in die Geheimnisse jener Politik außerordentlich gut eingeweihte belgische Freimaurer,

---

[14]) Vergleiche: Octave Aubry: „Napoleon III.", Paris 1930; Schlagintweit: „Napoleon III., Lulu und Eugenie", München 1935.

Staatsrat und zeitweilige Kabinettschef des Kaisers Maximilian von Mexiko, Eloin, sein soll, heißt es über diese Angelegenheit: „Napoleon hatte ehemals den Carbonaris geschworen, die Unabhängigkeit und Einigung Italiens ins Werk zu setzen. Von dem Tage an, als er zur Herrschaft gelangt war, schreitet das Gespenst im Schatten hinter ihm, die Schwurformel in einer Hand, den Dolch in der anderen, bedrängt seine Abende, erschreckt seine Nächte, indem es ihm den Beschluß der Loge der Rächer andeutet, in welcher vierzig Verschworene durch das Los bezeichnet waren, Napoleon niederzumachen, wenn er seine Versprechungen gegen Italien nicht verwirklichte. Der Graf Arese langte in den Tuilerien an und rüttelte seine Trägheit auf, indem er ihn auf die Gefahr hinwies, welche ihn bedrohte.... Napoleon versprach, aber verschob immer. Die Verschwörungen des Hippodrom, der Komischen Oper, das Attentat des Pianori konnten die Unentschlossenheit des gekrönten Mitschuldigen nicht überwinden.... Orsinis Bomben brachten die Fragen vorwärts." In der im Jahre 1859 erschienenen Schrift „Louis Napoleon Bonaparte" heißt es ebenfalls von diesem Attentat, „es galt den alten Carbonaro Louis Napoleon Bonaparte wegen Eidbrüchigkeit zu bestrafen und einen Akt revolutionärer" (d. h. hier freimaurerischer) „Vehme an ihm vollziehen". Tatsächlich hat dieses Attentat damals „den Kaiser der Franzosen kopflos gemacht" — so heißt es in jener Schrift weiter — und „über die Köpfe der 36 Millionen Franzosen weg die" (überstaatliche) „Politik der Tuilerien bestimmt, dem Excarbonaro (Bonaparte) die Wege — nach Italien gewiesen! Keine europäische Großmacht hat einen Einfluß geübt wie dieser interessante Mörder!" [15]

---

[15]) Auch der Jesuit Gruber schreibt: „.....Die Orsini-Bombe, welche den Bruder Napoleon III. an seine Pflicht der Revolution Italiens gegenüber mahnte, kann als ein Beispiel einer maurerischen Urteilsvollstreckung an fürstlichen Brüdern dienen." („Staatslexikon der Görresgesellschaft", 1. Auflage, II., Seite 1254—1286.)

Zweifellos wirkte bei Napoleon die Furcht vor weiteren, von der der Seite Carbonari drohenden Attentaten um so mehr, als ihn das Leben in der Gestalt jenes schönen Weibes lockte, von dem er die Erfüllung seiner Wünsche begehrte und erwartete. Er war bereit, Italien gegen Österreich und — damit natürlich auch gegen den Vatikan zu unterstützen.

Aus der Gefängniszelle richtete der verhaftete Attentäter Orsini noch am 11. 2. 1858 einen Brief an Napoleon III., den dieser — eine bezeichnende Geste — im „Moniteur" abdrucken ließ. Es heißt in diesem Briefe: „Dem Ende meiner Laufbahn nahe, will ich einen letzten Versuch machen, Italien zu Hilfe zu kommen. Die Unabhängigkeit Italiens ist mein letzter Gedanke, der Inhalt meiner letzten Worte, die ich an Euer Majestät richte. Italien wird gegen Österreich kämpfen. Dulden Sie nicht, daß Deutschland Österreich helfe. Das können Sie, wenn Sie wollen, und von diesem Willen hängt das Wohl und Wehe Italiens ab. Erinnern Sie sich, daß Italiener ihr Blut für Napoleon den Großen vergossen haben. Befreien Sie mein Vaterland...." Auch in der Gerichtsverhandlung wurde dieser Brief mit ausdrücklicher kaiserlicher Genehmigung von dem Verteidiger Orsinis, dem nach dem Sturz des Kaiserreichs im Jahre 1870 in die republikanische französische Regierung eintretenden Freimaurer Jules Favre, verlesen. Die amtliche „Gazzetta Piemontese" vom 31. 3. 1858 brachte noch einen zweiten, vom 11. 3. 1858 datierten Brief Orsinis, in dem dieser Napoleon für die Veröffentlichung dankt und schließt: „Ich gehe jetzt dem Tode mit dem Trost entgegen, daß Euer Majestät von wahrhaft italienischen Gesinnungen beseelt sind." Auf diese Weise wurde die Freimaurerei aller Länder durch die Presse in der einfachsten Weise von der politischen Lage in Kenntnis gesetzt. Wer Augen hatte zu lesen, — der las!

Wenn sich jedoch die Freimaurerei auch in die nationale, gegen

Ein allegorisches Gemälde aus dem „Grand Orient de France"

Das Bild stellt den Sieg der Freimaurerei über die Priester, den Papst und die Könige dar. Das Motto „Liberté, Egalité, Fraternité" wurde in der französischen Revolution von 1789 geprägt. Dieses Bild entspricht genau den Worten eines in den Hochgraden geschworenen Eides: „Ich schwöre mit allen mir zu Gebote stehenden Mitteln der Propaganda zur Verbreitung der maurerischen Prinzipien beizutragen. — Unter die Füße trete ich die königliche Krone. Nicht als Symbol einer besonderen Regierungsform, sondern als Sinnbild frecher, unverantwortlicher Macht. — Unter die Füße trete ich die päpstliche Tiara. Nicht als Symbol eines Glaubens, einer besonderen Kirche, sondern als Sinnbild des Ehrgeizes, des Betruges, welche die Menschen durch Furcht und Aberglauben knechten." — Man sieht, unten links Tiara, Bischofsmütze, Krone und andere Symbole liegen. Der Kampf der Freimaurerei mit dem Jesuitismus, als zusammenfassender Begriff für alle Herrschaftsbestrebungen der Kirche um die politische Macht, kommt in dieser Darstellung, in der der Freimaurer als Sieger hervorgeht, zum Ausdruck.

Lucien Murat

Großmeister des „Grand Orient de France"

Er wollte als Verwandter gute Beziehungen zwischen Louis Napoleon und der Freimaurerei herstellen. Als ihm dies nicht gelang, legte er das Amt des Großmeisters im „Grand Orient de France" nieder.

Nach einem zeitgenössischen Bilde aus der „Latomia"

den römischen Papst eingestellte italienische Einigungbewegung einzuschieben versuchte, ja, sie sogar unterstützte, um sie später für freimaurerische Ziele zu mißbrauchen, so war diese Bewegung an sich durchaus völkisch und schuf auch ein nationales Königreich Italien. Etwa vom Jahre 1866 ab kann man ganz ähnliche Vorgänge in Deutschland beobachten, wo die nationale Bewegung gegen Napoleon vor und während des Krieges 1870 auch von Freimaurern gefördert wurde. Nach der Schlacht von Sedan wandte sich bekanntlich das Blättchen. Als der Krieg gegen die jüdisch-freimaurerische Republik des Juden Gambetta weiterging und unter Bismarcks Führung ein nationales Deutsches Kaiserreich erstand, sah sich dieser der Freimaurerei und deren Einflüssen gegenüber.

Noch im Juli des Jahres 1858 konnte Cavour mit Napoleon III. in dem Bade Plombières geheime Abmachungen über die französische Waffenhilfe treffen. Bei dem Neujahrsempfang des Jahres 1859 wandte sich der Kaiser an den völlig überraschten österreichischen Gesandten v. Hübner und sagte bedeutungvoll: „Ich bedaure, daß unsere Beziehungen nicht so gut sind, als ich sie zu sehen wünschte; aber ich bitte Sie, Ihrem Souverän zu sagen, daß meine persönlichen Gefühle für ihn stets die nämlichen sind." Im Mai 1859 marschierten dann die französischen Truppen nach Ausbruch des österreichisch-italienischen Krieges unter dem Stichwort der „Befreiung Italiens bis zum Adriatischen Meere" gegen Österreich und erfochten gemeinsam mit den sardinischen Truppen den Sieg für das künftige Königreich Italien.

Sehr treffend schreibt Ebeling: „Der Kaiser beugte sich einer dunklen Macht, die ihn unerbittlich vorwärts trieb und deren Einfluß er sich nicht entziehen konnte.... Wir kennen die mahnenden Vorzeichen der Carbonari, zu denen er selbst ja gehört hatte und die letzte dieser Mahnungen waren die Orsinischen Bomben gewesen.

Der fanatische Italiener hatte mit dem Leben dafür gebüßt und jetzt nach kaum einem Jahre schickte der Kaiser sich an, das Testament des Hingerichteten zu vollziehen. Er konnte nicht anders, wenn er nicht sein Leben und seine Krone aufs Spiel setzen wollte." So wirkte also die überstaatliche Macht auf den äußerlich sichtbaren, scheinbar „mächtigen" Herrscher und zwang ihn zur Erfüllung ihrer Pläne. Es ist außerordentlich bezeichnend, daß im Mai 1859, während die französischen Truppen zum oberitalienischen Kriegsschauplatz abgingen, in Paris eine im Auftrag Napoleons von About verfaßte Broschüre „Die römische Frage" erschien, welche der Kirche dem Staat gegenüber jedes Recht absprach. Die französischen Bischöfe traten dieser mit freimaurerischen Tendenzen auffallend übereinstimmenden Schrift in Hirtenbriefen entgegen und der Kardinal-Erzbischof von Paris machte dem Kaiser deswegen sehr ernste Vorstellungen.

In dem italienischen Feldzuge wurden die tapfer kämpfenden Österreicher von dem unter dem Oberbefehl des militärisch völlig unbegabten Napoleon III. stehenden französisch-sardinischen Heere, besonders in den Schlachten von Montebello, Magenta und Solferino völlig geschlagen. Diese Schlachten gehören zu den militärischen „Wundern"[16]) und die sonderbare Heeresführung des endlich am 17. 6. 1859 vom österreichischen Oberkommando entsetzten, ungarischen Grafen Gyulai läßt recht merkwürdige Schlüsse zu. Zumal der bekannte Führer der unterdrückten ungarischen Aufstandsbewegung von 1848, Kossuth, nach Italien gekommen war und durch seine Agenten unter den Ungarn des österreichischen Heeres wirkte. Ob und wie weit zwischen dem ungarischen Oberbefehlshaber und dem auf französischer Seite arbeitenden ungarischen Frei-

---

[16]) Vergleiche die Schrift des Feldherrn Erich Ludendorff: „Das Marnedrama" und dessen Ausführungen über die Schlacht von Jena in dem Werke „Kriegshetze und Völkermorden", ferner Major a. D. Gleren: „Der freimaurerische Kriegsverrat 1806", Ludendorffs Verlag GmbH., München.

maurer Kossuth Beziehungen oder gar Einverständnisse bestanden
haben, kann hier nicht näher erörtert werden. Die merkwürdigen
Rückzüge und andere notwendig zum Mißerfolg führende Operationen sind an sich schon fragwürdig genug und erhalten unter
Berücksichtigung dieser Umstände ein ganz besonderes Gepräge.
Vielleicht hat es auch eine symbolische Bedeutung, daß Napoleon III. am 31. 5. 1859, in der Schlacht an der Sesia, in eigens
betonter Nachahmung die strategischen Bewegungen seines angeblichen Onkels, Napoleons I., in den ebenso sonderbar gewonnenen
Schlachten von Ulm und Jena wiederholte.

Trotz dieser Siege schloß Napoleon III. nach einer plötzlich erfolgenden Zusammenkunft mit Kaiser Franz Joseph ganz unerwartet am 11. 7. 1859 den Frieden von Villafranca. Als Kossuth
von diesem Frieden hörte, nahm er seinen Kopf zwischen beide
Hände und sagte mit tonloser Stimme: „Dieser Mensch hat meine
weißen Haare entehrt." In Turin stieg die Erbitterung gegen Louis
Napoleon derartig, daß König Viktor Emanuel für sein Leben
fürchtete und ihn in seinem Wagen nachts aus der Stadt fahren
ließ. Napoleons überraschende und schnelle Abreise aus Italien
wurde von freimaurerischer sowohl, als auch von nationaler italienischer Seite als Fahnenflucht bezeichnet. Der Friede von Villafranca selbst schlug den Bestrebungen des italienischen Staatsmannes Cavour und dem nationalen Willen des italienischen Volkes derartig ins Gesicht, daß dieser am 14. 7. 1859 mit seinem
Ministerium demonstrativ zurücktrat, während Garibaldi, der
spätere Großmeister der italienischen Freimaurer, die Bevölkerung
in einem Aufruf vom 20. 7. 1859 aufforderte, weiter zu kämpfen
und Italien zu revolutionieren. Garibaldi schrieb später — am 10.
10. 1864 — mit Bezug auf die zwischen Louis Napoleon und
Italien am 15. 9. 1864 abgeschlossene Konvention, durch welche sich
Italien verpflichten mußte, den Kirchenstaat nicht anzugreifen,

während sich Napoleon anheischig machte, die französischen Truppen innerhalb zweier Jahre zurückzuziehen: „Mit Bonaparte ist der einzige Vertrag dieser: unser Land von seiner Gegenwart zu reinigen, nicht innerhalb zweier Jahre, sondern innerhalb zweier Stunden."

Nicht grundlos hatte Mazzini vor der Verbindung mit Louis Napoleon gewarnt und dessen Mitwirkung abgelehnt. Im Artikel 18 des Friedensvertrages von Villafranca wurde die für Italien schmachvolle Klausel aufgenommen, daß sich der Kaiser von Österreich und der Kaiser der Franzosen verpflichten, mit allem Eifer auf die Herstellung eines italienischen Staatenverbandes unter — man denke — dem Vorsitz des „Heiligen Vaters" hinzuarbeiten. „Man erinnere sich" — so heißt es in dem mehrfach erwähnten Buche „Der letzte Napoleon" mit Bezug auf den Frieden von Villafranca — „daß Louis Napoleon als Präsident der Republik seine auswärtige Politik durch die Wiederherstellung des Papstes auf den Trümmern der Republik Mazzinis inauguriert hatte.... Zwei hervorragende Männer der katholischen Partei hatten den Geist Louis Napoleons lebhaft beeinflußt, indem sie ihm den unermeßlichen Einfluß des Klerus in Frankreich bewiesen. Mit Unterstützung des Klerus konnte das Kaiserreich wieder erweckt werden; aber um den Klerus zu gewinnen, war notwendig, die Autorität des Heiligen Stuhles zu befestigen. So kam es, daß Napoleon den Papst zu schützen schwor."

Jetzt hatte Louis Napoleon in Erfüllung seines einstmals den Carbonaris geleisteten Schwures eine für den Papst sehr gefährliche Schwenkung vollzogen. Um hier einen Ausgleich zu schaffen, brach er den Krieg gegen das eine romtreue Politik treibende Österreich plötzlich ab und, dem Papst einen entsprechenden Einfluß auf die italienischen Angelegenheiten sichernd, versuchte er, sich selbst in eine Art Mittelstellung zurückzuziehen. Eine Stellung, die — wie die Geschichte zeigt — noch für jeden, der sie einnahm, früher oder später verhängnisvoll geworden ist. Aber so einfach, wie Napoleon sich dies vielleicht dachte, waren diese Angelegenheiten nicht zu regeln. Nachdem der Kirche in Frankreich die größten Zugeständnisse gemacht worden waren, hatte sie sich auch inzwischen außerordentlich festgesetzt. Am 14. 12. 1859 erschien wiederum eine, wahrscheinlich von La Guéronnière verfaßte, von Napoleon veranlaßte und offensichtlich nach einem Kompromiß suchende Propagandaschrift „Le pape et le congrès." Diese Schrift sprach dem Papste zwar grundsätzlich einen unabhängigen, aber nur einen kleinen, auf die Stadt Rom beschränkten Staat zu. Diese Beschränkung seiner staatlichen Macht paßte aber Pius IX. durchaus nicht und daher wandte er sich, über solche Zumutung ungehalten, persönlich an seinen unfolgsamen Beschützer. Beim offiziellen Neujahrsempfang des Jahres 1860 erklärte der Papst dem französischen Gesandten: „Gott möge das Oberhaupt der französischen Nation erleuchten und ihn die Irrtümlichkeit der Grundsätze erkennen lassen, die jüngsthin in einer Broschüre aufgestellt wurden, welche man als ein Denkmal der größten Heuchelei und als ein elendes Gewebe von Widersprüchen bezeichnen kann."

„Roma lucata, causa finita est!" („Rom hat gesprochen, die Sache ist erledigt!")

Hätte der Papst die ganze Politik seines Beschützers Napoleon III. mit jenen letzten Worten erläutern wollen, so hätte er nicht erst nötig gehabt, ein Unfehlbarkeitdogma aufzustellen, um mit solcher Kennzeichnung die allgemeine Anerkennung der Mit- und Nachwelt zu finden!

Jetzt begann der Kampf der Parteien, der Kirche und ihrer Gegner, in Frankreich. Der Außenminister Graf Walewska, dessen Gattin als Maitresse Napoleons III. wohl inzwischen auch der Gräfin Castiglione unterlegen war, war ein heftiger Gegner der

Schrift gewesen und trat jetzt zurück. Baron de Thouvenel nahm seine Stelle ein. Die jesuitische Zeitschrift „Journal univers" wurde am 29. 1. 1860 verboten, weil sie das Organ einer Partei wäre, deren Anschauungen im Widerspruch zu denen des Staates ständen. Der Freimaurer Jérôme Napoleon, der später auch eine Schrift verfaßte, sprach im Senat im Sinne der französischen Auffassung von 1809, die bekanntlich zur Verhaftung des derzeitigen Papstes Pius VII. geführt hatte, gegen die weltliche Herrschaft des Papstes. Vergeblich kämpfte dieser mit einer Exkommunikationbulle gegen die ihm die Provinz Romagna unter größtem Beifall der Bevölkerung entreißende italienische Regierung. Die Stellungnahme der sich national einigenden Italiener gegen den diese Einigung zu verhindern strebenden Papst und dessen Kirchenstaat wurde so bedrohlich, daß Pius IX. erwog, zum zweiten Male Rom zu verlassen und wegen der dort ausbrechenden Unruhen das ihm von den Engländern — also von Ketzern — auf Malta angebotene Asyl anzunehmen. „Verläßt der Papst den Quirinal, so verlasse ich die Tuilerien;" — hatte Eugenie erregt ausgerufen und mit eindeutigem Hinweis auf das freimaurerische Attentat hinzugefügt — „lieber will ich den Kaiser ermordet als der ewigen Verdammnis preisgegeben sehen."

Da erfolgte am 16. 10. 1862 in Paris der entscheidende Umschwung zu Gunsten des Papstes. An die Stelle des Außenministers Thouvenel trat Drouyn de Lhuys. Eine Zirkulardepesche setzte die französischen Gesandten an allen auswärtigen Höfen unverzüglich von der veränderten Politik dem Vatikan gegenüber in Kenntnis. In der Sonderdepesche an das Turiner Kabinett vom 16. 10. 1862 heißt es mit Bezugnahme auf die kurz vorher von dem italienischen Minister Durando gegebene, in der Forderung: „die ganze Nation verlangt nach ihrer Hauptstadt" (Rom) gipfelnde Erklärung: „.... die italienische Regierung hat sich durch die unbedingten Erklärungen .... auf ein Feld gestellt, wohin ihr zu folgen die beständigen Interessen und Überlieferungen Frankreichs nicht minder, als die dermaligen Anforderungen seiner Politik verbieten."

Der Kirchenstaat war wieder einmal — zwar nicht durch Gottes Hilfe —, aber durch Frankreichs Macht gerettet! Italien war — betrogen.

Sollte nun jemand, dem die im landläufigen Sinne verstandene „Hilfe Gottes" verdächtig erscheint, bei diesem abermaligen Wechsel der französischen Politik zu Gunsten des Vatikans einen deus ex machina vermuten, so hat die landläufige Geschichteschreibung dafür gesorgt, daß die einfachen inneren Ursachen unter einem Haufen komplizierter äußerer Gründe verborgen werden können. Natürlich wird man alle Zweifel an diesen Gründen oder die Vermutungen anderer Ursachen als „katilinarische Unterwühlung von Asphaltliteraten" oder mit ähnlichen bombastischen, aber wenig beweiskräftigen Schlagworten entrüstet ablehnen. Allerdings spielte ein Umstand mit, der wichtig genug war, auch von außen her Napoleon III. zu diesem abermaligen Stellungwechsel zu veranlassen, und dies war der Plan einer Errichtung des mexikanischen Kaiserreiches. Aber auch dieser Gedanke ist — wie wir noch sehen werden — aus dem Zusammenwirken kirchlicher, persönlicher, finanzieller und überstaatlicher Interessen entstanden.

Bei der Betrachtung der soeben kurz geschilderten italienischen Verhältnisse muß man berücksichtigen, wie stark der römische Papst durch die plötzliche Schwenkung in der politischen Haltung Napoleons III. in Mitleidenschaft gezogen war. Dann versteht man, daß er sich veranlaßt sehen mußte, mit allen Mitteln dagegen zu wirken. Es handelte sich — wie wir sahen — um nichts Geringeres als um die Existenz des Kirchenstaates überhaupt. Die militärischen Machtmittel des Papstes kamen gegenüber denen des sich einigenden Italiens überhaupt nicht in Betracht und außerdem war die Stimmung der Bevölkerung durchaus gegen ihn gerichtet. Seine geistlichen Mittel waren — wie es sich bereits im Jahre 1848 und jetzt wieder gezeigt hatte — gegenüber dem nationalen Erwachen Italiens völlig unwirksam. Die Kirche hatte Louis Napoleon aber nicht mit dem größten Aufwand zum Thron verholfen, um die Macht Frankreichs unter so offensichtlicher Mitwirkung der schönen Gräfin Castiglione zur Verwirklichung der Pläne Cavours einsetzen zu lassen, der die ketzerische — aber daher gerade richtige und vernünftige Anschauung vertrat, Rom müsse dem Papst abgenommen und die Hauptstadt des geeinten Königreiches Italien werden. Die kirchlichen Kreise in Frankreich „klagten ihn, den Kaiser, an," — so schreibt Brosch [17]) — „daß er seine Rolle als Papstbeschützer nicht ernst genug nehme," — (fürchteten sie, daß er sie in den Armen der schönen Gräfin vergaß?) — „daß er durch das kleine Piemont" (Cavour) „sich eine Politik vorschreiben lasse, die ebenso den französischen Überlieferungen wie den kirchlichen Interessen zuwiderlaufe". Ganz dementsprechend wird in dem „Jesuiten-Lexikon" (Paderborn 1934, Spalte 1274/75) festgestellt, daß die Jesuiten in der ersten Zeit des Kaiserreiches „große Bewegungsfreiheit" genossen, „so daß bis 1854 schon vierzehn Unterrichtsanstalten von ihnen geleitet wurden. Seit 1859 aber wurde die Spannung zwi-

---

[17]) „Geschichte des Kirchenstaates", Gotha 1882, 2. Band, Seite 452. — Cavour starb bekanntlich im Jahre 1861 plötzlich und unerwartet. Der Deutsche Gesandte in Paris v. Arnim schrieb am 17. 1. 1873 an Bismarck: „Der Dr. Evans" (das ist der Zahnarzt, welcher der Kaiserin Eugenie im Jahre 1870 zur Flucht verholfen hat) „teilte mir mit, daß vor einigen Tagen ein von ihm gehegter Verdacht — daß Graf Cavour durch eine Zigarre vergiftet sei — eine ganz positive Bestätigung gefunden habe. Er sei von der Wahrheit seiner Behauptung überzeugt. Auch glaube er aus einigen Äußerungen, die er gehört habe, schließen zu müssen, daß gewisse Fanatiker seiner Religion — Evans ist Katholik — nicht abgeneigt seien, mit Euer Durchlaucht dieselbe Operation vorzunehmen. — Er bat mich ausdrücklich, Euer Durchlaucht nicht ungewarnt zu lassen...." (Aus „Bismarcks Briefwechsel", Stuttgart 1901, 1. Band, Seite 440/441.)

schen der kaiserlichen Regierung und der öffentlichen Meinung unter den Katholiken sowohl als auch unter den republikanisch gesinnten Liberalen" (d. h. der Freimaurer) „so stark, daß die Unterrichtsfreiheit Gefahr lief und die Jesuiten in beständiger Furcht vor Verfolgungen, ja, der Verbannung lebten." Ein weiterer, dringender Anlaß für den Jesuitenorden als solchen, Louis Napoleon mit allen denkbaren Mitteln wieder auf den alten Weg zurückzubringen.

In solcher Beleuchtung und unter Berücksichtigung aller dieser Umstände gewinnt nun u. a. die eigenartige Tatsache, daß Eugenie für ihren Mann zwanzig der schönsten Frauen von Paris zu einem intimen Souper einladet, eine über die vielen anderen Merkwürdigkeiten des Privatlebens dieses Kaiserpaares hinausgehende Bedeutung. Das ist nicht „Resignation" über die zahlreichen Liebschaften ihres Mannes oder gar „Selbstverleugnung", wie der diesen Fall erwähnende Conte Corti meint, sondern das wäre schon Perversität. Jedenfalls nicht weit davon entfernt. Eine schöne Frau, die ihrem an sich schon ausschweifenden Manne noch weitere schöne Frauen zur gefälligen Auswahl zuführt, gab es nicht, gibt es nicht und wird es wohl auch nie geben. Es sei denn, daß solche Frau — in diesem Falle Eugenie — ähnliche Gedanken leiteten, wie sie das königlich privilegierte Buhlweib, die berüchtigte Marquise de Pompadour hegte, als sie dem König Louis XV. den noch berüchtigteren, ständig mit neuen Mädchen versorgten, sogenannten „Hirschpark" einrichtete. Sie tat dies einmal, um den gegen ihre Reize abgestumpften König auf solche Weise in Abhängigkeit von sich zu halten, dann aber um ihn abzulenken und mit ihren unzüchtigen Händen in die Politik eingreifen zu können. Es wäre aber solche Handlungweise für Eugenie zu gekünstelt und widerspricht dem Wesen des Weibes zu sehr, als daß sie der selbständigen Überlegung einer liebenden Frau, selbst nicht — oder erst recht nicht — der einer koketten und eifersüchtigen Frau entsprungen sein kann.

Sie entspricht vielmehr dem Denken jener, welche die Lehre vertreten,

> „daß Fälle möglich wären, wo die Kirche
> Sogar die Körper ihrer jungen Töchter
> Für höh're Zwecke zu gebrauchen wüßte...."

Auch in Schillers Dichtung „Don Carlos" — der diese Worte entnommen sind — versteht zwar die stolze Spanierin, die Prinzessin Eboli, diese ihr von dem Pater Domingo vorgetragene Lehre nicht, aber — sie unterwirft sich ihr doch. Warum sollte sich in der Wirklichkeit die bigotte Spanierin Eugenie von Montijo ähnlichen Lehren, wie sie zur Schande der Menschheit in den „Leichenhallen Loyolas" dressierte Priester vertreten, nicht ebenso gefügt haben? — Nur eine Frau, deren Seele durch christliche Lehren gemordet wurde, könnte im ergebenen Gehorsam gegen ihren vermeintlichen Gott, der für sie durch den Mund der Priester spricht, derartig würdelos und jeden Stolzes bar handeln.

Es ist daher mehr als wahrscheinlich, daß von dieser Seite und in dieser Richtung auf Eugenie eingewirkt worden ist. Denn es gab am Hofe zu Paris — so stellte bereits Johannes Scherr fest — „einen Schwarm Jesuiten von der langen und kurzen Robe, welche um die aus Hübschheit, Unwissenheit, Leichtfertigkeit, Aberglauben und Leidenschaftlichkeit zusammengesetzte Frau Napoleons des Dritten her dünstelten, gaukelten und ränkelten". Das ist nicht etwa nur eine hingeworfene Bemerkung Scherrs, sondern eine mehrfach erwiesene Tatsache. Wie eng die durch die Bande des Glaubens geknüpften Beziehungen Eugenies zu den Priestern waren, die sich ihrer Person als gefügiges Werkzeug bedienten, betont auch die ihr so wohlgesonnene Clara Tschudi in der bereits genannten Lebensbeschreibung der Kaiserin, indem sie u. a. schreibt: „Die Anhänger des Heiligen Stuhls bemühten sich unablässig um die Freundschaft Eugenies. Sie bestärkten sie in der Überzeugung, daß sie von der Vorsehung als Stütze des Statthalters Gottes auf Erden ausersehen sei." (sic!) „Bei der Dankbarkeit gegen die Gottheit, die sie wahrhaft beseelte, folgte sie nur einem inneren Drange, wenn sie auf alle die Wünsche der Pfaffen einging und so stellte sie sich unverhohlen an die Spitze der klerikalen Partei. Sie setzte sich mit einem Eifer ohnegleichen für die Aufrechterhaltung der päpstlichen Macht ein. Sie tat alles, um den Geist des Katholizismus in seiner ganzen Strenge im ganzen Lande wieder zu erwecken. Schonungslos verfolgte sie diejenigen, die nicht blind an der alten Kirche festhielten, sie beurteilte — bis auf wenige Ausnahmen — die Personen ihrer Umgebung je nach ihren religiösen Anschauungen."[18])

Die so oft in der Geschichte geübte Gepflogenheit, in schwierigen Lagen die vulkanischen, in den Wechselbeziehungen zwischen den Geschlechtern wirksamen Kräfte in irgendeiner Weise zum Betrieb einer kalt rechnenden Politik zu mißbrauchen, hatten die Vertreter der Kirche in jahrtausendlanger Übung bis zur Meisterschaft entwickelt. Da Pius IX. in seiner Jugend bekanntlich als ein bel ami — „sehr viel Glück bei den Frau'n" — gehabt hatte[19]) und sich den Ansprüchen und Nachstellungen seiner vielen Freundinnen und Geliebten dadurch entzog, daß er Priester wurde, verstand er sich zweifellos auf solche heiklen Sachen. Die Wirkungen in der französischen Politik jener Jahre schließen jedenfalls die Annahme solcher Ursachen nicht nur nicht aus, sondern sie sind ohne die Vorstellung überstaatlicher Einflüsse schlechterdings völlig unverständlich; weshalb Napoleon III. von Zeitgenossen in politischer Beziehung auch „eine Sphinx" genannt worden ist.

Es ist unter entsprechender Bewertung und im Rahmen der von uns betrachteten Tatsachen — zum mindesten — durchaus vorstell-

---

[18]) Tschudi a. a. O., Seite 77.
[19]) Vergl. Brosch: „Geschichte des Kirchenstaates", Gotha 1882, II., S. 369/70.

10 W. Löhde: „Ein Kaiserschwindel der ‚hohen' Politik"

bar, daß man Eugenie veranlaßte, der schönen Gräfin Castiglione noch schönere — und vor allem päpstlicher gesonnenere — Nebenbuhlerinnen entgegenzustellen und im gleichen Sinne selbst in die Politik einzugreifen. Tatsache ist, daß sich die Kaiserin seit jener Zeit der Politik — die Bismarck im Jahre 1862 „katholisch, päpstlich" nannte — zuwandte und, ihren sich in Ausschweifungen verbrauchenden Mann mehr und mehr beiseiteschiebend, entscheidenden Einfluß gewann. Es ist weiter Tatsache, daß Eugenie mit ihrer „großen Idee" des Kaiserreiches von Mexiko den Abschnitt ihrer politischen Betätigung begann, den sie mit ihrem Kriege (c'est ma guerre"), d. h. dem von den Jesuiten lange geplanten Deutsch-französischen Kriege, im Jahre 1870 beendete. Dieser Krieg, der — wie Bismarck am 5. 12. 1874 im Deutschen Reichstag ausdrücklich erklärte, — „im Einverständnis mit der römischen Politik" — d. h. also des Vatikans — „gegen uns begonnen ist" und bei dem „die römisch-jesuitischen Einflüsse" — wie Bismarck weiter sagte — „den eigentlichen Ausschlag für den kriegerischen Entschluß gaben".

DRITTES KAPITEL

WAS GING IN MEXIKO VOR?

Der römische Papst Alexander VI., von dem der päpstliche Sekretär Guicciardini geschrieben hat, daß er „keine Ehrlichkeit, keine Scham, keine Wahrheit, keine Treue, keine Religion" gekannt habe, zog eines Tages auf dem Erdglobus einen Strich von Pol zu Pol und „schenkte" dem spanischen König Ferdinand dem Katholischen alle entdeckten beziehungsweise noch zu entdeckenden Länder westlich dieses Striches. In der Bulle „Inter caetera divinae" vom 4. 5. 1493 wurde dies festgesetzt.

Die an diese willkürliche Schenkung jener dem Papste gar nicht bekannten und ebenso wenig gehörenden Länder des neuen Erdteils geknüpfte Bedingung war, die Seelen der „armen", diese Länder bewohnenden Heiden für das von einem Borgiapapst dargestellte Christentum zu „retten", d. h. einfach gesprochen, sie und ihr Hab und Gut der Weltherrschaft des römischen Papstes zu unterwerfen. Die Spanier sind denn auch bei der Besitzergreifung jener ihnen so großmütig geschenkten Länder derartig christlich verfahren, daß sich sogar der römische Bischof Las Casas veranlaßt sah, von dieser „Seelenrettung" in Mexiko zu schreiben: „Allein in den zwölf Jahren von 1519 bis 1530 sind in Neu-Spanien" (Mexiko) „mit Feuer und Schwert über vier Millionen Menschen vernichtet worden." Las Casas war anscheinend in den vielseitigen, den römischen Päpsten gestellten Aufgaben nicht ganz bewandert. Sonst hätte er wissen müssen, was der Geschichtschreiber der katholischen

Kirche, der Kardinal Baronius, später zu dem über den Ausbruch des 30jährigen Krieges so erfreuten Papst Paul V. sagte: „Sankt Peters Amtsverrichtung ist eine zweifache, sie besteht im Weiden und im Töten, zufolge der Worte ‚Weide meine Schafe!' und 'Schlachte und iß!'. Denn hat der Papst mit Widerstrebenden zu tun, so hat er den Befehl, sie zu schlachten, zu töten und aufzuessen." (Das letztere natürlich bildlich mit Bezug auf das Einverleiben ihres Besitztums gemeint.) Die Spanier verstanden jedenfalls diesen Teil jener päpstlichen Aufgaben damals schon ganz ausgezeichnet und „ihre Geistlichkeit und Konquistadoren haben immer die Fiktion aufrecht gehalten, daß ihr Hauptrechtstitel für die Erwerbungen in der Schenkung des Stellvertreters Christi auf Erden begründet sei, in der Bulle Alexanders VI.".[1] Wie planmäßig man dabei zu Werke ging, zeigt u. a. die Botschaft, welche vor einem solchen Raubzuge — die zünftige Geschichteschreibung sagt für das Volk unverständlicher „Conquista-Zuges" — den Eingeborenen mitgeteilt wurde. Unter Bekanntgabe der von den Spaniern auf sich bezogenen Weltherrschaftverheißungen Jahwehs in dem sogenannten „Alten Testament" werden die Indianer von der Übereignung ihres Landes durch den römischen Papst in Kenntnis gesetzt und zur bedingungslosen Unterwerfung aufgefordert. Dann heißt es in diesem seltsamen Dokument: „Wenn ihr es aber nicht tun solltet, oder wenn ihr boshafterweise damit ungebührlich lange zögern solltet, so versichere ich euch, daß ich mit der Hilfe des Himmels gewaltsam einschreiten und mit Heeresmacht in euer Land rücken werde und euch von allen Seiten und auf nur alle mögliche Weise mit Krieg überziehen werde, und daß ich euch mit Gewalt unter das Joch bringen will, und in den Gehorsam der Kirche und Seiner Majestät. Und dann werde ich euch eure Weiber und eure

---

[1] Friederici: „Der Charakter der Entdeckung und Eroberung Amerikas durch die Europäer", Stuttgart 1925, I., Seite 569.

Kinder nehmen und sie zu Sklaven machen, und als solche werde ich sie verkaufen, und ich werde auch eure Güter nehmen und euch überhaupt alles Übel antun, welches ich nur kann, wie man es ungehorsamen Vasallen anzutun gewohnt ist, die ihrem Herrn widerstehen." [2])

Man sieht daran, wie berechtigt Arthur Schopenhauer war, zu schreiben: „Wenn einmal, im Lauf der Zeiten, wieder ein Volk erstehen sollte, welches sich einen Gott hält, der ihm die Nachbarländer schenkt, die sodann als Länder der ‚Verheißung' zu erobern sind; so rate ich den Nachbarn solches Volkes, beizeiten dazu zu tun und nicht abzuwarten, daß nach Jahrhunderten endlich ein edler König Nebukadnezar komme, die verspätete Gerechtigkeit auszuüben, sondern solchem Volke zeitig die Verheißungen auszutreiben, wie auch den Tempel des so großmütig die Nachbarländer verschenkenden Gottes bis auf den letzten Stein zu zermalmen, — und das von Rechts wegen." Er hat nur vergessen, entsprechendes für die Stellvertreter dieses die Nachbarländer verschenkenden Gottes zu empfehlen!

Da sich nun aber kein Mensch ohne weiteres Land und Eigentum nehmen läßt, folgten die Indianer dieser Aufforderung natürlich nicht und daher wurde das mit Gewalt verwirklicht, was in dem vor christlicher Liebe nur so triefenden Aufruf in Aussicht gestellt war. Aber auch wenn sie sich unterwarfen, war ihr Los nicht anders, indem sie von den christlichen Heilsbringern massenweise in die Sklaverei verkauft wurden, in der sie unter schwerster Arbeit dahinstarben, während ihre „Retter" gute Geschäfte mit der Menschenware machten.

Im Verlauf und Rahmen der Übernahme dieser päpstlichen Schenkung hatte auch Ferdinand Cortes mit einer Handvoll Abenteurern Mexiko erobert und unter dem Namen „Neu-Spanien"

---

[2]) Friederici a. a. O., I., Seite 555.

zum Bestandteil des spanischen Reiches gemacht. Dieser Zug der kleinen Schar, der ebenso kühn wie grausam gewesen ist, war — von der Überlegenheit der Feuerwaffen abgesehen — nur gelungen, weil die alten Mexikaner in einem finsteren, von Cortes klug ausgenutzten Okkultglauben befangen waren[3]) und in einem kollektiven Zwangsstaat lebten, dessen System die Tatkraft und den Freiheitwillen des Einzelnen völlig erstickt hatte. Sie glaubten an die Erfüllung unabwendbar eintreffender mythischer Verheißungen, als Cortes in ihr Land rückte. Wer die Geschichte dieser Eroberung Mexikos liest, staunt über das Verhalten eines zahlreichen, kultivierten Volkes und seines absoluten Herrschers den fremden Eindringlingen gegenüber, das jedoch durch jene Umstände eine hinreichende Erklärung findet. Arthur Schurig hat in seiner Einleitung der von ihm herausgegebenen Berichte des Cortes und seiner Offiziere über diesen Kampf der Mexikaner geschrieben: „Die heutigen Europäer haben Anlaß, über den düsteren Ausgang eines bis zum äußersten geführten Verteidigungskrieges zu schweigen.... Sichtlich entbehrte Mexiko eines vorausblickenden, kraftvollen Anführers. Guatemozin" — der von Cortes aufgehängte Nachfolger des ermordeten Montezuma — „selbst aber war keine Feldherrnnatur. Die Mexikaner hatten bis zum Erscheinen des Cortes

---

[3]) So kannten die alten Mexikaner z. B. einen Mythos von einem Heiland, einem Mann von heller Hautfarbe mit blondem Bart, den sie Quetzalkoatl nannten. Dieser hatte nicht nur wohltuende wirtschaftliche und staatliche Einrichtungen geschaffen, sondern hatte auch gegen die grausigen Menschenopfer auftretend, milde religiöse Gebräuche eingeführt. Aber dieser Kulturbringer wurde durch einen listigen und herrschsüchtigen Volksverführer vertrieben. Er zog zunächst nach Cholula und dann weiter nach Osten. Die Volkssage erzählte, er werde einst wiederkehren und ein neues glückliches Zeitalter herbeiführen. Es ist mit Recht angenommen worden, daß dieser Mythos auf die Anwesenheit eines jener germanischen Seefahrer zurückzuführen ist, die vor Columbus Amerika von Island aus bereits entdeckt und befahren haben. Die unglücklichen Azteken hielten den ebenfalls von Osten kommenden Eroberer Cortes für den erwarteten und zurückkehrenden Heiland Quetzalkoatl oder doch für einen seiner Abkömmlinge und nahmen ihn und seine Spanier freudig auf. Eine grausame Enttäuschung trat jedoch bald genug ein.

ihre Kriege durch ihre Massenheere gewonnen.... Wenn man die alten Mexikaner gewiß nicht als rohes Volk bezeichnen darf, so fehlte es ihnen doch an der freien Geistesentwicklung. Ihr Staatswesen beruhte auf einer planmäßigen Zerstörung des Einzelnen. Es herrschte ein eiserner Zwang der Ordnung, ähnlich wie im alten Ägypten. Die Demut des niederen vor dem Höheren war maßlos. Selbst ihre Generale waren nichts als höhere Lakaien." [4]) Eine weitere, manchen vielleicht überraschende Ursache der leichten Eroberung dieses großen Reiches durch die wenigen Spanier war zweifellos die gedrückte Stellung der Frau in diesem Staate. Die Frau war eigentlich nur eine Sache, ein Wesen, das zur Fortpflanzung, zur Wollust und schließlich auch noch zur Arbeit gehalten wurde. Mädchen und Frauen — nicht etwa Sklavinnen, sondern „Freie" — wurden durch die Kaziken der mexikanischen Dörfer nach Belieben wie irgendwelche andere Gegenstände verschenkt, ohne daß ein Widerspruch erfolgte, oder daß das auf diese Weise verschenkte Weib auch nur gefragt wurde. Cortes und seine Offiziere berichten wie oft und wie freigebig die Kaziken ihnen Weiber und selbst Mädchen aus ihrer nächsten Verwandtschaft geschenkt hätten. Diese lebenden Geschenke wurden den Mexikanern jedoch sehr verhängnisvoll, denn — sie plauderten. Die von den Spaniern selbstverständlich und bestimmunggemäß als Konkubinen gebrauchten Mexikanerinnen verrieten ihre sogenannten Landsleute — wie Friederici erwähnt —, ohne mit der Wimper zu zucken. Sie teilten ihren spanischen „Besitzern" alles Wissenswerte mit und erleichterten ihnen auf solche Weise die Eroberung des Landes. Während die Volksseele sonst in der Frau besonders lebendig ist, zeigt sich bei diesen Indianerinnen das grauenhafte Gegenteil. Bei ihnen war nicht nur die Volksseele, nein, jedes Volksempfinden durch die

---

[4]) „Die Eroberung von Mexiko durch Ferdinand Cortes", Leipzig 1923, Seite 43/44.

völlige Rechtlosigkeit in diesem Zwangsstaat restlos erstickt. Wie könnte man denn auch von einem Weibe irgendein Volksgefühl erwarten, das von den männlichen Volksangehörigen als ein Gegenstand zur Befriedigung der Wollust an volksfremde Eindringlinge verschenkt werden kann!

Es ist recht eigenartig, daß sich ein solcher — wenn auch anders gearteter — Zwangsstaat allmählich auch bei spanischen Siegern ausbildete. Der Staat Philipps II., mit dem selbst die höchsten Granden nur knieend sprechen durften, ist durch diesen Zwang und den blinden Gehorsam sehr bald wieder von der durch die Eroberungen in der neuen Welt erreichten Höhe herabgesunken, während sich infolge der fürchterlichen Inquisition eine Kirchhofsruhe über Spanien senkte. „Aber dieses Beispiel bekräftigt nur die unumstößliche Wahrheit, daß nichts Bestand hat, was Wahn und Leidenschaft gründeten, daß nur die Vernunft für die Ewigkeit baut."[5]

Diesen über den Maltheserorden geschriebenen Satz Schillers kann man sowohl auf das durch stupiden Aberglauben und brutalen Zwang zusammengehaltene mexikanische Reich beziehen, wie auf den sich aus dessen Zusammenbruch erhebenden und ähnlicher Mittel bedienenden Staat Philipps II.

Nachdem die Spanier sich in Mexiko, welches „Neu-Spanien" hieß, festgesetzt hatten, begannen jene Maßnahmen, die man „Pacificacion de una provincia" nannte. Friederici hat diesen Begriff folgendermaßen erklärt: „Man verstand darunter ein bisher unabhängiges, bekanntes oder gänzlich unbekanntes, sich widersetzendes oder gänzlich harmloses und friedliches Land zu überrennen, auszuplündern, in Beschlag zu nehmen, und dann Land und übriggebliebene Leute auf die Konquistadoren, die nun vecinos, Kolonisten, wurden in repartimiento oder encomienda zu verteilen.

---

[5] Friedrich Schiller: „Vorrede zu der Geschichte des Maltheserordens" nach Vertot, Jena 1793.

Wollte man nicht im Lande bleiben, oder leisteten die angegriffenen Indianer tüchtigen Widerstand, so bestand das ‚pacificar' in einem vollständigen Ausrauben und Zerstören des Landes, unter Versklavung der gesamten Bewohner, deren man habhaft werden konnte." [6])

Es überrascht nicht, daß sich die Kirche bei dieser „Pacificacion" einen entsprechenden Anteil sicherte. Die Tätigkeit der christlichen Priester wurde in Neu-Spanien dadurch wesentlich erleichtert, daß die Eingeborenen bereits einer organisierten Priesterherrschaft unterworfen gewesen waren, deren seltsamer Glaube — eine Priesterreligion — dem des Christentums in manchem ähnlich war und deren Menschenopfer — jedenfalls was die Zahl betraf — denen der Inquisition durchaus entsprachen. Von dieser Seite hatten die christlichen Priester wenig oder gar keine Schwierigkeiten zu erwarten. Die Schwierigkeiten erwuchsen erst durch die mit den gepredigten Lehren von der Liebe im Widerspruch stehende tatsächliche Behandlung der Eingeborenen. Daher haben sich auch Priester — z. B. der Bischof Las Casas — gegen die furchtbaren Grausamkeiten gewandt und sich im ureigensten Interesse für Abhilfe eingesetzt. Das Christentum war denn auch in den spanischen Kolonien lediglich eine Äußerlichkeit. „Nirgends" — so schreibt der Kirchenhistoriker Nippold über Mittelamerika und Mexiko — „hatte so sehr wie hier die Religion den Charakter vollkommener Äußerlichkeit erhalten, ging sie so völlig in der Verehrung des Klerus, dem fleißigen Hören der Messe und der strengen Beobachtung der zahlreichen Festtage auf, während das Übermaß der Heiligenverehrung auch europäischen Katholiken als eine Art neuen Götzendienstes erschien. Noch jetzt herrscht in den abgelegeneren Gegenden der krasseste Aberglaube, und wird derselbe von der Priesterschaft für ihren Vertrieb von Ablaßzetteln und Amuletten

---

[6]) Friederici a. a. O., I., Seite 548.

reichlichst benutzt. Mit der immer größeren Verarmung, Verwahrlosung und sittlichen Verkommenheit des Volkes aber hat die Zunahme der Reichtümer des Klerus gleichen Schritt gehalten." [7])

Der neuere Geschichteschreiber Maximilians von Mexiko, Conte Corti, schreibt, „die Hälfte, nach anderen zwei Drittel allen Grundbesitzes im Lande soll schließlich in die Hände geistlicher Herren übergegangen sein. Sind diese Zahlen auch sehr vage, schwer beweisbar und schwanken diese Angaben in ihrer Höhe auch sehr, je nach der Parteistellung des betreffenden Autors, so ist doch so viel sicher und unzweifelhaft, daß die Geistlichkeit in Mexiko ganz enorme Reichtümer angesammelt hatte. Die Bevölkerung wurde in tiefer Unwissenheit gehalten, die Inquisition sorgte dafür, daß auch nicht ein aufklärendes Buch nach Neu-Spanien gelangte."

Die wachsende Erbitterung der spanischen Einwanderer sowohl als die der Eingeborenen über die sich ständig mehrenden Kirchengüter im Gegensatz zu ihrer eigenen fortschreitenden Verarmung führte zu manchen Unruhen und — da sich die spanische Regierung zum Büttel des Klerus hergab — schließlich zum offenen Aufstand. Nachdem andere zu Spanien gehörende, süd- und mittelamerikanische Länder, wie Chile (1817), Columbia und Venezuela (1819), Peru (1821) vom Mutterlande abgefallen waren, erklärte auch Mexiko am 24. 2. 1821 seine Unabhängigkeit von Spanien und begründete ein selbständiges Staatswesen. Als der zunächst auf spanischer Seite kämpfende Don Augustin Iturbide mit den von ihm geführten Indianer-Regimentern zu den mexikanischen Aufständischen übertrat und sich mit allen Kräften gegen die Reste der spanischen Truppen wandte, brach die ruhmlose Herrschaft des spanischen Vizekönigs in Mexiko endgültig zusammen.

Durch den Übertritt des Generals Iturbide und seiner Truppen

---

[7]) Fr. Nippold: „Geschichte des Katholizismus seit der Restauration des Papsttums", Elberfeld 1883, Seite 499.

zu den Revolutionären war die Unabhängigkeit Mexikos von Spanien entschieden. Man dachte damals daran, dem Erzherzog Karl, der Napoleon I. im Jahre 1809 bei Aspern geschlagen hatte, die Kaiserkrone von Mexiko anzubieten und damit das alte mexikanische Kaisertum Montezumas wieder aufzurichten. Dieser Plan scheiterte nicht zuletzt daran, daß es, nach Metternichs Ansichten vom „Legitimismus", für einen Erzherzog von Österreich völlig ausgeschlossen war, eine Krone aus der Hand von Revolutionären anzunehmen. Da kam Iturbide auf den Gedanken, sich selbst zum Kaiser von Mexiko ausrufen zu lassen. Als dieser Plan im Mai 1822 natürlich unter entsprechendem Druck ausgeführt wurde, erhoben sich die mexikanischen Republikaner gegen den neuen Kaiser. Iturbide hatte zwar durch seinen Übertritt der Revolution zum Sieg verholfen, aber er war, weil er zunächst auf Seiten der Spanier gegen die Mexikaner gekämpft hatte, nicht gerade beliebt. Diesen Umstand benutzten seine Gegner sehr geschickt, und es gelang ihnen unter der Führung des von Iturbide zum Statthalter von Veracruz ernannten und geförderten General Antonio Lopez de Santa Anna, den neugekrönten Kaiser aus Mexiko zu vertreiben. Als der einstweilen nach Europa geflüchtete Iturbide dann eines Tages nach Mexiko zurückkehrte, wurde er bei dem Versuch, seinen Thron wieder zu errichten, im Jahre 1823 gefangen genommen und erschossen. Dies war das Ende des ersten Kaiserreiches von Mexiko nach der Unabhängigkeitserklärung von Spanien.

Da Santa Anna seine Berufung und seine bisherige militärische und politische Stellung Iturbide verdankte, so war sein Verhalten zwar nicht gerade dankbar, aber wo und wann hätten denn Gefühle wie Dankbarkeit in der Politik irgendeine Beachtung oder gar Verwirklichung gefunden. Als dann die Spanier im Jahre 1829 einen letzten Versuch machten, ihre Herrschaft in Mexiko wieder aufzurichten, gelang es Santa Anna mit den mexikanischen Truppen, diese Versuche endgültig niederzuschlagen. „Von da ab" — so schreibt Conte Corti — „datiert seine große Volkstümlichkeit, die dieser energische, schlaue, tatkräftige und unermüdliche, aber ebenso skrupellose, egoistische, eitle und rücksichtslose Mann in der Folge bei jeder Gelegenheit mit Klugheit und Berechnung zu vermehren wußte." Es ist für Santa Anna außerordentlich kennzeichnend, daß er u. a. seinen durch eine Verwundung beim Bombardement von Veracruz verlorenen Fuß nach Mexiko bringen ließ, wo er unter seiner persönlichen Anwesenheit im Rahmen eines feierlichen Staatsaktes unter einem großartigen Gedenkstein beigesetzt wurde.[8])

Mit der Errichtung der unter den Schlagworten „Freiheit, Gleichheit und Brüderlichkeit" verkündeten Republik Mexiko waren die inneren Schwierigkeiten, die zu der Revolution geführt hatten, natürlich keineswegs behoben. Als die äußeren Kämpfe beendet und die Unabhängigkeit des Landes gesichert war, „da zeigte sich" — wie Conte Corti dazu bemerkt — „die so oft wiederkehrende Tatsache, daß der Ruf nach Freiheit und sozialem Fortschritt oft nur der Aushängeschild ist, um die großen Massen für die Anhängerschaft an eine neue Partei zu gewinnen. So wie diese Oberwasser erlangt hat, fängt diese ihrerseits an, egoistisch und für persönlichen Vorteil zu herrschen, die übrige Bevölkerung zu knechten und von Freiheit, Gleichheit und Brüderlichkeit ist keine Spur." [9])

Wie sich dies bereits bei der unter den gleichen Schlagworten begonnenen französischen Revolution von 1789 gezeigt hatte, so ging es auch jetzt bei der auf gleicher Ideologie begründeten und von Präsidenten verschiedener Parteien regierten Republik Mexiko. Die schlaue Geistlichkeit, deren Verhalten wesentlich zum Ausbruch der Revolution beigetragen hatte, stellte sich, die Lage erkennend, schnell auf die Seite des mexikanischen Volkes. Dies ver-

---

[8]) Nach H. H. Bancroft: „History of Mexico", Seite 200, bei Conte Corti a. a. O., 1. Band, Seite 32.

[9]) Conte Corti a. a. O., 1. Band, Seite 28.

anlaßte Santa Anna sehr bald, sich in ihre „liebenden" Arme zu werfen, und da eine Liebe der anderen wert ist, gelangten beide zu ihrem Ziel: Santa Anna wurde Präsident, die Jesuiten durften ungehindert im Lande wirken, und die Kirche blieb unter seinem Schutze im Besitze ihrer Macht und ihrer unermeßlichen Güter. Der Papst Leo XII. hatte bereits im Jahre 1827 die mexikanische Republik voll anerkannt, sie mit der Entsendung von päpstlichen Legaten „beglückt" und neue Bischöfe eingesetzt. Diese Maßnahmen wurden dem Papst von der römischgläubigen mexikanischen Bevölkerung hoch angerechnet, obgleich es sich nur um Äußerlichkeiten handelte, während der alte Zustand blieb. Zur Zeit der Unabhängigkeitserklärung gab es in Mexiko 3200 Geistliche, 11 Bischöfe und einen Erzbischof; es gab weiter 146 Mönchs- und 39 Nonnenklöster. Dies waren ganz unverhältnismäßig hohe Zahlen, die sich aber noch erhöhten. Trotzdem die Kirche — sagen wir einmal — wenigstens die Hälfte aller liegenden Güter besaß, erhob sie von der Bevölkerung drückend hohe Abgaben, die zu jener Zeit im Weigerungsfalle mit Gefängnisstrafen erzwungen und von den Säumigen mit der Peitsche eingetrieben wurden. „In vielen Provinzen" — schrieb ein zuverlässiger, zeitgenössischer mexikanischer Autor, Don Lorenzo Zavala — „haben die Pfarrer eine solche Herrschaft und Autorität über die Indianer, daß, wenn sie ihre Abgaben und Gebühren nicht zu rechter Zeit zahlen, oder irgendwie sich ungehorsam zeigen, sie selbige öffentlich auspeitschen lassen. Ich selbst habe sehr häufig verheiratete Indianer und ihre Weiber vor den Kirchentüren auspeitschen sehen, bloß weil sie eines Sonn- oder Festtages die Messe versäumt hatten. Und dieser Skandal war in meiner Provinz durch Herkommen geheiligt. Die Ausgepeitschten mußten nach ausgestandener Strafe die Hand der Pfarrer küssen."[10])

---

[10]) Nippold a. a. O., Seite 501; v. Richthofen: „Die äußeren und inneren politischen Zustände der Republik Mexiko seit deren Unabhängigkeit bis auf die neueste Zeit", Berlin 1859, Seite 212.

Wie die Priester es verstanden, das Volk auszuplündern, zeigen verschiedene Berichte. So schrieb der mexikanische Gesandte Luis de la Rosa in der im Jahre 1851 zu Baltimore erschienenen Schrift: „Observaciones sobre la administracion pública del estado de Zacatécas", „daß es unstreitbar in Mexiko ist, daß, um sich verheiraten zu können, sich viele wirkliche Arme zu persönlichem Dienste auf lange Zeit verkaufen, um nur jene Gebühren" (für Trauungen, Taufen usw.) „herbeischaffen zu können und während dieser Zeit die größten Entbehrungen zu erdulden haben.... Im allgemeinen kann als Regel angenommen werden, daß auf dem Lande jeder Tagelöhner, der sich verheiratet, infolge der Stolgebühren für seine ganze Lebenszeit ruiniert wird, und bei seinem Tode seiner Familie neue Schulden durch sein Begräbnis aufbürdet. Die Beweise für diese traurige Tatsache kann man zu Tausenden in den Rechnungsbüchern unserer Landgüter finden." Solche und andere Mitteilungen verschiedener Mexikaner ergänzend, berichtete der preußische Ministerresident von Richthofen über eigene Beobachtungen in Mexiko: „Es gibt Geistliche, welche die Weiber, die sich verheiraten wollen, unter dem Prätext, sie zuvor noch in den Grundsätzen der Religion fester zu machen, in ihrem Hause monatelang zurückhalten, teils um sie zu Feldarbeiten im eigenen Interesse zu verwenden und die Stolgebühr teilweise vorher abzuarbeiten, teils aus noch weit verwerflicheren Absichten, und es ist nicht allzu selten, daß sich solchergestalt in einem Pfarrhause 20 bis 30 Weiber zusammengehäuft finden; wer sich dem nicht unterwerfen will, der kann Strafe befürchten, wie denn auch diese diejenigen Weiber bedroht, die sich nicht unbedingt den Wünschen des geistlichen Herrn fügen."[11]

Man braucht nur an die zahlreichen, jedermann bekannten Gerichtsverhandlungen über die Sittlichkeitverbrechen der Geistlichen in Deutschland aus dem Jahre 1936 zu denken, um sich vorstellen

---

[11] v. Richthofen a. a. O., Seite 215

zu können, welcher Art die „Wünsche des geistlichen Herrn" gewesen sein mögen, dessen Willkür diese armen Frauen schutzlos ausgeliefert waren und deren Widerstand er mittels der aufsuggerierten Himmelshoffnung und Höllenfurcht zu beseitigen wußte.

Ein Schreckmittel und zugleich eine gute Erwerbsquelle waren u. a. die von mexikanischen Geistlichen veranstalteten „Fegefeuer-Lotterien". Zu einer solchen Fegefeuer-Auslösung wurden mehrere Tausend Scheine ausgegeben, auf denen die Spieler den Namen ihres Verstorbenen notierten. Ein solcher Schein kostete 2 Reales und auch wohl mehr. Der Name, der bei der Ziehung herauskam, wurde dann auf einem zu diesem Zweck veranstalteten kirchlichen Feste aus dem Fegefeuer in das Paradies versetzt. „Wer von uns" — schrieb der Finanzminister Prieto — „kennt nicht die Ausspielung der Seelen aus dem Fegefeuer in den Bevölkerungen des Südens, wer von uns hat nicht einmal einer Feier der heiligen Woche beigewohnt, wer wüßte nicht, wie die Pfarrer ihre Familie haben und wie sie es darin treiben?"

Die Gerechtigkeit erfordert jedoch, daß wir bei dieser Gelegenheit erwähnen, daß die mexikanische Beamtenschaft der Geistlichkeit durchaus nichts voraus hatte. In einem Aufsatz der „Kölnischen Zeitung" vom 28. 3. 1866 schrieb Wilhelm Winkler: „Es ist eine bekannte Sache, daß das Beamtenwesen in Mexiko eine der bedeutendsten Steine des Anstoßes ist, woran das Staatsschiff dieses schönen Landes zerschellt. Diejenigen Leute, welche seit der Unabhängigkeitserklärung in Mexiko zu Stellen gekommen sind, waren entweder Politiker oder, was schlimmer ist, Revolutionäre, die Staat und Volk als diejenigen Schafe betrachteten, welche nur allein in der Welt seien, um von ihnen geschoren zu werden. So war es mit den Zivil- und mit den Militärstellen. Menschen, die durchaus nichts für sich hatten, als höchstens ein großes Maul oder vielleicht einen bekannten Namen, kamen in Amt und Würden, oder noch besser, nur zu Titel und Gehalt, während sie anderen die Arbeit überließen. Diese anderen, die eigentlichen Arbeitstiere, erhielten das Futter nicht, was sie verdienten, und infolgedessen marodierten sie und verschacherten Gesetz und Recht. Käufliche Richter, bestechliche Advokaten, betrügerische Douanebeamte, gewissenlose Schullehrer, faule Arbeiter im Weinberge des Staates waren vorhanden wie Sand am Meer, und unter diesen die besseren weiße Raben." [12])

Angesichts solcher Zustände war der einfachste Mexikaner nun doch nicht stupid genug, um den Widerspruch der ihm tatsächlich zuteil werdenden Behandlung mit der verkündeten „Freiheit, Gleichheit und Brüderlichkeit" lange zu verkennen. Daher bildeten sich bald neue politische Strömungen und aus diesen Strömungen entstanden neue Parteien. Aber nicht nur die alten, gegen die Kirche gerichteten Parteien erstanden wieder, sondern auch die für die Kirche eintretenden Monarchisten begannen sich — allerdings erheblich schwächer als ihre Gegner — zu rühren. Unter den Führern dieser Monarchisten trat besonders der aus einer reichen mexikanischen Familie stammende José Maria Gutierrez de Estrada hervor, der sich in der von ihm vertretenen politischen Richtung derartig eifrig betätigte, daß er Mexiko verlassen mußte. Conte Corti schildert diesen Mann mit folgenden Worten: „Er war ein Mann von jesuitisch strengen, ja fanatisch klerikalen Ansichten, reaktionär und konservativ bis in die Knochen, unduldsam und jeder abweichenden Meinung völlig unzugänglich. Er hat sein ganzes Leben die ihm von diesen seinen Glaubensgrundsätzen vorgezeichnete Linie stets verfolgt, ohne im geringsten von ihr abzuweichen. Er war zu tiefinnerst überzeugt, daß es angesichts der Anarchie in seinem Vaterlande nur ein Rettungsmittel gebe — die absolute Monarchie und

---

[12]) Bei Friedrich v. Hellwald: „Maximilian I., Kaiser von Mexiko", Wien 1869, Seite 429/30.

die herrschende Stellung des Jesuitismus und der katholischen Kirche." 13) Man sieht, Gutierrez war ein Mann, dessen Anschauungen etwa denen des 200 Jahre vorher Deutschland regierenden — oder besser mißregierenden — Habsburgers Ferdinand II. entsprachen. Er fühlte sich denn auch zu diesen Habsburgern durch eine Art Wahlverwandtschaft hingezogen und hatte demgemäß auch seiner Zeit — obgleich erst 21 Jahre alt — zu jener Abordnung gehört, die dem Erzherzog Karl in Wien vergeblich die mexikanische Krone anbot. Nach seiner Verbannung aus Mexiko ist Gutierrez dann in Europa einer der Hauptpropagandisten für den mexikanischen Kaiserschwindel geworden, wenn er auch aus innerer Überzeugung dafür eingetreten sein mag. Wie Leopold v. Ranke jedoch einmal schrieb, hatte die Frömmigkeit des Hauses Habsburg auch eine „egoistische Ader" — nämlich die Vermehrung ihrer Hausmacht —, und so war auch die Frömmigkeit des Don José Maria Gutierrez nicht ohne diese bemerkenswerte Ader, indem ihm nach seiner Verbannung die Rückgewinnung und Ausnutzung seiner ausgedehnten Besitzungen in Mexiko am Herzen lag.

Santa Anna, der unter den wechselnden Kräfteverhältnissen der verschiedenen Parteien einige Male Präsident der mexikanischen Republik wurde, war — durch das Beispiel Iturbides gewarnt — klug genug, die ihm verschiedentlich angebotene Kaiserkrone von Mexiko zurückzuweisen. Trotzdem regierte er völlig diktatorisch und machte sich durch seine Haltung in der Kirchenfrage teilweise so verhaßt, daß man im Jahre 1843 seinen so feierlich beigesetzten Fuß ausgrub und unter Johlen durch die Straßen der Stadt Mexiko schleifte. Nach der Beendigung des für Mexiko so unglücklich verlaufenen Krieges mit den Vereinigten Staaten wurde der als Heerführer tätig gewesene Santa Anna sogar vorübergehend verbannt, bis er — inzwischen nochmals zum Präsidenten berufen —

---

13) Conte Corti a. a. O., 1. Band, Seite 29.

11 W. Löhde: „Ein Kaiserschwindel der ‚hohen' Politik"

im Februar des Jahres 1855 unter dem Druck der sich gegen ihn richtenden Revolution Mexiko endgültig verließ, um sich mit seinem ungeheueren Vermögen auf der Insel St. Thomas niederzulassen. Von dort aus spann er dann fortgesetzt neue politische Intrigen und hielt auch eine Art glänzenden Hof, der bald den Anziehungspunkt für allerlei politische Geschäftemacher und ähnliches Gesindel bildete.

Nach Santa Annas Sturz setzten die Parteien den Kampf um die Macht fort. Sie hatten sich dabei mehr und mehr in zwei Gruppen geschieden, für welche die Einstellung zu der Kirchenfrage eine ausschlaggebende Bedeutung gewann. Diese beiden Gruppen waren die besonders von der Freimaurerei in den Vereinigten Staaten unterstützten und beeinflußten Liberalen und ihre Gegner die Konservativ-Klerikalen, hinter denen die Kirche, die Geistlichkeit und der Jesuitismus stand. Auf solche Weise begann hier ein ganz ähnlicher, durch Parteien getarnter Kampf zwischen Rom und der Freimaurerei über eine grundsätzliche Frage, wie er in Frankreich und Italien entbrannt war. Denn „wenn die wahre Maurerei die natürliche Gehilfin der vaterländischen, liberalen Regierung ist," — so schrieb die freimaurerische Zeitschrift „Latomia" — „so tritt dieselbe dadurch in Gegensatz zu den kirchlichen Genossenschaften, welche, wie die Jesuiten, dem Rufe und dem Winken einer fremden Regierung" (Papst und Jesuitengeneral) „gehorsamen. Daraus erklärt sich auch der Haß, den namentlich die ultramontane Partei gegen die Brüderschaft hegt, denn dieselbe hat sehr gut herausgefühlt, daß je größer und intensiver die Wirksamkeit des Freimaurerbundes sich gestaltet, desto geringer und zerfahrener der Einfluß wird, den sie auf das Volk ausübt." [14])

---

[14]) „Latomia", 24. Band, Leipzig 1865. Seite 308. Dabei ist natürlich zu beachten, daß die Völker und deren oft ahnunglose Führer den Begriff „vaterländisch" im allgemein verstandenen Sinn meinten, während die Freimaurerei dieses Wirken auf das große internationale „maurerische Vaterland" bezog. In

Graf Mastai-Feretti, Papst Pius IX.

Man sagte von ihm, er sei in seiner Jugend Freimaurer gewesen. Als Papst und „Stellvertreter Christi" (vicarius Christi) wurde er ein Werkzeug des Jesuitengenerals, des Christus quasi praesens, des „gleichsam gegenwärtigen Christus".

Scherl-Bilderdienst

Gemälde von J. Meissonier

Napoleon III. bei Solferino

Mit Genehmigung von Franz Hanfstaengl, München

Infolge des merkwürdigen Verhaltens der österreichischen Führung konnte der militärisch völlig unbegabte Napoleon III. einen vollständigen Sieg über die tapfer kämpfenden Österreicher davontragen. Die Schlachten von Magenta und Solferino gehören auch zu den militärischen „Wundern".

— zum Gesandtschaftsekretär in Paris ernannt. Zweifellos konnte man zu dieser, von tiefem Verständnis seiner Talente zeugenden Versetzung mit den Worten Mephistos sagen: "Da seid Ihr eben recht am Ort!" Hidalgo dachte aber nicht wie jener Schüler: "Aufrichtig, möchte schon wieder fort", sondern konnte jetzt die so oft erprobten Reize seiner bezaubernden Persönlichkeit bei der über die fortwährende Untreue ihres Gatten bekümmerten Eugenie zur Geltung bringen und die abgerissenen Fäden des mexikanischen Kaiserschwindels zum Fortspinnen in ihre kleinen Hände legen. Er war zweifellos der richtige Mann, in dem von Weihrauchduft und Halbweltparfüm erfüllten Kreise der Kaiserin eine Rolle zu spielen. Bereits auf jener Lustfahrt fand er Gelegenheit, ihr sehr viel von den Zuständen in Mexiko, der Notwendigkeit einer Rettung der lateinischen Rasse und des Katholizismus — was ja auch seine eigene Rettung bedeutete — zu erzählen. "Der Mexikaner" — so schreibt Conte Corti — "spekulierte hierbei nicht nur auf die ihm wohlbekannte Frömmigkeit der Kaiserin, sondern auch auf ihre Gefühle als Spanierin, die sich bei der Unterdrückung des spanischen Elementes in der einstigen Kolonie notwendig regen mußten."[3] Eugenie stimmte selbstverständlich sofort zu, daß der Katholizismus gerettet werden — d. h., daß die Kirche ihre Reichtümer zurückerhalten müsse, aber sie erblickte auch "eine Gelegenheit, dem zweiten Kaiserreich — wie sie meinte und Hidalgo versicherte — billig neue Gloire und vielleicht überdies glänzende Handelsvorteile zu verschaffen". Denn alle frommen Leute sind — das muß man ihnen lassen — stets sorgsam darauf bedacht gewesen, daß die Frömmigkeit auch einen goldenen Boden habe, wie man dies völlig unzutreffend von dem Handwerk behauptete. Dieser "goldene Boden" fand sich ja nun in diesem Falle — von anderem abgesehen — ausreichend bei der Auszahlung der Jeckerschen Anleihe und ein Schwindel war des anderen zweifellos wert!

[3] Conte Corti a. a. O., 1. Band, Seite 79.

Froh bewegt konnte Don José Hidalgo seinem in Rom weilenden Auftraggeber — nicht etwa dem Jesuitengeneral — sondern dem Don José Gutierrez von dieser erfolgversprechenden Erneuerung seiner alten Madrider Bekanntschaft in Kenntnis setzen. Bereits im Herbst des Jahres 1858 wurde Hidalgo durch Eugenie in den allerengsten Kreis des französischen Kaiserpaares eingeführt und hatte Gelegenheit, mit Louis Napoleon selbst eingehend über die mexikanischen Angelegenheiten zu sprechen. Zu seinem größten Leidwesen ließ der im nächsten Jahr ausbrechende Krieg in Italien und die dadurch erfolgende, auch in diesem Zusammenhang bemerkenswerte Schwenkung der Politik Napoleons die mexikanischen Pläne zunächst wieder zurücktreten.

Während dieses Krieges gelang es Hidalgo jedoch, mit der Kaiserin Eugenie in ein immer vertraulicheres Verhältnis zu treten, „die ihn" — wie Conte Corti schreibt — „ununterbrochen einlud", „ihm eine ungewöhnliche Familiarität gestattete", während er „vierzehn Tage in steter Gesellschaft mit der Kaiserin, deren Gefolge sonst nur aus zwei Personen bestand, verbrachte, mit ihr frühstückte, speiste, spazieren ging". Es heißt daher sehr richtig in dem Buche „Der letzte Napoleon": „Es war der Privatsalon J. M. der Kaiserin, aus welchem der mexikanische Krieg hervorging."

Hidalgo hatte aber nicht nur Gelegenheit, seine interessanten, auf die Damen wirkenden Eigenschaften im Dienste der „hohen" Politik zu verwerten, sondern Eugenie ermöglichte ihm auch, seine dem Papst so sehr gefallende Frömmigkeit im gleichen Sinne zu betätigen. „Am Gründonnerstag zum Beispiel" — so berichtet uns Conte Corti — „trug er gerade einen Brief nach den Tuilerien, da sah er, als er den Hof passierte, drei ganz einfach gekleidete, verschleierte Damen dort stehen. Eine derselben war die Kaiserin. Sie ging auf Hidalgo zu, sagte ihm, sie wolle sieben Kirchen besuchen, wolle aber womöglich nicht erkannt werden und lud ihn ein, sie zu begleiten. Sie durchstreifte sodann, von niemanden erkannt, durch zwei Stunden zu Fuß die Stadt, mischte sich unter die Menge, gehorchte überall den Weisungen der Kirchendiener, wartete in St. Sulpice stehend mehr als fünfzehn Minuten, bis sie an die Reihe kam, das Kruzifix zu küssen, und scheute auch nicht davor zurück, es zu tun, obwohl knapp vor ihr ein Neger in Livrée seine Lippen drauf gedrückt hatte." Wahrlich eine fromme Dame! Selbstverständlich mißbrauchte Hidalgo diese Stunden frommer Andacht nicht etwa um unpassende „politische" Pläne zu entwickeln. Bewahre! — Er sprach nur von der Notwendigkeit der „Rettung des Katholizismus in Mexiko", um — wie passend — der Kaiserin das Gott wohlgefällige Werk der Rückgabe der von Juarez eingezogenen Kirchengüter an die „alleinseligmachende" Kirche ans Herz zu legen.

Als Miramon geflüchtet war und Juarez im Jahre 1861 in Mexiko einzog, war der Augenblick gekommen, die mexikanische Angelegenheit wieder aufzurollen. Zumal Europa durch diese Ereignisse in beträchtliche Bewegung geriet. Die bereits erwähnten, zu Gunsten des Landes getroffenen Maßnahmen des Präsidenten Juarez in der Kirchenfrage, hatten ihm den Papst zum erbitterten Feinde gemacht; durch die Ausweisung des spanischen Gesandten trat eine gefährliche Spannung in den Beziehungen Spaniens zu Mexiko ein. Als der mexikanische Kongreß am 17. Juli 1861 nun außerdem die Entscheidung in der Frage der ausländischen Anleihen traf und alle Zahlungen an die betreffenden Anleihebesitzer einstellen ließ, war der Anlaß zu erfolgversprechenden Maßnahmen gegen das republikanische Mexiko gegeben. Denn jetzt waren ja nicht nur die heilige Kirche und deren noch heiligeren Besitztümer in Gefahr, jetzt waren die allerheiligsten Güter des Kapitalismus überhaupt, jetzt war nicht allein der Pfaffensack, sondern auch das profane Portemonnaie angegriffen und gefährdet! Daher vereinigten sich die interessierten europäischen Staaten, um das Geld — oder wie man in solchen Fällen sagt —, um die „Kultur", die „Zivilisation", um die „Gesellschaft" zu retten!

Spanien brach die diplomatischen Beziehungen zu Mexiko ab, Pius IX. bannte und verdammte, England, vorsichtig wie immer — "Vorsicht" ist bekanntlich eine besonders empfohlene freimaurerische Tugend —, drohte mit energischen Maßnahmen. Frankreich jedoch, das wieder einmal an der "Spitze der Zivilisation" marschierte und dessen Kaiser bereits in der Boulevardschlacht vom 4. Dezember 1851 seine große Begabung für "Gesellschaftrettungen" gezeigt hatte, beantragte durch seinen Gesandten in Mexiko, Graf Saligny, der nicht nur ein frommer Katholik war, sondern die Interessen der Kapitalistenkreise Frankreichs — zumal die Forderungen des Herrn Jecker — vertrat, eine den Traditionen der "Grande Nation" entsprechende, bewaffnete Intervention und die völlige Änderung des mexikanischen Regierungsystems. — Selbstverständlich hatte Saligny inzwischen von dem mit Jecker & Co. in Verbindung stehenden Herzog von Morny erfahren, welche Fäden bereits in den Tuilerien gesponnen wurden. Er wußte daher, daß er sich mit dem kategorischen Eintreten für eine Intervention sehr beliebt machte, indem er den "großen Gedanken" der Kaiserin Ausdruck verlieh, während er gleichzeitig das prachtvolle Millionengeschäft mit den mexikanischen Schuldverschreibungen förderte und zur Stärkung seines guten Gewissens sogar noch für die gefährdeten Güter der Kirche eintrat.

Inzwischen waren der aus Mexiko ausgewiesene Bischof Labastida und der geflüchtete konservativ-klerikale Präsident Miramon in Europa eingetroffen. Sie stärkten die bestehende Kaiserschwindel-Gesellschaft m. b. H., wenn auch Miramon den Hintergedanken hegte, auf diese Weise Präsident zu werden. "Die mexikanische Intrige" — so sagt der Verfasser des Buches "Der letzte Napoleon" — "wurde wie gesagt unter dem Mantel der Kaiserin gesponnen. Herr Hidalgo, ein vertrauter Freund der Frau Montijo, brachte sie auf das Tapet. Aber jener Mann, welcher den Hof der Tuilerien in dieses Wespennest zu ziehen wußte, und welcher im

Interesse seiner Kaste handelte, das war der Monseigneur La Bastida, Erzbischof von Mexiko. Ein intelligenter, geschmeidiger, verführerischer Mann, übte er einen großen Einfluß auf den Geist der Kaiserin, welche Herr Hidalgo ohnedies schon überredet hatte, daß die Familie von Teba ganz wohl mit Ferdinand Cortes, dem Eroberer Mexikos, verwandt sein könne." Man sieht, es war kein Mittel romantisch und töricht genug, um nicht bei Eugenie angewandt werden zu können und zu wirken.

Am 15. 4. 1861 war der Bürgerkrieg in Nordamerika ausgebrochen, in dem die seit Jahrzehnten wachsenden Gegensätze zwischen den nördlichen und südlichen Unionsstaaten mit den Waffen zum Austrag gebracht werden sollten. Der über die in der Sklavenfrage gipfelnden politischen Verhältnisse durch persönliche Erfahrung und eigene Anschauung unterrichtete Friedrich Kapp kennzeichnet die zum amerikanischen Bürgerkrieg führenden geistigen und kulturellen Gegensätze wie folgt:

„.... In den Sklavenstaaten herrschten die Baumwoll-Barone mit dem Neger und der Peitsche; in den freien nördlichen Staaten ist die freie Arbeit mit freier Rede und freien Schulen das Mark der Gesellschaft. In den Feuerfressern des Südens und in den Abolitionisten des Nordens treten uns die äußersten Gegensätze romanischen und germanischen Geistes entgegen. Wie in Europa, so dreht sich vorläufig auch hier der politische Kampf um die nationale Allgewalt der romanischen Prinzipien materieller und geistiger Gewaltherrschaft oder der germanischen Prinzipien der vollen und ganzen menschlichen Freiheit. Was der Kampf der Reformation gegen den Papst, der Krieg der Niederlande gegen Philipp II., die Reformen Steins und die Reden Fichtes gegen den brutalen Despotismus des älteren Napoleons, was die Fehden der Deutschen Aufklärung und Philosophie gegen den Obskurantismus und das kirchliche Dogma, der Streit zwischen ‚Wissenschaft und Köhlerglaube', was endlich der Kampf unserer bürger-

lichen, denkenden und arbeitenden Zeit gegen die Gelüste raubritterlicher Epigonen: das ist in den Vereinigten Staaten der
Krieg des Nordens gegen den Süden, der Freiheit gegen die Sklaverei!" 4)

Diesen Gegensatz zwischen den von Kapp so bezeichneten „romanischen" und „germanischen Prinzipien" führte Johannes Scherr
in seiner etwa zur gleichen Zeit geschriebenen „Deutschen Kulturund Sittengeschichte" sehr richtig auf Bonifazius zurück, dessen
missionierendes Wirken bei unseren germanischen Vorfahren —
wie er meinte — „zweifelsohne ein Motiv geschaffen (hat), welches
in der gesamten Deutschen Kulturbewegung zeitweise immer wieder gewaltig sich erwies und in unseren eigenen Tagen wiederum
so gewaltig als nur jemals vordem: — das Motiv der Opposition
des germanischen Freiheitsprinzips und Selbstbestimmungsrechtes
gegen das romanische Autoritätsprinzip und dessen Wunsch und
Willen, in der Form einer pfäffischen Universaldespotie sich zu verwirklichen". In seiner Abhandlung „Das Trauerspiel von Mexiko" hat Scherr dann auch in diesem Sinne folgerichtig auf den von
Napoleon III. am 3. 7. 1862 an den französischen General Forey
geschriebenen Brief hingewiesen, dessen entscheidende Stelle lautet:
„Si un gouvernement stable s'y" (en Mexique) „continue avec l'assistence de la France, nous aurons rendue à la race latine, de l'autre
côté de l'océan, sa force et son prestige." („Wenn" [in Mexiko] „eine
feste Regierung unter dem Beistand Frankreichs gebildet wird, so
werden wir der lateinischen Rasse jenseits des Ozeans ihre Kraft
und ihr Ansehen zurückgegeben haben.") Diese mit der „lateinischen
Rasse" so ansprechend getarnte Absicht bedeutete jedoch — wie
Scherr meinte — „aus dem Bonapartischen ins Deutsche übersetzt":
„Wir wollen jenseits des Ozeans der germanischen (angelsächsischen)
Rasse die romanische gegenüberstellen, dem germanischen Prinzip

---

4) Friedrich Kapp: „Geschichte der Sklaverei in den Vereinigten Staaten von
Amerika", Hamburg 1861, Seite 26.

der Selbstbestimmung der Individuen und der Selbstregierung der Völker das romanische Prinzip des Despotismus, dem amerikanischen Republikanismus den europäischen Cäsarismus, der Uniondemokratie eine mexikanische Monarchie, welche mit französischer Hilfe und im Bunde mit den südstaatlichen Sklavenzüchtern das Weitere besorgen wird."

Bei der Mexiko-Debatte am 9. 7. 1867 im „Corps législatif" stellte der Abgeordnete Jules Favre diesen Ausführungen Scherrs völlig entsprechend fest, daß der Hauptzweck des Zuges nach Mexiko nicht die Wahrung französischer Interessen gewesen sei, sondern die Errichtung einer mexikanischen Monarchie, die im kirchlichen Interesse lag. Man habe den Aufstand der nordamerikanischen Südstaaten benutzen und diese Monarchie errichten wollen, um die nordamerikanische Republik zu beseitigen. Thiers erläuterte diese Ausführungen noch näher, indem er betonte, man habe bei der romanischen Rasse in Amerika das monarchische Prinzip wieder herstellen und den anglo-germanischen Republikanismus in den Vereinigten Staaten vernichten wollen.

Allerdings war von diesem Standpunkt — dem Standpunkt des Jesuitismus — gesehen, die mexikanische Expedition „eine große Idee" oder — wie der französische Minister Rouher sagte — „der größte Gedanke des Kaiserreichs". Was diese „Idee" in der Realität bedeutete, wissen wir und das wußte Scherr auch! Wir wissen aber heute weiter — und werden dies noch andeuten —, daß jener „amerikanische Republikanismus", jene „Uniondemokratie" und die geistig mehr und mehr versudende „angelsächsische Rasse" ebenso weit davon entfernt, beziehungsweise unfähig waren, irgendwelchen „germanischen Prinzipien" zum Durchbruch zu verhelfen, wie die genannten gegnerischen Richtungen. Dies hat aber weder der die englische Heuchelei im übrigen so klar durchschauende Scherr, noch der mit den derzeitigen amerikanischen Verhältnissen an Ort und Stelle vertraute Kapp erkannt. Es ist indessen außerordentlich kennzeichnend, wie die Freimaurerei mittels des von ihr gebildeten und beeinflußten „amerikanischen Republikanismus" und das Blendwerk seiner vorgespiegelten „Ideale" unter denkenden, für die Freiheit begeisterten und von heiligem Wollen erfüllten Menschen Anhänger fand, um sie zwar gegen den Jesuitismus, aber für das jüdisch-freimaurerische Geheimziel der Weltrepublik kämpfen zu lassen. Denn — das hatte man richtig erkannt — die Begeisterung für die Freiheit hat größere Taten in der Geschichte verursacht als der Schwindel und die christliche Nächstenliebe!

Kapp hat nun mit Bezug auf die zum amerikanischen Bürgerkrieg führenden Verwicklungen weiter gemeint: „Dem Beobachter der geschichtlichen Entwicklung drängt sich oft unwillkürlich die Bemerkung auf, als ob die finsteren Mächte einer absterbenden Welt sich rächen wollten für die unwiderstehliche Gewalt, mit der sie von einer neuen, kräftig anstrebenden weltgeschichtlichen Epoche vernichtet werden. Da lassen sie dann im Herzen der neuen Zeit das Gift zurück, das immerhin noch stark genug ist, die neue Saat im Keime zu ersticken oder zu verkrüppeln. So sah das Jahr, welches die Erfindung der Buchdruckerkunst unsterblich machte, die moderne Negersklaverei entstehen, und demselben Jahre, welches die Freiheitsideen Europas auf den jungen Boden Amerikas verpflanzte, ward gleichsam, um ihnen ein Bleigewicht an die Füße zu hängen, die Negersklaverei und die Baumwolle in die Wiege gelegt. Und die finsteren Mächte haben sich nicht verrechnet: noch heute, nach 240 Jahren, sind die Negersklaverei und die Baumwolle hier zu Lande mächtiger als die Freiheit!" [5])

Mag auch Kapp die sich hinter den von ihm genannten idealen Bestrebungen verbergenden eigentlichen Ursachen des amerikanischen Bürgerkrieges nicht gesehen, beziehungsweise unterschätzt haben. Seine, wenn auch noch so unklaren Vorstellungen von der Wirksamkeit irgendwelcher „finsteren Mächte" in der Geschichte

---

[5]) Kapp a. a. O., Seite 37/38.

sind ebenso beachtlich, wie seine Kennzeichnung der zu jener Zeit in der amerikanischen Bevölkerung bestehenden Gegensätze.

Die beiden sich jetzt mit den Waffen gegenübertretenden Parteien waren — von einzelnen Gruppen abgesehen und äußerlich betrachtet — die für die Aufrechterhaltung der Sklaverei eintretenden sogenannten „Demokraten" und die deren Abschaffung erstrebenden „Republikaner". In diesen beiden Parteien standen sich jedoch die sie beeinflußenden und leitenden überstaatlichen Mächte, die Freimaurerei und der Jesuitismus gegenüber. Auch dies hat Kapp schon richtig erkannt, wenn er als zeitgenössischer Beobachter über die Einstellung der südlichen Staaten schreibt: „Die römische, der Freiheit feindliche Kirche hat durch die massenhafte Einwanderung aus katholischen Ländern hier festen Fuß gefaßt, und steht durch ihre unbedingte Abhängigkeit vom Papste, sowie ihre hierarchischen Tendenzen selbst auf den Vermögensgebieten der Gemeinden nicht allein im Widerspruch mit der Republik, sondern ist auch durch ihre kolossalen Reichtümer deren gefährlichster Gegner. Die Masse der Einwanderer, besonders der Irländer, folgt blindlings dem Gebote ihrer Priester, die auf demokratischer Seite stehen, da Sklaverei des Geistes, wie sie der Jesuitismus will, sich naturgemäß zur Sklaverei des Leibes hingezogen fühlt." [6] „Der Nor-

---

[6] Kapp a. a. O., Seite 402/03. Wir weisen nicht ganz unterrichtete Leser, welche vielleicht noch meinen, die Kirche habe die Sklaverei doch stets bekämpft und abgelehnt, auf das kleine Buch des Theologen Th. Brecht „Kirche und Sklaverei" hin, wo sie sich auf Grund guten Materials leicht vom Gegenteil überzeugen können. Wie die Jesuiten die Menschen in dem von ihnen begründeten kollektivistischen „Musterstaat" Paraguay behandelten und herabwürdigten, geht aus dem Bericht eines Augenzeugen, des Grafen Bobadella, hervor. Es heißt in diesem seiner Zeit nach Lissabon gesandten Bericht: „Die Indianer leben unter diesen Vätern mit einem so blinden Gehorsam, daß ich jetzt bei diesem Volke sehe, wie ein Indianer sich auf Befehl seines Pfarrers auf die Erde niederwirft, und ohne ein anderes Band, als Respekt vor seinem Pater 25 Schläge aushält, dann aufsteht, dem Pater dankt und die Hände küßt. Diese armen Familien leben in dem strengsten Gehorsam und in einer strengeren Sklaverei als die Schwarzen in den Minen." (Vergleiche Brecht, Seite 172.) An diesem Beispiel aus diesem völlig von Jesuiten geleiteten Staat erkennt man besonders eindrucksvoll, wie das jesuitische Kollektiv beschaffen ist, wenn es rest-

den" — so kennzeichnet Kapp die Gegensätzlichkeit der amerikanischen Bevölkerung jener Zeit weiter — „ist hauptsächlich von den mittleren und unteren Klassen Englands, Deutschlands und Schwedens angesiedelt worden..... Der Süden dagegen, ursprünglich von romanischen Abenteurern, liederlichem Adel und katholischen Mächten kolonisiert." Im Süden wurden daher von diesen sogenannten „Demokraten" Gesetze gemacht, „welchen gegenüber Louis Napoleon und seine Espinasse.... wahre Stümper in ihrer Art von Regierungskunst waren".⁷) Es lag im Sinne solcher „Regierungskunst", wenn die Zeitung „South Side Democrat", ein Blatt, welches damals in Virginia erschien — also in einem Staate, in dem fromme, geschäftstüchtige Farmer, wie anderwärts Vieh, in besonderen „Gestüten" Sklaven züchteten⁸) —, schrieb: „Wir hassen jedes Ding, welches das Wort frei vor sich hat, von dem freien Neger abwärts und aufwärts durch das ganze Register hindurch — freie Arbeit, freie Farmen, freien Willen, freies Denken, freie Kinder und freie Schulen, alle gehören derselben Brut verdammenswürdiger Irrtümer an." „Das ist so just der rechte Ton", kann man dazu sagen, der Ton der Syllabus-Fanfaronaden nämlich, die uns in

---

los durchgeführt wird. Der Mensch wird weit unter das Tier herabgewürdigt. Denn ein einigermaßen charaktervoller Hund leckt seinem Herrn, der ihn soeben geprügelt hat, nicht zum Dank die Hand, wie es hier der jesuitisch dressierte „Mensch" tut. Aber die Sklaverei in den Vereinigten Staaten äußerte sich im Jahre 1834 ein Pastor Freeman: „Niemand ist berechtigt, die Sklaverei als ein Unrecht zu bezeichnen. Die Sklaverei, wie sie heute besteht, entspricht der Ordnung der heiligen Vorsehung." (Krainz: „Juda entdeckt Amerika", Leipzig 1938.) Diese Äußerung möge hier für viele andere genügen.

⁷) Kapp a. a. O., Seite 510. Wir haben diesen Espinasse bereits kennen gelernt.

⁸) Die Sklaven wurden dementsprechend auch „human-cattle", d. h. „Menschenvieh", genannt und ihre Züchtung als Zweig des Plantagenbetriebes von den Pflanzern als „stock-raising"; d. h. „Vermehrung des Viehstandes!" bezeichnet. (Vergleiche Griesinger: „Freiheit und Sklaverei unter dem Sternenbanner", Stuttgart 1862, 1. Band, Seite 423 und 428.) Griesinger berichtete weiter, „daß in ganz Virginien, Maryland und Kentucky nur allein die Negerin einen Wert hat, welche alle Jahre ein Junges zur Welt bringt, während umgekehrt eine unfruchtbare Schwarze ohne weiters verkauft wird. Mit einem Wort also, die Niggerzüchterei kam im kurzen in Flor und wurde zu einer Einnahmequelle,

allen Weisen hinreichend bekannt sind. „Damals wie heute" — so
schrieb der amerikanische, römisch-katholische Priester Charles Pascal Chiniquy im Jahre 1886 — „stand die demokratische Presse fast
ausnahmelos unter der Kontrolle der römischen Kirche und die willfährigen Handlanger der Jesuiten überschwemmten das Land...."

Die Freimaurerei konnte mit ihrer diesem allem entgegenstehenden Ideologie leicht alle freiheitlich gesonnenen Amerikaner — und
unter ihnen besonders die Deutschen, sich ihrem Rasseerbgut gemäß
für das „germanische Freiheitprinzip" einsetzenden Einwanderer —
in ihre Logen ziehen, um sie dort an die so ganz anderen südischen
Weltherrschaftziele zu binden. Im Jahre 1855 hatte sich außerdem
ein Geheimorden, die „Knownothings" gebildet. Dieser, eine national-amerikanische Haltung beobachtende Orden trat im Rahmen
republikanischer Grundsätze ebenfalls gegen die südstaatlichen Sklavenhalter auf. „Geheimniskrämerei und Ordenswesen" — so

---

welche vielleicht nicht weniger abwarf als selbst der Baumwollbau!" („Das
Politische Welttheater", Jahrgang 1861, Seite 177/78.) Einige Sklavenhalter,
die Sklaven „besserer Rasse" züchten wollten, zahlten ihren „weißen" Aufsehern
bis zu 20 Dollars für jede von ihnen geschwängerte Negerin. Viele „Herren"
übernahmen diese Aufgabe jedoch selbst! Virginia konnte trotz großen Eigenbedarfs jährlich 6—8000 auf solche Weise gezüchtete Sklaven nach den anderen Staaten der Union ausführen. Da diese Sklavenzüchterei in der Öffentlichkeit angegriffen wurde, erklärte ein Herr Gholson am 18. 1. 1831 in einer
Rede vor der Legislatur des Staates Virginia: „Ehrenfeste und am alten Herkommen haltende Leute haben überall zu mir die Ansicht ausgesprochen, daß der
Besitzer von Land ein vernunftgemäßes Anrecht auf dessen jährlichen Ertrag
habe; der Besitzer eines Obstgartens auf die jährlichen Früchte; der Besitzer von
Stuten auf deren Füllen, und so auch der Besitzer von weiblichen Sklaven auf
deren Zuwachs. Wir besitzen nicht einen so spitzfindigen Verstand, noch so viel
gesetzkundigen Scharfsinn, um die technischen Unterschiede einzusehen, welche von
gewissen Leuten aufgestellt werden." (Nämlich den Unterschied zwischen weiblichen Sklaven und Stuten.) „Der Rechtsgrundsatz: partus sequitur ventrem,
ist so alt wie das Eigentumsrecht selbst und gründet sich auf Weisheit und Gerechtigkeit. Auf Grund dieser gerechten und unverletzlichen Maxime verzichtet der
Herr während der Schwangerschaft der Sklavin auf ihre Dienstleistungen, beköstigt und verpflegt sie und zieht ihren hilflosen kleinen Sprößling auf. Der
Wert des Eigentums rechtfertigt die Ausgabe, und ich trage kein Bedenken, zu
sagen, daß dieser Zuwachs einen wesentlichen Bestandteil unseres Reichtums bildet." Man sieht auch hier wieder, daß alles Unrecht und jede Gemeinheit in der
Welt stets ihren gelehrten Anwalt gefunden hat, der mit einer entsprechenden
Unverschämtheit das grausamste Unrecht in „Recht" zu verdrehen suchte.

schreibt der dies beobachtende Kapp — „üben auf die Eisenteile des amerikanischen Blutes eine wahrhaft magnetische Kraft aus. Der Zudrang zu dem neuen Orden wurde daher ein ungeheurer, und die Logen schossen im Süden und im Norden wie Pilze nach einem Gewitterregen empor." [9])

Man erkennt deutlich, wie dieser Orden mit seiner nationalen Parole „Amerikaner sollen Amerika regieren" nicht nur im Norden, sondern auch in den gegnerischen Südstaaten festen Fuß faßte. Nach dem durch die öffentliche Meinung erzwungenen Sklavenhandels- und -einfuhrverbot war mit dem, wie seit altersher besonders gern von den Juden betriebenen Sklavenhandel, infolge des ständig wachsenden Risikos nicht mehr viel zu „verdienen". Somit konnte die Freimaurerei sich denn, ohne Bedenken von jener Seite befürchten zu müssen, für die Sklavenbefreiung einsetzen und sich unter dieser prachtvollen Losung ausbreitend, ihre so gewonnenen Kampfscharen gegen den von Süden her wirkenden Jesuitismus führen. Außerdem war nicht etwa die freimaurerische „Humanität", sondern der Umstand, daß die sich auf einer verfeinernden industriellen Grundlage aufbauende Wirtschaft der Nordstaaten, die nur für primitive Arbeiten verwendbaren Sklaven einfach nicht mehr gebrauchen konnte, die Veranlassung zur Abschaffung der Sklaverei. Noch im Juni des Jahres 1858 hatte der Br. Parker Cummings aus Washington in einem Vortrag auf dem Freimaurerkongreß in Paris ausgeführt: „Zugleich mit den Segnungen der Gesittung, der Gesetze und Künste, der Religion und Wissenschaft, die wir von unseren Eltern in England und Frankreich ererbt haben, ward auch das Institut der Sklaverei. Es ist jetzt in unserem Boden verwachsen und festgewurzelt und in einem großen Teil unseres Vaterlandes so sehr wie irgendeine Einrichtung, die in diesem Lande existiert, Sache der Notwendigkeit für Weiße und Farbige, und was auch immer der Menschenfreund davon denken

---

[9]) Kapp a. a. O., Seite 402.

Camillo Benso Graf Cavour
der Begründer der italienischen Einheit
Photo Bruckmann AG München

König Victor Emanuel von Sardinien
später König des geeinten Italiens
Photo Dr. F. Stoedtner

Erzherzogin Charlotte von Österreich, zeitweilige Kaiserin von Mexiko

Eine geistvolle Frau, die infolge der Entwicklung der politischen Ereignisse bei dem Kaiserschwindel geistiger Umnachtung verfiel.

Scherl-Bilderdienst

mag, es bleibt wenigstens für den praktischen Gesichtspunkt zweifelhaft, ob ihre Abschaffung für die Schwarzen selbst ein Vorteil sein würde." („Latomia", Freimaurerische Vierteljahrsschrift, Leipzig 1858, Seite 137.) Das klang nicht viel anders als aus dem Süden und die schöne Parole der Sklavenbefreiung konnte im Norden auch erst ausgegeben werden, nachdem die rechnende Wirtschaft die Unrentabilität der Sklaverei festgestellt hatte und ihren Nutzen bei jenem feierlichen Akt der „Humanität" fand.

Dieser von uns geschilderten und von Kapp erläuterten Lage völlig entsprechend heißt es dann auch in der „Latomia" (1862, 21. Band, Seite 283): „Die Haltung der Maurerei gegenüber den politischen Wirren ist eine durchaus loyale. Aus dem Berichte der Großloge von Maine geht hervor, daß die Maurer der Unionsstaaten ohne Ausnahme sich um das Banner der Regierung in Washington scharen." Auf der anderen Seite stand der Jesuit. „In der Zuversicht," — so schrieb der ehemalige römisch-katholische Priester Charles Pascal Chiniquy — „daß die Stunde seines endgültigen Triumphes über dieses Land nahe sei, befahl Rom dem Kaiser von Frankreich (Napoleon III.), sich bereit zu halten, um mit einer Armee von Mexiko aus den Süden zu unterstützen und die Nordstaaten zu vernichten. Desgleichen gebot der Papst sämtlichen römisch-katholischen Bischöfen und Priestern, wie auch allem gläubigen Volk, sich unter das Banner der Sklavenstaaten zu stellen. Jedermann weiß, daß die Bischöfe und Priester mit nur einer einzigen Ausnahme diesem Befehl wie ein Mann folgten." [10])

Während man also im Süden eine offen gehandhabte und mit dem Weihwedel gesegnete Sklaverei und Tyrannei ausübte, arbeitete man im Norden dem Treiben der fensterlosen Logen entsprechend, heimlich mit der Maurerkelle an der Errichtung jener

---

[10]) Charles Pascal Chiniquy: „Fifty years in the Church of Rome", London 1886; Übersetzung dieser Stelle bei R. Ch. Darwin: „Die Entwicklung des Priestertums und der Priesterreiche", Leipzig 1929, Seite 367.

anonymen Despotie des Geldes, die heute noch die Vereinigten Staaten beherrscht.

Wie immer, wenn die überstaatlichen Mächte derartige Kämpfe untereinander austragen, hatte die amerikanische Bevölkerung nicht allein den Blutzoll zu entrichten, sondern die Kosten dieses Krieges überhaupt zu tragen, während dessen sich die heimlichen Drahtzieher auf beiden Seiten scham- und maßlos bereicherten. Dies gelang besonders den an Freund und Feind Kriegsmaterial liefernden Juden, aber auch fromme Christen „angelsächsischer" Abstammung — wie z. B. der ältere Morgan — haben seiner Zeit durch die schwindelhaftesten „Geschäfte" ihren ungeheueren Reichtum in diesem Kriege begründet.[11])

Es konnte unter den angedeuteten Umständen nicht ausbleiben, daß sich die Freimaurerei nach dem endlichen Siege der Nordstaaten weiter und weiter ausbreitete und ihre wachsende Macht in drückendster Weise geltend machte. Wie die durch den Sieg der Nordstaaten zur Macht kommenden Freimaurer die „germanischen Prinzipien der Freiheit", von denen Kapp sprach, durchführten, zeigt jene Schilderung des „Londoner Herald" vom 4. 6. 1865, die wir dem Werke des Feldherrn Erich Ludendorff „Kriegshetze und Völkermorden" entnehmen:

„Das Schauspiel, welches die aus dem Krieg hervorgehende und sich in die Revolution stürzende Nordunion bietet, ist voll all der Schrecken jener Anarchie, welche Frankreich verheerte, als sein erbarmungloser Demagoge eine Million Köpfe forderte. Die Parallele ist beinahe vollkommen. Freimaurer-Jakobiner sitzen im Parlamente zu Washington. Wir hören von willkürlichen Verhaftungen und heimlichen Gerichten. Angeberei und Verdächtigung haben sich an die Stelle der Freiheit gesetzt. Laut ist das Geschrei nach Blut. Angeklagte Personen werden ohne Spur oder Aussicht eines

---

[11]) Vergleiche Hans Schumann: „Kriege der Milliardäre — Transaktionen des Hauses Morgan", Ludendorffs Verlag GmbH., München 19.

Prozesses geschlachtet. Zeugenaussagen werden en gros fabriziert. Militärische Tribunale, die mit kriegs- und standrechtlicher Energie verfahren, treten an die Stelle der verfassungmäßigen Gerichtshöfe. Eine im Augenblick siegreiche politische Partei besteht darauf, die Besiegten zu meuchelmorden. Die ansteckende Gewalt der Mordlust verbreitet sich über die ganze Republik, und der Schneider aus Tenessee wird beklatscht, wenn er sich erbietet, das Henkeramt an Jefferson Davis zu verwalten. Seit dem großen moralischen Sündenfall Frankreichs hat noch nie eine sich christlich nennende Nation der zivilisierten Welt solch ein Schauspiel geboten. Wir glauben, das Gebrüll des Jakobinerklubs, das Gejohl des Pariser Pöbels, das Geschrei der Carmagnole-Tänzer zu hören. Die Union ist der Pulverturm des 19. Jahrhunderts. Aber gegen die Führer in der großen französischen Revolution ist die Geschichte nicht ungerecht gewesen. Bei all ihren Verbrechen gab es doch Männer von Geist unter ihnen. Ihr Seitenstück in der neuen Welt ist ein bloßes Zerrbild. Es ist die Anarchie ins Gemeine übersetzt."

Die begeisterten Freiheitskämpfer konnte man zwar im Felde, wo die Kugeln pfiffen, sehr gut gebrauchen. Nach dem Siege jedoch, als die Dollars rollten, waren sie nur hinderlich und indem sie versuchten, ihre unpraktischen Ideale zu verwirklichen, wurden sie der sich bildenden Plutokratie sogar gefährlich. Also — fort mit ihnen.

Der Feldherr Ludendorff schrieb von jenen Vorgängen in den Vereinigten Staaten: „Mit der Freimaurerei gewann der Jude an Macht. Staatsgewalt, Jude und Freimaurer verschmolzen nach dem Bürgerkrieg 1861—1865, in dem die verjudeten und verfreimaurerten Nordstaaten siegten und grausam Menschenliebe betätigten, in eins, doch mit starkem südischen Übergewicht in dem dortigen Völkergemisch. Sie herrschten drakonisch, das Volk freute sich aber weiter seiner „Freiheit, Gleichheit und Brüderlichkeit", die ihm nun erst recht Juden und Freimaurer aller Welt als tatsächlich verwirklicht vorschwatzten."

13 W. Löhde: „Ein Kaiserschwindel der ‚hohen' Politik"

Diese geschichtlichen Tatsachen beweisen wieder mit erschreckender Deutlichkeit, wie unbewußt töricht oder bewußt sabotierend jenes Gerede ist, den Jesuitismus mit Hilfe der Freimaurerei oder — umgekehrt — diese mit jenem zu bekämpfen. (Siehe Seite 22.) Vielleicht haben viele Amerikaner damals ebenso gedacht, als sich vor dem Bürgerkriege eine bereits bestehende Partei der „Antimasons" (Freimaurergegner) — die Kapp erwähnt — auflöste und sich der großen Partei der Republikaner anschloß. Sie glaubten wahrscheinlich doch mit den Logen gegen die sichtbare Negersklaverei kämpfen zu müssen, während sie eine neue, unsichtbare Sklaverei des Geldes herbeiführten. Darauf hinzielend hatte die südstaatliche Zeitung „Charleston Standard", seiner Zeit die offene Sklaverei der Südstaaten verteidigend, gegen die getarnte der Nordstaaten geschrieben: „Die Sklaverei ist der natürliche und normale Zustand des arbeitenden Menschen. Er mag weiß oder schwarz sein. Das große Übel der nördlichen freien Gesellschaft ist, daß sie belastet ist mit einer servilen Klasse von Handwerkern und Arbeitern, die gänzlich untauglich für Selbstregierung und dennoch mit den Eigenschaften von Bürgern bekleidet sind. Herr und Sklave ist ein in der Gesellschaft so notwendiges Verhältnis wie das eines Vaters und eines Kindes, und die nördlichen Staaten werden es noch einführen müssen. Ihre Theorie einer freien Regierung ist eine Täuschung." [12]

Man begann in Amerika denn auch bald nach dem Siege über die Südstaaten mit der Rückversklavung der „freien", „weißen" und „schwarzen" Menschen in anderen Formen. In Europa dagegen vertrat man von ganz bestimmter Seite mehr und mehr den von jener amerikanischen Zeitung ausgesprochenen Gedanken, daß die Sklaverei „der natürliche und normale Zustand des arbeitenden Menschen" sei. Schiller war also durchaus berechtigt, am 13. 7. 1793 über die Auswirkungen der französischen Revolution zu schreiben:

---

[12] Kapp a. a. O., Seite 479.

„Man wird in anderen Weltteilen den Negern die Ketten abnehmen und in Europa den Geistern anlegen."

Im Jahre 1900 — an der Jahrhundertwende — schrieb denn auch der katholische Priester Karl Jentsch: „.... sie (die Staatsmänner) werden sich endlich einmal erklären müssen, ob die Aufhebung der Standesunterschiede und insbesondere der Sklaverei nur eine törichte Verirrung gewesen ist, ob die Leibeigenschaft und der Sklavenmarkt mit oder ohne Catasta (Schaugerüst) wieder hergestellt werden, oder was sonst geschehen soll." [13]) Nach dem Kriege 1914—18 erschienen dann tatsächlich Schriften und Aufsätze, in denen die Sklaverei als herrliche, ja, als die wünschenswerteste Gesellschaftordnung — was sie für die sogenannten „Herren" wohl auch sein mag — dargestellt und gepriesen wurde. Man dürfe sich dabei — so hieß es in solchen, trotz aller Tarnungen als jesuitisch inspiriert erkennbaren Ausführungen — nicht an dem Worte stoßen. Allerdings, das Wort ist gleichgültig. Die völlige Rechtlosigkeit, die entwürdigende Versachlichung eines, der Willkür eines anderen ausgelieferten Menschen, die listige oder brutale, geistige und seelische Verkrüppelung eines Teiles der Menschheit, zwecks ihrer Niederhaltung zu Gunsten einer recht fragwürdigen, „von Gott" eingesetzten und erfahrungsgemäß ebenfalls dabei entartenden „Herrenkaste", die dadurch wiederum erreichte, feile Unterwürfigkeit — ein solcher Zustand der Menschheit, der Ekel vor ihrem Anblick machen kann, ist für die die Begriffsbestimmung der Sklaverei wesentlicher, als das äußerliche Merkmal der Peitsche.[14])

---

[13]) „Drei Spaziergänge eines Laien ins klassische Altertum", Leipzig 1900, Seite 171.

[14]) Der bekannte Weltreisende Colin Roß — der zweifellos gut unterrichtet ist — hat in seinem Buche „Die Welt auf der Waage" geschrieben: „Zu Beginn jeder solchen Machtbildung wird neben der suggestiven Persönlichkeit, die durch ihre Eigenschaft und Leistungen die anderen in den Bann zwingt, die ihre innersten Wünsche erkennt und verwirklicht, auch immer die Verführung, die Demagogie stehen. Dieser erste einer Führergeneration — wobei Generation nicht nur die leibliche Erbfolge zu bedeuten braucht, sondern auch die geistige, wie in einer

Es ist nämlich in der Tatsachenwelt gerade umgekehrt, als der sich in diesem Fall über geschichtliche Erscheinungen und alle Erfahrungen hinwegdichtende Friedrich Nietzsche von der angeblichen „kulturellen" Bedeutung solcher, die Völker in Herden umwandelnden, sogenannten „Herrenkasten" schrieb. Jene, die Sklaverei empfehlenden Jesuiterlinge machten sich — sehr bezeichnend — solche Ansichten Nietzsches gerne zu eigen, während sie — ebenso bezeichnend — dessen Verurteilung des Christentums oft scharf ablehnten.

In den Vereinigten Staaten wurde die in neuerer Zeit bereits getarnt bestehende Sklaverei bei einer besonderen Gelegenheit hohnlächelnd gezeigt. In einem den „Hamburger Nachrichten" vom 13. Juli 1932 entnommenen Bericht heißt es unter der treffenden Überschrift: „Sklaven-Markt in Los Angeles": „Hier ist ein hübsches Mädel! Sie kann kochen, versteht alle Hausarbeiten und kann auch Ihre Briefe auf der Schreibmaschine schreiben. Was bieten Sie, meine Damen und Herren!' So ertönte die Stimme des Versteigerers Louis Byrens auf dem ‚Sklaven-Markt', der dieser Tage in Los Angeles eröffnet wurde, um arbeitslosen Männern und Frauen Beschäftigung zu verschaffen. Die also Angebotene, Hazell Wall, betrat errötend das Podium, auf dem die ‚Ware' gezeigt wurde. ‚33 Cents für die Stunde!' schrie eine Stimme. ‚35!' wurde sie von einer anderen überboten, der einer Gasthausbesitzerin, Frau Arricot. Der Hammer fuhr dreimal nieder und die vielseitige

---

kirchlichen Hierarchie —, einer Partei oder in Industriekonzernen, wird niemals von vorneherein sagen, ich bin der Herr und ihr seid die Knechte. Die äußeren Merkmale des Sklaventums — Kette und Peitsche — treten, wenn überhaupt, dann erst in einem sehr späten Stadium in Erscheinung, in dem die Macht unabschüttelbar und gottgegeben erscheint.... Ganz abgesehen davon, daß der Sklave doch Kapital darstellt, dessen Schonung vitalstes Interesse des Herrn darstellt, darf man nicht vergessen, daß auch in der scheinbar stabilisierten Herrschaft Sklaverei nichts Absolutes ist, und daß auch der Herr, der sich seiner Sache noch so sicher fühlt, mit Revolte rechnen muß. Er wird daher neben der Peitsche ständig das Zuckerbrot verabreichen, das nicht zum wenigsten in der Demagogie besteht, in der geistigen Führung und Verführung, die diesen gesellschaftlichen Zustand als den gottgewollten, den gerechten und auch für den Sklaven angenehmsten hinstellt."

junge Dame war ihrer neuen Arbeitgeberin zugeschlagen.... Auf diese Weise wurden acht ‚Sklaven' untergebracht. Diese merkwürdige Form der Arbeitsvermittlung spekuliert auf die Sensationslust jener Amerikaner, die noch immer die Erinnerung an die einstigen Sklavenmärkte bewahrt haben." Es ist aber keineswegs nur „Sensationslust", die hier zum Ausdruck kommt, wie jene Zeitung, ohne die tiefere Bedeutung solcher Vorgänge zu kennen, meinte. Für die amerikanische Bevölkerung war es damals in der Wirkung völlig gleich, ob sie in den jesuitischen „Gottesstaat" oder in die jüdische „Weltrepublik", bzw. zunächst in einen der Vorhöfe hineingeriet.

Der Süden der Vereinigten Staaten war ein fast ausschließlich Rohstoffe herstellendes Land, während sich im Norden die Industrie entwickelt hatte. Daher war der Süden in diesem Bürgerkrieg auf die Zufuhr von Kriegsmaterial und die Unterstützung der europäischen Länder angewiesen. Das despotische Regierungsystem der amerikanischen, „sklavenhaltenden Demokratie" paßte außerordentlich gut zu der ebenso verlogenen „kaiserlichen Demokratie" Louis Napoleons. Da beide Regierungen außerdem eine jesuitisch-katholische Interessengemeinschaft verband, war es nur in jeder Hinsicht natürlich, daß sich Frankreich auf die Seite des Südens stellte und der Süden wiederum zu Frankreich hielt.

In der mexikanischen Frage wurde daher auch der Ausbruch des amerikanischen Bürgerkrieges für das Handeln Frankreichs in Mexiko ausschlaggebend. Man konnte zunächst mit dem Kriegszustand rechnen, welcher es den bedrängten nördlichen Staaten unmöglich machte, den mexikanischen Präsidenten Juarez militärisch oder finanziell zu unterstützen. Außerdem zweifelte man nicht an dem Siege der Südstaaten und meinte, daß diese in solchem Falle den Standpunkt der bekannten Monroe-Doktrin verlassen würden, demgemäß die Vereinigten Staaten keine europäische Einmischung auf dem amerikanischen Erdteil zu dulden beschlossen hatten und einer solchen gegebenenfalls mit den Waffen entgegentreten würden.

Hidalgo, der Bischof Labastida und die Kaiserin Eugenie waren sich bereits seit längerer Zeit über die mexikanische Frage völlig einig. Eugenie veranlaßte jetzt Napoleon III., den entscheidenden Schritt zu tun. In einer von ihr herbeigeführten Unterredung Napoleons mit Hidalgo erklärte dieser u. a.: „Sire, es ist lange her, daß ich alle Hoffnung verloren hatte, die Ideen verwirklicht zu sehen, von denen ich nun schon vier Jahre die Ehre habe, Euer Majestät zu sprechen. Aber England ebenso wie Frankreich und Spanien, aufgereizt durch des Juarez Politik werden Schiffe in unsere Häfen senden. Da haben wir nun, Majestät, die englische Intervention, das, was uns nottat. Frankreich wird nicht allein vorgehen, wie es Euer Majestät immer zu vermeiden wünschten... Mexiko würde angesichts der vereinigten drei Flaggen die ganze Macht und Überlegenheit dieser Allianz erkennen und die ungeheuere Mehrheit des Landes könnte sich auf die intervenierenden Mächte stützen, die Demagogen vernichten und die Monarchie proklamieren, die allein das Land retten kann. Die Vereinigten Staaten sind in Kriegsnöten, sie werden sich nicht rühren und sie würden sich übrigens niemals den 3 vereinigten Mächten entgegenstellen. Möge sich die alliierte Fahne zeigen, Sire, und ich stehe Euer Majestät dafür ein, daß sich das Land in Massen erheben werde, um die wohltuende Intervention zu unterstützen." Darauf antwortete Napoleon III: „....Wenn England und Spanien bereit sind, hinzugehen, und die Interessen Frankreichs es erfordern" (sie erforderten es natürlich! Man denke an die eingezogenen Kirchengüter und das Millionengeschäft mit den Jeckerschen Anleihen!) „werde ich auch mitmachen .... und wenn das Land erklärt, daß es sich auf die europäischen Mächte gestützt organisieren will, werden wir ihm die Hand reichen. Übrigens ist, wie Sie ganz richtig sagen, die Lage in den Vereinigten Staaten (hierfür) sehr günstig." [15]

---

[15]) Den „Notes secrètes" des Hidalgo entnommen und wiedergegeben bei Conte Corti a. a. O., 1. Band, Seite 100/101.

In dieser Unterredung wurde auch gleich der Erzherzog Ferdinand Max als Thronanwärter genannt. Die Kaiserin Eugenie, „die sich plötzlich" — so heißt es in dem Bericht weiter — „wie wenn sie einer Eingebung folgte mit ihrem Fächer einen kleinen Schlag auf die Brust gab", rief aus: „Ich habe eine Vorahnung, die mir sagt, daß er annehmen wird." Die „Vorahnungen" so frommer, in innigem Verkehr mit Beichtvätern, Erzbischöfen und „Schicksalsgestaltern" wie Papst und Jesuitengeneral [16]) stehender Damen treffen in der Regel auch ein. Zweifellos hatte man in dem, die Jesuiten so sehr schätzenden Habsburger, der sich auf der anderen Seite eines deren Gegner beschwichtigenden Rufes „freisinnigen Denkens" erfreute, den geeigneten Kaiser für Mexiko gefunden. Man meinte wohl durch eine Persönlichkeit, welche bei dem in Mexiko tobenden Streit der klerikalen und antiklerikalen Partei in die Öffentlichkeit eine Mittelstellung einnahm, am besten zum Erfolg zu gelangen. Außerdem konnte man mit dem Hinweis auf den tadellosen Charakter des Erzherzogs alle irgendwie aufkommenden Gerüchte wegen der schmutzigen Jecker-Angelegenheit leicht beschwichtigen. Daher erklärte denn auch der französische Staatsminister, Graf Walewski, durch Eugenie von dieser „Wendung durch Gottes Fügung" in Kenntnis gesetzt, dem erfreuten Mexikaner: „Herr Hidalgo, Sie werden sich erinnern, daß Sie mir, als ich noch

---

[16]) Der Papst ist bekanntlich der „Vicarius Christi", d. h. der Stellvertreter Christi, während der Jesuitengeneral der „Christus quasi praesens", d. h. der „gleichsam gegenwärtige Christus" genannt wird. (Vergleiche E. u. M. Ludendorff: „Das Geheimnis der Jesuitenmacht und ihr Ende", Ludendorffs Verlag GmbH., München 19.) — Vicarii wurden im alten Rom jene Sklaven genannt, die einem anderen, in besonderer Gunst seines Herrn stehenden Sklaven zu dessen Bedienung gegeben waren! Somit sind Bezeichnungen, wie der Titel des Papstes „Vicarius Christi" oder auch der freimaurerische Titel eines „Vicarius Salomonis" recht aufschlußreiche Titel, während die Kennzeichnung „gleichsam gegenwärtiger Christus", wie der Jesuitengeneral genannt wird, ebenso eindeutig dessen Überordnung über den Papst entspricht. — Ganz richtig schrieb das „Logenblatt" Hamburg vom 3. 6. 1875, Seite 608: „Somit ist ein Vicarius Salomonis, gleich dem Papste, Stellvertreter Jesu auf Erden und zwar, während erstere der katholische ist, ein protestantischer."

Minister des Äußeren war, oft von ihrem Wunsch gesprochen
haben, Frankreich mit den Angelegenheiten Mexikos intervenieren
zu sehen und ich Ihnen stets sagte, daß die Sache unmöglich sei.
Heute aber haben sich die Verhältnisse geändert und ich glaube, die
Sache ist ganz durchführbar. Was kann ich für Sie tun?" [17])

Was konnte man für diesen, bei den Damen so beliebten und so
geldbedürftigen Don José nicht alles tun! — Er konnte jetzt die
Wahrheit jenes Schiller-Wortes aus dem „Don Carlos" bestätigt
finden: „Wie reich sind Sie auf einmal durch zwei Worte."

Am 9. 10. 1861 traf — die Vorahnung Eugenies bestätigend
— die grundsätzliche Zusage des betörten Erzherzogs, die mexikanische Krone unter gewissen Bedingungen anzunehmen, in Paris ein.
Der inzwischen gealterte und in London als Gesandter Frankreichs tätige Graf Flahault, der stallmeisterliche Geliebte der schönen
Hortense, bekam die Weisung, die englische Beteiligung an der
Intervention gegen Mexiko zu erwirken. Ein Auftrag, dem er sich
zweifellos mit Hinsicht auf das seinem heimlichen Sprößling, dem
Herzog von Morny winkende Millionengeschäft mit den Jecker-Anleihen voll Eifer unterzogen hat. Am 31. 10. 1861 wurde denn
auch in London eine Konvention über ein gemeinsames Vorgehen
der drei Mächte in Mexiko von England, Frankreich und Spanien
unterzeichnet und mit Beginn des Jahres 1862 erschien ein spanisch-französisch-englisches Geschwader vor Veracruz. Während als Vorspiel zu der geschichtlichen Tragödie des Kaiserschwindels von militärischen Aktionen begleitete diplomatische Verhandlungen mit der
Regierung Juarez in Mexiko stattfanden, wurde der Erzherzog
Ferdinand Max in Europa für die Kaiserrolle, die er zu spielen
hatte, vorbereitet. Sein Schwiegervater, der König Leopold I. von
Belgien meinte, „man hätte doppelt Veranlassung die Sache zu
unterstützen, erstens um Mexiko wieder produktiv werden zu sehen;
zweitens um einen Damm gegen die Vereinigten Staaten zu ziehen

---

[17]) Conte Corti a. a. O., Seite 103.

und den monarchisch-aristokratischen Prinzipien in den südlichen Staaten" (d. h. den Grundsätzen der peitschenschwingenden Sklavenhalter!) „eine Stütze zu geben". [18])

Es ist recht bezeichnend für den Kaiserschwindel, daß der von dem Erzherzog unbegreiflicherweise zum „Privatsekretär" — später sogar zum „Staatsrat" erhobene, frühere Kammerdiener Schertzenlechner dabei eine so bedeutende Rolle spielen konnte. Dieser Mann, von „höchst dürftiger Bildung", der „kaum wußte, wo Mexiko lag", der aber „genau wußte, was sein Herr hören wollte" — wie Conte Corti ihn charakterisiert — hat nicht nur mitberaten, sondern sogar wichtige Besprechungen und Verhandlungen in dieser schwierigen Angelegenheit geführt. Er überbrachte auch dem Papst einen Brief, in welchem Ferdinand Max diesen u. a. bat, ihm an diesem „höchst wichtigen, ja vielleicht entscheidenden Abschnitt seines Lebens" seinen wohl für „unfehlbar" gehaltenen Rat zu erteilen und ihm seinen apostolischen Segen und autoritativen Schutz für die kommende Zeit zu gewähren. Wie das Orakel von Delphi seine Weisheit im Altertum bereits in unklare und doppelsinnige Andeutungen zu hüllen pflegte, so wünschte der Papst dem Erzherzog zunächst einmal — wie billig — Glück zu seinem Entschluß, diese Aufgabe in Mexiko zu übernehmen. Weiter erklärte der Papst, „in der Errichtung des neuen Kaisertums das Aufgehen der Morgenröte friedlicher und glücklicher Tage zu erwarten", und gab seiner Freude darüber Ausdruck, „daß zu dieser Krone ein Prinz von einer katholischen Familie berufen sei, welche so viel glänzende Belege religiöser Frömmigkeit gegeben habe" und der sich persönlich „der Segnung Jesu Christi, des Fürsten der Kirche und ihrer Bischöfe würdig machen werde". Der in Rom wirkende Erzbischof Labastida dagegen erklärte ergänzend und vorsichtig, „es gehört sehr viel Mut, Geschick, Stärke, Geduld und besonderes Glück dazu, um zu

---

[18]) Schreiben König Leopolds I. von Belgien an Erzherzog Ferdinand Max vom 25. 10. 1861 bei Conte Corti a. a. O., I., Seite 116.

reüssieren. Die Aussichten für den Kandidaten sind gewiß nicht heiter." So sprach dieser Mann jetzt, nachdem er den Schwindel bis dahin gefördert hatte! Da nun der Erzherzog ganz zweifellos Mut besaß, da er die übrigen genannten Eigenschaften zu besitzen glaubte und da der „heilige Vater" durch seinen Glückwunsch ein „besonderes Glück" und seinen Segen verheißen hatte, so konnte es ja nicht am Erfolge fehlen. Kamen ihm in stillen Stunden dennoch ernste Bedenken, so verstand es immer ein prominentes Mitglied der Kaiserschwindel G. m. b. H., die Zweifel zu zerstreuen. Besonders war es der beredsame und speichelleckerische Gutierrez, der einen wachsenden Einfluß auf den Erzherzog gewann und der es fertig brachte, sich in einem Briefe der Erzherzogin zu empfehlen, „deren königliche Füße er küsse", eine ebenso widerliche wie geschmacklose Wendung, die er noch durch Unterstreichen besonders hervorhob! Aber auch Napoleon und Eugenie befestigten den Erzherzog fortgesetzt durch die verführerischsten Versprechungen und glänzendsten Aussichten in seinem verhängnisvollen Entschluß. Während Napoleon ihm später noch erweiterte, aber natürlich nicht gehaltene Zusicherungen wegen der militärischen Unterstützung Frankreichs machte [19]), entflammte Eugenie den leicht entzündlichen Ehrgeiz der Erzherzogin Charlotte, einer Enkelin des gestürzten „Bürgerkönigs" Louis Philipp v. Orléans. Diese dankte ihr für die Teilnahme an der „heiligen" Sache, zu deren Einleitung die französische Kaiserin — so schrieb Charlotte — „sichtbarlich von der Vorsehung bestimmt" worden wäre, „um auch der katholischen Religion bei einem durch Bürgerkriege zerrissenen Volke neuen Aufschwung zu geben". [20])

[19]) Selbst der Ordonnanzoffizier Bazaines, Graf Kératry, schreibt: „Gestehen aber muß man, daß unsere Regierung ihren Verpflichtungen nicht nachkam, indem sie mit einem Male, nicht nach und nach, vor den Drohungen der Vereinigten Staaten zurückwich und so Maximilian plötzlich wehrlos ließ.... Maximilian bezahlte mit seinem Blute sein Vertrauen auf die Unterstützung unserer Regierung...." (Kératry a. a. O., Seite 35.)

[20]) Conte Corti nach dem sich im Wiener Staatsarchiv befindlichen Briefkonzept der Erzherzogin Charlotte vom 22. 1. 1862.

Die von der Erzherzogin so sinnvoll als „Vorsehung" bezeichnete Macht trat denn auch bald in Schloß Miramar, dem Sitze des Erzherzogs, in Erscheinung, als der Erzbischof Labastida die Frage der von Juarez zugunsten des mexikanischen Staates beschlagnahmten Kirchengüter aufrollte und dem zukünftigen Kaiser von Mexiko den Standpunkt des Papstes auseinandersetzte. Man hatte zwar bereits in Miramar beschlossen, den aufgelösten Orden „Unserer lieben Frau von Guadalupe", einem recht einträglichen Marienwallfahrtorte, neu erstehen zu lassen, einen neuen Orden „San Fernando", sowie einen neuen Damenorden „Carlotta" in Mexiko zu gründen und andere fromme Werke zu verrichten. Aber damit war natürlich der Schutz und Segen des Papstes noch nicht zu erlangen. Auf diesen wollte der Erzherzog jedoch durchaus nicht verzichten. „Deshalb hatte er schon im November eine Vertrauensperson nach Rom entsendet, um die Zustimmung und Beihilfe des Heiligen Stuhles zu erbitten, weil er seinen Thron nicht einzig und allein durch die französischen Bajonette erhalten wissen, sondern ihm auch ‚die moralische Basis der Überzeugung und Ergebenheit des Volkes' geben wollte, auf welche die Kirche in Mexiko bekanntlich einen Einfluß übe, wie er hier in Europa kaum irgendwo in gleichem Maße sich erhalten habe." [21])

Fromme Werke, wie die Absicht „der katholischen Religion in Mexiko einen neuen Aufschwung zu geben" und so nebenbei ein Kaiserreich zu errichten, kosten bekanntlich viel Geld. Daher befand sich der zukünftige Kaiser von Mexiko, bevor er sein Kaiserreich betrat, in ganz ähnlicher Lage wie der geflüchtete klerikale Präsident Miramon, als er jene famose Jecker-Anleihe abschloß. Maximilian beabsichtigte daher, sich eine Anleihe von 25 Millionen Dollars durch die Vermittlung des sattsam bekannten jüdischen Bankiers Rothschild zu verschaffen. Vielleicht hat diese Absicht den

---

[21]) Conte Corti a. a. O., I., Seite 152/53 nach dem Briefkonzept des Erzherzogs Ferdinand Max an den Grafen Rechberg vom 28. 2. 1862.

römischen Papst etwas nachdenklich und nachgiebig gestimmt, als er einen anderen Plan, einstweilen eine Hypothek auf die geistlichen Güter in Mexiko aufzunehmen, vorschlug. Der Jude Heinrich Heine hatte nämlich im Jahre 1834, also bald nach dem für die Kirche so verhängnisvollen Sturz des französischen Königs Karl X. (im Jahre 1830) in seiner ausplaudernden Geschwätzigkeit triumphierend aus Paris geschrieben: „Wie das heidnische Rom wurde auch das christliche Rom besiegt, und dieses wurde sogar tributär! Wenn du, teurer Leser, dich in den ersten Tagen des Trimesters nach der Straße Lafitte verfügen willst, und zwar nach dem Hotel Nr. 15," (!) „so siehst du dort vor einem hohen Portal eine schwerfällige Kutsche, aus welcher ein dicker Mann hervorsteigt. Dieser begibt sich die Treppe hinauf nach einem kleinen Zimmer, wo ein blonder junger Mensch sitzt, der dennoch älter ist, als er wohl aussieht, und in dessen vornehmer grandseigneurlicher Nonchalance dennoch etwas so solides liegt, etwas so positives, etwas so absolutes, als habe er alles Geld dieser Welt in seiner Tasche. Und wirklich er hat alles Geld in seiner Tasche und er heißt Monsieur James de Rothschild, und der dicke Mann ist Monsignore Grimbaldi, Abgesandter seiner Heiligkeit des Papstes und er bringt in dessen Namen die Zinsen der römischen Anleihe, den Tribut von Rom."

Möglich, daß der Papst fürchtete, der angehende Kaiser von Mexiko, der dort für die Kirche so wichtige Aufgaben lösen sollte, könnte dem Juden Rothschild durch eine solche Anleihe ebenfalls tribunär werden. Auf der anderen Seite machte die Kirche bei dieser „Transaktion" das gute Geschäft und es mußte ihr ein entsprechender Sondergewinn zufließen, auf den der Papst in seinem Schreiben an den Erzherzog vom 9. 2. 1862 auch ausdrücklich hinwies. Es war selbstverständlich, daß sämtliche Kirchengüter zurückzugeben wären und alle bereits entstandenen oder noch entstehenden Verluste ersetzt werden müßten. Die mexikanischen Bischöfe sollten indessen ihre Tätigkeit doch lieber erst dann aufnehmen

— so meinte der Papst —, wenn die Lage im Lande gesichert sei. Besonders der Hauptbeteiligte, der ausgewiesene Erzbischof Labastida, wollte nach dem päpstlichen Rat mit seiner Rückkehr nach Mexiko — nicht etwa auf ein Zeichen des Himmels — aber auf die Besetzung der wichtigen Festung Puebla durch die französischen Truppen warten. „Der Bischof war vorsichtig" — so schreibt Conte Corti — „einmal mußte er für seine Sicherheit sorgen, sodann für sein leibliches Wohl. Denn an der Zurückgabe der Kirchengüter war er persönlich sehr interessiert.... Der Weg, den der Heilige Stuhl auf Rat der mexikanischen Bischöfe solcher Art einzuschlagen begann, sollte Maximilian verhängnisvoll werden; aber auch der Kirche kam er nicht zugute." [22])

Der von uns bereits gekennzeichnete, fanatisch-klerikale Gutierrez wirkte weiter im jesuitischen Sinne auf den Erzherzog ein, der sich auf der anderen Seite, um nicht ganz in die Hände Napoleons zu geraten, mehr und mehr dem Papste zuwandte. „Seine Glaubensrichtung" — so meinte der Ordonnanzoffizier des Marschalls Bazaine — „als Fürst aus österreichischem Stamme zog ihn zum Mystizismus, so wie sein Stolz auf seine Abstammung von dem großen Karl V. ihm sagen ließ, daß es nichts Erhabeneres gebe, als das göttliche Recht.... Maximilian hielt sich für einen Auserwählten: hierin liegt das Geheimnis seines mexikanischen Abenteuers... In Erinnerung an diese, seine religiöse Richtung, welche sein Besuch in Rom aufs äußerste hatte treiben und reizen müssen, hätte man es begreiflich, obwohl nach unserer Ansicht unpolitisch finden können, wenn Maximilian gleich nach seiner Thronbesteigung sich unbedingt auf die Seite der Klerikalen gestellt und von vorneherein die liberale Bewegung bekämpft hätte. Man muß allerdings glauben, daß sich daraus ein Kampf auf Leben und Tod entwickelt haben würde, ein Krieg ebenso verderblich für die Würde des Thrones, wie unverträglich mit unserer Fahne: denn wenn der fran-

---

[22]) Conte Corti a. a. O., I., Seite 154.

zösische Klerus immer der erste war, beiden Weltteilen erhabene Beispiele aufzustellen, so ist der mexikanische dagegen, wenige Ausnahmen abgerechnet, von Mißbräuchen und Genußsucht verderbt gewesen.... In seinen Reihen konnte der neue Herrscher keine lebendige Kraft finden; von dieser Seite war weder Aufrichtigkeit noch Uneigennützigkeit zu erwarten." [23])

Wenn bereits der in den durch den Bonapartismus geschaffenen günstigen Vorurteilen für den Klerus befangene französische Offizier die Verhältnisse in diesem Lichte erblickte, so kam Napoleon die wachsende und betonte kirchlich-päpstliche Mitwirkung bei der Errichtung des mexikanischen Kaisertums aus innen- und außenpolitischen Gründen äußerst ungelegen. Seit seiner politischen Schwenkung im Jahre 1859 war der Widerstand gegen den Klerus auch in Frankreich neu erwacht. Die denkenden Franzosen fragten sich mehr und mehr, ob es gerechtfertigt sei, für dieses mexikanische Abenteuer mit den allzu deutlich in die Erscheinung tretenden kirchlichen Absichten das Leben Tausender französischer Soldaten zu opfern. Aber auch in Mexiko selbst machten derartig offen betriebene kirchlich-päpstliche Bestrebungen eine schlechte Stimmung, die selbstverständlich von der Gegenseite propagandistisch ausgenutzt wurde. Die überstaatliche Macht Rom trat auf solche Weise gar zu sehr aus ihrer Verhüllung heraus und die kirchlichen Absichten wurden der Gegenstand unliebsamer öffentlicher Erörterungen. Selbst die fromme Kaiserin Eugenie äußerte sich besorgt über diese zu sehr betonte klerikale Haltung. Sie meinte sogar, man könne von dem Wirken des Gutierrez den peinlichen Eindruck gewinnen, Philipp II. sei wieder erstanden und in Mexiko solle die Inquisition eingeführt werden. [24]) Wenn auch die von Gutierrez vertretene Partei etwas derartiges beabsichtigte — die Herrschsucht der mexikanischen Geistlichkeit unterschied sich von der spanischen

---

[23]) Graf Kératry a. a. O., Seite 161/62.
[24]) Conte Corti a. a. O., 1. Band, Seite 145.

unter Philipp II. nicht so sehr —, so durfte die berechtigte Wachsamkeit vor einer solchen klerikalen Reaktion natürlich in gar keinem Falle vorzeitig geweckt werden. Obgleich Eugenie das mexikanische Unternehmen gefördert hatte, um den Katholizismus wieder herzustellen, und demjenigen — so hat ein Jesuit geschrieben —, dem der Zweck erlaubt ist, auch die Mittel erlaubt sind, so besaß man ja noch nicht die Macht in Mexiko, um diese Mittel anzuwenden. So dumm ist nun aber doch kein Volk, daß es sich jemals freiwillig und wissend einer derartigen Regierung unterwerfen sollte. Da war die Phrase von der „Wiederherstellung der Kultur und Zivilisation" schon ein besseres Schlagwort. Denn was konnte man nicht alles unter „Kultur" verstehen! — Zum Beispiel auch jene „goldene Zeit" des Mittelalters, deren mit Heiligenbildern und Kirchenbauten so einladend verzierte Außenseite die schandbare Leibeigenschaft und die schnödeste Ausgeburt theologisch-juristischen Aberwitzes, die grausigen Zwillinge Inquisition und Hexenprozeß barg. Die Mexikaner haben ja bekanntlich infolge dieser ihnen von der Kirche übermittelten „Kultur" den traurigen Ruhm in der Geschichte davongetragen, am 20. August 1877 zu St. Jakobo die letzten „Hexen" lebendig verbrannt zu haben. [25])

Das Auftreten des Bischofs Labastida hat dann später denn auch denkbar ungünstig gewirkt und führte sogar zu ernsten Zusammenstößen mit dem das französische Expeditionheer kommandierenden Marschall Bazaine. „Der Erzbischof von Mexiko," — so schreibt der Ordonnanzoffizier Bazaines — „welcher das Vertrauen der Tuilerien sich zu gewinnen gewußt hatte, lähmte alle heilsamen Entschließungen, während er seiner systematischen Opposition den freundlichsten Anschein gab." — Wie bezeichnend und sozusagen „klassisch" ist solches bischöfliches Verhalten! — „Wir haben nicht vergessen können," — so schreibt Graf Kératry weiter — „daß, als Monsignore Labastida, der Erzbischof von Mexiko, wieder seinen

---

[25]) J. B. Holzinger: „Zur Naturgeschichte der Hexen", Graz 1883, Seite 3.

Fuß in die Hauptstadt seines verwüsteten Vaterlandes setzte, welches er seit Jahren nicht wieder gesehen, es sein erstes gewesen war, sich zu erkundigen, ob der Krieg den Olivenbäumen seiner erzbischöflichen Domäne in Tacubaja etwa geschadet habe."

Es ist verständlich, daß dieser französische Offizier sich damals über solches Verhalten des Erzbischofes wunderte und empörte; uns ist es heute ebenso verständlich, daß dieser römische Priester so dachte und handelte!

FÜNFTER ABSCHNITT

DIE „ZWEI SCHWERTER" IN MEXIKO

Der anmaßende, mit dem französischen König Philipp dem Schönen anbindende und im Verlauf dieses Streites von dessen Heerführer geohrfeigte römische Papst Bonifaz VIII. hat bekanntlich in der berüchtigten, im Jahre 1302 erlassenen Bulle „Unam sanctam", nach einer entsprechenden Auslegung der so auslegungsmöglichen Bibel gesagt, es gäbe „zwei Schwerter". „Beide sind" — so heißt es in jener Bulle — „in der Gewalt der Kirche, das geistliche und das materielle;" (d. h. „weltliche") „das eine soll von der Kirche, das andere für sie gebraucht werden, das eine von dem Priester, das andere von den Königen und Soldaten, aber nach dem Winke des Priesters und wenn er es zuläßt...." Da es nun aber in der Welt nicht immer so zugeht, wie es die römischen Päpste in ihrer Unfehlbarkeit erwarten und bestimmen, so gab es, was den Gebrauch des „materiellen Schwertes" betrifft, häufig Anlaß zur Klage, ja sogar zu heftigem Streit. Die beiden Schwerter — d. h. der Papst mit seinem „geistlichen" und der König mit seinem „weltlichen" — schlugen demgemäß im Verlauf der Geschichte oft genug und wacker aufeinander los. Man muß aber als aufmerksamer Zuschauer bei diesen Kämpfen schon sagen, daß der Papst mit seinem — allerdings viel weiter reichenden — „geistlichen Schwert" in den meisten Fällen der geschicktere Fechter gewesen ist.

Es ist also keineswegs überraschend, wenn sich die Verhältnisse in ähnlicher Richtung entwickelten, als die jetzt auf geheimes Wirken der Priester in Mexiko einrückenden französischen Truppen das „weltliche Schwert", den Weisungen der Bulle „Unam sanctam" entsprechend, d. h. also „nach dem Winke des Priesters" gebrauchen sollten. Es trat — wie wir noch sehen werden — eine Lage in Mexiko ein, die man trotz des zunächst erreichten Erfolges der Kirche — und wenn die mexikanische Tragödie nicht so ernst wäre — mit den Worten des genialen Deutschen Dichter-Malers Wilhelm Busch kennzeichnen könnte:

„Ach man will auch hier schon wieder
Nicht so wie die Geistlichkeit!"

Die erwähnte und mit dem Jahre 1862 begonnene Flotten-Demonstration und Truppenlandung der drei europäischen Mächte in Veracruz hatte zunächst zu Verhandlungen zwischen deren Vertretern und den mexikanischen Abgeordneten in La Soledad geführt. Der französische Gesandte Saligny war sehr anmaßend aufgetreten und hatte außer anderen, die Selbständigkeit Mexikos antastenden Forderungen, die Bedingung einer vollen Anerkennung und Zahlung der Jeckerschen Schwindel-Anleihe gestellt. Im Laufe der Verhandlungen gelang es jedoch dem Präsidenten Juarez, seine beiden Gegner, England und Spanien, aus der Intervention auszuschalten. Der die spanischen Truppen befehligende, eitle und ehrgeizige Graf Prim, dem Napoleon republikanische und irreligiöse Anschauungen nachsagte und der im Jahre 1870 mit der Thronkandidatur des Prinzen von Hohenzollern den Funken auf die zum Deutsch-französischen Kriege führende Zündschnur warf, hatte sich selber Hoffnungen auf die Regentschaft in Mexiko gemacht. Als er nun sah, welches Ziel die französische Intervention verfolgte, und er daher annehmen mußte, seine persönlichen Absichten doch nicht durchsetzen zu können, veranlaßte er den Rückzug der Spanier aus Mexiko. Die freimaurerisch beeinflußte und die Vereinigten Staaten fürchtende englische Regierung zog sich angesichts der französischen Machenschaften, und als die Sache ernst zu werden drohte, ebenfalls von der Intervention zurück. Es war daher leicht vorauszusehen, „daß Napoleon schließlich bei seiner Unternehmung als einziger Kämpfer übrigbleiben würde", wie der Hochgrad-Freimaurer Lord Russell dem österreichischen Gesandten, Graf Apponyi, in London spöttisch gesagt hatte. Er hatte hinzugefügt, daß es durchaus möglich sei, daß er „Ihren Erzherzog auf den Thron setzt. In diesem Falle glaube ich, daß Sie die Dienste, die er Ihnen geleistet haben wird, teuer bezahlen werden; denn Sie wissen, daß er sie niemals gratis leistet." [1]

Aber nicht nur Napoleon leistete solche Dienste „niemals gratis", sondern auch der römische Papst erwartete für seinen Segen und seine Mitwirkung eine entsprechende Gegenleistung, so daß der arme Erzherzog, während er sich aus den Schlingen des einen befreien wollte, sich nur fester in die des anderen verstrickte. Es war im übrigen etwa so, wie in dem Buche „Der letzte Napoleon" gesagt wird: „Monseigneur Labastida verfolgte die Oberherrschaft seiner Partei;" (d. h. des Priestertums) „Juan Prim intrigierte, um sich zum Kaiser von Mexiko zu machen, und Napoleon III. glaubte sich zweier Narren zu bedienen, um einen Kandidaten seiner Wahl auf diesen Vasallenthron zu schmuggeln."

Auf der zweiten Konferenz von Orizaba zerplatzte die brüchig gewordene Intervention der Mächte endgültig, und die spanischen und englischen Truppen verließen Mexiko. Da England nur mit dem bekannten grüngelben Heuchelfaden britischen Handelsneides an die Intervention gebunden war, hatte der englische Gesandte bereits längere Zeit hinter dem Rücken der Franzosen entsprechende geheime Verhandlungen mit Juarez geführt. Die Engländer sahen jetzt mit Genugtuung, wie Napoleon sich in Mexiko festlegte, während sie politisch in freimaurerischem Sinne handelten und dabei ihre Forderungen erfüllt wurden. Der französische Gesandte, Graf

---

[1] Nach dem Privatbrief des Grafen Apponyi an Graf Rechberg vom 31. 3. 1862 bei Conte Corti a. a. O., 1. Band, Seite 160.

Saligny, forderte nunmehr den Abbruch aller Beziehungen zu der Regierung Juarez, die Besetzung des ganzen Landes und die Bildung einer neuen und "anständigen" Regierung in Mexiko, d. h. einer Regierung, welche so unanständig war, die Schwindelanleihe mit den aus dem Volk herausgepreßten Steuern zu bezahlen.

Am 17. 10. 1862 war der bereits im Zusammenhang mit der Entwicklung der italienischen Verhältnisse erläuterte Umschwung der Politik Napoleons III. zugunsten des Papstes erfolgt. "Manche meinen," — so schrieb Graf Kératry — "das mexikanische Kaisertum sei aus dem Frieden von Villafranca hervorgegangen" und damit hatten — wie wir sahen — "manche" auch gar nicht so falsch geschlossen. Der Freimaurer Karl Blind, der Stiefvater des Juden Cohen, der im Jahre 1866 ein Attentat auf Bismarck machte, hat später geschrieben: "Mir ist bekannt, daß der Franzosenkaiser im Jahre 1862 mittels des Ratazzischen Kabinetts, Italien zur Teilnahme am mexikanischen Kriege veranlassen wollte. War der mexikanische Krieg glücklich beendigt, so sollte ein gemeinsamer Angriff Frankreichs und Italiens gegen Deutschland erfolgen, wobei eine italienische Heeresabteilung am Rhein mit den Franzosen, eine französische mit den Italienern vom Süden her gegen uns" (d. h. die Freimaurer) "zusammenwirken sollte." Garibaldi, der große Feind Louis Napoleons, hat damals — wie der in engen Beziehungen zu ihm, Mazzini und den maßgebenden französischen Politikern stehende Blind sagte — diesen Plan durch seinen in diesem Zusammenhang unternommenen Zug gegen den Kirchenstaat durchkreuzt. "Die mexikanische Republik, sowohl wie die Deutsche Nation," — so schreibt Blind — "schulden ihm daher für die Tat von 1862 nicht minder Dank, als die Italiener selbst."[2]

Der dem zurückgetretenen Außenminister de Thouvenel im Amte folgende Drouyn de Lhuys war ein eifriger Anhänger der bisher in

---

[2] Karl Blind: "Erinnerungen an Ledru-Rollin" in der "Gartenlaube", Nr. 10 des Jahres 1875, Seite 162.

Mexiko verfolgten Politik, und infolgedessen auch ein großer Freund der zunächst siegreich auftretenden, sklavenzüchtenden Südstaaten der amerikanischen Union. Man sieht auch hier, wie sich die jesuitische Wirksamkeit bis in die einzelnen Zusammenhänge Zug um Zug verfolgen und übersehen läßt, und wie das eine herbeigeführte Ereignis das entsprechende andere nach sich zieht. Der erste, jenen Umschwung ankündigende Schritt in Mexiko war die Abberufung des dort kommandierenden französischen Admirals Jurien de la Gravière und seine Ersetzung durch den General Lorencez. Dieser Wechsel war ein Werk Salignys, da Jurien jene Konferenz von La Soledad gefördert und jenen Vertrag geschlossen hatte, der eine friedliche Lösung der mexikanischen Frage ermöglichte. Es ist wiederum außerordentlich kennzeichnend, daß Graf Kératry fragt: „Aus welchen Gründen aber hat die französische Regierung den Vertrag von La Soledad zerrissen? Der Admiral Jurien, der französische Bevollmächtigte, der in Mexiko einen glänzenden Ruf von Rechtlichkeit und Ehrenhaftigkeit hinterließ, wurde an demselben Tage desavouiert, an welchem der Kaiser ‚den Entschluß faßte, dem Admiral die übertragene Vollmacht zu entziehen'. Es steht aber fest, daß der Admiral, der in allgemeiner Achtung stand, ohne Besorgnis für seine Sicherheit allein nach Mexiko hätte gehen und persönlich alle Streitigkeiten zwischen beiden Regierungen mit Juarez ausgleichen können."[3]) Napoleon hatte jedoch jene Konferenz äußerst mißbilligt, denn die Kaiserin, die mexikanischen Emigranten und Priester, sowie die Jecker-Anleihe-Gewinnler wollten entweder eine monarchisch-klerikale Regierung oder den Krieg à tout prix.

Um die von Saligny vertretene Politik zu stärken und gewissermaßen mit einem national-mexikanischen Nimbus zu umgeben, war der bereits seit 1853 in Paris weilende klerikal-konservative, mit der Priesterschaft eng verbundene mexikanische General Almonte

---

[3]) Kératry a. a. O., Seite 12.

auf Napoleons Veranlassung und unter französischem Schutz nach Mexiko gegangen. Almonte war der uneheliche Sohn des am mexikanischen Unabhängigkeitkampfe beteiligt gewesenen katholischen Priesters Morelos und von einer Indianerin in den Bergen — al Monte — geboren; daher sein ebenso sinnvoller wie romantischer Name.

Sobald Almonte in Mexiko eingetroffen war, hatte er in herausfordernder und sehr ungünstig wirkender Weise eine enge Verbindung mit den konservativ-klerikalen mexikanischen Generalen aufgenommen. Unter Hinweis auf die ihm von Napoleon übertragene Mission trat er sehr selbstherrlich auf und erfüllte die Monarchisten und Priester mit den kühnsten Hoffnungen. Dann hatte er gemeinsam mit Saligny den Admiral Jurien in ein Netz von Intrigen verwickelt, denen dieser schließlich zum Opfer fiel. Nach dessen Abberufung setzten die beiden ihr Treiben gegen den neuen Oberkommandierenden, den General Lorencez, fort, der die priesterlichen Wünsche und die reaktionären Forderungen der konservativ-klerikalen Partei auch nicht genügend berücksichtigte. Nachdem der mit zahlenmäßig viel zu schwachen Truppen und unzulänglichen Mitteln angetretene Vormarsch auf Puebla mit einer französischen Niederlage geendet hatte, war der Augenblick gekommen, auch diesen General zu beseitigen. Saligny meldete nach Paris, daß diese, dort große Bestürzung hervorrufende Niederlage nur eingetreten sei, weil seine und Almontes Ratschläge nicht befolgt worden wären. Lorencez ward nach Frankreich zurückgerufen und „ihm folgte" — so schrieb der Ordonnanzoffizier Bazaines — „das Bedauern seiner Soldaten, die Zeugen seiner Tätigkeit gewesen waren".

Die Schlappe von Puebla hatte dem Ansehen der französischen Truppen zweifellos einen schweren Schlag versetzt. Es war bereits jetzt zu erkennen, daß die Stimmung einer Monarchie durchaus nicht so günstig war, wie es Hidalgo und Gutierrez in Paris und

Almonte in Mexiko darstellten. Hidalgo klagte pathetisch über die verletzte französische Waffenehre, um auf diese Weise in Frankreich Stimmung für den Krieg zu machen und wirksamere Maßnahmen für Mexiko herbeizuführen. Das französische Volk stand der mexikanischen Expedition ablehnend oder teilnahmelos gegenüber. Wie sollte sich denn auch wohl die Volksseele bei einem so unsittlichen Kriege regen, der für fremde Ziele und Zwecke geführt wurde. Diese Lage ausnutzend, suchte der Freimaurer Jules Favre im „Corps législatif" die Fortführung des mexikanischen Unternehmens mit Hinweis auf diesen Mißerfolg zu verhindern und rief am Schlusse seiner Rede mit bewußter Doppelsinnigkeit aus: „Wir hassen alle Tyrannen, auch jene, die verkleidet auftreten." Aber weder Napoleon noch Eugenie oder der Außenminister Drouyn de Lhuys, geschweige denn die im Hintergrund wirkenden Vertreter des Jesuitismus wollten das mexikanische Unternehmen aufgeben.

Im Juli 1862 schifften sich die Generale Forey und Bazaine mit erheblichen Truppenverstärkungen nach Mexiko ein. General Forey hatte als Oberbefehlshaber eine schwierige Aufgabe. Er sollte mit Saligny zusammenarbeiten, die „Religion achten", d. h. die Wünsche der Priester berücksichtigen, aber trotzdem den jetzigen, sehr erregten Besitzern der von der Regierung Juarez verkauften Kirchengüter beruhigende Versicherungen geben, daß sie ihre Erwerbungen auch bei der Neugestaltung der staatlichen Ordnung in Mexiko behalten würden. Die weiteren Weisungen, sich aus den unter den Führern der konservativ-klerikalen Partei fortwährend ergebenden Streitigkeiten und Eifersüchteleien herauszuhalten und ein gutes Verhältnis mit dieser Partei herzustellen, waren dadurch völlig sinnlos. Die Angelegenheit der Kirchengüter war nun einmal der Kernpunkt der mexikanischen Frage überhaupt. Die Kirche war keineswegs gewillt, auch nur auf eine Hazienda von ihrem gewaltigen Grundbesitz zu verzichten, und die klerikale Partei betrachtete jene vom Staat verkauften Kirchengüter als unrechtmäßiges Eigentum ihrer jetzigen Besitzer. Außerdem war dieser jetzt vertretene französische Standpunkt durchaus widerspruchsvoll, denn man berief sich ja auf die klerikale Partei, deren Dasein der französischen Einmischung die einzige rechtliche Grundlage verlieh. Der französische General mußte somit von vornherein notwendig in einen unüberbrückbaren Gegensatz zu jener Partei geraten.

Um den vorauszusehenden Schwierigkeiten die Spitze abzubrechen, setzte General Forey den, sich das Amt eines vorläufigen Residenten mit dem hochtrabenden Titel eines „Oberhauptes der Nation" anmaßenden Almonte zunächst einmal ab. Damit geriet er jedoch in eine ähnliche Lage wie sein Vorgänger, denn Almonte begann sofort mit Saligny gegen ihn zu intrigieren. Der heimlich schwelende Haß gegen den sich nicht nach klerikalen und kirchlichen Wünschen richtenden Oberbefehlshaber loderte hell empor, als er nicht sofort den erneuten Vormarsch von Orizaba nach Puebla antrat. Als der dritte in Mexiko kommandierende General hatte Forey zweifellos über seine eigenartige Stellung nachgedacht. Es mußte ja schließlich auffallen, daß bisher jeder französische General in einen unlösbaren Konflikt mit diesem französischen Gesandten geriet. Daher wandte sich Forey nach Paris und bat um die Abberufung Salignys. Der Leser weiß jedoch bereits, welche Aufgabe diesem frommen Manne bei der Einbringung der Millionenernte aus der Jeckerschen Schwindelanleihe zufiel. Daher saß er auch, wie Conte Corti sehr richtig bemerkt, „dank dem Schutze des Halbbruders des Kaisers, des an der Intervention in Mexiko finanziell interessierten Herzogs von Morny fest im Sattel."[4] Am 7. 11. 1862 hatte Herr M. Jecker noch einmal bezugnehmend auf den Wechsel im französischen Außenministerium mahnend aus Paris an seinen Bruder in Mexiko geschrieben: „Herr v. Gabriac ist traurig. Er hoffte zum Kabinettschef seines Freundes Drouyn ernannt zu werden. Leider! Er hat sich getäuscht. Veranlasse, daß

---

[4] Conte Corti a. a. O., 1. Band, Seite 182.

Herr v. Saligny bei Forey alles tut, was er zu Gunsten unserer Sache tun kann, und nicht im Hinblick auf Belohnungen, welche man ihm verheißt, handelt. S. M. schätzt ihn und weiß seine Dienste zu würdigen." [5])

Wir konnten nicht feststellen, ob oder wieweit dagegen bei General Forey freimaurerische Einflüsse oder gar Bindungen wirksam waren. Der einsetzende sture und heftige Kampf gegen ihn seitens der kirchlich-klerikal eingestellten Kreise ist mit dem gekränkten Ehrgeiz des einen und dem Geldinteresse des anderen Vertreters nicht erschöpfend erklärt, sondern läßt bei dem derzeitigen Kampf zwischen dem Jesuitismus und der Freimaurerei zweifellos Rückschlüsse auf tiefere Ursachen zu. Auf jeden Fall gab Forey durch sein auffallendes Zögern, trotz seiner militärischen Überlegenheit den Marsch auf Puebla anzutreten, den Truppen des Juarez eine willkommene Gelegenheit und die erforderliche Zeit den Ort zu befestigen und andere Maßnahmen für ihre wirksame Verteidigung zu treffen. Auch Graf Kératry gibt dies zu und schreibt: „Wenn der General Forey durch die Schnelligkeit seines Marsches die Belagerung von Puebla vermieden hätte, würde die Lage der Dinge in Mexiko vielleicht eine andere Gestalt erhalten haben. Infolge seines Zögerns entwickelte sich der Widerstand der Republik, welche Zeit gehabt hatte, alle Provinzen zu gewinnen, die sich dann für den Präsidenten erklärten. Die Hauptstädte der Staaten, die ebenso viele Herde der Insurrection wurden, wären ruhig geblieben, weil sie sich nicht hätten verabreden können, und wenn Frankreich schon in den ersten Tagen von 1863 Herr in Mexiko war, so hätte es sich offen mit den Separatisten des Südens Amerikas," (den Sklavenhaltern der Südstaaten) „welche Terrain gewonnen haben würden, verbinden können."

Man sieht, es hing für das mexikanische Unternehmen an sich

---

[5]) Lefèvre: "Documents officiels recueillis dans la secrétairerie privée de Maximilien", Tome premier, p. 225, Bruxelles et Londres 1869.

und darüber hinaus für die freimaurerischen Nordstaaten der Union sehr viel, ja alles, von der Verzögerung dieses Vormarsches ab. Es ist weiter äußerst kennzeichnend, daß nach dem Aufruf des Juarez für den nationalen Krieg gegen die französischen Eindringlinge, die bereits erwähnte Rede Jules Favre's ein willkommenes Propagandamittel war und als Maueranschlag verbreitet wurde. So leistete also auch hier ein überstaatlich gebundener Freimaurer dem Gegner seines eigenen Staates wirksame Hilfe, wenn er es auch in diesem Falle sozusagen mit gutem Gewissen tun konnte, da das mexikanische Unternehmen nichts zum Wohle des französischen Volkes, sondern nur zum Nutzen der Kirche beitrug, und von jener anderen überstaatlichen Macht herbeigeführt worden war. In diesem Zusammenhang gewinnt denn auch die Tatsache an Bedeutung, daß, nach der schließlichen Einnahme von Puebla, die in Gefangenschaft geratenden juaristischen Generale Ortega, Escobedo und Porfirio Diaz „zufällig" entkommen konnten. „Dieser Leichtsinn" — so schreibt Conte Corti sehr richtig — „sollte sich schwer rächen." Wir finden jedoch als Ursache dieser merkwürdigen Flucht jener Generale außer dem „Leichtsinn" noch einen Logensinn, der in den Ereignissen seine volle Erklärung findet. Ein ähnlicher Logensinn mochte der von Kératry mitgeteilten Möglichkeit zugrunde liegen, daß der französische Admiral Jurien, „ohne Besorgnis für seine Sicherheit, allein nach Mexiko hätte gehen .... können". Immerhin war dies für die derzeitigen mexikanischen Verhältnisse und den quasi bestehenden Kriegszustand ein recht erstaunlicher Fall! Ebenso erstaunlich wie ein anderer, den der kaiserlich-mexikanische Generalstabsmajor Wilhelm von Montlong in seinen Berichten unter „b)" aufgezeichnet hat: „Oberstleutnant Orano machte öfters Expeditionen und bei vier derselben begegnete er dreimal dem Feind, ohne diesen anzugreifen." Ein französischer Offizier, der zu den von der französischen Presse seiner Zeit so gerühmten Kolonnen Oranos gehörte und von einem anderen zu seiner erhaltenen Kriegsauszeichnung beglückwünscht wurde, erwiderte diesem: „Mein Lieber, du tust mir unrecht; denn wir haben jedesmal dem Feind den Rücken gekehrt; und wenn Orano mich mit mehreren anderen in seinen Rapporten auszeichnete, so tat er es nur aus Furcht, damit wir nichts darüber denken und sagen, daß seine Rapporte gefälscht seien."⁶)

Die Freimaurerei gewann trotz — oder vielleicht auch wegen — der Ereignisse der beiden 2. Dezember von 1852 und 53 in der französischen Armee an Boden. Prinz Lucien Murat hatte das Amt des Großmeisters im „Grand Orient France" niedergelegt und Louis Napoleon hatte den ihm verläßlich scheinenden Marschall Magnan die Großmeisterwürde übertragen, um den bei der derzeitigen politischen Lage brauchbaren Freimaurerbund in seinem Sinne zu leiten. Diese merkwürdige Ernennung hatte natürlich politische Gründe. Der von dem Prinzen Murat nach seiner Niederlegung der Großmeisterwürde an den „Grand Orient" geschriebene Brief ist äußerst aufschlußreich für die derzeitige Lage und Einstellung der

---

⁶) Montlong: „Authentische Enthüllungen über die letzten Ereignisse in Mexiko", Stuttgart 1868, Seite 16/17. In den dort im Anhang veröffentlichten Briefen und Schriftstücken finden sich zahlreiche Stellen, die den Zweifelsüchtigsten überzeugen müssen, daß französische Kommandeure die Feinde nicht nur höchst auffallend geschont, sondern die ihnen unterstellten kaiserlich-mexikanischen Truppen ebenfalls gehindert haben, militärisch günstige Lagen auszunutzen. Wie dies gemacht wurde, zeigt u. a. der in einem Schreiben des mexikanischen Innenministeriums vom 22. 11. 1864 enthaltene Bericht des Präfekten von Chicontepec: „Ich rückte in Person vor, besetzte alle Wege und dehnte meine Linie von Chicontepec bis Tantoyuca aus, wodurch der Feind auf Huejutla eingeschränkt wurde und seine ganze Verbindung mit den Hauptorten der Huasteca und der Küste von Papantla abgeschnitten war. Plötzlich erhielt ich am Morgen des 20. Oktober eine Note des Obersten Kommandanten der französischen Kolonne, der mir das Zurückziehen der Truppen von Tantoyuca bis la Puerta und das Vorrücken der meinigen bis Huautla anbefahl, woselbst die französische Kolonne postiert war. Hier bedeutete mir der französische Chef, daß die Feindseligkeiten mit den Dissidenten" (so wurden die juaristischen Truppen genannt) „infolge Übereinkunft mit deren Chefs Hampher, Ugalde und Noriega auf acht Tage bis zum 23. ds. suspendiert seien, und daß man diese Suspendierung noch um einen Tag verlängere." Der Feind hatte Zeit bekommen, sich der ihm drohenden Umklammerung zu entziehen!

Freimaurerei. Der Polizeipräfekt Boitelle hatte mit Dekret vom 10. Oktober 1861 die Logenversammlungen verboten und es wurden entsprechende Verhandlungen mit dem Innenministerium wegen des Fortbestehens der Logen als „Wohltätigkeitinstitute" geführt. Aber alle diese von Louis Napoleon ergriffenen Maßnahmen waren praktisch völlig wirkungslos; denn der Hochgradbr. Albert Pike hat bekanntlich gesagt: „Sie" (d. h. die Häupter der Freimaurerei) „sahen ruhig zu wie die Freimaurerei scheinbar in eine möglichst bedeutunglose Wohltätigkeits- und Unterstützungsgesellschaft verwandelt wurde, welche die Großen der Erde ganz in ihren Händen zu haben glaubten und ließen erklären, daß Religion und Politik der Freimaurerei völlig fremd seien."

Der Prinz Murat schrieb nun am 6. 12. 1861 u. a., daß die Freimaurerei ja nicht nur Wohltätigkeitzwecke, sondern auch andere Ziele verfolge! „Wenn ich jene Gewalt nicht mehr behalten wollte" — so schrieb der Prinz — „so geschah dies, weil sie in der letzteren Zeit mit meiner Stellung in der profanen Welt unvereinbar geworden war: ich habe nicht gewollt, daß die Pflichten, welche die Großmeisterschaft mir auferlegte, in Widerspruch mit denen treten sollten, die mir meine Verwandtschaft und meine vollständige Ergebenheit gegen die Person des Kaisers auferlegt."

Der Brief und die Vorgänge zeigen, daß die seit 1859 wieder wachsende Freimaurerei zu jener Zeit, als die Intervention in Mexiko beginnen sollte, „in Treue gegen Louis Napoleon" und seine Regierung arbeitete. Deshalb trat der Prinz Murat von der Leitung des „Grand Orient" zurück und der nunmehr persönlich eingreifende Louis Napoleon ernannte den Marschall Magnan, einen der Schergen des 2. Dezembers, zu dessen Nachfolger, um besonders die freimaurerischen Offiziere durch dessen militärische Autorität an sich zu fesseln. Die Absicht war, dabei die außer dem „Grand Orient" in Frankreich bestehende freimaurerische Behörde des „Suprême conseil de France" mit seinen Hoch- und „Rächergraden" zu beseitigen, weil von hier aus die politischen Fäden gesponnen wurden, während sich der „Grand Orient" unter Murats Leitung, soweit es ging, als eine „Wohltätigkeitvereinigung" getarnt hatte. Das war vom Standpunkt Louis Napoleons durchaus verständlich. Denn die freimaurerische Zeitschrift „Latomia" (24. Band, 1865, Seite 308) schrieb von dem „Suprême conseil": „Der Verdacht wird immer bleiben, wenn man bei höheren Graden, namentlich den Rachegraden, verharrt, daß, wie früher der Dolch praktisch gebraucht wurde, in Verschwörungen gegen die gesetzmäßigen Herrscher, derselbe auch jetzt noch seine Anwendung finden könne." (!) Napoleon III. hatte nun die gefährlichen Auswirkungen des Bestehens solcher geheimen „Rächergrade" selbst erlebt und strebte, diese auf solche Weise zu beseitigen. Er verfolgte hier mit der Freimaurerei in ähnlicher Lage einen ähnlichen Zweck wie Napoleon I. „Die französische Maurerei" — so schrieb Leopold v. Ranke, diese in der Politik richtig einschätzend — „war während der Revolution in den Clubs untergegangen." (Es müßte richtiger heißen: „aufgegangen"; denn die Freimaurerei ließ ihre Ideen durch die „Clubs" in die Tat umsetzen.) „Nicht sobald aber waren diese wieder geschlossen und erhob sich das Kaisertum aus den Elementen der Revolution, als sich auch die Freimaurer wieder zeigten. Sie waren mit der Gestalt, welche ihre Ideen in dem neuen Staate angenommen hatte, wohl schwerlich zufrieden. Napoleon aber wußte sie zu beherrschen; er setzte ihnen seine Vertrauten an die Spitze; er ließ ihnen einen Teil ihrer alten Beschäftigungen; er nährte sie mit Priesterhaß, so daß sich die mittelmäßigen Geister, die mehr ein bedeutendes Spiel und einen glänzenden Anschein lieben als Ernst und Wahrheit, befriedigt fühlten."[7]) In der irrigen Annahme, die Freimaurerei in dieser Weise und nach seinen Wünschen tatsächlich

---

[7]) Leopold v. Ranke: „Historisch-biographische Studien", Leipzig 1877, Seite 119.

zu leiten, sagte auch Napoleon I. zu Röderer: „Die Armee ist ein Freimaurerorden: es besteht zwischen ihnen eine gewisse Verständigung, durch die sie sich überall sicher erkennen, sich suchen und sich verstehen: und ich bin der Großmeister ihrer Logen."⁸)

Der von Louis Napoleon zum Großmeister bestimmte Marschall Magnan hatte seinem ehemaligen Kriegskameraden, den „Suprême conseil" vertretenden Br. Viennet auf einer Gesellschaft lachend gesagt, er verstehe gar nichts von der Freimaurerei und habe nur dem Wunsche des Kaisers entsprochen, als er die Großmeisterwürde im „Grand Orient" angenommen habe. Nun, Br. Viennet verstand desto mehr davon und so kam es auch, daß der „Suprême conseil" sein so unerwünschtes, selbständiges Dasein trotz der anfänglichen Drohungen Magnans nicht nur behauptete, sondern daß beide in engere Verbindung traten. Während die „Führung" des Marschalls in diesem Sinne also völlig wirkungslos war, so war dessen glanzvolle militärische Persönlichkeit als gute Reklame für die Freimaurerei um so wirkungsvoller. Die freimaurerische Zeitschrift „Latomia" (Leipzig 1862, 21. Band, Seite 278) schrieb deshalb auch höchst befriedigt: „Überblicken wir die .... Vorgänge, so gewinnen wir den Gesamteindruck, daß die französische Maurerei unter Magnan in einem unverkennbaren Vorschreiten begriffen ist, und daß, wenn auch die Art seines Eintritts in die Maurerei" (d. h. die Ernennung zum Großmeister par l'ordre de moufti) „vielen mit Recht bedenklich und Anstoß erregend sein mußte, doch sein weiteres Verhalten ebenso persönlich gewinnend und Zutrauen erregend als der Sache der Maurerei selbst förderlich war."⁹) Der

---

⁸) Röderer a. a. O., Seite 217.
⁹) Vergleiche „Latomia", Leipzig 1861 und 62, 20. und 21. Band. Wir können hier nur kurze Andeutungen geben. Eine einigermaßen erschöpfende Darstellung würde ein besonderes Buch erfordern. Wir möchten aber doch darauf hinweisen, daß der Jude Crémieux, der die „Alliance israélite" gründete und später bei dem Sturz des Kaiserreiches eine große Rolle spielte, eine führende Stellung im „Suprême conseil" einnahm. Nachdem die Freimaurerei wieder Macht und Einfluß gewonnen hatte, sagte er am 13. 11. 1868 — also während

Sohn dieses Mannes wurde später Chef des Militärkabinetts des Kaisers Maximilian.

Na, also! Wenn — wo auch immer — aus einem Saulus ein Paulus wird, hat dies stets eine bestimmte Bedeutung und sehr oft weittragende Folgen! In diesem Falle führte es hier u. a. auch zu den vielen rätselhaften Erscheinungen während des ersten Abschnittes des Krieges von 1870, zu denen es z. B. gehört, daß der Kriegsminister mit dem ominösen Namen Leboeuf die volle Kriegsbereitschaft erklärte, während nach den später veröffentlichten Berichten wohl kaum ein Heer jemals unvorbereiteter in einen Krieg gezogen ist als damals die französische Armee. [10] „Das durch die freimaurerische Regierung vernachlässigte, wohl auch von Frei-

---

der Regierung Louis Napoleons — in einer Rede bei dem großen Prozeß gegen die Schriftleiter freisinniger Zeitungen, den freimaurerischen Standpunkt von 1851 erläuternd, mit überraschender Deutlichkeit: „Wir haben in der Geschichte Frankreichs zwei Staatsstreiche: den 18. Brumaire und den 2. Dezember, aber zwischen ihren Urhebern ist kein Vergleich möglich.... Und Sie verlangen Absolution für den 2. Dezember? Hören Sie nur weiter: Der Greuel des 18. Brumaire hatte im Jahre 1799 die Volksvertreter auseinandergejagt, und fünfzehn Jahre später sagten die Volksvertreter den zum Kaiser gewordenen General nach Sankt Helena. — Der 2. Dezember hat uns hinterlistig in unseren Betten überrascht, und als einige Volksvertreter trotzdem noch zusammenkamen und den Prinz-Präsidenten für abgesetzt und des Hochverrates schuldig erklärten und die Bürger zum Widerstand aufforderten, waren sie in ihrem vollen Recht.... Auch das zweimalige Plebiscit konnte das Verbrechen des 2. Dezembers als solches nicht sühnen. Nach dem 2. Dezember sollte doch wenigstens die Rebublik noch bestehen bleiben. Es war eitel Spiegelfechterei. Und bedenken Sie wohl: auf den 18. Brumaire folgten keine blutigen, fluchwürdigen Tage, wie auf den 2. Dezember." — Es fiel dem Juden natürlich leicht, mit diesem Hinweis auf die tatsächlich begangenen und jeden anständigen Menschen empörenden Gewalttaten nach dem 2. 12. 1851 für die Freimaurerei und die Republik billige Propaganda zu machen. — Nach dem Tode des Marschalls Magnan folgte diesem als Großmeister des „Grand Orient de France" der General Mellinet, der als Befehlshaber der Tullerien bei der Absetzung des Kaisers im Jahre 1870 — wie sinnvoll — die Kaiserin Eugenie vor ihrer Flucht verabschiedete und diesen Palast als Sitz einer französischen Regierung abschloß.

[10]) Man vergleiche einzelne Dokumente jener Zeit in dem Buche „Papiers secrets et Correspondance du second empire", Paris 1873 — besonders Seite 247 ff. — und dagegen die Erklärung des Kriegsministers, Marschall Leboeuf: „.... Au point de vue militaire nous sommes absolument prêt, archiprêt." (Vom militärischen Gesichtspunkt sind wir ganz und gar bereit, erzbereit.)

maurern geführte Heer" — so schrieb General Ludendorff — „wurde von den Deutschen Armeen überwunden."

Das Ausbleiben militärischer Erfolge in Mexiko erzeugte in Paris wachsende Beklemmungen. Es stand ja nicht nur das Prestige der Armee auf dem Spiel. Die Kaiserschwindler fürchteten ihren just zu jener Zeit mit Warnungen überhäuften Thronanwärter[11]), die Anleiheschwindler ihre Millionen, und die Religionschw.... ärmer ihre Reichtümer zu verlieren. Die militärischen Mißerfolge und die Erklärungen des Generals Forey über die veräußerten Kirchengüter hatten selbstverständlich auch in Rom Beunruhigung hervorgerufen. „Der Papst hatte" — so schreibt Conte Corti — „auf des Erzherzogs Bitte den ihm von Ferdinand Maxens bösen Geist Gutierrez empfohlenen kaltsinnigen, herrischen und persönlich wenig einnehmenden, starr ultramontanen Erzbischof Labastida zum Erzbischof von Mexiko ernannt und dabei allen Bischöfen geraten, zunächst eine abwartende Haltung einzunehmen, bis es möglich sein würde, klar zu sehen." [12])

Bereits Anfang Mai hatte Almonte aus dem Lager vor Puebla an den Erzherzog geschrieben, Forey verstehe nichts und habe, statt nach der Stadt Mexiko zu marschieren, vor Puebla Halt gemacht. Im Juni schrieb er an Hidalgo nach Paris: „Forey versteht nichts, er ist ein Vieh, buchstäblich ein Vieh und nichts anderes. Er hört auf nichts und handelt nur inspiriert von jenem famosen Directeur de la politique Billard, der sehr anspruchsvoll ist." Vielleicht war dieser Billard derjenige, der die geheimen Befehle der Loge voll-

---

[11]) Um den Erzherzog von der Annahme der mexikanischen Krone abzubringen, versuchten maßgebende — d. h. freimaurerische — Kreise Englands ihn für den griechischen Thron zu gewinnen. In Griechenland war im Oktober des Jahres 1862 eine freimaurerisch beeinflußte und geführte Revolution ausgebrochen. Der diesen Forderungen abgeneigte griechische König Otto I., aus dem römisch eingestellten Hause Wittelsbach, mußte das Land verlassen. Der Erzherzog genoß — wie wir bereits erwähnten — den Ruf freiheitlicher Gesinnungen, der in mancher Beziehung auch gerechtfertigt war.

[12]) Conte Corti a. a. O., 1. Band, Seite 184.

zog.¹³) Da nun Puebla am 19. 5. doch eingenommen und die Franzosen am 7. 6. in die unverteidigte Hauptstadt Mexiko einzogen, war es natürlich schwieriger geworden, gegen Forey etwas auszurichten. Denn dort löste dieses Ereignis — wie begreiflich — große Freude aus. Von allen europäischen Höfen — auch vom König von Preußen — trafen zu diesem „neuen und herrlichen Erfolge der braven und tapferen französischen Armee" Glückwünsche ein. Napoleon — so berichtete Metternich — hätte vor Freude geweint! Möglich. — Nur, daß man auch von dieser Rührung mit den Worten des Herzogs von Gloster zu den Mördern in Shakespeares Drama „Richard III." sagen könnte: "Your eyes drop millstones, when fools eyes drop tears." (Ihr weint Mühlsteine, wie die Narren Tränen.) Die Kaiserin Eugenie schrieb sogleich an die Erzherzogin Charlotte und sprach den Wunsch aus, die Bischöfe möchten jetzt nach Mexiko zurückkehren, da ja eine persönliche Gefahr für sie nicht mehr bestände. ¹⁴) Was die Bischöfe unter dem Schutze Gottes

---

¹³) Am 27. 7. 1862 wurden auf einem Adoptionsfest der Loge „Osiris" zu Paris „unter dem Vorsitz der Schwester Billard fünf junge Damen nach dem üblichen Ceremoniell aufgenommen". („Latomia", Leipzig 1863, 22. Band.) Wir konnten allerdings noch nicht feststellen, in welcher verwandtschaftlichen Beziehung diese von der Freimaurerei so ausgezeichnete „Schwester" Billard zu dem obengenannten „Directeur de la politique" Billard steht. Immerhin ist diese kleine Mitteilung der freimaurerischen Zeitschrift im Zusammenhang mit diesem Brief Almontes recht beachtlich. Wie solche Befehle der Loge ausgeführt wurden, möge der Leser in den Werken des Feldherrn Erich Ludendorff: „Vernichtung der Freimaurerei durch Enthüllung ihrer Geheimnisse", „Kriegshetze und Völkermorden" und „Wie der Weltkrieg 1914 ‚gemacht' wurde" nachlesen. Bei der im Juli 1940 entstehenden Spaltung in der ägyptischen Saadisten-Partei, im Zusammenhang mit den Versuchen, den Kriegseintritt Ägyptens an der Seite Englands herbeizuführen, hieß es in den „Münchner Neuesten Nachrichten" vom 12. 7. 1940: „In Abgeordnetenkreisen der Saadisten-Partei wird betont, daß das Vorgehen Dr. Mahers" (des derzeitigen Kammerpräsidenten) „von der ägyptischen Freimaurerei diktiert worden sei, deren Großmeister er ist. Er habe seine Befehle aus der Großloge von Frankreich, der die ägyptische Freimaurerei unterstehe und aus der Großloge von England erhalten." Wenn solche Beeinflussung noch nach der inzwischen erfolgten Aufklärung über die Freimaurerei im 20. Jahrhundert möglich ist, so war dies im 19. Jahrhundert wesentlich einfacher.

¹⁴) Brief der Kaiserin Eugenie an die Erzherzogin Charlotte vom 15. 6. 1863, gedruckt bei Conte Corti a. a. O., 1. Band, Anhang Seite 15.

15 W. Löhde: „Ein Kaiserschwindel der ‚hohen' Politik"

also nicht konnten, nämlich bei ihren Gläubigen im Lande bleiben, konnten sie setzt unter dem Schutze der den juaristischen Truppen überlegenen französischen Besatzungsarmee! Eine Erscheinung, welche die Meinung Friedrichs des Großen bestätigt, daß der Christengott — wie beiläufig gesagt, alle anderen bisher erfundenen Götter auch — immer nur auf der Seite der stärkeren Bataillone zu finden ist!

Saligny und Almonte setzten indessen ihre Wühlarbeit in engster Verbindung mit dem in Paris auf die Kaiserin Eugenie einwirkenden Hidalgo fort. Mit der planmäßigen Herabsetzung des Generals Forey erfolgte gleichzeitig ein ebenso planmäßig betriebenes Emporloben des von ihnen bereits zum Nachfolger ausersehenen Generals Bazaine, der im Rahmen der Operationen einige Unternehmungen glücklich durchgeführt hatte. Man erklärte, der Fall Pueblas sei lediglich Bazaines Fähigkeiten zu verdanken, der ja auch als erster französischer General die unverteidigte Stadt Mexiko besetzt habe. „Um Bazaines Namen" — so schreibt Conte Corti — „wuchs die Legende", welche von bestimmter Seite genährt wurde. Eine Erscheinung, der wir in solchen Fällen oft in der Geschichte begegnen. Aus diesem Grunde — Bazaine an die Spitze zu bringen — und weil er der klerikalen Partei nicht genehm war, arbeitete man gleichzeitig gegen den Saligny ebenfalls ablehnenden General Douay, um ihn von vorneherein als möglichen Nachfolger Foreys auszuschalten. In einem zur klerikalen Partei gehörenden Marquis de Radepont hatte Saligny ein zuverlässiges Werkzeug zur Unterstützung der gegen Forey gerichteten Pläne gefunden. Er veranlaßte ihn u. a. auch Briefe an Hidalgo nach Paris zu schreiben. Diese Briefe trugen durchaus privaten Charakter und waren so abgefaßt, daß ihre Tendenz nicht ohne weiteres erkennbar war. Hidalgo legte dann diese Briefe der Kaiserin Eugenie und Napoleon vor. Dies wäre ihm zwar „sehr unangenehm", aber man müsse ja die „Wahrheit" kennen, wie er, seine Niedertracht heuchlerisch entschuldigend, in einem Briefe log. Radepont schrieb nach Conte Corti u. a.: Forey „sei von einer Intelligenzstufe, die weit unter der für seine Stellung erforderlichen stehe, er sei eine komplette Null, höchstens noch ein honetter Mensch. Der Einnahme von Puebla sei ein ‚ganz unnötiger' Straßenkampf vorausgegangen und überhaupt habe man dem Gegner viel zu viel Zeit zur Befestigung der Stadt gegeben. Douay verachtete er schon gar. Dieser Mann habe vorgeschlagen, mit Juarez zu verhandeln und dabei Bemerkungen über den Kaiser und die Kaiserin gemacht, die zu wiederholen er, Radepont, erröten müßte! Die Sache wäre in Frankreich nicht so unpopulär, wenn die Leitung Menschen anvertraut würde, die der so bewundernswerten, so heroischen Soldaten des Kaisers würdig wären usw." In der gleichen Tonart schrieb auch Saligny. Wir geben den Inhalt der Briefe ebenfalls mit den Worten Conte Cortis wieder, der sie im Wiener Staatsarchiv eingesehen hat. Es heißt dort: „Douay habe kaum fünf Tage vor dem Falle Pueblas erklärt, die Stadt sei uneinnehmbar, die ganze Expedition überhaupt eine Absurdität ‚née du caprice d'une femme', man solle nichts anderes tun, als die Belagerung aufheben, mit Juarez verhandeln und nach Frankreich zurückkehren. Saligny schwärmte dann in höchstem Maße von Bazaine, der ‚ein wahrer General' sei, mit sicherem Blick, voll Energie, Aktivität und Takt, der die Ideen des Kaisers verstehe und ihm mit Ergebenheit diene. Forey sei bisher dank den Einflüsterungen seines mit der Leitung der politischen Dinge vornehmlich befaßten Generalstabsoffiziere Billard trotz der Vorstellungen Saligny und Almontes entschlossen gewesen, der konservativen und monarchischen Partei geradezu den Krieg zu erklären, habe sich aber zum Glück auf der schiefen Ebene gerade noch aufhalten lassen." Diese heimliche Unterminierung des Generals Forey und seines anscheinend noch gefürchteteren Generalstabsoffiziers Billard machte bald schnelle Fortschritte. Der Umstand, daß Mexiko sehr weit entfernt war, war für Saligny dabei außerordentlich günstig. Denn selbst, wenn man seine Angaben und Berichte nachprüfen wollte, vergingen bis zum Eintreffen einer Gegenäußerung Monate. Inzwischen wirkten jedoch Salignys Briefe fort und waren der Gegenstand lebhafter Erörterungen, so daß beim Eintreffen der Erwiderungen eine vorgefaßte Meinung bereits festsaß. Daher konnte Saligny auch triumphierend schreiben: „Ich habe gute Hoffnung, wenn man mich nur machen läßt."

Aber ganz „aus den Fingern gesogen" — wie man so sagt — scheinen seine Angaben indessen doch nicht gewesen zu sein. Besonders die Äußerungen über die Kaiserin und den Kaiser entsprachen durchaus der freimaurerischen Einstellung gegenüber Louis Napoleon und seiner Frau. Sollten jedoch die französischen Offiziere, beziehungweise General Forey, selbständig und von sich aus zu einer mißbilligenden und ablehnenden Beurteilung des mexikanischen Unternehmens und zu ihren Schlußfolgerungen gekommen sein, so würde ihnen das sowohl vom nationalen als vom militärischen Standpunkt aus gesehen, nur alle Ehre machen. Für das französische Volk war dieser an seinen Kräften zehrende, in gewissenloser Weise begonnene und für fremde Interessen, kirchliche Habgier und persönlichen Ehrgeiz geführte Feldzug auf jeden Fall ein völlig unsittlicher Krieg, mochte auch dessen nationale Verurteilung den freimaurerischen Bestrebungen in dieser Hinsicht noch so sehr entgegenkommen.

Die enge Zusammenarbeit zwischen Saligny, Almonte und Hidalgo konnte Conte Corti auf Grund der vorhandenen Dokumente einwandfrei nachweisen. Aus Hidalgos Briefen ist klar ersichtlich, daß er die Absetzung des Generals Lorencez, sowie Billards, des Leiters der politischen Abteilung im Hauptquartier des Generals Forey, betrieben und erreicht hat. Er rühmt sich dessen in einem Schreiben an den Freiherrn de Pont und meint mit Hinweis auf diese Erfolge, daß er zunächst noch mit der Absetzung Foreys selbst warten müsse, da dieser durch seinen Sieg und die Einnahme der Stadt Mexiko gerade in besonderer Gunst stände. „Doch" — so schreibt er am 1. 7. 1863 an de Pont — „die Person, welche bei Ihren Majestäten arbeitet, und ich, wir haben die Hoffnung auf Gelingen, wobei wir dem delikaten Terrain, auf das uns die Ereignisse gestellt haben, Rechnung tragen. Wenn man Forey zum Marschall macht, würde die Sache für uns viel leichter werden, weil dann für eine so hohe Stellung nicht genügend Truppen in Mexiko wären. Was General Douay betrifft, geht die Sache schneller, es ist bemerkenswert, daß der General Bazaine von den Franzosen ebenso geliebt ist wie von den Mexikanern, man ergeht sich in den größten Lobsprüchen über seine Fähigkeiten als Soldat und als Politiker. Er ist es, den wir an der Spitze der Armee sehen möchten, wird es uns gelingen? Gott wird entscheiden." Und „Gott" entschied! Conte Corti, der diese Briefstelle bringt, vermutet u. E. sehr richtig, daß mit dieser „Person, welche bei Ihren Majestäten arbeitet", der Herzog von Morny gemeint sein könnte, der in Erwartung der ihm aus der Jeckerschen Schwindelanleihe zufließenden Millionen selbstverständlich darauf bedacht sein mußte, daß die Ereignisse in Mexiko einen entsprechenden Verlauf nahmen. Sehr richtig schreibt Conte Corti: „Dieser Brief ist ein höchst wichtiges Dokument für die Beurteilung der Größe des Einflusses, den ‚unterirdische Mächte', und dazu zählte vor allem Hidalgo, auf des Kaiserpaares Entscheidungen übten."

Wir möchten jedoch statt des etwas mystischen Ausdrucks „unterirdische Mächte", wie für die von Kapp gewählte Form „finstere Mächte", die etwas bestimmtere, von dem Feldherrn Erich Ludendorff geprägte Bezeichnung „überstaatliche Mächte" gebrauchen. Es zweifelt wohl kaum jemand daran, daß Hidalgo beziehungweise Gutierrez in bestimmtem Auftrag gearbeitet haben und wenn ersterer schreibt, „Gott wird entscheiden", so kann dies zwar eine christlich-fromme Phrase sein, es kann aber auch der in Rom residierende und Hidalgos Frömmigkeit so schätzende Stellvertreter dieses Gottes — wenn nicht gar der „gleichsam gegenwärtige Christus" gemeint sein, dessen Kirche, wie wir sahen, an dem mexikanischen Unternehmen nicht weniger wirtschaftlich und noch mehr politisch interessiert war, wie jener Herzog von Morny.

Während der hinter den Kulissen arbeitende Hidalgo in diesem Aufzug der mexikanischen Tragödie französische Generäle auf und abtreten ließ, logen Gutierrez und Almonte dem Erzherzog vor, die Volksstimmung für ihn und die Monarchie sei zusehends im Wachsen. Bei einer geheimen Zusammenkunft mit Gutierrez erklärte der Erzherzog jedoch — sehr vernünftig —, daß er die mexikanische Krone nur dann annehmen könne, wenn dies tatsächlich der Wunsch der überwiegenden Mehrheit der Bevölkerung sei. Es mußte also wohl oder übel eine Abstimmung oder eine Stimmensammlung veranstaltet werden. Napoleon wußte nun zwar von seiner „Wahl" zum Kaiser, wie so etwas mittels einer gut geölten Plebiszitmaschine zu bewerkstelligen wäre, ohne in den abträglichen Ruf zu geraten, die Volksmeinung zu vergewaltigen. Aber in Mexiko lagen die Dinge doch etwas anders als damals in Frankreich. Unter den gegebenen und besonderen Verhältnissen war Napoleons größte Sorge nicht so sehr, daß es rechtlich zuginge, sondern daß der undurchsichtige Schein gewahrt blieb, als ob es so zugehe. War ihm und seinen Anhängern aber seinerzeit in Frankreich dieses Kunststück möglich gewesen, warum sollte der General Forey nicht einen ähnlichen Schwindel durchführen können, wenn er entsprechende Anweisungen erhielt und ihn der fromme, in solchen Dingen zweifellos erfahrene Saligny dabei unterstützte. Saligny — so schreibt Conte Corti — „beeinflußte Forey, wie er nur konnte, und der General, ein ehrlicher Soldat und einer feinen listigen Politik, wie sie Napoleon von ihm verlangte, ohnehin nicht fähig, begann schließlich ohne jede Vorbereitung recht plump vorzugehen." Saligny allen weiteren Umständen abgeneigt, ließ Forey fast ausschließlich aus Mitgliedern der konservativ-klerikalen Partei eine 35köpfige Regierung-Junta zusammensetzen. Zu dieser Junta wurden, um den Schein einer Überparteilichkeit zu wahren, noch einige "liberale" oder "republikanisch gesonnene" Mexikaner hinzugezogen, die jedoch angesichts solcher Lage dann auf ihre Berufung verzichteten. Man war also — wie auch beabsichtigt — völlig unter sich und bildete eine aus Almonte, dem bis zu seinem Eintreffen in Mexiko durch den Bischof Ormaechea vertretenen Erzbischof Labastida und einem harmlosen Greise, dem völlig unbedeutenden General Mariano Salas bestehende "provisorische Regentschaft". Diese Regentschaft erklärte sich natürlich für die Monarchie und beschloß gemeinsam mit der Junta dem Erzherzog Ferdinand Max von Österreich die Krone anzutragen. Eine auf ähnliche Weise aus 215 gleich gesinnten Mitgliedern zusammengesetzte "National-Versammlung" verlieh diesen bereits in Europa gefaßten, durch die Regentschaft vertretenen und vorgetragenen Beschlüssen ohne weiteres die Weihe des "Volkswillens". Als dem Erzherzog dieser "Beschluß" dann noch nicht genügte und er auf eine ordnungsgemäße Abstimmung bestand, wurde auch diese herbeigeführt, indem die französische Armee nach der Besetzung des Landes die Stimmen "sammelte". Der englische Gesandte in Mexiko, Charles Wyke, sagte ganz witzig von dieser "Abstimmung", die gesammelten Stimmen für die Monarchie stammten teilweise aus Orten, die "lediglich von zwei Indianern und einem Affen bewohnt" wären. Wie diese "Stimmensammlung" im übrigen vor sich ging, hat uns der kaiserlich-mexikanische Generalstabsmajor Wilhelm von Montlong sehr eindrucksvoll geschildert. Wir wollen diese, für den gesamten Kaiserschwindel so außerordentlich aufschlußreiche Schilderung deshalb hier anführen. Montlong schreibt:

"General Jeanningros ließ die Angesehensten von Monterey zu sich rufen und redete sie folgendermaßen an:

‚Der Kaiser der Franzosen, stets um die Wohlfahrt aller unglücklichen Völker besorgt, hat im Interesse eures Glückes beschlossen, die mexikanische Republik in ein reiches und blühendes Kaiserreich umzugestalten, und euch den liberalsten und aufgeklärtesten Fürsten Europas, Erzherzog Maximilian von Österreich, zum Kaiser bestimmt. Napoleon aber will, daß Maximilian durch allgemeine Abstimmung der Nation erwählt werde. Ich habe euch somit hierher berufen, um eure Abstimmung zu empfangen.'

Als General Jeanningros diese Rede, die in allen Städten dieselbe war, beendet hatte, schritt er mit drohender Miene auf die Anwesenden zu, mit den Worten: ‚Nicht wahr, meine Herren, Ihr nehmt den Fürsten an, welchen Euch Kaiser Napoleon sendet?'

Die Befragten, eingeschüchtert durch die hinter dem General postierten Soldaten, stimmten mit ‚Ja!', worauf Jeanningros an den Generalstabsoffizier, der die Abstimmungsprotokolle sammelte, die Worte richtete: ‚Schreiben Sie, mein Herr, daß diese Stadt einstimmig für das Kaiserreich votiere und lassen Sie es sodann diese Herren unterzeichnen!'

Als aber in San Luis Potosi die ersten Bürger eine derartige Abstimmung verweigerten, ließ besagter General sie unverzüglich ins Gefängnis werfen, den Pfarrer voran, und behielt sie daselbst durch 36 Stunden ohne jegliche Nahrung, bis die Widerspenstigen durch Hunger würbe gemacht, nach Befehl votierten, worauf sie ihre Freiheit wieder erhielten.

Konnte der Erzherzog" — so fragt Montlong — „damals wohl einen solchen Wahlmodus ahnen?" [15]) Nein, gewiß nicht! „Er glaubte" — wie der Prinz zu Salm-Salm sehr richtig schrieb — „an die Aufrichtigkeit und Ehrlichkeit der Wahl und da Wahlkunststücke in Deutschland nicht so geläufig sind wie in manchen anderen Ländern, so ahnte er nicht einmal, daß bei der Wahl in Mexiko ähnliche Kunstgriffe in Anwendung gebracht worden sein möchten, als diejenigen waren, durch welche Napoleon III. Kaiser von

---

[15]) Montlong a. a. O., Seite 8/9.

Frankreich wurde." Es war aber auch nicht der Weg — wie Conte Corti sagt —, „den der Kaiser gemeint hatte. Statt eines feinen Intrigenstückes hatte man eine Posse aufgeführt." Man hatte aber nicht nur in Mexiko, sondern auch in Europa, ja sogar in Frankreich diesen plumpen Schwindel gründlich durchschaut. Selbst Graf Kératry meinte: „Dieser Vorgang war Frankreichs wenig würdig.... Jene denkwürdige Sitzung der Junta wird ewig ein beklagenswertes Beispiel von Beleidigung der Wahrheit bleiben."

Napoleon wollte jedoch bei seinen politischen Maßnahmen nicht durchschaut, geschweige denn bloßgestellt sein. Er liebte es — wie der Jude und Jesuit auch — seine verschlungenen Wege „in dreifache Nacht gehüllt„ zu gehen. Er konnte nicht einmal als Despot ehrlich und offen handeln und suchte seine Gewalttaten stets mit einem demokratisch-liberalen, volksfreundlichen Heuchelschein zu umgeben, wenn er sie schon nicht ganz verbergen konnte. Denn Napoleon meinte — wie er Bismarck im Jahre 1862 auseinandersetzte —, „daß die öffentliche Meinung eine jede Regierung nach der Gesamtheit ihrer Richtung beurteile; wenn diese der Nation sympathisch sei, so werde die Nützlichkeit und Gerechtigkeit einzelner Maßnahmen nicht so genau auf die Wagschale gelegt, und selbst eine beträchtliche Einbuße an politischer Freiheit werde verschmerzt..."[16]

Die Ungnade, die Forey sich durch solche unbefriedigende und plumpe Erledigung dieser heiklen Angelegenheit zuzog, benutzten die drei Intriganten Almonte, Hidalgo und Saligny natürlich sofort, um diesen General nun endlich zu entfernen und Bazaine an seine Stelle zu bringen. Almonte hatte Napoleon dabei vorgeschlagen, Saligny unter Ernennung zum Senator die gesamte politische Leitung in Mexiko zu übertragen. Dies gelang nicht, wie es erhofft wurde, denn um Forey zu beseitigen, mußte die Abberufung des bei der Einsetzung jener Junta ebenfalls bloßgestellten Saligny in den Kauf genommen werden.

[16]) Bismarcks Bericht an König Wilhelm vom 7. 6. 1862 aus Paris.

Bis dies jedoch vor sich gehen konnte, verstrichen noch einige
Monate, die mit dem Streit über kirchliche Fragen und wegen des
Besitzes der Kirchengüter erfüllt waren. Wir erwähnten bereits,
daß General Forey bei seiner Ankunft in Mexiko im Rahmen der
von Napoleon erteilten Instruktionen, die Käufer jener ehemals
der Kirche gehörenden und von Juarez beschlagnahmten Güter aus
taktischen Erwägungen dahin beruhigt hatte, daß sie im Besitze
dieser Güter bleiben würden. Die neue Regentschaft schwieg zwar
zunächst zu den gegebenen Zusicherungen Foreys, doch traf sie bald
Maßnahmen, welche damit in Widerspruch standen und geeignet
waren, die schwerste Beunruhigung hervorzurufen. Auch in anderen Angelegenheiten verhielt sich die provisorische Regierung derartig betont kirchlich und unduldsam, daß selbst bereits zur Monarchie
neigende, Ruhe und Ordnung herbeisehnende Mexikaner abgeschreckt
wurden. Als Forey wegen der strittigen Kirchengüter bestimmte Vorschläge machte, um die entstandenen Schwierigkeiten endgültig zu
beheben, erhielt er die bezeichnende Antwort, diese Fragen würden
einzig und allein in Rom entschieden und der Erzbischof Labastida
werde bei seiner Rückkehr nach Mexiko persönlich alles regeln.
Wieder berichtete General Forey nach Paris. Er schilderte die Zustände und schrieb zusammenfassend: „Es ist zu fürchten, daß während die gestürzte Regierung" (Juarez) „in der Ausplünderung und
Mißhandlung der Geistlichen zu weit gegangen sei, die jetzige im
gegenteiligen Sinne zu weit gehe. Wenn sie sich, wie sie es tun zu
wollen scheint, der Geistlichkeit zu Füßen legt, wird sie Reaktion
treiben und die gemäßigten und wahrhaft, aber einfach religiösen
Männer nicht um sich vereinen." [17])

Dies offene Zurschautragen einer priesterfreundlichen Haltung,
dieses kompromittierende Betonen eines der geheimen Zwecke

---

[17]) Auszug aus Foreys Bericht an Napoleon III., den dieser mit einem
Schreiben aus Biarritz vom 25. 9. 1863 an Erzherzog Ferdinand Max schickte.
Französischer Text nach dem Original im Wiener Staatsarchiv bei Conte Corti
a. a. O., 1. Band, Anhang Seite 23.

Erzherzog Ferdinand Max von Österreich
zeitweiliger Kaiser Maximilian von Mexiko

Das Opfer des Kaiserschwindels, zu dem Papst Pius IX. den Segen gab, wurde
am 19. Juni 1867 in Queretaro erschossen.

Mit Genehmigung von F. Bruckmann KG., München

Die mexikanische Abordnung unter Führung von Don José Gutierrez trägt dem Erzherzog Ferdinand Max von Österreich am 3. 10. 1863 in Miramar die mexikanische Kaiserkrone an

Nach dem Ölgemälde von Cesare dell'Acqua aus dem Werke „Maximilian und Charlotte von Mexiko" von Egon Conte Corti des mexikanischen Unternehmens durch diese Regentschaft von seinen Gnaden und der französischen Waffen, war Napoleon äußerst peinlich. Er wollte wie stets, auch hier in einer Dunstwolke von Duldsamkeit und Liberalismus erscheinen, damit die Franzosen seine tatsächliche Despotie nicht erkannten. Daher fand eines Tages in Paris zwischen Napoleon, Eugenie, Hidalgo und anderen „eingeweihten" Mexikanern eine zweistündige, geheime Besprechung statt, in der diesen dringend nahegelegt wurde, bei ihrem Vorgehen in dieser Richtung etwas geräuschloser aufzutreten, eine entsprechende Rücksicht auf die Stellung Napoleons zu nehmen und die Regentschaft zu veranlassen, den Schein eines liberalen und versöhnlichen Charakters zu wahren. Im gleichen Sinne schrieb Napoleon an den Erzherzog und warnte ihn, in der Frage der Kirchengüter einen unduldsamen Standpunkt einzunehmen.

Während nun Almonte, Hidalgo und Saligny noch an der Arbeit waren, Forey zu stürzen und den Platz für den so vielversprechenden General Bazaine freizumachen, wurde Napoleon von seiner Patin, Frau Hortense Cornu, der Brief eines gewissen, dem mexikanischen Expeditionkorps angehörenden Hauptmann Loisillon zugeleitet. Ein Brief — so schreibt der dessen Inhalt wiedergebende Conte Corti —, „der voller Ausfälle gegen Forey und das klerikal-reaktionäre Treiben Salignys war. Der Hauptmann schrieb, daß die Liberalen in Mexiko sagten, Frankreich, das immer Liberalismus posiere, bahne in Wirklichkeit durch seine Organe der schwärzesten Reaktion die Wege, und empfahl schließlich als einziges Mittel zur Lösung der mehr als je verwirrten Verhältnisse in Mexiko, den General Bazaine, der durch Kühnheit und Entschlossenheit hervorrage und den neuen Kaiser in liberalem Sinne beraten würden, die militärische und politische Leitung zu übergeben, und Forey, sowie insbesondere den ‚ultrareaktionären und klerikalen, allseits verhaßten Saligny' zu entfernen." [18])

---

[18]) Conte Corti a. a. O., 1. Band, Seite 147.

Da dieser Brief aufdeckte, was Napoleon gerade zu verhüllen bestrebt war, und die Schilderung des Treibens seiner Beauftragten die Darstellung einer Lage in Mexiko enthielt, die durchaus vermieden werden sollte, hatte er durchschlagende Wirkung. Ein Wechsel der bestimmenden Persönlichkeiten war nicht mehr zu umgehen, da bereits im „Corps législatif" öfter und schärfer auf jene Umstände hingewiesen wurde und die Gegner des völlig unvolkstümlichen mexikanischen Feldzuges sich in Frankreich täglich mehrten. Forey, der von den bisher gegen ihn betriebenen Intrigen natürlich keine Ahnung hatte, war sehr erstaunt, eines Tages mit dem erwarteten Marschallsstab seine unerwartete Abberufung zu erhalten. Er mußte um so mehr vor einem Rätsel stehen, da er durchaus nicht kirchlich oder klerikal eingestellt war, während der gleichzeitig abberufene Saligny durch sein reaktionär-klerikales Verhalten die Veranlassung zu den vielen Schwierigkeiten gegeben hatte. Nicht minder überrascht war natürlich Saligny selbst. Er beabsichtigte gerade, eine reiche Mexikanerin zu heiraten. Die gesponnen politischen Intrigen hatten ihm zwar keine Zeit mehr gelassen, dahinzielende Liebesintrigen anzuknüpfen, aber er hatte doch schon eine „reiche Partie" ausfindig gemacht. Die Abreise aus Mexiko drohte den Abschluß dieser Verbindung zu verhindern. Er versuchte zwar das bisher Versäumte eiligst nachzuholen und verzögerte seine Abreise von Woche zu Woche, bis ihn eine von einem Ausweisungsbefehl kaum zu unterscheidende Mitteilung des Generals Bazaine, des Nachfolgers Foreys, zwang, Mexiko zu verlassen.

Wenn sich die Mexikanerin und Saligny auch vielleicht trösteten, untröstlich waren Almonte und die Priester. Während Hidalgo in Paris jedoch eingesehen hatte, daß hier nichts mehr zu machen sei, setzte Almonte alles in Bewegung, um Saligny zu halten. Er versuchte, Napoleon und dem Erzherzog vorzustellen, daß mit der Abberufung Salignys eine ernste Gefahr heraufbeschworen werde.

Denn dieser französische Diplomat — so schrieb Almonte u. a. nach Conte Corti — „habe der Geistlichkeit Vertrauen eingeflößt, seine Abberufung werde sofort damit quittiert werden, daß die Geistlichkeit sich weigern werde, Hilfe im erhofften Ausmaße zu leisten." Damit hatte Almonte einmal wirklich die Wahrheit gesagt, denn „tatsächlich" — so urteilt Conte Corti — „stellte die Abberufung Salignys den ersten französischen, schroff gegen die Übermacht der Geistlichkeit gerichteten Schritt dar, dem noch andere folgen sollten." Wieder war es die Frage der Kirchengüter, die wie der Apfel der Eris den alten Streit mit dem neuen und vierten Oberkommandierenden, dem General Bazaine, entfachte. Denn „die Geistlichkeit" — so schreibt Conte Corti — „war überhaupt nur deshalb so sehr für die Intervention eingetreten, weil sie von dem neuen Regime mit einem Fürsten aus einem streng katholischen Hause die sofortige Aufhebung aller gegen die Kirche erlassenen Dekrete des Juarez, insbesondere jenes der Konfiskation und Veräußerung der reichen Kirchengüter erwartete. Als er sich von Bazaine in seinen Erwartungen getäuscht sah, leistete der Klerus überall, wo er konnte, Widerstand." [19]) Das Ergebnis jenes niederträchtigen, monatelangen Intrigenspieles war also ganz anders, als es sich die Drahtzieher vorgestellt hatten. Statt in Bazaine den gefügigen General zu erhalten, war der Hauptanstifter Almonte der Unterstützung seines zuverlässigsten, französischen Gesinnungsfreundes Saligny beraubt worden. Nachdem Forey nun endlich mit vieler Mühe beseitigt war, wollte auch Bazaine das „materielle Schwert" nicht, wie man es erwartete und die eingangs erwähnte Bulle „unam sanctam" verlangte, „nach dem Winke des Priesters" handhaben.

Es war also höchste Zeit gewesen, daß Monsignore Labastida, der Erzbischof von Mexiko, am 17. September in Veracruz landete. Er hatte sich endlich bewegen lassen, wenn auch nicht auf den

---

[19]) Conte Corti a. a. O., 1. Band, Seite 251.

Schutz Gottes, so doch — wie seiner Zeit der Papst — auf die wirksamere Hilfe der französischen Bajonette zu vertrauen, da die Truppen des Juarez von der französischen Übermacht zurückgeworfen worden waren. Nachdem er sich zunächst eingehend von dem Wohlergehen seiner Olivenbäume und dem Zustand seines schönen und ertragreichen Gutes überzeugt hatte, nahm er seinen in der Regentschaft vorgesehenen Platz ein und fand außer dieser Arbeit noch Zeit, sich gelegentlich um die kirchlichen Angelegenheiten zu bekümmern! In Anbetracht der entstandenen Lage verkündigte die Morgenluft witternde Geistlichkeit, wie der Ordonnanzoffizier Bazaines schreibt, „Maximilian habe sich dem Papste gegenüber verpflichtet, die Güter der toten Hand zurückzugeben und beunruhigte die zahlreichen Inhaber der verkauften Güter. Der Erzbischof von Mexiko, Mitglied des Regentschaftsrates, trug durch seine Intrigen und seinen unruhigen Geist nicht wenig dazu bei, jene traurigen Gerüchte glaubhaft zu machen." Der Erzbischof erklärte als Mitglied der Regentschaft und unter Berufung seiner vom Papste erhaltenen Vollmacht, daß die inzwischen gekauften Kirchengüter von den jetzigen Eigentümern zurückzugeben seien. Alle diesbezüglichen Erlasse und Gesetze des Juarez wurden als ungültig bezeichnet und ihre Aufhebung angekündigt. Diese Kundgebungen riefen eine ungeheuere Erregung hervor und mußten die helle Empörung der jetzigen Besitzer jener Güter herausfordern, denen man erst kürzlich das Gegenteil versichert hatte. Der General Bazaine ließ jedoch diese Aufhebung der erlassenen Proklamationen nicht zu, sondern bestand auf der Beachtung der französischen Erklärungen. Da der Erzbischof seinen Standpunkt nicht verließ und obendrein weitere Beunruhigungen hervorrief, zwang Bazaine Almonte und Salas ihn von der Regentschaft auszuschließen. Jetzt versuchte Labastida auf seine Weise die Rolle des berüchtigten Papstes Gregors VII. zu spielen. Da er jedoch keine Bannstrahlen zu versenden hatte, benutzte er eine Frontreise des Generals Bazaine, um in dessen

Abwesenheit die gesamten französischen Truppen zu exkommunizieren und die Kirchen zu schließen. Diese Maßnahme erregte — wie verständlich — ungeheueres Aufsehen, zumal der Ortskommandant von Mexiko, General Neigre, dem Erzbischof ein befristetes Ultimatum zustellte, in dem er forderte, die Kathedrale jedem Besucher zu öffnen, widrigenfalls er durch die Artillerie Bresche schießen lassen würde. Bazaine sah sich veranlaßt, seinen Aufenthalt an der Front abzubrechen, um die Ruhe in der Stadt Mexiko wieder herzustellen.

Mit diesem Vorfall war der Bruch zwischen der französischen Besatzungarmee und den Priestern vollzogen. Der Erzbischof eröffnete jetzt aber auch den Kampf gegen die sich auf die französische Macht stützende mexikanische Regentschaft, von welcher man ihn ausgeschlossen hatte „Ein Pamphlet,"— so berichtet Bazaines Ordonnanzoffizier Graf Kératry — „welches die Regentschaftsmitglieder als die erbittertsten Feinde der Religion und Ordnung bezeichnete, war im geheimen in Mexiko verbreitet, von der Polizei aber weggenommen worden. Der Militär=Kommandeur des Platzes zeigte diesen Vorgang dem Erzbischof an, welcher antwortete:

‚Erzbischof Labastida an den General Baron Neigre.

Es ist eine beglaubigte Tatsache, daß wir insgesamt gegen die zwei Individuen,'" (Almonte und Salas) „‚welche vorgeben, eine Regierung zu sein, protestiert haben, indem wir kategorisch erklärten, die Kirche erleide heutzutage in ihren Rechten und Ansprüchen dieselben Angriffe, die sie während der Regierung des Juarez zu erdulden hatte, ja sie sehe sich erbitterter verfolgt. Pelagio Antonio, Erzbischof von Mexiko.'" Die Kirche sieht sich eben immer verfolgt, sobald irgendeine Regierung noch irgendeinen selbständigen Willen zeigt.

Es konnte kein Zweifel darüber herrschen, daß dieser im Anschluß an jene Vorkommnisse erfolgte Bruch von sehr ernster Bedeutung war. Eine in Mexiko neu zu bildende Regierung sah, was sie von der Geistlichkeit zu erwarten hatte, falls sie nicht deren Forderungen restlos erfüllte. Eine solche Feststellung war aber nicht nur im allgemeinen sehr aufschlußreich, sondern für das neu zu errichtende Kaisertum geradezu entscheidend. Die gegen die Kirche eingestellten Mexikaner waren auch gegen die Monarchie eingestellt. Die einzige Stütze für einen zukünftigen Kaiser von Mexiko bildete also — von der französischen Armee abgesehen — demnach die Geistlichkeit und die mit ihr völlig verbundene konservative Partei. Wollte man also die Forderungen der Kirche nicht erfüllen, so hatte man sie und ihre Anhängerschaft auch gegen sich und somit stand der mexikanische Kaiserthron sozusagen in der Luft. Denn „der Klerus," — so schreibt der kaiserlich-mexikanische Generalstabsmajor Montlong — „der mit der konservativen Partei, welche den Kaiser auf den Thron berufen hatte, Hand in Hand ging, war tief verletzt, als der Kaiser die von Juarez konfiszierten geistlichen Güter nicht herausgab und das Konkordat nicht unbedingt annahm. Bei der bigotten und fanatischen Natur der katholischen Mexikaner war daher der Klerus ein höchst gefährlicher Feind...."[20] Der Erzherzog konnte also nur ein Kaiser von „Gottes"- — d. h. tatsächlich von der Priester-Gnaden werden oder er mußte stets ein Kaiser von Napoleons-Gnaden bleiben. Die dritte Möglichkeit, eine selbständige Regierung mit den aufrichtig gemeinten Grundsätzen religiöser Duldsamkeit zu bilden, war von vorneherein völlig ausgeschlossen. Das hatte dieses Vorspiel jetzt deutlich gezeigt. Trotzdem Almonte dies alles wußte — wie er auch den Standpunkt des Erzherzogs kannte — brachte er es fertig, in den Berichten an den Erzherzog diese so wichtige und entscheidende Angelegenheit mit „einer kleinen Krise" und einem „Sturm im Wasserglas" zu bezeichnen.

Sehr richtig schreibt Conte Corti dazu: „Die Gewissenlosigkeit dieses Mexikaners war wahrhaft teuflisch."

---

[20] Montlong a. a. O., Seite 4.

SECHSTER ABSCHNITT

DER BISCHOF GROLLT – DER KAISER GREIFT EIN – BRUCH MIT ROM

Der Erzbischof Labastida hatte dem General Bazaine eindeutig — und auch wahrheitsgemäß erklärt, der gute Empfang der Franzosen sei nur auf den Einfluß der Geistlichkeit zurückzuführen gewesen. Nach den jetzigen Erfahrungen der Kirche — so fügte er höhnisch hinzu — müsse man jedoch weitere 25 000 Mann aus Frankreich kommen lassen, um irgendetwas in Mexiko zu erreichen, denn auf die Geistlichkeit — das drückte er als vorsichtiger Mann allerdings nur mit einer entsprechenden Geste aus — werde man nicht mehr rechnen können.

Als Bazaines Bericht über diese Unterredung mit dem Erzbischof und die sie veranlassenden Vorfälle in Paris eintraf, wurde die Freude über die inzwischen erreichten militärischen Erfolge und die Flucht des Präsidenten Juarez sehr gedämpft. Der französische Finanzminister, der Jude Fould, welcher der Kaiserin und ihren mexikanischen Günstlingen heimlich entgegenarbeitete und der Kandidatur des an Rom gebundenen Habsburgers grundsätzlich abgeneigt war, versuchte, gestützt auf die französische Volksstimmung, das mexikanische Unternehmen durch die Empfehlung eines spanischen Thronanwärters auf ein totes Geleise zu schieben. Er fand dabei willkommene Unterstützung durch den englischen Gesandten Charles Wyke, mit dem Napoleon, noch immer auf eine wohlwollende englische Haltung hoffend, über die mexikanische Lage und die Errichtung der Monarchie verhandelte. Während Wyke die englische Ablehnung u. a. ganz in freimaurerischem Sinne mit „des Erzherzogs Beziehungen zur Priesterpartei und der lächerlichen Regentschaft in der Residenz" begründete, versuchte Eugenie durch Vermittlung ihrer mexikanischen Freunde in „liberalem Sinne" auf den Erzbischof einzuwirken, um ihn zu versöhnen. Wenn es schon im Jahre 1846 einen „liberalen Papst" in Rom gegeben hatte, warum sollte es denn — zum Teufel — in Mexiko im Jahre 1864 nicht einmal einen „liberalen Erzbischof" geben können, wo es die politische Lage erforderte. Auch der Erzherzog erfuhr jetzt näheres über die eingetretenen Schwierigkeiten und schrieb selbst am 26. 12. 1863 in diesem Sinne an Labastida. Er versuchte dem grollenden Erzbischof klar zu machen, welcher große Schaden der Kirche durch ihre Opposition erwachsen würde. Der Klerus müsse doch unter allen Umständen den Gedanken der Monarchie in Mexiko vertreten und bis zu deren Verwirklichung unterstützen. „Wenn dieses Resultat erreicht ist" — so schrieb der Erzherzog — „und der erwählte Souverän die Zügel des Kaiserreichs in die Hände genommen hat, dann erst wird man sich den zeitlichen Interessen der Kirche und der endgültigen Lösung der religiösen Fragen im Einvernehmen mit dem heiligen Stuhle widmen können."[1]

Dieser Brief war zweifellos unter dem Eindruck der Anfang Dezember in Miramar eingetroffenen Ratschläge des Königs von Belgien geschrieben, welche dieser, bezugnehmend auf die Berichte seiner Tochter Charlotte über die starre und reaktionäre Haltung des Klerus und der konservativ-klerikalen Partei erteilt hatte. „Dies ist natürlich", — hatte der Belgierkönig geschrieben — „aber es ist dies eine Partei, die, wenn sie jemand einmal ergeben ist, auch treu bleibt, was die Voltairianer" (d. h. die Antiklerikalen) „nicht tun. Der spanische und kreolische Voltairismus ist eine sehr traurige Sache, Leute hängen ihm an, die immer für persönliche Inter-

---

[1] Conte Corti a. a. O., Seite 276.

essen in Bewegung sind." (Für welche Interessen die frommen Leute
"in Bewegung" waren, zeigte die Jeckeranleihe!) "Man wird den
Heiligen Stuhl auffordern müssen, einen intelligenten Mann zu
senden, um die Katholiken im Sinne ihrer tatsächlichen Interessen zu
führen. Gehorsam herrscht noch in dieser Kirche und das macht ihre
Stärke aus." ²) Damit hatte der kluge Coburger zweifellos den
praktischen Nutzen des Christentums und der Kirche richtig erkannt.
Diese sollte die Untertanen in einem mit Höllenstrafen, beziehungweise Himmelsfreuden befestigten Gehorsam erhalten. Freilich hätte
er auch wissen müssen, daß die Kirche diese, für die Herrscher so angenehme und beruhigende Tätigkeit nicht "um Gottes Willen"
ausübt. Wie die geschichtliche Erfahrung lehrt, wurden die den
Herrschern aus solchen Diensten erwachsenden Gegendienste immer
drückender und falls man sie verweigerte, hob die Kirche diesen den
Fürsten zu leistenden, auf blindem Glauben beruhenden und daher
ebenso blinden Gehorsam einfach auf. Bei solchen Gelegenheiten
zeigte sich dann die ganze Gefahr dieser von Thron und Altar, beziehungsweise von Kirche und Staat gebildeten Interessengemeinschaft. Denn — so kennzeichnete Scherr diese Lage —: "Die Menschen glaubten — etliche hundert Millionen glauben es noch im-
der —, der Papst hielte die Schlüssel zum Himmel und zur Hölle in
seinen Händen und besäße die Macht und Gewalt, ihre Seelen für
alle Ewigkeit der Seligkeit oder aber der Verdammnis zu überantworten. Wie hätte gegen diesen Glauben der arme ‚Racker' von
Staat aufkommen können? Was hatte er im günstigsten Falle
zu bieten, daß angesehen die kurze Zeitspanne des irdischen Da-
seins den Vergleich mit den geglaubten und gehofften ewigen
Himmelsfreuden oder mit den geglaubten und gefürchteten ewigen
Höllenqualen ausgehalten hätte? — Nichts, oder soviel wie
nichts." Auch der Kaiser von Mexiko sollte diese Erfahrung noch
machen!

²) Conte Corti a. a. O., Seite 275.

Die mexikanischen Emigranten waren angesichts dieser Entwicklung der Dinge immer ungeduldiger geworden und drängten den Erzherzog mehr und mehr, die Krone nun doch endgültig anzunehmen und schleunigst nach Mexiko abzureisen. „Alle Klassen der Gesellschaft," — so log Gutierrez munter drauf los — „ohne Unterschied des Geschlechtes und des Alters, alle Mexikaner, wo immer sie seien, an einem Kontinent oder am anderen, rufen nach Gott nur den Souverän an, den Er ihnen gegeben." In dieser Tonart waren die immer zahlreicher in Miramar eintreffenden Schreiben von Almonte, Hidalgo und anderen gehalten. Immerhin hatten Hidalgo und Gutierrez in einer Beziehung nicht so ganz unrecht, wenn sie auf die Annahme der Krone drängten. Denn — so schrieb Johannes Scherr sehr richtig — „mit den Franzosen haben nur Lumpen und Schufte gemeinsame Sache gemacht, vornehmstes und niedrigstes Gesindel und Geziefer; von dem Kaiserschwindel dagegen ließen sich wenigstens zeitweilig auch manche ehrliche Leute in Mexiko betören, manche ehrliche Leute aus den wohlhabenden und gebildeten Klassen, während die in den Gemütern der indianischen Bevölkerung nachdämmernde alte Sage vom weißgesichtigen Messias Quetzalkoatl diesem Schwindel bei den Massen einen gewissen Nimbus gab und eine gewisse Popularität verschaffte; freilich auch nur sporadisch und vorübergehend." [3]

Wünschte die klerikal-konservative Partei die endgültige Annahme der Krone und die Abreise des Erzherzogs wegen des Zerwürfnisses des französischen Marschalls mit der Kirche, so drängte Napoleon III., um das unvolkstümliche, ihn politisch bloßstellende mexikanische Unternehmen baldigst mit einem pomphaften Abschluß beenden zu können. In einem späteren, von der Kaiserin Charlotte aufgezeichneten Gespräch mit dem Kaiser Maximilian sagte der französische General Douay, „in Frankreich glaubte man, daß das ganze Ziel der Expedition darin gelegen war, Jecker zu

---

[3] Johannes Scherr: „Das Trauerspiel in Mexiko".

seinen Geldern zu verhelfen." [4]) Wenn dies auch vielleicht nur bedingt der Fall war und nur die e i n e der geheimen Triebfedern des mexikanischen Unternehmens betraf, so zeigt diese Bemerkung des Generals doch, daß man damals in Frankreich bereits in dieser e i n e n Beziehung sehend wurde. Um zu verhindern, daß auch der Erzherzog über die wahre Lage und die tatsächlichen Zustände in Mexiko aufgeklärt werden könnte, verbot Napoleon daher dem inzwischen nach Europa zurückgekehrten Marschall Forey einer Einladung nach Schloß Miramar Folge zu leisten. Man konnte sich in Paris der Erkenntnis nicht mehr verschließen, daß die Vereinigten Staaten immer offener gegen das Projekt eines mexikanischen Kaiserreiches Stellung nahmen. So bringt auch Conte Corti die Loliés Buch "La vie d'une Impératrice" entnommene Schilderung eines Gespräches in den Tuilerien zwischen dem amerikanischen Gesandten und Eugenie, von dem er sagt, daß es die herrschende Stimmung richtig wiedergibt. Der Gesandte sagte nämlich: "Madame, der Norden wird siegen. Frankreich wird sein Projekt aufgeben müssen, und das wird für den Österreicher schlecht enden." Eugenie erwiderte lebhaft: "Ich versichere, daß, wenn Mexiko nicht so weit und mein Sohn kein Kind mehr wäre, ich wünschen würde, daß er sich selbst an die Spitze der französischen Armee stellte, um mit dem Schwerte eine der schönsten Seiten der Geschichte des Jahrhunderts zu schreiben." — "Madame," — entgegnete der Gesandte — "danken Sie Gott, daß Mexiko weit und Ihr Sohn noch ein Kind ist." Da sich die Kaiserin darauf sehr erregte, trat Napoleon dazwischen und beendigte die Unterhaltung mit dem Gesandten, der nicht wieder eingeladen worden sein soll. Denn — so sagte Schiller — "ein vorzüglicher Kopf muß es immer sein, von dem die Wahrheit ohne Ohrfeige wegkommt."

---

[4]) Nach einem von Conte Corti a. a. O., 2. Band, Seite 117 ff. zum ersten Male benutzten und veröffentlichten, von der Kaiserin Charlotte eigenhändig geschriebenen, vom 9. 7. 1865 datierten Memoire im Wiener Staatsarchiv.

Äußerungen dieser Art, erst recht sachliche Darstellungen der tatsächlichen Lage wurden von dem Erzherzog natürlich sorgfältig ferngehalten. Und wenn ihm wirklich einmal etwas derartiges hinterbracht wurde, so vermochten die Mexikaner oder Napoleon selbst immer wieder, etwa aufsteigende Bedenken zu zerstreuen. An sich bereits für die Annahme der Krone eingenommen und bei seiner unglücklichen Veranlagung, günstige Nachrichten und schwungvolle Phrasen wichtiger zu nehmen und höher zu bewerten als abratende Meinungen und nüchterne Auskünfte, wurde Ferdinand Max um so leichter ein Opfer dieser Intrigen und damit des Kaiserschwindels.

Wegen der wachsenden Dringlichkeit und um endlich zum Abschluß zu kommen, hatte Napoleon das erzherzogliche Paar nach Paris eingeladen, wo beide — um ihnen zu schmeicheln — bereits mit kaiserlichen Ehren empfangen wurden. Außer den Abmachungen über die fortzusetzende französische Waffenhilfe und die allmähliche Zurücknahme der französischen Truppen nach Maßgabe der fortschreitenden Beruhigung des Landes und der Aufstellung eines kampfkräftigen mexikanischen Heeres, wurde beschlossen, eine Anleihe von 200 Millionen Franken durch französische Vermittlung aufzunehmen. Der französische Finanzminister, der Jude Fould, verstand es, diese und auch die späteren unter seiner bemerkenswerten Mitwirkung abgeschlossenen Anleihen derartig erdrosselnd zu gestalten, daß allein der Zinsendienst schon mehr als die Hälfte der überhaupt zur Verfügung stehenden mexikanischen Staatseinnahmen verschlang, während das eingehende Geld nahezu restlos für die Erstattung der bisherigen und zukünftigen Kosten des Unterhaltes und der Operationen der französischen Armee in Mexiko draufging. Sehr richtig schreibt Conte Corti, es war bemerkenswert, „daß es.... gelang, die Anleihe zu allerdings höchst ungünstigen Bedingungen bei einem Londoner Bankhaus unterzubringen. Das erschien bei der politischen Haltung Englands auf den ersten

Blick befremdlich, erklärte sich aber daraus, daß die Engländer aus dem Erlös der Anleihe sofort Gelder zur teilweisen Befriedigung britischer Gläubiger Mexikos entnahmen. Von Mexiko war ja zunächst nichts zu erwarten und es ergab sich durch die Anleihe eine günstige Gelegenheit, dubiose Forderungen britischer Untertanen an Mexiko unerwartet durch französisches Geld zu decken, denn die unglücklichen Zeichner mexikanischer Anleihen waren, dank der Propaganda Napoleons und seiner Regierung, fast ausschließlich Franzosen."[5]) Die vermittelnden Bankiers machten bei dieser Anleihe durch ihre Provisionen natürlich gute Geschäfte, während das französische Volk die so warm empfohlene, in kleine Beträge gestückelte und zum Kurse von 63 begebene Anleihe in der Hoffnung zu gewinnen kaufte, um natürlich eines Tages alles zu verlieren. Wie es dabei zuging, mögen einige Zahlen vergegenwärtigen.

Die zweite, im Jahre 1865 neu aufgelegte Anleihe wurde durch die glänzenden Propagandareden des Deputierten Corta und des Ministers Rouher vom Publikum sogar überzeichnet. Von den nominell aufgenommenen 250 000 000 Frs. — die Obligationen von 500 Frs. wurden zum Kurse von 340 Frs. begeben und waren mit 6 Prozent verzinslich — gingen tatsächlich nur 170 000 000 Frs. ein und davon gelangten schließlich nur 70 000 000 zur Auszahlung an den mexikanischen Staat! „Die scheinbare Unterstützung von Paris her" — so schreibt Conte Corti — „war in Wirklichkeit geeignet, den finanziellen Bankrott Mexikos herbeizuführen; einzelne französische Bankleute bereicherten sich, zahllose Privatleute in Frankreich verloren ihr Geld und der mexikanischen Regierung war es angesichts der Unsicherheit im Lande, die eine ergiebige Erhöhung der Abgaben ausschloß, unmöglich gemacht aus dem Finanzchaos herauszufinden." Bei der Budgetberatung erklärte der Abgeordnete Favre am 2. 6. 1865 im „Corps législatif" die französische Expedition nach Mexiko sei eine verrückte Idee; er schäme sich,

---

[5]) Conte Corti a. a. O., 1. Band, Seite 290.

wenn er daran denke, daß unter Mitwirkung Frankreichs für den mexikanischen Kaiser eine Anleihe von 400 Millionen Frs. abgeschlossen sei, von der dieser nach Abzug aller Provisionen und Lasten nicht einmal 133 Millionen erhalte. Der äußerst befähigte, Maximilian später als Finanzberater zur Seite stehende Franzose Langlais hat dem Kaiser am 23. 2. 1866 gesagt, „er wisse sehr gut, daß man in Frankreich die beiden Anleihen Mexikos gestohlen habe, das nur 19 Millionen Pesos (à 5 Franken) davon erhalten hätte." Maximilian plante daraufhin, mit Langlais eine besondere Dokumentensammlung in dieser Angelegenheit zu veranstalten. Dadurch wäre aber nicht nur die französische Regierung ernstlich bloßgestellt worden, sondern es sollten auch die Namen der teilweise sehr hochgestellten Anleihegewinnler veröffentlicht werden. Einige Stunden nach diesem wichtigen Gespräch starb Langlais plötzlich und unerwartet — wie man sagte — an einem Herzschlage! Ein Ereignis, dem man als kurzen und treffenden Epilog, nur den Namen austauschend, einen Satz aus Schillers „Maria Stuart" anfügen könnte: „Dieser Mortimer (Langlais) starb Euch sehr gelegen." [6])

Es wurde eine hauptsächlich aus Franzosen bestehende Kommission gebildet, um die Interessen der Gläubiger des mexikanischen Staates zu wahren. Selbstverständlich fielen auch die alten Schulden und besonders die Forderungen der Jeckerschen Schwindelanleihe unter diese „Interessen". Mit den Geldern der jetzt und in der Folge aufgenommenen und hauptsächlich von französischen Kleinbürgern gezeichneten Anleihen konnte der mexikanische Staat ja schließlich auch — wie „billig" — alte Schulden bezahlen! Zu dem vergossenen Blut der französischen Soldaten wurden dem französischen Volk also auch noch seine Ersparnisse aus der Tasche gelockt, um die Jeckerschen Schwindelmillionen in tatsächliche zu

---

[6]) Conte Corti a. a. O., 2. Band, Seite 192, nach einem Briefe Kaiser Maximilians an Loysel vom 4. 4. 1866 im Wiener Staatsarchiv.

verwandeln, d. h. dem Herzog v. Morny und Mitgaunern das „große Geschäft" zu ermöglichen. Eine „saubere" Sache!

Der Kaiser Maximilian hat später in seinem Schreiben an Louis Napoleon vom 27. 12. 1865 zum Ausdruck gebracht, daß er nicht etwa in einfältiger Weise (naïvement) zu einem „bösen Arrangement" („fâcheux arrangement") mit der Firma Jecker gekommen sei, sondern daß man ihn moralisch gezwungen habe, und daß er sich nur dazu entschlossen hätte, um seinem vermeintlichen „besten Freunde, dem Kaiser Napoleon, einen wirklichen Dienst zu leisten".[7]) Louis Napoleon muß den Erzherzog also schon entsprechend gedrängt haben, die Jeckersche Schwindelanleihe anzuerkennen. Dies entspräche auch der bereits erwähnten Andeutung des Lord Montague im englischen Unterhaus, daß noch andere, höher stehende Personen als der Herzog von Morny an diesem Schwindel beteiligt gewesen seien. Lord Montague hat sich wahrscheinlich mit Rücksicht auf den Louis Napoleon damals unterstützenden Lord Palmerston absichtlich etwas dunkel ausgedrückt. Nach dem vor-

---

[7])„Si d'autres mesures ont grevé le budget et m'ont pas toujours mérité l'approbation, d'ou vient s'insistance qui m'a moralement contraint à faire un fâcheux arrangement avec Jecker, arrangement auquel je ne me suis naivement résolu, que parce qui j'ai cru rendre un service réel à mon meilleur ami, á l'Empereur Napoleon." — Vollständiger Text des sehr langen und aufschlußreichen Schreibens bei Conte Corti a. a. O., 2. Band, Anhang Seite 71/74. Nach dem am 10. 3. 1865 erfolgten Tode seines mächtigen Schützers und Mitgauners, des Herzogs von Morny, hatte Jecker, unter diesen Umständen an der vollen Auszahlung der Schwindelmillionen zweifelnd, durch Vermittlung des französischen Gesandten in Mexiko, des Grafen Montholon, mit Maximilian ein neues, bindendes Abkommen getroffen. Conte Corti macht darüber folgende Angaben: „Der Vertrag zwischen dem Vertreter Jeckers und dem mexikanischen Delegierten Campillo bestimmte, daß der Nennwert jedes Bons der Anleihe 70 Prozent Abzug erleide und keinerlei Zinsen mehr tragen solle. So wurde die Schuld auf 4 532 000 Pesos zurückgeschraubt, die in drei am 15. Oktober, 15. Dezember 1865 und 15. Februar 1866 fälligen Wechseln auf Paris zahlbar waren, von denen der erste auf 1 532 000 Pesos, der zweite auf 1 000 000, der dritte auf 2 000 000 lautete. Da Jecker nur 3 750 000 Franken Bargeld vorgestreckt hatte, so machte das Bankhaus mit den ihm solcher Art (1 Peso = 5 Franken) zugebilligten rund 22 500 000 Franken noch immer ein sehr gutes Geschäft. Das Nominale freilich der überdies Zins tragenden Bons hatte bisher 75 000 000 Franken betragen." (Conte Corti a. a. O., 2. Band, Seite 63, Anmerkung.)

stehend angeführten, von der Kaiserin Charlotte aufgeschriebenen Gespräch des Kaisers Maximilian mit dem General Douay, hat der von diesem „Arrangement" hörende französische Gesandte Dano entsetzt ausgerufen: „Mein Gott, Euer Majestät haben sich zu dieser Affaire hergegeben?" Als dann trotz der verschiedenen Anleihen die unglaublichen, an den mexikanischen Staat gestellten Forderungen Jeckers nicht erfüllt werden konnten, hat Jeckers Neffe, bezugnehmend auf die durch den französischen Gesandten mit Maximilian abgeschlossene Vereinbarung, die Zahlung der fälligen Raten bei Napoleon in Paris verlangt. Maximilian lehnte die Erfüllung dieser erschwindelten Forderungen mit dem Hinweis auf die schwierige finanzielle Lage Mexikos zunächst einmal ab. „Der Neffe Jeckers" — so schreibt Conte Corti auf Grund eines von ihm im Wiener Staatsarchiv eingesehenen Briefes Maximilians an Langlais vom 4. 1. 1866 — „bestand aber in ungestümer Weise auf seiner Forderung und behauptete, es sei in Paris alles so weit geordnet worden, daß der oberste Zahlmeister der französischen Armee in Mexiko sogar den Befehl erhalten haben müsse, den Jeckerschen Forderungen einen Vorrang vor jenen des französischen Staatsschatzes einzuräumen. So weit ging schon die Kühnheit dieses bisher von mächtigen Persönlichkeiten in Paris unterstützten Spekulanten. Mittlerweile war jedoch der Herzog von Morny gestorben, Napoleon selbst hatte eingesehen, zu welch herber Kritik die Verbindung des französischen Staates mit dem keinen allzu guten Ruf genießenden Bankhause Gelegenheit gab und so wurde Jecker von Paris aus im Stich gelassen." Der nach dem Tode des Herzogs von Morny und dem Zusammenbruch des mexikanischen Kaiserschwindels mit der Drohung einer Veröffentlichung, in den Tuilerien weitere Gelder zu erpressen suchende Herr J. B. Jecker hatte allerdings recht, als er in seinem an Herrn Conti gerichteten Brief vom 8. 12. 1869 schrieb: „Je prévois bien l'effet qu'une confession semblable produira dans le public et le mauvais jour qu'elle jettera sur le Gouvernement de l'Empereur ....." („Ich sehe sehr wohl die Wirkung voraus, die eine derartige Veröffentlichung beim Publikum erzielen, und das schlechte Licht, das sie auf die Regierung des Kaisers werfen wird....")

Nach dem Abschluß dieser Verträge schrieb Napoleon jenen entscheidenden und betörenden Brief vom 18. 3. 1864 an den Erzherzog, in dem es u. a. heißt: „.....Je vous prie de compter toujours sur mon amitié....." („Ich bitte Sie immer auf meine Freundschaft zu zählen.") „Vous pouvez être sûr que mon appui ne vous manquera pas pour l'accomplissement de la tache que vous entreprenez avec tant de courage." („Sie können sicher sein, daß Ihnen meine Unterstützung bei der Erfüllung der Aufgabe, welche Sie mit so viel Mut aufnehmen, nicht fehlen wird.") [8]

Diese Äußerungen entsprachen indessen durchaus jener Bestimmung des Geheimvertrages, die besagte, daß „was immer für Vorfälle sich auch in Europa ereignen mögen, die Hilfe Frankreichs dem neuen Reiche niemals fehlen werde".

Noch einmal trat ein ernstes Hindernis ein, durch welches alle bisher getroffenen Abmachungen und Verträge nichtig zu werden drohten. Dies war der Umstand, daß der Kaiser Franz Joseph von seinem ihm überlegenen Bruder Ferdinand Max bei der Gelegenheit seiner Annahme der mexikanischen Kaiserkrone mit allen erdenklichen Begründungen einen Verzicht auf eine Thronfolge in Österreich verlangte. Franz Joseph mochte fürchten, daß es ihm eines Tages gehen könnte, wie er es mit dem Kaiser Ferdinand seiner Zeit gemacht hatte. Der Erzherzog wollte jedoch diesen ihm ganz unverständlichen und unbegründeten Verzicht zunächst nicht leisten und es kam deswegen zu einem ernsten, nie wieder bereinigten Zerwürfnis im Hause Habsburg. Angesichts dieser neuen Lage wandte sich der in wachsende Verlegenheiten geratende Napoleon

---

[8] Brief in französischem Text mit Faksimili bei Conte Corti a. a. O., 1. Band, Anhang Seite 31 und Seite 303.

nahezu verzweifelt, telegraphisch und brieflich an den Erzherzog. Er bat und drohte, er blies alle Töne auf seiner Lockpfeife und schickte sogar seinen Flügeladjutanten, den General Frossard, nach Miramar, um durch ihn die dringendsten Vorstellungen zu erheben. Er schrieb dem Erzherzog am 28. 3. 1864 u. a.:

„Par le traité que nous avons conclu et qui nous engage réciproquement, par les assurances données au Mexique par la parole échangée avec les souscripteurs de l'emprunt Votre Altesse Impériale a contracté les engagements qu'elle n'est plus libre de rompre. Que penserait-elle en effet de moi si une fois Votre Altesse Impériale arrivée au Mexique je lui disais que je ne puis plus remplir les conditions que j'ai signées." („Durch den Vertrag, den wir abgeschlossen haben, und der uns gegenseitig verpflichtet, durch die Mexiko gegebenen Versicherungen und die mit den Unterzeichnern der Anleihe getroffenen Vereinbarungen sind Euere Kaiserliche Hoheit Verpflichtungen eingegangen, die zu brechen Sie nicht mehr freie Hand haben. Was würden Sie tatsächlich von mir denken, wollte ich, wenn Euere Kaiserliche Hoheit schon in Mexiko sind, Ihnen auf einmal sagen, daß ich die Bedingungen nicht mehr erfüllen kann, die ich unterzeichnet habe.")

Da Napoleon nun aber tatsächlich die Bedingungen, die er unterzeichnete, nicht hielt, nachdem der Erzherzog in Mexiko eingetroffen war, hat er sich mit diesem Brief wiederum sein eigenes Urteil geschrieben und niemand wird ihn wegen dieses folgenschweren Wortbruches verteidigen wollen oder können. Der Erzherzog ließ sich indessen wiederum betören, er sprach den Verzicht auf Österreichs Thron aus und nahm in seiner Verblendung schließlich die nicht nur sehr fragwürdige, sondern völlig unmögliche mexikanische Krone an. Er erfüllte sein einmal gegebenes, ihm teilweise abgeschwindeltes Versprechen. Die Beweggründe, die den Erzherzog persönlich leiteten, sich überhaupt auf die mexikanische Angelegenheit einzulassen, lagen nicht zuletzt in seiner ihm gelegentlich des Erbfolgezwistes so recht zum Bewußtsein kommenden Stellung als österreichischer Erzherzog. Die gefährliche, schwere und dabei so undankbare Arbeit, sich in Mexiko ein selbständiges Reich zu gründen, erschien ihm — wie er später einmal in einem Brief von dort schrieb — „immer besser und tröstlicher als im alten Europa im Nichtstun zu verfaulen. Es gibt Leute," — so schrieb er — „welche das Leben, welches meine jüngeren Brüder führen, philosophisch finden; mir aber wäre eine solche Existenz der Tod bei lebendigem Leibe und was noch ärger ist, ich finde sie lächerlich. Es gibt nichts Erbärmlicheres als ein apanagierter Prinz, der eine sogenannte sorgenlose Existenz führt." Die Antriebe seines Handelns waren jedenfalls edlerer Art als die Louis Napoleons und seiner Spießgesellen oder die irgendeines der anderen Kaiserschwindler.

Am 10. 4. 1864 traf die mexikanische Abordnung, von Gutierrez und Hidalgo geführt, im Schloß Miramar ein. Der Erzherzog empfing sie feierlich in großer Admiralsuniform. Auf einem Tische lagen die Akten über die erschwindelte, beziehungsweise erzwungene Volksabstimmung in Mexiko. Gutierrez hielt eine phrasenreiche und lange Ansprache, in der die katholischen und monarchischen Tendenzen betont wurden und log den Erzherzog mit frecher Stirne an, die ganze mexikanische Nation bitte ihn, die Krone anzunehmen. „Wohl niemals" — so schreibt sehr richtig Conte Corti — „hat ein Mann in so bedeutsamer Stunde so wenig Berechtigung gehabt, im Namen eines Landes und eines Volkes zu sprechen, wie dieser Mexikaner, der seit fast einem Vierteljahrhundert seiner Heimat fern geblieben war und sich nun vermaß, für das mexikanische Volk dem irregeleiteten und über die wahren Verhältnisse getäuschten Erzherzog ‚Liebe ohne Ende und unerschütterliche Treue' zu versprechen." Es wird wahrscheinlich niemand unpassend finden, daß Gutierrez auch von dem berühmten „Finger Gottes" sprach, der sich bei diesem Kaiserschwindel sichtbarlich zeige! Der irregeführte Erzherzog sagte in seiner Entgegnung, auf die Akten der erschwindelten Volksabstimmung hinweisend, er nehme die Krone an, da „der

Beschluß der Notabeln Mexikos, der Sie zu mir nach Miramar geführt hat, von der weit überwiegenden Mehrheit Ihrer Landsleute bestätigt wird und ich mich fortan mit vollem Recht als den Erwählten des mexikanischen Volkes betrachten kann". Die Anwesenden riefen stürmisch: „Es lebe Kaiser Maximilian! Es lebe Kaiserin Charlotte" Manche weinten vor Rührung; niemand hat gelacht; denn — so sagte Scherr zu dieser Szene — „der Mensch ist eine ernsthafte Bestie".

Bevor das Kaiserpaar auf der österreichischen Fregatte „Novara" die Reise nach Mexiko antrat, stattete es dem römischen Papst, der ja an dieser Sache so hervorragend beteiligt war, einen Staatsbesuch ab. Die an der Reise teilnehmende Gräfin Kollonits schreibt von diesem Empfang in der Hafenstadt Civita-Vecchia: „Zuerst legte das gelbbeflaggte Sanitätsboot bei uns an, dann kamen ,Le Maréchal Duc de Montebello' und der französische Minister Sartiges an Bord, ihnen folgten die Vertreter Österreichs und Belgiens und schließlich die vom Papst zur Begrüßung ausgesandten Kardinäle.... Endlich durften wir die unser harrenden Boote besteigen und in den Hafen einfahren.... Gleichzeitig donnerten von Schiffen und Forts die Geschütze auf sinnverwirrende Art und als wir das Land erreichten, bliesen und trommelten die Päpstlichen und die Franzosen um die Wette. Letztere proklamierten das ,Par la grâce de l'empereur des Francais' („durch die Gnade des Kaisers der Franzosen") „auf alle mögliche lärmende und auffallende Weise; ihre Truppen bildeten Spaliere, ihre Säbel und Bajonette grüßten uns, ihre Wagen nahmen uns auf, ihre Arme geleiteten uns...." [9] Die Gräfin hätte nur hinzufügen müssen, daß die Päpstlichen das „Par la grâce de Dieu et du pape" vielleicht stiller, aber ebenso sichtbar proklamierten. Dann wäre dadurch richtig zum Ausdruck gebracht, daß der Papst und Napoleon es gewesen waren,

---

[9] Gräfin Paula Kollonits: „Eine Reise nach Mexiko im Jahre 1864", Wien 1867, Seite 13/14.

die den neuen Kaiser „gemacht" hatten und von dem sie erwarteten, daß er nunmehr von ihnen abhängig sein sollte. Napoleon hatte Maximilian sehr schlau und dringend geraten, die Frage der Kirchengüter in Rom lieber nicht aufzurollen. Er sah voraus, daß es bei einer solchen Verhandlung mit dem Papste zu neuen Schwierigkeiten gekommen wäre, die vielleicht das ganze Unternehmen nochmals in Frage gestellt, bestimmt aber eine Verzögerung der Abreise herbeigeführt hätten. So unterblieb die an sich so wichtige, ja entscheidende Erörterung dieser Hamlet-Zweifel-Frage nach dem „Sein oder Nichtsein" des neuen Kaiserreiches. Vielleicht hätte Maximilian die ihm von Rom zugedachte Rolle bei dieser Gelegenheit doch noch erkannt und, sich in letzter Minute von dem ganzen Schwindel zurückziehend, sein Leben gerettet. Statt die beiden Standpunkte wenigstens in einer Aussprache zu klären, begnügte man sich mit allgemeinen doppelsinnigen Andeutungen und blumenreichen Redensarten. Der Kaiser ersuchte um die Entsendung eines Nuntius „mit vernünftigen Prinzipien", obgleich er hätte wissen müssen, daß es nur Nuntien mit kirchlichen Prinzipien gibt, woraus alles weitere folgt. Der Papst erteilte dem Kaiserpaar und dem Werk — d. h. in diesem Falle: dem Kaiserschwindel — den großen Segen und benutzte die Gelegenheit der Kommunion, bei der ihm nicht widersprochen werden konnte, um der alten und ausrottbaren päpstlichen Wunschphantasie, daß die Rechte der Kirche höher ständen als die Rechte der Völker und Staaten, kräftig Ausdruck zu verleihen.

Während seines Aufenthaltes in Rom fand das Kaiserpaar in dem von Gutierrez bewohnten, prunkvollen Palazzo Marescotti Aufnahme, der — wie Conte Corti treffend schreibt — „seinen Opfern großartige Gastfreundschaft gewährte". Dieser, wie ein in den Frack gesteckter Jesuit aussehende — und nicht nur aussehende —, eisgraue Phrasendrescher weinte vor Freude — wie die Gräfin Kollonits als Augenzeugin berichtet —, als auch der Ober-

priester der Christenheit, der „vicarius christi" „seine Opfer" dort
besuchte. Es wäre zu erwarten gewesen, daß dieser redselige, von
patriotischem und christlichem Bombast nur so triefende Gutierrez
— wie auch Hidalgo — die ersten Mexikaner gewesen wären, die
dem neuen Kaiser begeistert in ihre Heimat folgten. Herr Gutierrez
dachte aber gar nicht daran, seinen prunkvollen Palast im sicheren
Rom mit einer seiner ländlichen Haziendas in dem sehr unsicheren
Mexiko zu vertauschen. Ja, er lehnte sogar den ihm von Maximilian
angebotenen Posten eines kaiserlich-mexikanischen Gesandten in
Wien ab, da ihm die Übernahme dieses Amtes vorerst noch zu gefährlich zu sein schien. Hidalgo, der das teure Vaterland ebenfalls
lieber missen wollte, übernahm dagegen die Stellung eines mexikanischen Gesandten in Paris. Er hatte jedoch vorsorglich gleich,
nach dem Brief vom 10. 4. 1864 an de Pont, eine Gehaltserhöhung
von 60 000 Frs. auf 90 000 Frs. für sein politisches Operettendasein
gefordert, da sein Leben in Paris sehr kostspielig sei. Wenn wir
Herrn Hidalgo auch sonst keinen Glauben schenken können, die
letzte Feststellung dieses, bei den Pariser D....amen so beliebten
Mannes ist zweifellos richtig. Beide — Gutierrez und Hidalgo —
haben denn im nächsten Jahre ihre materiellen Interessen an dem
Kaiserschwindel derartig offen enthüllt, daß sogar der vertrauensselige Maximilian dies — allerdings für sein Schicksal zu spät —
bemerkte.

Hidalgos Vater hatte als Emigrant die ihm gehörenden Haziendas durch das Dekret des Juarez vom August 1862 verloren, die
der Familie angeblich 60 000 Frs. eingetragen haben sollten. Da
Hidalgo und seine Schwester den leichtsinnigen und luxuriösen
Lebenswandel in Paris fortführten, mußten sie bald ihr Haus verkaufen und noch obendrein beträchtliche Schulden machen. Nach
der Besetzung Mexikos ließ Louis Napoleon den Hidalgos diese
Besitzungen wieder zur Verfügung stellen. Trotzdem weigerte sich
Hidalgo, nach Mexiko zu gehen, um diese Besitzungen — wie es

sich gehörte — zu bewirtschaften oder sich wenigstens danach umzusehen. Er zog es vor, in Paris zu bleiben und ließ sich von Maximilian außer seinem Gehalt als kaiserlich-mexikanischer Gesandter unter allen möglichen Vorwänden fortlaufend weitere Summen anweisen, um angeblich seine „im Dienste des Vaterlandes" entstandenen Schulden zu bezahlen. Endlich stellte er fest, daß die Haziendas keinen Ertrag hätten. Sie wurden ja auch nicht bewirtschaftet. Da sie nun — wie er annahm — infolge des Bürgerkrieges zweifellos verwüstet sein würden, beschloß er — nicht etwa nach Mexiko abzureisen und seine Güter irgendwie ertragreich zu machen. — Bewahre! Damit nach dem Kaiserschwindel der Schwindel nicht aufhöre, forderte er von der kaiserlichen Regierung einen Schadenersatz von 100 000 Piastern. Bald darauf mutete er der Regierung zu, ihm diese verwüsteten Haziendas zu hohen Preisen abzukaufen. Gutierrez machte es ganz ähnlich. Er konnte seine Briefe und Forderungen nur noch besser in patriotischen und christlichen Wortschwall einkleiden. Auch er ließ seine zurückerhaltenen Güter Güter sein, lebte prunkvoll in Rom und verlangte unter allen möglichen Vorwänden Summen vom Staate als Schadenersatz.

Es war so gut wie selbstverständlich, daß sich ein Mann wie Hidalgo nach dem von ihm besorgten und anstrengenden Geschäft des Kaiserschwindels zur „wohlverdienten" Ruhe zu setzen beabsichtigte. Sein Einfluß auf die Kaiserin Eugenie schwand mit dem französischen Interesse an dem mexikanischen Unternehmen allmählich gänzlich dahin. Er verliebte sich daher in eine gewisse, in Paris für eine russische Spionin geltende Madame Weller, die mit einem General im französischen Kriegsministerium und einem Kabinettschef im Außenministerium gleichzeitig in erotisch genüßlichen, politisch bedeutsamen und finanziell ertragreichen Beziehungen stand. Hidalgo verlangte daher von Maximilian — der Verkehr mit solchen ministeriellen Verhältnissen ist nun einmal nicht billig — außer einem erhöhten Gehalt als Gesandter, die Zahlung einer be-

sonderen Rente und einen entsprechenden Titel. Er habe sich, wie er
an Maximilian schrieb, in zwanzigjähriger aufreibender Arbeit für
sein Vaterland geopfert (wir haben ihn dabei beobachten können);
er habe es versäumt, eine reiche Heirat zu machen (da er bei der auf-
reibenden Arbeit für sein Vaterland so viele D....amenbekannt-
schaften machen mußte); er habe seine Gesundheit dabei eingebüßt
(Kommentar überflüssig!); und er müsse für sein Alter (wenn seine
bisher so ertragreiche Wirkung auf die Damen nachlassen würde)
versorgt sein. Zunächst brauche er einmal einen einjährigen Urlaub
und — um in dieser Zeit sein Leben fristen zu können — sehr viel
Geld. Der wahre Grund seines Drängens auf Urlaub war jedoch
die ihm inzwischen gekommene Einsicht, daß nach dem ihm bekannten Umschwung in der Haltung Napoleons und der Geistlichkeit die
Lage Maximilians in Mexiko unhaltbar werden würde. Als dieser
seinen Gesandten infolge der eintretenden Schwierigkeiten mit der
französischen Regierung zur Berichterstattung nach Mexiko befahl,
ersuchte er in einem kläglichen Briefe zum Schutze seiner wert-
vollen Person, doch ja für starke Truppenabteilungen auf der
Straße von Veracruz nach Mexiko zu sorgen, da er Drohbriefe
von Anhängern des Juarez erhalten habe. Nach langem Zögern
und vielen Ausflüchten traf Hidalgo dann schließlich vor Angst
schlotternd in dem gefährlichen Mexiko ein. Der „edle" Don ging
wie ein Don Quichote, stets bis an die Zähne bewaffnet umher und
fürchtete sich, den Kaiser auf dessen weiten Spazierritten ins Gelände zu begleiten, weil dem keine Furcht kennenden Maximilian
stets nur ein einziger Reitknecht folgte. Jetzt lernte Maximilian
Hidalgo näher kennen. Er setzte ihn wegen völliger Unzulänglichkeit von seinem Gesandtschaftsposten ab und beabsichtigte, ihm in
seiner verhängnisvollen Gutmütigkeit statt dessen, unter Ernennung zum Staatsrat, einen Regierungposten in Mexiko zu übertragen. Hidalgo enthob den Kaiser jedoch dieser Verlegenheit, indem er, seine wachsende Angst nicht mehr bemeisternd, eines Tages

Mexiko heimlich verließ und nach Europa flüchtete. Der bei der europäischen D.....amenwelt so beliebte und vornehme Herr wollte sich angesichts des unaufhaltsam fortschreitenden Zusammenbruches des unter seiner Mitwirkung aufgezogenen mexikanischen Kaisertums rechtzeitig in Sicherheit bringen. Geld war ja dabei nun doch nicht mehr zu holen. Hidalgo erbettelte sich dann in Paris von dem Juden Fould, von dem französischen Außenminister und Napoleon selbst, Empfehlungschreiben und Zeugnisse über seine „erfolgreiche" diplomatische Tätigkeit, die er dann triumphierend der Kaiserin Charlotte übersandte. Dieses Verfahren, sich von den Franzosen seine erfolgreiche Tätigkeit bestätigen zu lassen, läßt seine ganze Dummheit erkennen. Er sollte als mexikanischer Gesandter ja nicht die Interessen Frankreichs, sondern diejenigen Mexikos erfolgreich vertreten und so waren unter den eingetretenen Verhältnissen die guten Zeugnisse der erwähnten französischen Persönlichkeiten nur Dokumente für Hidalgos völliges Versagen im mexikanischen Staatsdienste, wenn nicht für ein noch schlimmeres Handeln. „Weit entfernt" — so schrieb Conte Corti — „seinem Kaiser und Herrn, wie es seine Pflicht gewesen wäre, entsprechend zu warnen, dachte dieser Mann, dem wie kaum einem zweiten das tragische Ende Maximilians zur Last gelegt werden muß, bloß an sich und sein Wohlergehen." [10]

Wenn diese beiden gewissenlosen Mexikaner verhältnismäßig leicht zu ihrem mit dem Kaiserschwindel verfolgten Ziele gelangten, so hatte es der Papst mit den Forderungen seiner Kirche etwas schwerer. Bald nach Maximilians Ankunft in Mexiko schrieb Napoleon, es sei doch auffallend, daß sich die Geistlichkeit so stark und unversöhnlich zeige. Das hatte jedoch einen triftigen Grund. Denn — so schrieb die Gräfin Kollonits — „bald ward es den geistlichen Herren klar, daß der Kaiser keineswegs willens war, auf diese Forderungen" (Rückgabe der Kirchengüter) „einzugehen, noch über-

---

[10] Vergleiche Conte Corti a. a. O., 2. Band, Seite 142/43 und 185/86.

haupt dem maßlosen Hochmut, mit welchem sie auftraten, die Zügel schießen zu lassen". Es ist dieser Katholikin wohl zu glauben, wenn sie dies aus eigener, in Mexiko gewonnener Anschauung feststellte. Maximilian war nämlich entschlossen, eine unabhängige Regierung zu bilden, die über den Parteien stand und in deren Angelegenheiten auch Priester nichts hereinzureden haben sollten. Er wollte die liberale und die konservativ-klerikale Partei auf solche Weise einander nähern und ihre Forderungen nach Maßgabe der Wohlfahrt des Landes und der Gerechtigkeit berücksichtigen. Leider war er nicht der klar blickende Mann, um solche guten Vorsätze mit der nötigen Energie und Ausdauer durchzuführen. Er bedachte aber auch nicht — wie Conte Corti schreibt —, „daß die Führer politischer Parteien in Mexiko, wie auch anderswo, das Parteiinteresse und meist auch ihren persönlichen Vorteil höher einschätzten als das Wohl des Vaterlandes". Außerdem ahnte er natürlich nicht, daß in und mit diesem unerfreulichen Parteigetriebe die Freimaurerei und der Jesuitismus ihren Kampf um die Macht kämpften. Die Liberalen beobachteten indessen — wenigstens zunächst — eine abwartende, wenn auch sehr kühle Haltung. „Die ersten aber, die sich dem Kaiserreich feindlich zeigten," — berichtet die Gräfin Kollonits — „waren die Geistlichen und diese sind eine große und sehr gefährliche Macht im Lande." Die Geistlichkeit verharrte auf dem alten Standpunkt. Sie erwartete die unverzügliche Zurückgabe aller Kirchengüter und forderte die sofortige Aufhebung der von den französischen Generalen Forey und Bazaine getroffenen Anordnungen. Maximilian hatte jedoch bald — was wirklich nicht zu übersehen war — herausgefunden, daß es der mexikanischen Geistlichkeit „an christlicher Liebe und Moralität fehle", wie er habsburgisch umschrieb, was Johannes Scherr Deutsch und verständlich ausdrückte, daß nämlich die mexikanische Geistlichkeit „auf allen ihren Rangstufen unbestritten zu den bildungslosesten, zuchtlosesten und habgierigsten Pfaffheiten, welche jemals das Antlitz der Erde durch ihr Dasein besudelten", gehörte. Daher erwartete der Kaiser mit Ungeduld den von ihm erbetenen päpstlichen Nuntius.

Die Haltung des Papstes hatte sich jedoch inzwischen wesentlich geändert. Denn der damals über Bazaine und jetzt wieder über Maximilian enttäuschte mexikanische Klerus hatte eine Klage über die andere nach Rom gesandt. Maximilian wollte nämlich — wie man erfahren hatte — in Mexiko völlige Religionfreiheit einführen. Er beabsichtigte weiter, nicht nur die von Juarez dekretierte Nationalisierung der Kirchengüter zu bestätigen und diese in den Händen der jetzigen Besitzer zu belassen, er wollte sogar die bisher noch nicht verkauften Kirchengüter zu Gunsten des mexikanischen Staatsschatzes einziehen. Napoleon, der wie stets, so auch hier ein Doppelspiel spielte und mehr und mehr in die Hände seines jüdischen Finanzministers Fould geriet, drängte auf baldige Erledigung dieser Angelegenheit. Obgleich er natürlich dem Papste ein ganz anderes Gesicht zeigte, wünschte er die Einziehung der Kirchengüter durch den mexikanischen Staat, damit dieser seinen finanziellen Verpflichtungen nachkommen konnte. Eine an sich richtige Auffassung. Der französische General Douay hat Maximilian später gesagt, Napoleon habe ihm erklärt, daß Fould bereits fest auf die Güter der Geistlichen in Mexiko gerechnet hatte. Man sieht also auch hier, wie der Jude im Hintergrund gegen die Jesuiten arbeitete. Wenn man dabei im Einzelnen noch sieht, wie bei diesem Kaiserschwindel bald dieser jenen und jener den anderen belog und betrog, während man die Franzosen in Mexiko bluten ließ und ihnen in Frankreich mit propagierten Anleihen schamlos das Geld aus der Tasche zog, dann kann man wahrlich mit Shakespeare ausrufen:

„Allseeing heaven, what a world is this!"

(„Allseh'nder Himmel, welche Welt ist dies!")

Der Papst hatte indessen endlich einen, nach seiner Meinung für die Lage in Mexiko geeigneten Nuntius in der Person des Monsignore Meglia gefunden. Meglia war jener tüchtige Nuntius, der nach Bismarcks Mitteilung im Deutschen Reichstag bei Verhandlungen mit der württembergischen Landesregierung in Deutschland gesagt hatte: „Wir können uns auf Vergleiche nicht mehr einlassen, uns kann doch nichts mehr helfen als die Revolution." „Diese Revolution fand allerdings nicht statt," — wie Bismarck die politische Wühlarbeit der römischen Kirche im Jahre 1874 beleuchtend, weiter sagte — „dagegen kam der Krieg von 1870." Solche Prinzipien vertrat dieser fromme Mann, der von dem Papste jetzt nach Mexiko geschickt wurde, um mit Maximilian, der in Rom einen Nuntius „mit vernünftigen Prinzipien" erbeten hatte, einen Vergleich zu schließen! Der Nuntius überbrachte dem Kaiser ganz einfach einen Brief des römischen Papstes, in dem die Forderungen an den mexikanischen Staat enthalten waren. Conte Corti hat diese Forderung auf Grund des im Wiener Staatsarchiv befindlichen Originalschreibens vom 18. 10. 1864 folgendermaßen zusammengefaßt: „Zurücknahme aller Reformgesetze, Erhebung des katholischen Bekenntnisses mit Ausschluß jeder anderen Konfession zur Grundlage und Stütze des mexikanischen Reiches, völlige Freiheit der Bischöfe in Ausübung ihres Kirchenamtes, Wiederherstellung der religiösen Orden, Unterwerfung des öffentlichen wie des Privatunterrichtes unter geistliche Oberaufsicht, endlich überhaupt die Beseitigung aller Fesseln, die die Kirche in Abhängigkeit vom Staate hielten." [11])

Der Kaiser übergab darauf dem Nuntius seine Gegenvorschläge und nach einer zweitägigen Beratung erklärte die Geistlichkeit, der Brief des Papstes enthalte alles, was die Kirche fordern müsse und auf andere Vorschläge könne man nicht eingehen. Wie stets in solchen Fällen ertönte also auch hier die bekannte, monotone, sprichwörtlich gewordene Antwort: non possumus — wir können nicht! „Wir können uns auf Vergleiche nicht mehr einlassen, uns kann

---

[11]) Conte Corti a. a. O., 2. Band, Seite 52. Vergleiche auch Nippold a. a. O., Seite 502.

Erzherzog Ferdinand Max als Kaiser Maximilian von Mexiko
in mexikanischer Kleidung

Ölgemälde von Ebeling

Nach dem in dem Buche „Maximilian und Charlotte von Mexiko" von Conte Corti gebrachten Bilde aus dem Besitze des Antiquitätenhändlers Herrn Leopold Schwarz in Wien

Der Jude Jules Favre
der die mexikanische Expedition im
Corps législatif bekämpfte.

Photo Dr. Stoedtner (1), Scherl-Bilderdienst (1), Ludendorffs Verlag Archiv (2)

Der Herzog von Morny
Halbbruder Napoleons III. und
Sohn der Hortense Beauharnais.
Er förderte das mexikanische Abenteuer mit seinem ganzen Einfluß,
weil er dabei Millionen gewann.

General Miramon
welcher die wucherische Anleihe mit
dem Bankier Jecker in Mexiko abschloß, und mit dem Kaiser Maximilian in Queretaro erschossen wurde.

General Mejia
ein Indianer von anerkannter Gesinnungtreue, Tapferkeit und Ehrlichkeit, der ein beklagenswertes
Opfer des Kaiserschwindels wurde.

doch nichts helfen als die Revolution." Das war der Grundsatz
dieses Nuntius, nach dem er in Deutschland handelte und nach
diesem verfuhr er auch in Mexiko! Denn „die Briefe des Papstes,"
— so schrieb der Kirchenhistoriker Nippold, der dessen Ansprüche
„als mit dem modernen Staatswesen absolut unvereinbar" bezeichnet — „in welchen diese Forderungen formuliert sind, haben ein um
so höheres Interesse, als sie mit den dem Deutschen Kaiser gestellten
Friedensbedingungen trotz der formell verschiedenen Ausdrucks-
weise materiell völlig übereinkommen."

Diese Stellungnahme des Papstes und der Geistlichkeit wirkte
— wie die Kaiserin Charlotte am 27. 12. 1864 an Kaiserin Eugenie
schrieb — wie ein „Coup de foudre pour tout le ministère, pour
l'empereur, pour moi...." („Wie ein Blitzschlag für das ganze Ministerium, für den Kaiser, für mich.") Selbst ein Habsburger mußte
jetzt zugeben, daß es völlig unmöglich ist, mit der Kirche in Frieden
zu leben, wenn der Staat seinerseits dabei bestehen will. Die temperamentvolle Kaiserin Charlotte sagte — wie sie selbst schrieb —
entrüstet zu dem ihr lächelnd beipflichtenden und nachdenklich auf
eigene Erlebnisse zurückblickenden Marschall Bazaine, es bliebe
nichts übrig, als den Nuntius zum Fenster hinauszuwerfen. („Qu'il
n'avait qu'a jeter le Nonce par la fenêtre.") Ob sie dabei an die im
Jahre 1618 zu den Fenstern der Prager Burg hinausgeworfenen
habsburgischen Statthalter gedacht hat? — — „Tatsächlich" — so
schreibt die Kaiserin weiter — „zeugt es gleichsam von einem kranken Hirn, einer Blindheit, einer Halsstarrigkeit, an die nichts her-
anreicht, zu behaupten und aufrecht zu erhalten, das von Haß gegen
die Theokratie durchtränkte Land wünsche, daß man der Geistlichkeit die Güter zurückstelle. Gerade so als käme man mitten im
strahlendsten Sonnenschein, um uns zu erklären, daß es Nacht sei;
aber unglücklicherweise — ich muß diese Demütigung für uns Katholiken dieses Jahrhunderts zugeben — ist der Hof zu Rom aus
solchem Holze geschnitzt."

Die Kaiserin hätte aus der Geschichte wissen können, daß dieser „Hof zu Rom" sich nie geändert hat und daß diese Umstände daher nicht nur für ihr Jahrhundert, sondern für alle Jahrhunderte des Bestehens dieses „Hofes" eine „Demütigung für die Katholiken" darstellten. Auch Bismarck hat dies erfahren und sagte am 22. 1. 1880 zu Busch: „Ein Papst kann die alte Politik friedfertiger treiben, einer gröber und gebieterischer, im Grund und Wesen ist's immer dieselbe." Charlotte hätte aber auch wissen können, daß gerade das Haus Habsburg das Menschenmögliche getan hat, um die Aufklärung des Volkes zu unterdrücken und damit die Voraussetzung eines solchen Auftretens und solcher Forderungen des Papstes im 19. Jahrhundert geschaffen und bewahrt hat. Man kann die Lage, in die der Kaiser von Mexiko geriet, bedauern, man kann sein Schicksal beklagen und dabei doch der Meinung sein, daß es Regierenden zuweilen recht heilsam ist, in dieser Weise der Kirche gegenüber zu stehen. Vielleicht regt sich in ihnen dann doch einmal ein Funke des Mitgefühls und des Verständnisses für das Wirken jener zahlreichen bekannten und unbekannten, für Wahrheit und Freiheit begeisterten Streiter gegen kirchliche Tyrannei und brutalen Gewissenszwang, die so oft verfolgt, im Elend geendet oder gar gemordet sind, aber auch für sie den schweren und undankbaren Kampf mit Wahn und Unverstand, ohne Lohn und Hoffnung gekämpft haben!

Am Tage vor Weihnachten, am 23. 12. 1864 versuchte die Kaiserin, sich mit Geduld wappnend, nochmals auf den Nuntius einzuwirken. Sie berichtet darüber sehr anschaulich in dem bereits genannten Schreiben vom 27. 12. 1864 an die Kaiserin Eugenie: „Ich kann Euer Majestät sagen, daß nichts mir eine richtigere Idee von der Hölle gegeben hat, als diese Unterredung, denn die Hölle ist auch nichts anderes als eine Sackgasse ohne Ausweg. Jemanden überzeugen wollen und wissen, daß es verlorene Liebesmüh ist, daß es ebenso sei, als spräche man griechisch, weil der eine schwarz sieht und der andere weiß, das ist eines Verdammten würdige Arbeit. Alles glitt am Nuntius ab, wie auf poliertem Marmor. Schließlich sagte er mir, die Geistlichkeit habe das Kaiserreich errichtet. ‚Einen kleinen Augenblick,' antwortete ich ihm, ‚es war nicht die Geistlichkeit, es war der Kaiser, der dies mit dem Tag seines Erscheinens tat.' Ich machte ihm alle Vorstellungen, die nur immer möglich waren und in allen Tonarten, ernst, fröhlich, gewichtig und fast prophetisch, denn die Lage schien mir Verwicklungen, vielleicht sogar zum großen Schaden für die Religion einen Bruch mit dem Heiligen Stuhl im Gefolge haben zu können. Nichts verfing, er schüttelte meine Argumente ab, wie man Staub abschüttelt, ersetzte sie durch gar nichts und schien sich in der Leere, die er um sich schuf, und in der allgemeinen Verneinung alles Lichtes zu gefallen. Ich stellte ihm hierauf das Ultimatum des geplanten kaiserlichen Briefes und sagte ihm, mich erhebend: ‚Hochwürden, was immer geschieht, ich werde mir die Freiheit nehmen, Ihnen diese Unterredung ins Gedächtnis zu rufen, wir sind für die Folgen nicht verantwortlich, wir haben alles getan, um das zu vermeiden, was nun geschehen wird, aber wenn die Kirche uns nicht helfen will, so werden wir ihr gegen ihren Willen dienen!" [12])

Am 27. 12. 1864 wurde das Dekret veröffentlicht, das die freie Religionausübung sichern sollte, alle den einzelnen so drückenden hohen Abgaben für religiöse Verrichtungen der Geistlichen abschaffte und den Besitz der ordnungmäßig erworbenen Kirchengüter bestätigte. Der Nuntius protestierte mit einem Schreiben, welches gegen „jede diplomatische Form" verstieß, d. h. — Deutsch und verständlich —, welches so unverschämt war, daß es der Minister dem Kaiser nicht vorlegte, sondern dem Absender wieder zustellen ließ.[13])

---

[12]) Conte Corti a. a. O., 2. Band, Seite 54/55. Der vollständige Brief in französischem Text ebenda, Anhang Seite 25—29.
[13]) Text des Briefes in französischer Sprache bei E. Lefèvre: „Documents officiels recueillis dans la secrétairerie privée de Maximilien", Tome second, P. 24—26, Bruxelles et Londres 1869. — Der Franzose meint zu jenen Vor-

Zur Verhütung gewisser, zu erwartender Maßnahmen der Geistlichkeit wurde noch ein Erlaß gegeben, der anordnete, daß päpstliche Bullen und Breven nur mit der Zustimmung des Kaisers veröffentlicht und durchgeführt werden dürften. Nach einem erneuten Einspruch Meglias erfolgte zwei Tage darauf der Abbruch der diplomatischen Beziehungen und der Nuntius verließ auf Anordnung des Papstes bald das Land. „Die Lage" — so schrieb die Kaiserin Charlotte am 9. 1. 1865 — „ist recht gespannt, sie ist es dank dem Nuntius und der Geistlichkeit so sehr, wie es überhaupt in diesem Lande sein kann.

Es ist zwar nichts Beunruhigendes für die Zukunft, es ist vielleicht besser, daß das Gewitter endlich losbricht, aber es ist eine unangenehm zu durchlebende Viertelstunde. Nun dauert dieser Zustand schon acht Tage und nach meinem Geschmack würde ich vorziehen, daß es zu Ende wäre. Die Bischöfe schreiben in der Form respektvolle Petitionen, der Nuntius ungebührliche Noten, Damen machen kindliche Vorstellungen, kurz alle Leidenschaften sind entfesselt, die extremen Zeitungen liegen einander in den Haaren, die schärfer denkenden Liberalen rufen, daß die Idee des Juarez gesiegt habe und triumphieren in boshafter Weise über die Niederlage ihrer Gegner, die Konservativen wieder bilden sich ein, zeitliche Untertanen des Papstes zu sein und sind dumm genug — ich bitte um Entschuldigung für dieses Wort —, zu glauben, daß die Religion im Zehent bestehe und im Rechte des Besitzes. Hinter allen Handlungen des Nuntius, der nur eine Puppe (mannequin) ist, steckt in genügend durchsichtiger Weise die Gestalt des Msgr. Laba-

---

gängen: „Unglücklicherweise waren die Umstände für den Erzherzog keineswegs günstig. Je mehr er besorgt war, Beweise seines guten Willens zu geben, je weniger gelang es ihm, diese tonsurierte Regierung zu überzeugen. Alle Mittel, welche er wählte, wendeten sich eins nach dem andern gegen ihn, und wenn ich alles sagen soll, so kann ich selbst die Fürbitte nicht ausnehmen, welche er an Herrn Hidalgo gerichtet hatte, um eine freundschaftliche Intervention des Tuilerienkabinetts zu seinen Gunsten bei dem allmächtigen Kardinal Antonelli zu erreichen." (2. Band, Seite 28.)

stida, dessen schlechtes Italienisch ich genügend kenne, um es in jeder Zeile zu erkennen." [14])

Die "Augsburger Allgemeine Zeitung" brachte seiner Zeit zu diesen Ereignissen unter dem 28. 12. 1864 eine Meldung aus Mexiko, in der es u. a. hieß: "Hiermit ist der folgenschwerste Schritt getan, der Bund mit den Fortschrittsideen ist besiegelt und eine starke Partei wird sich zum unversöhnlichen Kampfe rüsten. Hoffen wir, daß der kaiserlichen Regierung der endliche Sieg verbleiben werde... Wenn der Kaiser über diese Angelegenheit glücklich hinaus ist, darf er sich schmeicheln, das Schwerste vollbracht und eine große geschichtliche Tat getan zu haben."

Jetzt begann Rom den Kampf gegen den von ihm zwar selbst auf den Thron gebrachten, aber jetzt so bitter enttäuschenden Maximilian. In einem geheimen Konsistorium erklärte Pius IX. am 27. 3. 1865: "Wiewohl wir Ursache zu herber Traurigkeit hätten, welche sich neulich im Kaisertum Mexiko gegen die Meinung aller und gegen unsere Erwartung, sowie gegen die Anzeichen kindlichen Gehorsams zutrugen, welche uns von unserem geliebten Sohne in Christo, dem Kaiser Maximilian, gegeben wurden, so glauben wir dennoch, uns für jetzt nicht darüber auslassen zu sollen...." Der Papst sprach dann die Hoffnung aus, daß der Kaiser sich auf seine Pflicht besinnen möge, daß er die Wünsche des Papstes doch noch erfüllen und den Ruin der Kirche in Mexiko verhindern werde. So geräuschvoll wie es der fluchbereite und -gewohnte Pius gewünscht hatte, konnte er wegen eines inzwischen erfolgten Schrittes Napoleons zu Gunsten Maximilians nicht auftreten. Er hatte deswegen am 27. 2. 1865, als er die Jesuiten, die Hauptstützen der Kirche und der weltlichen Ordnung nannte, mit offensichtlicher Beziehung auf die mexikanischen Vorgänge, fast in Tränen ausbrechend, aber sehr anzüglich gesagt: "Ein Fürst an der Spitze einer hochherzigen Nation

---

[14]) Conte Corti a. a. O., 2. Band, Seite 56/57; vollständiger französischer Text des Briefes daselbst, Anhang Seite 30/31.

ist es, der alle Aufstände in Europa stiftet, der die Kirche Gottes ihrer weltlichen Güter berauben will. Derselbe Mann sucht die bestehende Ordnung der lebenden Gesellschaft, welche von der Kirche verteidigt wird, umzugestalten und dieselbe schrittweise zum verfluchten Heidentum zurückzuführen." Da Louis Napoleon unter den obwaltenden Umständen sofort verstanden hatte, daß er mit diesem Erguß gemeint war, so begab sich der französische Gesandte in den Vatikan und drohte dem Stellvertreter Christi mit der Zurückziehung der den Kirchenstaat gegen die italienischen Einverleibungsbestrebungen schützenden französischen Truppen. Der zornige Pius wußte nun noch vom Jahre 1848 her, was dies bedeutete, und war in seinen Reden über diese Frankreich vorerst noch betreffende Sache etwas vorsichtiger geworden. So kam es auch, daß der trotz seines energischen Auftretens ängstliche Napoleon, dem die Regelung der Kirchengüterfrage zwar sehr erwünscht gewesen war und dessen jüdischer Finanzminister sogar damit gerechnet hatte, in seinem Schreiben vom 1. 3. 1865 ärgerlich meinte, es wäre doch besser gewesen, wenn diese Sache noch vorher von der provisorischen Regierung in Mexiko geregelt worden wäre. Die fromme Eugenie nahm natürlich — nach einem Schreiben des Fürsten Metternich an den Grafen Mensdorff —, wie zu erwarten war, gegen die Kaiserin Charlotte Stellung, der sie vorwarf, den Nuntius brüskiert und sich dabei bloßgestellt zu haben. Unter diesen Umständen begann sich Eugenie, und angesichts der siegreichen Nordstaaten der Union auch Napoleon, mehr und mehr von dem mexikanischen Unternehmen zurückzuziehen, so daß Maximilian bald weitere Stützen seines schwankenden Thrones verlor. Etwa ein halbes Jahr später tadelte Eugenie dem General d'Hérillier gegenüber ohne Rücksicht, sehr scharf und ganz offen das Verhalten des mexikanischen Kaisers gegen die Geistlichkeit und versuchte, sich entlastend, diesem die ganze Schuld an dem nicht mehr zu verheimlichenden Fehlschlag des von ihr so eifrig betriebenen Unternehmens aufzubürden. Der französische General konnte mit Rücksicht auf die bekannte Bigotterie der kaiserlichen Dame natürlich nur schwache Einwendungen machen, obgleich er ganz anders darüber dachte.

Während dem Papst die Umstände gewisse Rücksichten auferlegten, so daß die bullenmäßige Flüchekanonade unterblieb, wurde der Kampf gegen den unbotmäßigen Maximilian im Lande selbst desto eifriger und heimtückischer geführt. „Die Hohe Geistlichkeit von Mexiko" — so sagt uns die Gräfin Kollonits aus eigener Anschauung — „legte zuerst Hand an das Bestreben, den Thron Maximilians zu untergraben." Es wurde aber nicht nur heimlich gearbeitet, sondern es wurden gleichzeitig ganz unheimliche Guerillabanden organisiert, um die Durchführung der kaiserlichen Dekrete mit Waffengewalt zu verhindern. Ein bemerkenswertes Licht auf die entstandene Lage werfen einige Mitteilungen der Frau des Zahlmeisters Kuhacsewich, welche diese auf einem, ihrem Brief vom 11. 1. 1865 beigelegten Zettel der Frau von Radonetz in Miramar machte. Der Zettel sollte zwar auftragsgemäß verbrannt werden, ist aber zufällig erhalten worden. Es heißt dort mit einigen Schreibfehlern u. a.: „Die Geistlichen sind wütend über die vier Artikel des Kaisers, sie konspirieren, ein General ist von Mexiko echapiert und steht mit 1000 Mann 6 Leguas von hier, unsere Wachen sind verdoppelt. Niemand reitet ohne Revolver hier in die Stadt.... Sie sagen, ein paar Bischöfe müssen gehenkt werden, ich fürchte die noch mehr als die Guerillias, besonders in Hinsicht des Vergiftens."[15]) Die gute Frau hatte anscheinend instinktiv das richtige Gefühl, obgleich sie von vergifteten Hostien oder gar von den Giften des berüchtigten Borgia-Papstes sicher noch nichts gehört hatte.

Wenn die Geistlichkeit nun auch nicht zum körperlich wirkenden Gifte griff — man hatte sich der Zeit entsprechend umgestellt — so sorgte sie für propagandistisches Gift, das im Volk wirkte. Noch im Jahre 1865 wurde in Mexiko ein gewisser Abbé Alleau wegen

---

[15]) Conte Corti a. a. O., 2. Band, Seite 74.

Verbreitung selbstverfaßter, Geistlichkeit und Gläubige gegen Kaiser und Staat aufhetzender Schriften verhaftet. Dieser Abbé war ein geheimer geistlicher Spion und trug — sehr aufschlußreich — einen Brief des Gutierrez vom 13. 12. 1864 bei sich. In diesem Briefe sprach Gutierrez die Hoffnung aus, daß die dem Abbé von Rom aus übertragene Mission Erfolg haben möge! Man fand aber außerdem bei ihm zur Verbreitung in Mexiko vorgesehene Aufzeichnungen, welche u. a. auch auf die Kinderlosigkeit der Kaiserin Charlotte hinweisend, diese damit begründeten, daß sich der Erzherzog Ferdinand Max als Admiral der österreichischen Flotte während seiner Anwesenheit in Rio de Janeiro von einer Brasilianerin eine inzwischen geheilte Geschlechtskrankheit geholt habe, durch die er zeugungunfähig geworden sei.[16]) Mit solchen Mitteln führte die Geistlichkeit in christlicher Liebe und „sauberer" Form den Kampf um ihre Reichtümer! Als dann aus allen Gegenden Mexikos Nachrichten einliefen, daß die Geistlichen die Maßnahmen der Regierung sabotierten, wurde auf Vorschlag des Ministers Siliceo und mit Billigung des Kaisers eine besondere Geheimpolizei eingerichtet, um das Verhalten der katholischen Priester zu überwachen und ihr staatsfeindliches Treiben gegebenenfalls sofort unschädlich zu machen. Aber auch diese Maßnahme fruchtete nichts in einem Lande mit einer unaufgeklärten, bigotten Bevölkerung. In seinen Geheimberichten vom 15. 10 und 19. 11. 1865 stellte der dem Zivilkabinett des Kaisers zugeteilte Kommissionär für das Einwanderungwesen, Maury, fest, daß die mexikanische Geistlichkeit — der er Ignoranz, Fetischismus, Hyperkrisie und Laster-

---

[16]) Im „Völkischen Beobachter" vom 21. 5. 1940, Nr. 142, Seite 5, schrieb Gustav Herbert: „..... man sagt, daß der neue Generalissimus (Weygand) der beiden verbündeten Plutokratien ein Sprößling des Habsburgers Maximilian sei, den der dritte Napoleon in Mexiko ins Unglück sagte, und einer saarländischen, also Deutschen Mutter. Jedenfalls ist er nicht als Franzose geboren, sondern in Brüssel zur Welt gekommen...." Sollte dieses „on dit" zutreffen, so hätte Maximilian ja einen „lebenden Beweis" gegen dieses, damals von den Priestern in Mexiko verbreitete Gerücht geliefert.

haftigkeit vorwarf — allen schlechten Willen zeige. Der Kaiser sei
bei seiner Ankunft sehr warm begrüßt worden. Aber unter dem
schlechten Eindruck, den einige von ihm ernannte, jedoch wegen
Habgier bekannte Minister gemacht hätten, habe die Geistlichkeit
die Stimmung der Bevölkerung derart beeinflußt, daß sie ins
Gegenteil umgeschlagen sei. Die Priester hätten absichtlich Unruhe
im Lande hervorgerufen, überall Haß gegen den Kaiser ausgestreut
und alles getan, um ihn verächtlich zu machen. Werde dann jemand
von den Behörden zur Verantwortung gezogen und bestraft, so
gelte er als ein Märtyrer des Glaubens — die Bevölkerung wurde
ja nicht aufgeklärt — und die Stimmung werde noch schlechter.
Dieses Verhalten der Geistlichen — so meinte Maury — sei die
Wirkung der Kirchenpolitik Maximilians.

Angesichts dieser Form des geistlichen Kampfes ließ Maximilian
eine ausführliche Denkschrift verfassen und schrieb bei der Über-
sendung eines Stückes derselben an seinen Bruder, den Erzherzog
Karl Ludwig, nach Wien, daß sich der Nuntius „unglaublich" be-
nommen habe. „Sollte man," — so schrieb der Kaiser weiter —
„wie ich es mir erwarte, im ultramontanen Europa das Vorgehen
meiner Regierung sehr anschwärzen und sollten die Verleumdungen,
wie es sehr möglich ist, bis zur Mama dringen und sie ängstigen, so
bitte ich Dich, ihr das dokumentierte Exposée zu zeigen."

Noch bevor er von dem Bruch mit dem Vatikan gehört hatte,
hatte Gutierrez am 20. 12. 1864 — also eine Woche später als er
dem inzwischen verhafteten Abbé schrieb — einen Brief an den
Kaiser geschickt, in dem er ihm mahnend empfahl — man denke —,
die Jesuiten in Mexiko ungehindert wirken zu lassen!
Dann hatte er, sowohl bei dem Kaiser wie bei dem klerikal eingestellten französischen Außenminister, Drouyn de Lhuys, dringende
Vorstellungen erhoben und betont, daß Mexiko nur „in religiöser
Weise" — womit er die jesuitische Weise meinte — regiert werden
könne. Gutierrez war durch die Entwicklung der Lage in die größte

Erregung geraten. Am 10. 4. 1865 hatte er einen 84 Seiten langen Brief an den Kaiser geschrieben, dessen äußerst bezeichnenden Inhalt Conte Corti nach dem im Wiener Archiv befindlichen Original wie folgt wiedergibt: „Es war darin betont, daß bei den Besprechungen in Miramar der Gesichtspunkt des Kampfes für den Katholizismus dominiert habe und daß diese Idee den Hauptbeweggrund und das vornehmste Ziel der monarchischen Restauration in Mexiko gebildet habe. ....Der ultramontane Mann wetterte in seinem Briefe gegen des Kaisers Politik der Toleranz der Kulte, empfahl eine sehr weitgehende Übernahme der Gesetze und Einrichtungen des neuen französischen Kaiserreiches und riet, man solle ‚à la francesa' verwalten, ‚à la mejicana' regieren. Der Kaiser solle sich an die konservative, monarchische Partei halten, wenn er stürze, wäre es ein furchtbares Unglück, denn mit ihm würde das monarchische Prinzip fallen. Nur mit diesem könne jedoch die lateinisch-katholische Richtung des mexikanischen Volkes gegen die protestantisch-demokratische Macht der Angelsachsen gestützt werden, daher dürfe der Einfluß der Geistlichkeit, der Hauptstütze des monarchischen Gedankens nicht angetastet werden. Eine wahre katholische Monarchie mit der Devise ‚In hoc signo vinces' (In diesem Zeichen wirst du siegen) sei notwendig, ein Wort des Kaisers würde genügen und alles wäre gut." (Hervorhebungen von uns.) Gutierrez erklärte also ganz deutlich — wenn wir von den umschreibenden Floskeln absehen —, daß der ganze mexikanische Kaiserschwindel ein Abschnitt des zwischen dem Jesuitismus und der Freimaurerei geführten Kampfes sei!

Maximilian nahm sich die Zeit, entsprechend zu erwidern und machte bei dieser Gelegenheit einige recht interessante Feststellungen. Gutierrez, der seit 25 Jahren seinem Vaterlande fern geblieben sei — so meinte der Kaiser —, lebe in Illusionen über Mexiko. Er, Maximilian, hätte alles ganz anders gefunden, als man es ihm ge-

schildert habe. Die Mehrzahl der Bevölkerung, selbst die niederen
Geistlichen, seien gegen die Religion als solche völlig gleichgültig.
Zwanzigjährige Leute seien oft noch gar nicht einmal getauft und
das sittliche Verhalten der Geistlichen sei zu beklagen. Als der
juaristische General Doblado seiner Zeit die Waffen niederlegen
wollte, habe ihn der Bischof Labastida davon abgehalten. Die spanischen Vizekönige hätten zwar despotisch regiert und die Indianer
in der Sklaverei gehalten. Dieses mittelalterliche System könne
man nicht wieder einführen, Freiheit sei ohne Zulassung aller Kulte,
d. h. ohne Gewährung von Religionfreiheit nun einmal nicht denkbar — und anderes mehr. „Bei allen liebenswürdigen Phrasen,
die eingestreut waren," — so charakterisiert Conte Corti Maximilians Antwortschreiben — „enthielt der Brief genug Faustschläge
in das Gesicht des alten fanatischen Mexikaners. Aber der Kaiser
irrte, wenn er meinte, daß dies auf einen Mann wie Gutierrez auch
nur die geringste Wirkung ausübte....." Ja, er irrte! In einem
neuen, 112 Seiten langen Briefe erwiderte Gutierrez — natürlich
wieder ohne praktische Vorschläge zu machen — mit neuem Schwulst,
der nach Conte Corti in der Feststellung gipfelte, „er habe bereits in
seinem Briefe vom 10. April 1865 um Änderung der politischen
Richtlinien gebeten; wenn dies nicht geschehe, so werde es eine Gefahr für den Thron bedeuten.... Die Mexikaner hätten einen Prinzen gewählt, der einer katholischen Dynastie entstamme, der
eine Reise nach dem Heiligen Land gemacht habe und nach Rom
ging, um des Heiligen Vaters Segen einzuholen. Sie durften dann
durch seine Haltung nicht enttäuscht werden." Aus diesem Segen
zog man also ganz bestimmte Folgerungen und daher kann man
die Beteiligung des Papstes an dem Kaiserschwindel auch nicht
bagatellisieren.

Wenn Maximilian dem unbelehrbaren alten Schwadroneur und
verkappten Jesuiten auch einmal den Standpunkt klar gemacht
hätte, so konnte er sich in der irrigen Meinung, ihm irgendeinen

Dank zu schulden, doch nicht zu einer Trennung von diesem Verhängnis von Menschen entschließen. Trotz seiner Entrüstung ging er auf diesen neuen Brief nochmals ein und forderte den Schreiber wiederholt auf, nach Mexiko zu kommen, wozu dieser — wie Hidalgo — selbstverständlich viel zu feige war. Da Gutierrez indessen noch nicht genug bei dem Kaiserschwindel gewonnen hatte und die bereits frech und fromm geforderten Entschädigungen für die ihm zurückgegebenen „verwüsteten" Haziendas noch nicht gezahlt waren, forderte er diese Zahlungen mit „einer von gebieterischen und heiligsten Pflichten diktierten Betrachtung" unter allen möglichen, nicht nachzuprüfenden und unwahrscheinlichen Angaben jetzt von dem Kaiser selbst. Dabei wies er red- und rührselig auf seine großen Verdienste bei der Errichtung des mexikanischen Kaiserthrones hin, denen bisher die Verdienste in barem Gelde — so schrieb er zwar nicht, aber so meinte er — nicht entsprachen. Er pries seine sich für das Vaterland aufopfernde Tätigkeit in allen Tonarten und klagte, daß seine Söhne als Opfer ihrer politischen Überzeugungen vor dem Nichts stehen würden. „Gutierrez fürchtete," — so beurteilt Conte Corti auf Grund seiner umfangreichen Forschungen die unlauteren Beweggründe dieses frommen Mannes, dessen Wirksamkeit dem Erzherzog, vielen Deutschen, Franzosen, Belgiern und Mexikanern das Leben kostete — „das Kaiserreich werde zusammenbrechen, womit auch die Güter wieder verloren gehen mußten.... Die Familie Gutierrez wünschte aber noch weiterhin in Frankreich und Italien behaglich zu leben, wozu sie die erbetene Entschädigung benötigte. Vielleicht ergab sich auch einmal eine günstige Gelegenheit, die Besitztümer unter der Hand zu verkaufen. Der bisher anscheinend nur von Liebe zum Vaterland entflammte Mann zeigte nun, daß er auf einer Stufe mit Hidalgo stand. Das waren die beiden Väter der Idee des mexikanischen Kaisertums."

Nach den Auseinandersetzungen mit Gutierrez stellte der mexikanische Gesandte Don Francisco de Paula de Arrangoiz, der durch

Übermittlung falscher Angaben über die Lage in Mexiko bei dem Kaiserschwindel mitgewirkt hatte, sein Amt zur Verfügung. Er veröffentlichte in den Zeitungen einen „Offenen Brief" an den Kaiser, in dem er ausführte, daß er ihm nicht mehr folgen könne, da er — man denke — Religionsfreiheit eingeführt habe! „Alles, Herr," — so hieß es nach Conte Corti in diesem Briefe — „mit Zustimmung Seiner Heiligkeit, nichts ohne diese!" Das war's also! —

Als Maximilian in Mexiko eingetroffen war, hatte er bald die völlige Unzulänglichkeit des von ihm so sehr begünstigten Schertzenlechner erkannt. Er hatte deshalb den ihm aus Belgien empfohlenen Staatsrat Eloin zu seinem Kabinettschef ernannt. Eloin war Freimaurer und hatte zu Brüssel eine besondere Rolle gespielt. Man schloß daher sehr richtig — und es liegt ja durchaus im Bereich des Kampfes zwischen der Freimaurerei und dem Jesuitismus —, daß Eloin die Haltung des Kaisers in der Kirchenfrage in diesem Sinne herbeigeführt habe und unterstützte. Wie sehr die gezeigte Haltung des Kaisers als freimaurerisch angesprochen und bewertet wurde, beweist am besten die Tatsache, daß man in Wien allgemein annahm, der Kaiser sei selbst Freimaurer geworden. Der von Maximilian mit einer Sondermission beauftragte Graf Rességuier wurde besonders in geistlichen Kreisen immer wieder darnach gefragt. Die Gräfin Kollonits sagte auf Grund ihrer Beobachtungen, daß Eloin „mit unermüdlicher Tätigkeit, mit der glänzendsten Selbstaufopferung beinahe allein dem Kaiser zur Seite stand... Der Kaiser hatte Eloin zum Chef seines Kabinetts ernannt und dort arbeitete er vom frühen Morgen bis tief in die Nacht, so viel in seinen Kräften lag, Gutes schaffend, Böses verhütend."

Eloin war zweifellos ein sehr eifriger und fleißiger Mann. Es mußte ihm natürlich als Freimaurer alles daranliegen, den Kaiser im Sinne der freimaurerischen Ziele zu beinflussen und zu leiten. Das wäre ohne Eifer und Fähigkeiten nicht möglich gewesen. Da-

her begann man — sehr verständlich — von der anderen Seite bald
gegen ihn zu arbeiten. Rom lehnte Eloin als Freimaurer und "Frei-
denker" ab, während Paris ihm Franzosenhaß nachsagte. Als Freimaurer war Eloin — nachdem was wir bisher gesehen haben —
Gegner Louis Napoleons aber Maximilian war für ihn natürlich
ebenso Mittel wie für die anderen, wenn auch eine hohe persönliche
Wertschätzung und Anhänglichkeit für den Kaiser bestanden haben
mag. Gefühle, die bei dessen durchaus anständigem Charakter und
liebenswürdigem Wesen nicht überraschend sind. Ob Eloin bestimmte Aufträge der Loge zu erfüllen hatte, ist natürlich nicht
dokumentarisch festzustellen, aber aus dem Gang der Ereignisse und
seinen sehr weitgehenden europäischen Beziehungen und Verbindungen mit größter Wahrscheinlichkeit zu folgern. Eloin war es,
der Maximilian nach dem preußischen Siege von 1866 aufforderte,
Mexiko zu verlassen, nach Österreich zu kommen, den römische
Politik treibenden Kaiser Franz Joseph unter dem Eindruck der
Ereignisse zum Rücktritt zu veranlassen und selbst die Regierung
in Österreich zu übernehmen. Ein Projekt, das — wie wir noch
sehen werden — durchaus im Sinne der Freimaurerei lag. Eloin
kannte Maximilian ausreichend —dessen Haltung in der Kirchenfrage hatte es gezeigt —, um zu wissen, daß er als Kaiser von Österreich eine ähnliche Haltung eingenommen hätte wie als Kaiser von
Mexiko. Franz Joseph hatte dagegen das reaktionäre, der Kirche
alles in die Hände spielende österreichische Konkordat von 1855
abgeschlossen, das Johannes Scherr mit gewisser Berechtigung, und
mit Bezug auf den Staatsstreich Louis Napoleons, den "2. Dezember" des Vatikans genannt hat. Die Freimaurerei wurde zwar
in Österreich unterdrückt — weshalb der Freimaurer Eloin diesen
Regierungwechsel auch wünschte —, aber dafür traten andere Schäden in Erscheinung, welche der bekannte österreichische Dichter
Franz Grillparzer gekennzeichnet hat, als er seiner Zeit über jenes
Konkordat schrieb: "Jedermann ist darüber einig, daß das Kon-

kordat in Österreich ein großes Unglück für die Untertanen war, weil es die Erziehung, den Unterricht, die Ehe, alle bürgerlichen und menschlichen Verhältnisse mehr oder weniger unter die Herrschaft der Kirche gebracht hat, die notgedrungen ist, sich aller Verstandesentwicklung entgegenzusetzen, weil nur der Unverstand ihre übernatürlichen Voraussetzungen annehmen kann." Gerade Grillparzer hatte Maximilian einen Brief geschrieben, in dem er dessen Regierungtätigkeit mit herzlichen und aufrichtigen Worten anerkannte. Ebenso pries ihn der Deutsche Dichter und Freimaurer Fr. Rückert in einem Gedicht als „den edlen Max von Mexiko" und als „ein Sproß von Habsburgs altem Stamm, von dem seit Joseph (der Rom verhaßte Habsburger) „nie ein gleicher stammte". Weiter nennt er ihn „der Neuzeit echter Sohn", der erfüllt ist von „dem Lichtgedanken",

„Freiheit, der Menschen höchstes Gut
Zu gründen sich in gemessen sicheren Schranken." [17])

Angesichts des wachsenden Einflusses und der Ausbreitung der Freimaurerei erließ der Papst im geheimen Konsilium vom 26. September 1865 eine Allocution, in der es einleitend heißt: „Zu den zahlreichen Ränken und Künsten, mit welchen die Feinde des christlichen Namens die Kirche Gottes anzugreifen wagten, und sie durch Anstrengungen, deren die Sache der Wahrheit nicht bedarf, zu erschüttern und zu bedrängen gedachten, muß sonder Zweifel jene ver-

---

[17]) Wir möchten immer wieder betonen, daß aus der bloßen Zugehörigkeit eines Deutschen zur Freimaurerei — in diesem Falle des großen Deutschen Dichters Friedrich Rückert — unter keinen Umständen ohne weiteres ein Werturteil über seine Persönlichkeit abgeleitet werden darf. Ein solches Urteil wäre nicht aus der Logenzugehörigkeit, sondern nur aus dem Verhalten eines Menschen zu bilden. Jene großen Deutschen, mit deren Namen sich die Freimaurerei so gerne brüstete, sind oft unter ganz anderen Voraussetzungen und hinsichtlich des freimaurerischen Wesens und Zieles völlig ahnungslos einer Loge beigetreten. Manche haben sich sehr bald wieder zurückgezogen, andere ihre eigenen Gedanken in die absichtlich verworren gehaltene jüdische Symbolik hineingetragen, wie auch das jüdische Christentum so oft von Deutschen ihrem arteigenen Denken gemäß umgestaltet worden ist. Wie die Freimaurerei Fürsten in die Loge zog, um sich deren Schutz zu sichern, obgleich der Sturz der Throne nach freimaurerischem

worrene Gesellschaft von Leuten, gewöhnlich Freimaurer genannt,
gerechnet werden, die, anfangs in Nacht und Dunkel sich bewegend,
endlich zum gemeinsamen Untergang der Religion und der menschlichen Gesellschaft zutage getreten ist." Der Papst sagte dann weiter,
daß die Freimaurer sich nicht etwa — wie sie fälschlich vorgeben —
nur mit Wohltätigkeit beschäftigen, sondern, daß die Logen sehr gefährlich seien und daher ihre Mitglieder auch durch entsprechende
Eide zum Schweigen verpflichteten. Viele revolutionäre Bewegungen, viele Kriege, viele Leiden der Kirche — so sagte der Papst —
seien durch die Freimaurer hervorgerufen worden. Deshalb hätten
die Päpste Clemens XII. und Benedikt XIV. die Freimaurerei
auch verdammt. Leider wäre ihnen kein Gehör geschenkt worden,
und anstatt die Freimaurer auszurotten, hätten sie sich immer weiter
verbreitet. Aus diesem Grunde erneuere er, Pius IX., die Exkom-
munikation und warne alle Katholiken, mit den Freimaurern irgendwie in Verbindung zu treten, damit sie nicht in den Abgrund des
Verderbens hinabgerissen würden. „Indem wir hier" — so hieß es
weiter — „vor Euch die Konstitutionen unserer Vorgänger bestätigen, kraft unseres apostolischen Amtes, tadeln und verdammen
wir diese Freimaurergesellschaft und die anderen Gesellschaften derselben Art, welche, obgleich unter anderen Formen, nach demselben Ziele streben und die sich offen oder heimlich gegen die
Kirche und die legitime Gewalt verschwören. Wir wollen, daß die

Eingeständnis zu ihrem Programm gehörte, lockte man geistig bedeutende Menschen durch die angeblich vertretene Geistesfreiheit und Duldsamkeit, um sich auf
deren Persönlichkeiten berufen zu können. Es war auch hier so, wie Nietzsche
„vom neuen Götzen" sagt: „Helden und Ehrenhafte möchte er um sich aufstellen,
der neue Götze! Gerne sonnt er sich im Sonnenschein guter Gewissen, — das
kalte Untier!..... Ködern will er mit euch die Viel-zu-Vielen!" — Wenn wir
also solche Feststellungen machen — z. B. von den Kaisern Wilhelm I. und
Friedrich III. —, so geschieht es, um die Fronten der beiden um die Weltherrschaft ringenden, überstaatlichen Mächte zu kennzeichnen, aber niemals, um solche
oft im besten Glauben handelnden Deutschen Männer herabzusetzen. Wir würden
die Bedeutung der gewaltigen Aufklärung des Feldherrn schmälern, wollten wir
solchen geschichtlichen Persönlichkeiten ihre Logenzugehörigkeit zum Vorwurf
machen, wenn wir sonst keine Ursache haben, sie abzulehnen.

genannten Gesellschaften als von uns geächtet und verworfen betrachtet werden unter denselben Strafen, welche unsere Vorgänger bestimmt haben, und daß angesichts aller gläubigen Christen unter welchen Verhältnissen des Ranges und der Würden sie stehen und wo sie sich auf Erden befinden mögen.... Auf daß unsere Wünsche erhört werden, wollen wir auch zu unserer Fürsprecherin beim barmherzigen Gott, zur allerheiligsten Jungfrau, seiner von Geburt an unbefleckten Mutter, beten, der es gegeben ist, die Feinde der Kirche und die Ungeheuer des Irrtums zu zermalmen." [18])

Diese großes Aufsehen erregende Allocution zeigt die Stellung des Jesuitismus — als dessen Sprachrohr Pius IX. angesehen werden muß — zu der Freimaurerei im allgemeinen und die derzeitige Lage im besonderen. Es ist sehr bezeichnend, daß einige Monate vorher König Wilhelm I. von Preußen sein 25jähriges Jubiläum als Freimaurer und Protektor der preußischen Logen gefeiert hatte. Aber auch in Frankreich war die Freimaurerei seit 1859 bereits wieder so sehr gewachsen, daß die „Opinion nationale" schreiben konnte: „In Frankreich hat sich nichts verändert, es gibt nur 800000 dem Bann Verfallene mehr. Rom scheint vom Schwindel befallen; begnügen wir uns, darüber zu lächeln. Die Freimaurer kommen darum nicht nach Lambessa;" (das war im Jahre 1852 noch anders!) „die Welt geht weiter, und die machtlosen Donner des Mittelalters verhallen unbemerkt."

Maximilian hatte, den fortgesetzten französischen Intrigen nachgebend, seinen freimaurerischen Kabinettschef Eloin zunächst einmal mit Sonderaufträgen nach Europa geschickt. Kaum war Raum geschaffen, so erschien eines Tages der Jesuitenpater Augustin Fischer in der Stadt Mexiko, um im Auftrage des Departements Coahuila wegen einer völlig nebensächlichen Angelegenheit mit dem Kaiser zu sprechen. Bereits bei dessen Ankunft hatte es der

---

[18]) Zitiert nach Ghillany: „Europäische Chronik", Leipzig 1867, 3. Band, Seite 72/73.

Jesuit verstanden, sich durch eine von ihm eingereichte und sehr geschickt abgefaßte Denkschrift über die mexikanischen Zustände bei dem die Jesuiten an sich schätzenden Maximilian bemerkbar zu machen. Der Jesuit Fischer hatte ein abenteuerliches Leben hinter sich. Er war in Deutschland als Sohn protestantischer Eltern geboren und wanderte, als er herangewachsen war, nach Texas aus. Dort wollte er — wie man so sagt — sein Glück suchen. Zunächst mußte er sein Dasein mit allerlei Gelegenheitarbeiten ziemlich kümmerlich fristen. Als dann im Jahre 1848 in Kalifornien Gold gefunden wurde, strömten alle Abenteurer und dunklen Existenzen aus ganz Amerika in dieses Gebiet, um hier Gold zu suchen und auf solche Weise Reichtümer zu sammeln. Auch Fischer wurde vom Goldfieber ergriffen und pilgerte in dieses gelobte Land. Er fand jedoch anscheinend kein Gold, denn er mußte sich bald wieder nach einem Lebensunterhalt umsehen. In seiner Not lernte er eines Tages einige Jesuiten kennen und da der äußerst intelligente Fischer zweifellos sah, welche Möglichkeiten sich ihm hier eröffneten, ließ er sich zum Katholizismus „bekehren", während die Jesuiten ihrerseits erfreut waren, den begabten, rede- und schreibgewandten jungen Mann für ihre Sache zu gewinnen. In den Orden aufgenommen, wurde Fischer bald Sekretär des Bischofs von Durango. Man konnte der mexikanischen Geistlichkeit wirklich nicht vorwerfen, in Sachen des sittlichen Lebenswandels ihrer frommen Mitglieder altjüngferliche Anschauungen zu hegen. Was sich Pater Fischer jedoch in dieser Hinsicht leistete, überstieg aber selbst die weitherzigsten mexikanischen Begriffe. Er betrug sich so ärgerniserregend, daß man ihn seines Postens entheben mußte. Man schickte ihn für einige Zeit in eine abgelegene Gegend, wo er unsichtbar blieb, bis er dann im Dezember 1863 wieder in Mexiko auftauchte, um mit dem neuen Kaiser Beziehungen anzuknüpfen.

„Pater Fischer" — so schreibt der Prinz zu Salm-Salm, der ihn kennen lernte, als er bereits kaiserlicher Kabinettschef war — „ist ein großer, etwas starker, stattlicher Mann von großem Verstand und ebenso großem Ehrgeiz.... Aber seine Moral zirkulierten nicht eben sehr erbauliche Gerüchte und es war bekannt, daß er an verschiedenen Orten Kinder besaß. Sein Einfluß auf den Kaiser war zu jener Zeit bedeutend. Ihm war es hauptsächlich, nächst Marquez und Miramon, zuzuschreiben, daß der Kaiser sich.... entschloß, nicht abzudanken, sondern in Mexiko zu bleiben. Marquez und Miramon versprachen dem Kaiser freilich hoch und teuer, daß ihn die Kirchenpartei mit Soldaten und Geld hinreichend unterstützen würde und waren mit ihrem Ehrenwort sehr verschwenderisch; allein, da der Kaiser den Wert dieser Versprechungen keineswegs überschätzte, so wußte Pater Fischer, der seinen großherzigen Charakter besser kannte, ihn dadurch festzuhalten, daß er ihm das traurige Los seiner Anhänger nach seiner Abreise ausmalte. Pater Fischer meinte es gut mit dem Kaiser," — so äußerte Salm — „allein bei ihm war das Interesse desselben dem der Kirche bei weitem untergeordnet."[19])

Bevor Fischer jedoch die Stellung eines Kabinettssekretärs einnahm und das uneingeschränkte Vertrauen des unglücklichen Kaisers eroberte, verstand er es, sich zunächst unentbehrlich zu machen. Eine günstige Gelegenheit dazu bot der Konflikt mit dem Vatikan. Maximilian hatte nämlich in seiner völligen Unkenntnis von dem Wesen der Kirche, die Hoffnung auf einen Ausgleich mit Rom keineswegs aufgegeben. Pater Fischer kam ihm also wie gerufen. Der Jesuit legte dem Kaiser denn auch bald einen neuen Konkordatsentwurf vor und verstand es, ihn zu bewegen, ihn selbst nach Rom zu schicken, um die bereits dort befindliche, bisher natürlich ohne Erfolg verhandelnde mexikanische Kommission zu unterstützen. Der Pater wurde daher zunächst zur Hebung seines Ansehens und seiner Kasse zum Hofkaplan ernannt und in einem besonderen kaiserlichen Handschreiben an den Papst wurde dieser Mann, **dessen moralische Verkommenheit Veranlassung zu seiner**

---

[19]) Salm-Salm a. a. O., Seite 13/14.

Entlassung bei dem Bischof gewesen war, „eines der ausgezeichnetsten Mitglieder des mexikanischen Klerus" genannt. In Anbetracht des tatsächlichen sittlichen Zustandes der mexikanischen Geistlichkeit eine unbewußte, aber geradezu prächtige Ironie! In diesem Schreiben wurde — nach Conte Corti — weiter die Hoffnung ausgesprochen, „daß dieses trotz der Zurückweisung aller bisherigen Versöhnungsversuche unternommene Bemühen, zu einer Verständigung zu gelangen, nicht wieder an traurigen Mißverständnissen scheitern werde; allzu hart würde es der Kaiser empfinden, wenn er sich gezwungen sähe, nur mehr dem Gewissen des Souveräns allein zu gehorchen." [20] Ausgestattet mit diesem Schreiben, vielem Geld und allen Segenswünschen reiste der Jesuit über New York nach Europa. Es war für ihn zweifellos eine willkommene Gelegenheit, sich auf diese Weise und unter diesen Umständen beim Jesuitengeneral Instruktionen für sein ferneres Verhalten in Mexiko zu holen.

Mit dem Auftreten des Jesuiten Fischer beginnt der letzte Aufzug des Kaiserdramas von Mexiko. Wie so oft schon, geht es auch hier wieder wie auf der Bühne zu und dadurch verriet sich das Eingreifen der überstaatlichen Regisseure. Der Freimaurer tritt ab — der Jesuit tritt auf. Das Stichwort für das Abtreten des Freimaurers Eloin wurde in diesem Falle zwar nicht direkt von Rom, sondern von Paris gegeben, wo Beauftragte der gleichen Macht wirkten, der an der Ausschaltung des Freimaurers aus dem kaiserlichen Kabinett sehr viel gelegen war.

---

[20] Conte Corti nach der Copie des Schreibens an Papst Pius IX. vom 20. 9. 1865 im Wiener Staatsarchiv.

SIEBENTER ABSCHNITT

DER FREIMAURER GING –
DER JESUIT KAM

Maximilian hatte den Grafen Rességuier beauftragt, die in Wien und anderwärts umlaufenden Gerüchte, er sei Freimaurer geworden, zu widerlegen. Zu diesen und anderen Zwecken sollte er die Presse benutzen, von der der Kaiser nicht sehr achtungs-, aber verständnisvoll schrieb, Journalisten „müssen durch Geld oder Befriedigung ihrer Eitelkeit gewonnen werden". Eloins Entlassung als Kabinettschef und die neue Verbindung des Kaisers mit dem Jesuiten Fischer unterstrichen solche Erklärungen. Maximilian ließ ferner dem päpstlichen Nuntius in Wien ausdrücklich mitteilen, daß er nach wie vor gut katholisch sein und auch in Mexiko den Katholizismus aufrecht erhalten werde. Graf Rességuier sollte aber weiter — so schreibt Conte Corti nach der Weisung Maximilians vom 18. 1. 1866 — „zum Ausdruck bringen, daß es in Mexiko strenge genommen keine Katholiken gäbe, da nur von einer ‚geldsuchenden, unmoralischen Götzendienerei' gesprochen werden könne. Ebenso sollte er dem Nuntius mitteilen, daß der Kaiser niemals Freimaurer war und es auch nie sein werde; wer seinen Charakter kenne, könne nicht im Zweifel darüber sein, daß er sich nie einer Partei in die Arme werfen, sondern seinem Gewissen folgend über den Parteien stehen werde." Eine bessere Bestätigung, daß die beiden in Mexiko um die Herrschaft ringenden Parteien von der Freimaurerei und der Kirche, oder genauer gesagt, vom Jesuitismus beeinflußt und gelenkt wurden, kann es eigentlich gar nicht geben. Wenn aber Maximilian glaubte, daß er unter diesen Umständen „über den Parteien stehen könne", so zeigte er damit, daß er weder das Wesen dieses Kampfes noch die besondere Lage erkannt hatte, in die er gestellt worden war. Die Kirche verlangte jedenfalls von ihm, daß er völlig auf dem Boden der klerikalen Partei stehen blieb und damit ihre Ansprüche anerkannte, falls er auf ihre Unterstützung rechnen wollte. Der Kaiser verfiel hier in den Fehler so vieler aufgeklärter Christen, die, wenn sie das unheilvolle Wirken der Geistlichkeit oder „die geldsuchende, unmoralische Götzendienerei" erkannt haben, meinen, sie können der Kirche nun gutgemeinte Reformen vorschreiben und bestimmen, wie diese nach ihrer Ansicht das Christentum aufzufassen und zu vertreten habe. So etwas mag zuweilen und zeitweise in der protestantischen Kirche einmal möglich gewesen sein, wo es Tausende von Päpsten und Päpstlein gibt, in der römischen Kirche dagegen bestimmt ein unfehlbarer Papst — beziehungweise der ihn beeinflussende und leitende Jesuitengeneral allein. Ein Fürst — oder überhaupt ein Regent — nach dem Sinne der Kirche hat eben blindlings zu tun, was diese will und das römisch-jesuitische Fürstenideal war, ist und bleibt der bigotte, induziert irre Habsburger Ferdinand II., der auch nicht „über" den im 30jährigen Kriege handgemein werdenden Parteien stehen wollte, sondern bei allen seinen Entschließungen Jesuiten um Rat fragte und daher sagte, er wolle lieber Land und Leute verlieren, als Ketzer in seinem Staate dulden. Wallenstein dagegen, der in jener Zeit einen Standpunkt „über den Parteien" zu gewinnen suchte, und zum Wohle des Deutschen Volkes den Frieden zu vermitteln strebte, wurde aus diesem Grunde auf Betreiben der Jesuiten ermordet, obgleich er auf der katholischen Seite stand. Man hatte in Rom bereits lange eingesehen, daß Maximilian diesem jesuitischen Fürstenideal, das sein Ahnherr Ferdinand II. so trefflich verkörperte, nicht entsprach. Er war nun aber nicht nur persönlich mit dieser von ihm als „geldsuchende, unmoralische Götzendienerei" bezeichneten Religion in Mexiko unzufrieden — das möchte noch hingegangen sein —, nein, er hegte die für Rom geradezu tolle Ansicht: was für ihn reformbedürftig und unmöglich sei, dürfe man auch dem Volk nicht zumuten. „Nur nie sagen: die Religion sei für das Volk gut," — hatte er grundsätzlich geschrieben — „das ist der infamste Hochmut und die größte Gewissenlosigkeit; ein Aufgeklärter, der so spricht, steht mit dem Sklavenhalter auf einer moralischen Stufe." [1]) Daher — Freimaurerei hin, Freimaurerei her — fort mit ihm!

Es hatte denn auch gar keinen Zweck und keine Bedeutung mehr, daß Maximilian außer dem nach Rom gesandten Pater, noch den mit Empfehlungsbriefen der Königin Christine versehenen Herrn von Guillemard von Madrid zum Vatikan beorderte, um, im „vertrautesten Verkehr" mit dem Jesuiten Fischer, „vorzüglich" — wie es wörtlich in der Weisung heißt — „jene unterirdisch wirkenden und mächtigen Persönlichkeiten am römischen Hof ausfindig zu machen, welche manche Lösung hinter dem Rücken offizieller Funktionäre ermöglichen". Sieh' da! Maximilian schien also doch zu ahnen, daß „unterirdisch wirkende und mächtige Persönlichkeiten" und nicht die „oberirdisch" sichtbaren Tiara- und Kronenträger die Politik leiten und machen. Er hätte dann aber auch wissen müssen, was Schiller sagte: „Wenn ich ein Lamm schenken will, laß ich's durch keinen Wolf überliefern", d. h. in diesem Falle, wenn er seine eigenen Interessen gewahrt wissen — und dennoch mit dem Vatikan unterhandeln wollte, durfte er keinen Jesuiten schicken. Aber auch das ist ja bekanntlich ein Irrtum vieler Regenten gewesen, zu meinen, sich bei Differenzen mit dem Vatikan irgendwelcher, dort „gut angeschriebener" Persönlichkeiten bedienen zu müssen, während dort eben nur solche Leute „gut angeschrieben" sind oder werden, die auch ganz zuverlässig vatikanische Interessen vertreten. Ist dies auch an sich eine naheliegende und einfache

---
[1]) „Aus meinem Leben", Leipzig 1867, 6. Band.

Schlußfolgerung, so sieht man doch, daß die Fürsten — in diesem Falle Maximilian — eine solche Binsenweisheit zu ihrem größten Schaden nur zu oft unbeachtet ließen.

Kaum in Rom eingetroffen, wurde der Jesuit Fischer denn auch sofort bereitwilligst vom Papst empfangen. Die in Rom weilende dreiköpfige mexikanische Kommission war dem in theologische Studien zu seiner Unfehlbarkeiterklärung vertieften Pius IX. schon lange auf die Nerven gefallen. Er war zweifellos erfreut, als sich jetzt ein Jesuit der fatalen Sache annahm. Fischer schrieb denn auch, der Papst habe die von der Kommission aufgestellten Grundsätze abgelehnt und gesagt: „Eh, das mexikanische Triumvirat; der erste ist ein Kind, der zweite ein Dummkopf und der dritte ist ein Intrigant. Da haben wir, was aus Mexiko gekommen ist." [2])

Natürlich erreichte der Pater ebenfalls nichts, doch er wußte ja bereits vorher, daß auch hier, wie stets, die kurze und einfache Antwort ertönen werde: non possumus! Conte Corti schildert das uns nicht überraschende und vorauszusehende Ergebnis dieser Audienz nach den endlosen, die Sache selbst übergehenden Berichten folgendermaßen: „Seine Heiligkeit zeigte sich davon überzeugt, daß der Kaiser es gut meine und daß die Notwendigkeit von Reformen zweifellos gegeben sei, aber solche kirchlicher Art müßten vom Heiligen Stuhl und nicht vom Kaiser ausgehen. Bezüglich der Kommission bedauerte der Papst sagen zu müssen, daß nach den im Auftrage des Kaisers von ihr dargelegten Grundsätzen nichts zu hoffen sei." Diese Erklärung enthält keine, seit Bestehen des Christentums irgendwie neuen Gedanken. Immer, wenn den Päpsten, oder auch anderen Vertretern der römischen Kirche, bis zum einfachen Kaplan herunter, Vorhaltungen über nicht mehr zu verheimlichende Übelstände gemacht wurden, hieß es stets, daß Abhilfe geschaffen werden solle und die Sache blieb im Grunde wie sie war. Als man dann schließlich einmal begann, Reformen durchzuführen und zu

---

[2]) Conte Corti a. a. O., 2. Band, Seite 215.

versuchen, die schlimmsten, „Mißbräuche" genannten Verbrechen
abzustellen, schwamm Europa — im 30jährigen Kriege — im
Blute. Die Verhandlungen Fischers mit dem Kardinalstaatssekretär Antonelli hatten natürlich auch kein anderes Ergebnis und von
seinen Besprechungen mit den „unterirdisch wirkenden und mächtigen Persönlichkeiten", die im „al Gesù" — dem Hauptquartier
des Jesuitengenerals — saßen, hat der Jesuit Fischer natürlich
nichts mitgeteilt. Man wird ihm dort nur eindringlich die jesuitische,
von dem Jesuiten Pesch einige Jahre später veröffentlichte Lehre in
Erinnerung gebracht haben: „Die Kirche hält an dem Satze fest,
daß im Falle eines durch gütlichen Vergleich nicht beizulegenden
Konfliktes zwischen Staat und Kirche nicht dem Staate, sondern der Kirche der Vorrang zukommt und daß ihre Gesetze be-
obachtet werden müssen", und „daß es" — wie der Jesuit Lehm-
kuhl erklärte — „eine irrige, verkehrte, ja, eine wahnwitzige Behauptung sei.... wenn man als das jedem Menschen eigene Recht
die Gewissensfreiheit proklamiert".

Von diesen und ähnlichen, im „al Gesù" gerade fertig gestellten
jesuitischen Lehren schrieb der so schreibselige Pater Fischer wohlweislich nichts. Dagegen berichtete er über zwar recht erweckliche
aber in diesem Falle unwesentliche Einzelheiten von dem Treiben
der Persönlichkeiten des päpstlichen Hofes. So erzählte er dem
Kaiser von dem Lebenswandel der Maitresse des Kardinalstaats-
sekretärs Antonelli. Er versicherte, der Kardinal Alfieri würde
Leib und Seele dem Teufel verkaufen, um Papst zu werden und
was dergleichen Erbaulichkeiten mehr sind. Einfach denkende
Leute mögen erstaunt sein, daß der Jesuit solche, die höhere Geistlichkeit doch immerhin belastende „Geheimnisse" ausplaudert. Sie
vergessen, daß diese „Geheimnisse" in Rom jedermann bekannt
waren, und daß nur die guten einfältigen Christen jenseits der
Alpen nicht wußten oder nicht glaubten, daß sich diese Priester dort
je nach Einkünften und Neigung, ihre D....amen hielten. Ab-

gesehen davon ließ gerade der Jesuit als solcher, oft und gern — wie Scherr dies ausdrückt —, „von einem Hexenbrande kommend, in einem frivolen Höflingskreise schimmernde Leuchtraketen skeptischen Witzes steigen" — zumal, wenn dies unter besonderen Umständen seinem Orden nützlich war. In diesem Falle konnte der Jesuit Fischer sich bei dem ahnungslosen Maximilian auf solche Weise als ein zuverlässiger Vertreter hinstellen, der trotz seines Ordenskleides die kaiserlichen Interessen selbst gegen den Klerus wahrnahm. Eine Täuschung, die ihm auch völlig gelang. Außerdem fand er natürlich eine persönliche Befriedigung darin, wenn er bei den höchsten Geistlichen Beziehungen zu Frauen entdeckte, die seinen eigenen Neigungen und seiner Lebensweise so ganz entsprachen. Dabei ließ er aber auch — wie Conte Corti von diesen Berichten sagt — „Bemerkungen einfließen, die geschickt gegen seine Feinde gerichtet waren. Dem Bischof Mungia war die Berichterstattung über den Konkordatsplan Fischers anvertraut, und da er ihn sehr ungünstig kritisierte, hetzte der Pater in jedem Brief gegen ihn." Im übrigen hatte der Jesuit bei seinen Verhandlungen persönlich gar keine Eile, denn — wie Conte Corti dazu sehr richtig bemerkt — „man lebte in Rom auf Staatskosten sehr angenehm und die Nachrichten aus der Heimat ließen eine Rückreise nicht begehrenswert erscheinen".

Während Maximilian die völlig negativen, die eigentliche Frage durch ihren Wortkram verschleiernden Berichte des Jesuiten Fischer aus Rom las und hoffte, durch den Abschluß eines Konkordates seinen wankenden Thron mit Hilfe des Papstes zu befestigen, hatten die Vereinigten Staaten von Amerika immer dringender die Räumung Mexikos von Frankreich verlangt. Seit dem Siege der Nordstaaten war — wie wir bereits zeigten — die amerikanische Union derartig verfreimaurert, daß die Vereinigten Staaten durch die bekannte zylinderbehutete Gestalt des Brother Jonathan („Br[uder] Jonathan") verkörpert wurden, die bekanntlich frei-

maurerischen Ursprungs ist. Die Freimaurer in New York wußten
selbstverständlich ganz genau, daß Frankreich das Schwert zu dem
mexikanischen Unternehmen geliehen hatte, und daß der Erzherzog
Maximilian, „der vorgibt, Kaiser von Mexiko zu sein" — wie sie
sich in amtlichen Noten ausdrückten — lediglich die Marionette in
den Händen der Jesuiten war, welche mit der Niederlage der Nord=
staaten gerechnet hatten, um den Jesuitismus mit allen seinen Aus=
wirkungen vom Süden her verbreiten zu können. Hatten sich die
Amerikaner jedoch bisher infolge der noch nicht ganz übersehbaren
Lage in ihrem eigenen Lande auf papierene Proteste beschränkt,
so drohten sie jetzt, gestützt auf ihre, nach der siegreichen Beendigung
des Bürgerkrieges frei gewordenen militärischen Kräfte, ernstlich
gegen die französischen Truppen in Mexiko einzugreifen. Die Ent=
wicklung der Ereignisse und das aufziehende Kriegsgewitter in
Europa hatte Louis Napoleon bereits aus eigenen und persönlichen
Gründen den Rückzug aus Mexiko geboten erscheinen lassen. Die
französischen Freimaurer und die von ihnen beinflußten Parteien
oder Persönlichkeiten waren seit Beginn der Expedition unermüd=
lich gegen den mexikanischen Feldzug tätig gewesen. Die Kaiserin
und die in ihrer Umgebung wirkenden Mexikaner der konservativ=
klerikalen Partei waren über das Verhalten Maximilians ent=
täuscht und verärgert. Der Bruch mit dem Vatikan ließ für Na=
poleon jetzt auch noch diese Rücksicht überflüssig werden und somit
war ihm der Entschluß, den Erzherzog fallen zu lassen, recht leicht
geworden. Er dachte natürlich nicht an die Ehrlosigkeit seiner
Handlungweise, die darin lag, daß er hier einen Mann, den er
selbst mit allen Mitteln der Überredungkunst zur Annahme jener
unmöglichen mexikanischen Krone veranlaßt hatte, entgegen seinen
feierlichen Versprechungen und den mit ihm geschlossenen Verträ=
gen schnöde im Stiche ließ. Solche „unpraktischen" Gedanken
lagen einem Louis Napoleon, dem es, sobald der Erfolg auf dem
Spiele stand, auf einen Eidbruch nicht ankam, völlig fern. Nur

19 W. Löhde: „Ein Kaiserschwindel der ‚hohen' Politik"

manche seiner Geschichteschreiber glauben — obgleich seine Geschichte gerade das Gegenteil beweist—, daß ihm dieser schmähliche Verrat an Maximilian außer der Sorge, sein Prestige dabei aufrecht zu erhalten, irgendwelche tiefe Gemütsbewegung verursacht hätte. Solche Menschen können sich eben — wohl ihnen! — in die Gedankenwelt dieses Mannes nicht hineinfinden. Sie vergessen, daß all die schönen Redensarten keine andere Bedeutung hatten, als einen berechneten Eindruck auf sein Publikum zu machen, zu dem solche Geschichteschreiber ja allerdings auch gehören.

Während der Jesuit Fischer noch in Rom wirkte, schrieb Napoleon III. am 15. 1. 1866 einen Brief an Maximilian, dessen entscheidender Anfang lautete: „Mein Herr Bruder! Ich schreibe Euer Majestät nicht ohne peinliches Gefühl, denn ich bin gezwungen, Ihnen den Entschluß bekannt zu geben, den ich angesichts all der Schwierigkeiten, die mir die mexikanische Frage bereitet, fassen mußte. Die Unmöglichkeit vom „Corps législatif" neue Hilfsgelder für den Unterhalt des Armeekorps in Mexiko zu erlangen und die Erklärung Eurer Majestät außerstande zu sein, selbst noch dazu beizutragen, zwingt mich, endgültig einen Schlußtermin für die französische Besetzung zu bestimmen." [3]

Fast gleichzeitig erhielt der Marschall Bazaine entsprechende Befehle, die Räumung Mexikos vorzubereiten, mit der Einschiffung der französischen Truppen im Herbst zu beginnen und den Abtransport auf alle Fälle zum Anfang des Jahres 1867 zu bewerkstelligen. Alle diese Maßnahmen widersprachen den getroffenen Vereinbarungen. Napoleon wußte das zwar ebenso gut wie Maximilian, aber er suchte wie stets in solchen Fällen, die eigene Schuld zu verschleiern und sie dem anderen zuzuschieben. Geradezu albern ist es, wenn er in seinem Schreiben vom 15. 1. 1866 sagt, der Rückzug der französischen Truppen habe den „Vorteil" (!) „den Vereinigten

---

[3]) Der ganze Brief, französischer Text und Deutsche Übersetzung bei Conte Corti a. a. O., 2. Band, Seite 177/78 und Anhang daselbst Seite 75.

Die Erschießung des Kaisers Maximilian von Mexiko

Gemälde von Edouard Manet   Photo Dr. F. Stoedtner

Marschall Bazaine, französischer Oberkommandierender in Mexiko

Ein schwankender, durch verschiedene politische Parteiströmungen wechselseitig unterstützter, an sich unbedeutender und eitler Mann. Er geriet schließlich unter den Einfluß einer 17jährigen Mexikanerin, die er heiratete. In Deutschland ist er im Jahre 1870 durch seine berühmte Kapitulation von Metz bekannt geworden.

Scherl-Bilderdienst

Staaten jeden Vorwand für eine Intervention zu nehmen". Dieser Satz, der in gleicher Form von Österreich übernommen wurde, um weitere Truppenwerbungen zu verhindern, zeigt die ganze Verlogenheit des Briefes, denn die Vereinigten Staaten hatten Napoleon nicht darüber im Zweifel gelassen, daß sie unter gar keinen Umständen die Errichtung eines Kaiserreiches in Mexiko zulassen würden, auch dann nicht, wenn die französischen Truppen zurückgezogen worden seien. In der an Frankreich gerichteten Note des amerikanischen Staatssekretärs Seward vom 12. 2. 1866 war dies nochmals, bezugnehmend auf eine zur „Information des Kaisers" gemachte, gleichlautende Mitteilung vom 6. 12. 1865, zusammenfassend gesagt und ausdrücklich betont: „Die Union erkennt also in Mexiko nur die sonstige Republik an und wird dieselbe fernerhin anerkennen, und sie kann in keinem Falle einwilligen, direkt oder indirekt in Verbindung mit dem Prinzen Maximilian in Mexiko zu treten oder diesen Prinzen anerkennen."

Der Franzose Graf Kératry hat sehr richtig geschrieben, daß der Vertrag von Miramar von Napoleon „mit Füßen getreten wurde". Es überrascht uns natürlich nicht, daß er unter diesen Umständen so handelte, aber wir wissen auch, daß er so handeln mußte, weil er nämlich tatsächlich gar nicht die Macht besaß, deren er bedurft hätte, um Herr seiner Entschlüsse zu bleiben, weil er eben auf der einen Seite vom Jesuitismus abhängig war und auf der anderen Seite die wachsenden freimaurerischen Einflüsse zu beachten hatte. Es ist durchaus verständlich, daß der empörte Maximilian seiner großen Erbitterung über den Bruch der ihm von Napoleon gemachten Versprechungen Ausdruck gab. Graf Kératry berichtet: „Das empörte Gefühl der kaiserlichen Familie machte sich in bitteren Klagen Luft und wurde sogar außerhalb des Palastes bekannt. Die Zukunft wird die Worte bestätigen, welche, wir können es versichern, Maximilian im Beisein seiner Umgebung sprach: ‚Ich bin betrogen;

es bestand ein förmlicher Vertrag zwischen dem Kaiser Napoleon und mir, ohne welchen ich den Thron nie angenommen haben würde und der mir die Unterstützung der französischen Truppen bis Ende des Jahres 1868 absolut verbürgte.' Man weiß in London sehr wohl, daß ein solcher geheimer Vertrag existierte."[4]) Hatte Maximilian nicht völlig recht, wenn er so sprach? — Und „trug nicht" — so sagt derselbe Franzose an anderer Stelle — „die eigentliche Schuld die französische Regierung, da sie mit ungeheuren, von der öffentlichen Meinung verabscheuten Opfern (aux prix d'énormes sacrifices repoussés par l'opinion publique) in Mexiko eine Dynastie gründen wollte und dieser Dynastie doch nur 40 Millionen aus zwei Anleihen zukommen ließ, während sie selber dadurch 500 Millionen sich verschaffte, welche die Dummheit geköderter oder getäuschter Darleiher ihr anbot? (500 Millions prêtés par d'imprudents souscripteurs alléchés et trompés.) Hieß das nicht wissentlich (sciemment) ein totgeborenes Reich in die Welt setzen?"[5]) Ganz zweifellos!

In ähnlicher Weise hat auch Maximilian sein Befremden über diese Maßnahmen in Paris aussprechen lassen. Seine berechtigte Erbitterung war um so größer, als der Jude Fould versuchte, ihm jetzt noch unter allen möglichen Vorwänden, durch neue Finanzpläne und Verträge, unter Drohung einer sofortigen Zurückziehung der französischen Truppen so viel Geld wie nur möglich abzupressen. Für die Mexikaner selbst konnte der Rückzug der Franzosen nur als eine Befreiung empfunden werden, denn deren Auftreten in Mexiko muß nahezu unerträglich gewesen sein. Der Prinz zu Salm-Salm gibt uns nach seinen Erlebnissen folgende Schilderung: „.... Das Benehmen des Marschalls Bazaine brauche ich nicht zu charakterisieren; es ist in unendlich vielen Schriften gewürdigt

---

[4]) Graf Kératry a. a. O., Seite 145.

[5]) Kératry: „La Créance Jecker, les indemnités françaises et les emprunts mexicains", Paris 1868.

worden. Er mochte nach seinen Instruktionen handeln; allein er tat es nicht nur in einer ihm eigentümlichen brutalen Weise, sondern überschritt auch dieselben wahrscheinlich in manchen Punkten, je nachdem es seinem grenzenlosen Ehrgeiz und seiner Geldgier paßte.

Die französischen Offiziere ahmten dem Marschall nach und ihre Arroganz und Habgier überschritt alle Begriffe. Für sie war diese mexikanische Expedition eine angenehme Abwechslung von dem langweiligen Garnisonsleben in Frankreich und eine Gelegenheit, sich zu bereichern. Was kümmerte sie Maximilian, oder die vorgeschützten zivilisatorischen Absichten ihres Kaisers. Sie verachteten die Mexikaner mit französischer Arroganz, raubten so viel sie immer konnten und insultierten die Bewohner von Mexiko bei jeder Gelegenheit. Herren auf dem Trottoir, die ihnen nicht schnell genug aus dem Wege gingen, stießen sie auf das Pflaster hinunter und Damen, die sich auf die Straße wagten, waren vor ihrer gemeinen Zudringlichkeit nicht sicher. Die mexikanischen Offiziere der kaiserlichen Armee zogen es vor, meist in Civil zu gehen, da sie ihre Uniformen nicht der Beschimpfung aussetzen wollten, daß ihre Begrüßung von den französischen Offizieren und Soldaten nicht erwidert wurde." [6])

Einen besonderen Fall von französischer Unverschämtheit berichtet der kaiserlich-mexikanische Generalstabsmajor v. Montlong. Es heißt in seinen Aufzeichnungen: „Einige Tage nach dem Besuch des Marschalls (Bazaine) in Potosi ritten zwei Offiziere (Capitán Chapelong und Unterleutnant Conseillant) durch die Vorstadt Tlaxcala. Beim Passieren einer Brücke begegneten sie zwei Mexikanern, die im eifrigen Gespräch miteinander begriffen — ihnen nicht allsogleich Platz machten. Als diese beiden Offiziere — stolz auf ihr zivilisatorisches Aussehen — den geringen Respekt der

---

[6]) Felix Prinz zu Salm-Salm: „Queretaro, Blätter aus meinem Tagebuch in Mexiko", Stuttgart 1868, Seite 16/17.

Mexikaner bemerkten, schlugen sie ihnen mit ihren Reitpeitschen ins Gesicht.

Die so behandelten Mexikaner, welche ohne Waffen waren, nannten die Offiziere ‚Verräter von Franzosen'. Bei diesem Wort schießt Capitán Chapelong eine Pistole auf einen derselben ab, der andere Mexikaner antwortet mit einem Steinwurf. Hierauf rief der Unterleutnant einen zufällig in der Nähe befindlichen französischen Contraguerilla herbei und befahl ihm, auf die Mexikaner zu schießen. Der Soldat schoß zweimal, verwundete jedoch statt der Mexikaner eine Frau, die eben im Begriffe stand, am Flusse zu waschen." Die Offiziere wurden nun nicht etwa zur Rechenschaft gezogen, sondern der Kommandant von Potosi ließ die Vorstadt Tlaxcala morgens um 4 Uhr von vier Kompagnien umstellen und — so schreibt Montlong weiter — „ohne jegliche Rücksicht auf die noch im Bett liegenden Frauen seine Soldaten sodann in alle Zimmer dringen und die männlichen Individuen eines jeden Hauses und in deren Ermangelung die Frauen verhaften." [7])

Es ist ohne weiteres einzusehen, daß sich die verhaltene, ingrimmige Wut der Mexikaner auch allmählich auf den Kaiser übertrug, dessen Regierung sich auf diese Truppen stützte und der selbst zu machtlos war, um ihrem Treiben zu steuern. Der Marschall Bazaine — so schreibt die Gräfin Kollonits — „befliß sich überhaupt einer Anmaßung und einer Ungezogenheit, die ihresgleichen suchen müssen, und leider folgten viele seiner Offiziere diesem Beispiel." Wenn man auch der Gerechtigkeit wegen berücksichtigen muß, daß Bazaine durch die von Paris erhaltenen Instruktionen an bestimmte Richtlinien gebunden war, so gibt sein Verhalten darüber hinaus genügend Veranlassung, um die ihm gemachten Vorwürfe berechtigt erscheinen zu lassen. Die Franzosen hatten, gestützt auf ihre Übermacht, ihre bessere Ausrüstung und Ausbildung, die von allen Ecken zusammengelaufenen Truppen des Juarez allmählich

---

[7]) Montlong a. a. O., Seite 19.

zurückgedrängt. Aber eine restlose militärische Besetzung des Landes konnte bei dessen Ausdehnung, den Geländeschwierigkeiten und den mangelhaften Verkehrseinrichtungen mit den verfügbaren Truppen überhaupt nicht durchgeführt werden. Die absichtlich und um seine Verdienste herauszustreichen, so günstig gefärbten Berichte des Marschalls über eine Beruhigung und Befriedigung Mexikos entsprachen denn auch keineswegs der tatsächlichen Lage. Nur im Küstengebiet, auf der Straße von Veracruz nach Mexiko und in den größeren dauernd besetzten Städten des Binnenlandes herrschte Ruhe und einigermaßen Ordnung. Aber nicht allein, daß der nimmer rastende Bandenkrieg die französischen Truppen in ihren Verbindungen stark beunruhigte, sondern selbst nach einem Sieg über die ordentlichen republikanischen Truppen, war die Wirkung eines solchen Erfolges örtlich und zeitlich nur sehr begrenzt. Die im Bereich der Gefechte liegenden Ortschaften wurden zwar besetzt und die zivile Verwaltung durch kaiserliche Beamte übernommen und durchgeführt. Kaum hatten die Truppen jedoch den Rücken gewendet, um sich in andere Gebiete zu begeben, so stießen die sich bald wieder nach einer solchen Niederlage sammelnden, über ein ausgedehntes Spionennetz verfügenden juaristischen Truppen erneut in diese Orte vor. Sie verjagten bald die wenigen zurückgebliebenen kaiserlichen Truppen oder Polizeikräfte, erschossen die kaiserlichen Beamten, entfernten das kaiserliche Wappen, setzten eine neue Verwaltung ein und — die Stadt war wieder republikanisch. Die Wiedereinnahme solcher in offener Schlacht gegen die französischen Truppen verlorenen Städte und Gebiete wurde den Juaristen um so leichter, als die überwiegende Mehrzahl der Bevölkerung nicht — wie Gutierrez und seine Genossen gelogen hatten — kaiserlich oder auch nur monarchisch, sondern durchaus republikanisch gesonnen war. Außerdem ließ das herausfordernde Auftreten der französischen Truppen sehr oft einen national berechtigten und verständlichen Haß aufflammen und brachte, durch die republikanische Propaganda genährt, manche dem Kaiser noch nicht einmal feindlich gesonnene Mexikaner gegen ihn auf. Der alte Parteihader war ja nicht etwa durch die mit französischen Bajonetten gewaltsam herbeigeführte „Abstimmung" für das Kaiserreich beseitigt. Im Gegenteil; er glimmte nicht nur fort, sondern er loderte, durch die unerhörten Gewalttaten immer wieder neu geschürt, in hellen Flammen weiter. Aber auch die besten Anordnungen, die volksfreundlichsten Gesetze, die vernünftigsten Maßnahmen und überzeugendsten Erlasse Maximilians hätten diesen haßerfüllten Kampf der Parteien nicht dämpfen können. So hatte Maximilian z. B. Ende September 1865 ein Dekret erlassen, welches die schändliche Einrichtung der Peonage, die von den Grundbesitzern durch wucherisches Ausleihen von Geldern aufrecht erhaltene und getarnte Sklaverei der Landarbeiter aufhob, durch welche deren Kinder im Mutterleibe bereits diesem unwürdigen Zustand überantwortet wurden. Diese menschliche Maßnahme, sagte sehr richtig Graf Kératry, „wird Maximilian stets zur Ehre gereichen und sie allein hätte seine Richter in Queretaro entwaffnen sollen".

Gerade auf diesem Gebiet hatte Maximilian auf seinen Reisen Beobachtungen und Betrachtungen angestellt. So schrieb er z. B. mit Hinblick auf die Sklaverei in Brasilien, daß das Fabrikproletariat in Europa ihn sehr an die Zustände dort erinnere, „welches durch die Gewalt der Maschinen zum willenlosen Vieh gestempelt wird; der Dampf arbeitet nach mathematischen Grundsätzen und der Mensch wird Nebensache, seine Tätigkeit ist so beschränkt wie die willenlose Bewegung eines Weberschiffchens, er leitet nicht mehr, sondern er wird nur Lückenbüßer im selbständig arbeitenden Räderwerke, und seine Intelligenz versumpft. Dieser Zustand ist eine verfeinerte Auflage der Sklaverei, eine Scheidung zwischen der Kaste der Intelligenz, die die Maschinen erfindet, aufstellt und in Gang bringt, und der rohen Masse der halbverhungerten Lückenbüßer, die, einmal in diese Richtung geraten, den Fluch auf

Kind und Kindeskinder übertragen. Aber wenigstens ist die Möglichkeit der Trennung, und es besteht, wenn auch selten ausgeübt, das Recht des Emporarbeitens. Dies letztere fehlt nun bei der Sklavenwirtschaft vollkommen, und hierin liegt der eigentliche Keim des Verderbens." Daher entsprach es nur seiner innersten Überzeugung, wenn er die der Sklavenwirtschaft gleichkommende Peonage in Mexiko aufhob. Allerdings brachte der Kaiser dadurch die reichen und eigensüchtigen Hazienderos gegen sich auf. Deshalb hätte sich die sogenannte Republik vielleicht nie zu einem solchen wahrhaft republikanischen und volksfreundlichen Gesetz entschlossen. Noch am Anfang unseres Jahrhunderts bestand eine besondere unter Duldung der republikanischen Regierung organisierte Sklaverei armer, gewissenloser Beamten und ausbeutenden Farmern überlassener Menschen in Mexiko, über die John Kenneth Turner aus eigener Anschauung im Jahre 1911 in der "Gartenlaube" ausführlich berichtete.[8]

Aber was bedeutete diesen fanatisierten, den Machtkampf zwischen Jesuitismus und Freimaurerei auskämpfenden Parteien denn solche Tatsachen? Nichts, oder doch — so gut wie nichts! Sie kannten nur die ihnen eingetrichterten Schlagworte und schlugen demgemäß aufeinander los. Schon Goethe, der es ja wissen mußte, läßt den Teufel im "Faust" (II. Teil) befriedigt sagen:

"Zuletzt bei allen Teufelsfesten,
Wirkt der Parteigeist doch zum besten",

d. h, eben in diesem teuflischen Sinne, wie er sich in Mexiko entfaltete und gestaltete. "Auf Mexiko lastet ein Fluch" schrieb daher, auf Grund seiner Beobachtungen Graf Kératry —. "Man kennt dort

---

[8] Turner schreibt in dem "Sklaverei in Mexiko" überschriebenen, die Schande der derzeitigen mexikanischen Republik aufdeckenden Aufsatz: "Ich würde den mir gemachten Angaben wahrscheinlich selbst dann noch keinen Glauben geschenkt haben, nachdem ich es mit angesehen hatte, wie diese Unglücklichen behandelt, wie sie blutig geschlagen und zu Tode gehungert werden, hätten mir nicht die Plantagenbesitzer selbst erzählt, daß das alles auf Wahrheit beruht. 15000 Sklaven verbraucht Valle Nacional jedes Jahr."

das Wort Vaterland nicht mehr. Die Bevölkerung ist in zwei Parteien gespalten, welche sich die Klerikalen und die Liberalen nennen, ungerechnet die Banden aller Farben, welche im Namen Gottes oder der Freiheit die Städte plündern und die Reisenden brandschatzen." Johannes Scherr hat diesen teuflischen, Volk und Sippe zerstörenden und damals in Mexiko herrschenden Parteigeist des 19. Jahrhunderts nach seinen eigenen trüben Erfahrungen der 48er Jahre — wo auch Freimaurerei und Jesuitismus in den sich bekämpfenden Parteien wirksam waren — gekennzeichnet, als er mit Bezug auf die Parteigärungen in dem im Jahre 1870 belagerten Paris schrieb: „Wenn der Mensch vollständig der Parteiborniertheit und dem Parteifanatismus verfallen ist, sieht und hört er, wie bekannt, nichts mehr, als was seiner Beschränktheit und Wut sympathisch ist. Jede, der seinigen entgegenstehende Ansicht, mag sie auch noch so vernünftig, so wahr, so gerecht sein, erscheint in seinen Augen als ein Verbrechen. Alles, was nicht in der Phrasenlitanei steht, welche seine Leithämmel ihm vorgeblökt haben, wirkt auf ihn wie das rote Tuch auf den Stier. Der richtige Parteimensch verzichtet ganz und gar auf selbständige Prüfung, auf eigenes Urteil. Mit einer sklavischen Stupidät, welche der stupiden Sklavenhaftigkeit kirchlicher Orthodoxie durchaus nichts nachgibt, nimmt er die Parteilosung, welche gerade in der Mode ist, an, und glaubt an sie als ein unfehlbares und alleinseligmachendes Dogma. Darum hat der politische Afterglaube ebenso gut seine Glaubensgerichte und Glaubensrichter wie der kirchliche. Von dem Satz: Wer nicht denkt wie wir, hat gar kein Recht zum Denken! — ist nur ein kleiner Schritt bis zu dem Satze: Wer nicht lebt wie wir, hat gar kein Recht zum Leben!" [9])

Ganz dementsprechend fragten auch die sich in den Parteien gegenüberstehenden und bekämpfenden Mexikaner nicht etwa, was der Entwicklung ihres Landes oder dem Wohle der Bevölkerung

---

[9]) Johannes Scherr: „1870—1871", Leipzig 1886, 2. Band, Seite 198.

frommen könnte, sie betrachteten und prüften das Wirken dieser und jener Partei nicht etwa danach, ob es recht oder unrecht, richtig oder falsch, zweckmäßig oder sinnlos war. Sie sprachen sich einfach und ohne weiteres gegenseitig das Recht zum Leben ab und handelten nach diesem Grundsatz, indem sie sich mit steigender Erbitterung gegenseitig verfolgten und mordeten. Die Liberalen betrugen sich bei diesem „edlen" Wettstreit nicht etwa „liberaler" als die Klerikalen und es dürfte schwer zu entscheiden sein, welche Partei die größere Unduldsamkeit und Grausamkeit bewiesen hat. Die Inquisition verbrannte die Andersgläubigen und zog das Vermögen der im Verdacht der „Ketzerei" stehenden Menschen ein, die mexikanischen Liberalisten erschossen die einen, während sie das Geld von allen nahmen. Die einen mißbrauchten ihren Wahlspruch „Freiheit und Unabhängigkeit" („Libertad y independencia"), um ihre Verbrechen zu decken, die anderen begingen sie im Namen der christlichen Nächstenliebe. „Diese ,Verteidiger der Freiheit' wie sie sich selbst zu nennen beliebten," — so schrieb der über bestimmte Vorfälle in Apam berichtende Deutsche Major v. Montlong — „drangen in die Häuser ein und raubten zehn junge Mädchen der angesehensten Familien, die sie auf das schändlichste mißhandelten. Die Rädelsführer dieser Banden waren ein gewisser Antonio Perez, Chef der sogenannten Plateados, und der Mörder Trigio's in Tizayuca.

Einige Tage darauf bemächtigten sie sich auf der Bahnstrecke Mexiko—Apizaco zweier Lokomotiven, drohten mit deren Zerstörung, im Falle die Gesellschaft selbe nicht mit einigen Tausend Piastern auslöste, entführten neuerdings dreizehn Mädchen, welche sie auf Pferden mit sich fortschleppten. Weder Bitten noch Tränen der Eltern, Brüder und Verwandten waren im Stande, diese Henker von diesem wiederholten Frevel abzubringen; die armen Mädchen beschworen sie, lieber sie zu töten, als der Schande zu weihen — nichts half, Antonio Perez blieb unerbittlich. Eines dieser Mädchen ließ sich unterwegs vom Pferde herabfallen und verwundete sich nicht unerheblich dabei; eine andere hatte sich unter eine Bank verkrochen und gab nicht den leisesten Schmerzenslaut von sich, als einer dieser total betrunkenen Barbaren mit dem Säbel unter die Bank stach und sie verwundete." [10])

Bei dieser wechselnden Besetzung der Städte war die kaiserliche Regierung natürlich nicht immer in der Lage, ihre Anhänger gegen die immer wieder einrückenden Juaristen zu schützen und diese übten — wenn nicht gehindert — ihre Rache in solchen Fällen in unmenschlichster Weise aus. So kam es denn, daß sich die Mexikaner auf diese Verhältnisse einstellten, d. h. sie zeigten die kaiserliche Flagge, wenn die Franzosen einrückten und hißten die republikanische Fahne, wenn die Juaristen im Anmarsch waren.

Maximilian hatte, seinem Charakter entsprechend, wenn auch nicht immer erfolgreich dahin zu wirken versucht, das gegenseitige, mit wachsender Erbitterung betriebene Morden dadurch einzuschränken und allmählich zu beseitigen, daß er nur tatsächliche Vergehen und offenen, bewaffneten Widerstand nach ordentlicher gerichtlicher Untersuchung bestrafen ließ. Trotzdem hatte er selbst ordnungsgemäß verurteilte Republikaner in vielen Fällen begnadigt. Diese persönliche Milde des Kaisers führte zu großen Auseinandersetzungen und schweren Zusammenstößen mit den Franzosen, denn auch die schon durch General Forey eingesetzten französischen Standgerichte bedurften nach dem Eintreffen des Kaisers dessen Bestätigung zur Vollstreckung ihrer Urteile. Nach der Beendigung des Bürgerkrieges in den Vereinigten Staaten hatte der Marschall Bazaine eine sofortige militärische Einmischung fürchtend, seine in allen Richtungen des großen mexikanischen Gebietes einzeln vorgehenden Truppenabteilungen mehr und mehr zusammengezogen. Dadurch wurden viele Städte und Ortschaften geräumt, ja ganze Provinzen von Truppen entblößt, so daß in diesen Gegenden nicht

---

[10]) Montlong a. a. O., Seite 37.

nur der gefährliche Bandenkrieg wieder sehr stark auflebte, sondern auch die regulären Truppen des Juarez erhebliche Fortschritte machten. Die französischen Kriegsgerichte traten bei dieser Gelegenheit verstärkt in Tätigkeit und Bazaine erzwang — „erreichte", wie er selbst schrieb — vom Kaiser eine Verfügung, nach der sich eine Bestätigung der gefällten Urteile erübrigte. Bald darauf rang man dem Kaiser das verhängnisvolle Todesdekret vom 3. 10. 1865 ab. Dieses Dekret bestimmte kurz gesagt, daß jeder gegen das Kaisertum kämpfende und mit den Waffen in der Hand ergriffene Mexikaner den Standgerichten verfiel, d. h., daß er erschossen wurde. Nur dadurch, daß man Maximilian Charakterschwäche, Energielosigkeit und andere Mängel vorwarf, daß man ihn durch falsche Gerüchte dahingehend täuschte, Juarez sei endgültig aus Mexiko geflüchtet und habe seine Pläne aufgegeben, war es möglich geworden, ihn zu diesem folgenschweren Schritt zu veranlassen. „Der von Natur aus im Grunde herzensgute, jeder Ungerechtigkeit und Grausamkeit abholde Fürst" — so urteilt Conte Corti — „deckte solcher Art mit seinem Namen eine Maßnahme, die unzähligen Menschen und schließlich auch ihm selbst das Leben kostete, während diejenigen, die ihn dazu gebracht, teils von Anfang an in Europa in Sicherheit waren, teils rechtzeitig dahin flüchteten." Der Marschall Bazaine — einer der Haupttreiber — beeilte sich, in dem vertraulichen Offiziersbefehl Nr. 7729/3018 vom 11. 10. 1865 die vorgesehenen Maßnahmen des Dekrets durch folgenden Zusatz zu verschärfen: „Ich fordere Sie daher auf, Ihre Mannschaft wissen zu lassen, daß ich es nicht gestatte, daß fernerhin Gefangene gemacht werden. Jedes Individuum, wer es immer sei, das mit den Waffen in der Hand ergriffen wird, ist zu erschießen. In Zukunft findet kein Austausch von Gefangenen mehr statt. Es ist nötig, daß unsere Soldaten wissen, daß sie sich nicht ergeben dürfen. Es ist ein Krieg auf Leben und Tod, ein verzweifelter Kampf zwischen Barbarei und Zivilisation, der sich von heute ab entspinnt. Von beiden Seiten muß man selbst töten oder sich töten lassen. Der Marschall, Commandant en chef, gez. Bazaine."

Es war selbstverständlich, daß die Republikaner keinen Augenblick zögerten, Gleiches mit Gleichem zu vergelten und ebenso handelten. Der bisherige Kampf wurde nunmehr noch erbitterter geführt, weil es für jeden einzelnen tatsächlich um Leben und Tod ging. Wenn aber Bazaine von „Barbarei und Zivilisation" sprach und als Angehöriger der einbildlich und angeblich an der „Spitze der Zivilisation" marschierenden Nation die „Barbarei" ohne weiteres den Republikanern zuschob, so konnten diese zunächst einmal beanspruchen, im politischen Sinne für die Unabhängigkeit Mexikos zu kämpfen. Dadurch, daß sie für einen eingeborenen indianischen Führer eintraten, erwiesen sie weiter ihre nationale Berechtigung gegenüber einem fremden Fürsten, der sich auf die Waffenhilfe einer europäischen Großmacht stützen mußte, wodurch das Land — soweit es noch nicht geschehen — notwendig in die Abhängigkeit von dieser, dessen Kraft ausbeutenden Macht geriet. Bei solcher Verteilung von Recht und Unrecht konnte es unberücksichtigt bleiben, ob oder wie weit Maximilian ahnungslos auf den Kaiserschwindel hereingefallen war und wenigstens mit gutem Gewissen meinte, das Beste der mexikanischen Bevölkerung zu befördern.

Man muß sich alle diese Zustände und Verhältnisse in Mexiko vor Augen halten, um zu ermessen, wie Napoleon III. log, als er bei der Eröffnung des Senats am 22. 1. 1866 in der Thronrede erklärte: „Die in Mexiko durch den Willen des Volkes gegründete Regierung befestigt sich; die Dissidenten" (d. h. die Juaristen) „sind besiegt, zerstreut, haben keinen Führer mehr; die eingeborenen Truppen haben sich als tapfer bewährt. Das Land hat Bürgschaften der Ordnung und Sicherheit gefunden, durch welche seine Hilfsquellen in Fluß gebracht werden. Der Handel mit Frankreich ist von 21 auf 77 Millionen Francs gestiegen. Die Hoffnung,

welche ich im vergangenen Jahr aussprach, erfüllt sich; unsere Expedition nähert sich ihrem Ende. Ich verständige mich mit dem Kaiser Maximilian, um den Zeitpunkt zu bestimmen, wo ich unsere Truppen heimberufe, damit unsere Rückkehr ohne Schaden für die französischen Interessen vor sich gehe, die wir zu schützen hatten."
Aber selbst in Frankreich glaubte niemand diese Lüge, die so hoch war wie der Popocatepetl. Es ist äußerst bezeichnend für die damals bereits dort herrschende drohende Stimmung, daß der Abgeordnete Glais-Bizoin in einer Entgegnung, jene Thronrede kritisierend am 27. 1. im "Corps législatif" u. a. sagte: "Der ganze Bonapartismus sei nichts als ein erniedrigender und entnervender Despotismus.... Das Unternehmen in Mexiko, wo der Verfasser der Thronrede" (so bezeichnete er Napoleon, ohne das Wort Kaiser zu gebrauchen) "auch ein großes Werk getan zu haben glaube, indem er dort einen Thron errichtete, der auf 40 000 französischen Bajonetten ruht, erinnere an das Unternehmen des ersten Kaiserreiches gegen Spanien, das ebenfalls von einem Senat, der noch nicht alle Niedrigkeit und Feigheit mit sich in die Gruft genommen, für denkwürdig erklärt worden sei. Der Redner wolle aber gern diese mexikanische Expedition als eine Wohltat der Vorsehung betrachten, wenn sie seinem Lande zur Lehre dienen wollte, daß die größte Gefahr für eine Nation darin bestehe, ihre Geschicke dem Willen eines Einzigen anheim zu geben." [11]) Tatsächlich bedeutete das mexikanische Abenteuer einen Wendepunkt in der Innen- und Außenpolitik Louis Napoleons.

Während dieser französische Abgeordnete im "Corps législatif" den spanischen Feldzug Napoleons als hervorragendes Beispiel eines Fehlschlages heranzog und mit der ebenso fehlgeschlagenen mexikanischen Expedition verglich, versuchte der Franzose Pierron im Kabinett des Kaisers von Mexiko, das gleiche Unternehmen und das dabei gezeigte Verhalten jenes ersten französischen Kaisers als maßgeben-

---

[11]) Ghillany: "Europäische Chronik", Leipzig 1867, 3. Band, Seite 166.

des Vorbild hinzustellen, um Maximilian zu schärferen Maßnahmen zu veranlassen. Er hätte, wenn er dabei richtig verfahren wäre, allerdings zeigen müssen, daß Napoleon I. seiner Zeit in Spanien zwar durch seine erdrückende militärische Übermacht kurzlebige Erfolge zu verzeichnen hatte, aber gerade durch die vielen Bluturteile gegen die ihr Vaterland heldenmütig verteidigenden Spanier, statt abzuschrecken, die verzweifelte Gegenwehr und den Haß gegen die Franzosen erst recht entfachte. Die von Pierron aufgezeigte Analogie hätte Maximilian — falls er einen geschichtlichen Blick besessen hätte — noch rechtzeitig die Einsicht verschaffen müssen, daß es mißlich und auf die Dauer unmöglich ist, einem Volke eine Herrschaft aufzuzwingen, die es nicht zu tragen gewillt war. Er hätte nicht daraus folgern dürfen, Napoleon I. in Mexiko nachzuahmen, sondern sich entschließen müssen, die Krone niederzulegen. Pierron erreichte dagegen durch seine fortgesetzte Aufstachelung der von ihm so genannten Energie, daß Maximilian außer der verschärften Anwendung der bereits bestehenden Anordnungen auch eine Liste von „verdächtigen" Personen aufsetzen ließ, die dann im geheimen verhaftet und deportiert werden sollten. Eine Maßnahme, die am 14. 7. 1866 durchgeführt wurde. Sehr richtig hat Conte Corti zu diesem Vorschlag bemerkt: „Es war im Grunde dasselbe, was Maximilians Vorbild Napoleon III. in der Nacht vom 1. auf den 2. Dezember 1851 in Paris getan, als er anläßlich seines Staatsstreiches die Häupter der gegnerischen Parteien, sechzig an der Zahl, verhaften und deportieren ließ." Aber wie Louis Napoleon durch diese ungesetzlichen Maßnahmen seinen Feinden Wasser auf ihre zu seinem Sturz erfolgreich betriebenen Propagandamühlen goß, so wirkten sich diese Anordnungen Maximilians ebenfalls zur Förderung seines Unterganges aus und fielen sogar später auf ihn zurück. Es war indessen ein „raffiniertes Mittel" — wie Conte Corti diese französischen Machenschaften sehr richtig nennt — den Kaiser zu veranlassen, mit „mitleidsloser Härte und drakonischen Strafen vielleicht noch in letzter Stunde Ruhe und Ordnung im Lande zu erzwingen, so den Rückzug der Franzosen erklärlicher zu gestalten und das Gerede der Welt zu vermeiden, sie seien bei ihrem Abzug nur dem immer mächtiger werdenden Juarez und der Union gewichen". Die erwähnten Vorgänge im „Corps législatif" zeigen, daß Louis Napoleon nicht nur auf sein außenpolitisches Prestige bedacht sein mußte, sondern sehr ernste innenpolitische Gründe hatte, die Lösung der mexikanischen Frage auf solche, das französische Volk irreführende Weise zu suchen. Mochte der später nach dieser zunächst mit Blut erstickten Unruhe verstärkt losbrechende Sturm den unglücklichen Maximilian auch hinwegfegen. Was lag dem Dezembermanne schon am Blutvergießen? Er konnte dann mit dem, den Ereignissen abgeborgten Schein und dem Brustton der Überzeugung Maximilian mit großer, auf den vorher bestehenden ruhigen Zustand hinweisenden Geste für den Zusammenbruch verantwortlich machen.

So erklärt sich denn auch die zweideutige Rolle, die der Marschall Bazaine gespielt hat, auf der einen Seite durch die von Napoleon III. gegebenen Verhaltungmaßregeln. Auf der anderen Seite verfolgte der Marschall von gewissen Beeinflussungen abgesehen — wenigstens zeitweilig —, seine eigenen ehrgeizigen Pläne, wie sie seiner Zeit auch der Graf Prim gehegt hatte. Bereits im Jahre 1864 hatte die Kaiserin Charlotte die merkwürdige Haltung Bazaines erkannt und — wenn auch erfolglos — vor seinem Stabschef, dem Oberstleutnant Boyer, gewarnt, der einen großen Einfluß auf den Marschall ausüben sollte. „Ich habe zwar keinen positiven Anhaltspunkt" — so schrieb Charlotte am 27. 12. 1865 an Eugenie — „aber man sagt, daß Frauen das erraten, was sie nicht wissen." Eine Abberufung Bazaines und dessen Ersetzung durch den General Douay konnte dagegen von Maximilian nicht erreicht werden. Die Meinungverschiedenheiten und wachsenden Spannungen zwischen Maximilian und Bazaine wegen dessen oft unverständlichen Maßnahmen blieben denn auch bestehen, wenn sie zwar dann und wann einmal — äußerlich betrachtet — behoben zu sein schienen und der Verkehr wie der Schriftwechsel zwischen den beiden höflich und zuvorkommend zu sein pflegte. Auch Conte Corti schreibt zu der völlig verfehlten Organisation einer mexikanischen Armee durch den damit beauftragten Bazaine — die ja als Rückhalt des Kaiserreiches so schnell und so stark wie möglich hätte geschaffen werden müssen —, „die Haltung Bazaines war dabei wirklich manchmal rätselhaft. Es schien, als hatte er die geheime Angst, der Kaiser werde an der Spitze eines wohlausgerüsteten Heeres nicht mehr so sehr in seine Hände gegeben sein...." Man kann dagegen Bazaines Verhalten ruhig und treffend eine glatte Sabotage nennen, deren Folgen u. a. dem Kaiser schließlich das Leben kosteten. Selbst Maximilian hatte dieses merkwürdige Treiben durchschaut und schrieb ganz richtig an Gutierrez: „Mit dem Freimut eines Soldaten muß ich sagen, daß bis jetzt der französische Marschall Tag und Nacht mit tausend und abertausend Intrigen, mit Befehlen und Gegenbefehlen gearbeitet hat, um eine gute und endgültige Organisation unserer tapferen Truppen unmöglich zu machen. Vergessen Sie niemals, mein lieber Freund, daß die französische Politik Mexiko in zwei Punkten, und zwar in den für ein Land lebenswichtigsten, schwach zu erhalten wünschte, nämlich militärisch und finanziell." [12]) Leider hat Maximilian nicht dieser Erkenntnis entsprechend gehandelt, obgleich man zugeben muß, daß er sich bereits vor seinem Regierungantritt viel zu sehr in die Hände Napoleons begeben hatte.

Bei dieser so verhängnisvollen Sabotage spielte jedoch außerdem — wie schon so oft bei verschiedenen Episoden des Kaiserschwindels — eine Frau eine besondere Rolle. Bazaine hatte sich nämlich eines Tages, mit der ganzen Selbsttäuschung eines 54jährigen Mannes in die 17jährige Josefa Peña, die Tochter eines entschiede-

---

[12]) Conte Corti a. a. O., 2. Band, Seite 196.

nen Gegners Maximilians, verliebt. Seitdem umschwärmte der recht eigenartig verheiratet gewesene und noch eigenartiger verwitwete Marschall das junge Ding auf eine geradezu läppische Weise. Er besuchte alle Bälle, wo er Josefa vermutete, er tanzte und tändelte mit ihr und bemühte sich sogar, die Habanera, den mexikanischen Nationaltanz zu lernen, um seiner angebeteten Duenna zu gefallen. Der „Marschall von Frankreich", der Höchstkommandierende in Mexiko, tanzte aber bald nicht nur die Habanera, sondern er tanzte auch sonst nach den Launen und dem Willen jenes siebzehnjährigen Mädchens, dessen Vater Maximilians scharfer politischer Gegner war. Eine interessante und für diesen Vater eine politisch vielversprechende Situation! Denn wenn der verliebte Marschall schon die Habanera erlernte und nach dem Willen seiner Angebeteten tanzte, weshalb sollte er nicht auch republikanische Politik treiben lernen, um nach der Pfeife seiner Gemahlin einen politischen „Eiertanz" aufzuführen? Es ist kaum anzunehmen, daß die blendend schöne Josefa von der Erscheinung des 54jährigen, mit einem von auffallend kurzen Beinen getragenen Spitzbauch ausgestatteten François Achille Bazaine berückt worden wäre, den seine Offiziere heimlich „le palefrenier manqué" (den verfehlten Stallknecht) nannten. Es ist dagegen durchaus wahrscheinlich, daß seine goldbestickte Uniform, sein Marschallsstab und seine glänzende militärische Stellung in ihr den ehrgeizigen Wunsch keimen ließ, Frau Marschallin zu werden, und daß ihr Vater diesen dann aus politischen Gründen bis zur Reife genährt hat, um durch sie wieder um auf den Marschall einwirken zu können. Ein derartiger gesellschaftlich anerkannter, durch die Ehe „geheiligter" Mädchenhandel war zu jener Zeit nicht ungewöhnlich. Jedenfalls willigte Josefa ein, dem Marschall ihre schöne Hand zu reichen. „Montag, den 26." — so schrieb Maximilan am 20. 6. 1865 an seinen Bruder Karl Ludwig — „haben wir leider noch ein großes Fest im Palais von Mexiko, die Hochzeit des Marschalls Bazaine mit einer reizenden siebzehnjährigen Mexikanerin, die uns durch ihre Schönheit und Liebenswürdigkeit in Europa Ehre machen wird. Der Marschall ist trotz seiner 54 Jahre verliebt wie ein Gimpel, möge ihm dieses gewagte eheliche Glück gut anschlagen." [13])

Maximilian ahnte natürlich nicht, daß ihm dieses „eheliche Glück" selbst sehr schlecht „anschlagen" könnte, als er diese Besorgnis für den Marschall aussprach. Denn während der Marschall sein Liebesidyll mit der jungen Frau verlebte, räumten die Franzosen kampflos die Städte und Provinzen, welche von den Juaristen natürlich sofort besetzt wurden.

Diese Heirat und die sich dadurch ergebenden engen Verbindungen mit der liberalistisch und gegen den Kaiser eingestellten Familie seiner Frau hat Bazaine den allerdings kaum beweisbaren, aber nicht von der Hand zu weisenden Verdacht eingetragen, geplant zu haben, sich nach Maximilians Beseitigung zum Präsidenten oder Regenten ausrufen zu lassen. Auf jeden Fall hegte seine junge Frau derartige ehrgeizige Pläne und sie ist auch nicht müde geworden, ihren Mann dazu aufzustacheln. Selbst in den Tuilerien wußte man davon und Prosper Mérimée, dessen Wissen von der Kaiserin Eugenie stammte, sagte einmal: „Bazaine will selber Kaiser von Mexiko werden, und es gibt Leute, die das für möglich halten." Der Major Montlong schreibt: „Längst schon war dieser Marschall, der nach seiner Verheiratung mit der Tochter eines der liberalen Häupter und Verwandtin des Lopez, (der den Kaiser später verriet) „nur noch den Zweck verfolgte, den Kaiser zur Abdankung zu zwingen, um sich sodann selbst des Präsidentenstuhls zu bemächtigen, ein Verräter am Kaiserreich, wie nicht minder an der französischen Waffenehre."

Aber selbst wenn Bazaine dies nicht beabsichtigt hätte, so ist der Umstand, daß sein Schwiegervater ein maßgebender Mann in der liberalen, Maximilian bekämpfenden Partei war, während er selbst

---

[13]) Conte Corti a. a. O., 2. Band, Seite 106.

von seiner jungen Frau gegängelt wurde, schon ausreichend, um
seine sabotierende Handlungweise zu erklären, zu der ihm allerdings die Anweisungen Napoleons willkommene Möglichkeiten
boten. Verdächtig ist jedenfalls seine Ansprache, die er im August
1866 beim Herannahen der Entscheidung auf einem Essen mit
höheren kaiserlichen Beamten hielt und dabei u. a. ausführte:
„Meine Herren! Sprechen wir frei und offen! Frankreich will das
Land nicht zwingen, das kaiserliche Regime beizubehalten. Napoleon wollte nur euer Glück, als er Maximilian auf den Thron
Mexikos setzte; er hat sich überzeugt, daß er sich in vielen Hinsichten
getäuscht. Ihr wollt die Republik? Bezeichnet mir den Präsidenten,
ihr habt mir nur ein Wort zu sagen, und ich werde euch mit meinem
ganzen Einfluß unterstützen. Frankreich wird eurem Wunsche gerecht werden und eure Stimme in die Wagschale legen."

Erwartete er, daß man man auf diesen „Wink mit dem Zaun-
pfahl" entsprechende Anerbieten machte? — Es ist natürlich auch
möglich, daß er auf solche Weise die Lage lediglich zu klären versuchte. Da er kein entsprechendes Echo fand, mag er seine immerhin
gewagten Pläne fallen gelassen haben. In diesem Falle ist es auch
recht bemerkenswert, daß Bazaine, als Maximilian sich mit Ab-
dankungabsichten tragend am 20. 10. 1866 nach Orizaba abgereist
war, den verlassenen Kaiserpalast aufsuchte und das Gebäude nachdenklich betrachtend abschritt. Die ihren kurzbeinigen Marschall
bei diesem Spaziergang in respektvoller Entfernung beobachtenden
französischen Offiziere sangen dazu — weniger respektvoll als bezeichnend — einstimmig das damals bekannte Lied: „Tu ne l'habi-
teras pas, Nicolas!" (Du wirst ihn nicht bewohnen, Nicolas!) Anfang Juli machte Bazaine offiziell eine Inspektionreise nach
San Luis Potosi, deren geheimer Zweck jedoch — wie Montlong berichtet — war, „die reiche Hazienda von Bocas zu besuchen,
welche einer bejahrten Tante seiner Frau gehört, die ihm selbe eines
Tages vermachen soll. Die Liberalen hatten jener Tante eine Kon-

tribution von 10000 Piaster auerlegt und gedroht, daß sie bei Nichtbezahlung die Hazienda niederbrennen; seit dem jedoch der Marschall den Meierhof mit seiner noblen Gegenwart geheiligt hatte, verzichteten seine Freunde, die Chinacos (Spottname der Liberalen), auf Kontribution und Drohung." Wenn hier in finanzieller Beziehung eine solche Rücksichtnahme verbürgende Verbindung zu den Juaristen bestand, so kann es gar keinem Zweifel unterliegen, daß Bazaine in militärischer Beziehung den juaristischen Generalen die Lage erleichtert und mit ihnen paktiert hat. Der Prinz zu Salm-Salm, der im Jahre 1870 auf Deutscher Seite gegen Bazaines Armee fechtend, bei St. Privat den Heldentod fand, und jene Zeit in Mexiko als kaiserlich-mexikanischer Oberst erlebte, schreibt: „Ein feindlicher Oberst machte gar kein Geheimnis daraus, daß die Liberalen im besten Einverständnis mit den Franzosen standen und diesen auf deren Rückzug überall absichtlich aus dem Wege gegangen seien." — „Daß Marschall Bazaine dem General Porfirio Diaz anbot, ihm die Stadt Mexiko zu überliefern," — so schreibt der Prinz an anderer Stelle seiner Tagebuchblätter (Seite 18) — „kann ich in soweit bestätigen, als es mir von dem General selbst im November 1867 mitgeteilt wurde. Porfirio Diaz hatte das ehrlose Anerbieten abgelehnt, indem er sagte, er hoffe die Stadt wohl auch selbst nehmen zu können." Dieses Anerbieten Bazaines zu einer Zeit, als sich Maximilian mit seiner schwachen mexikanischen Armee in einer durch den Rückzug der französischen Truppen hervorgerufenen schwierigsten Lage befand, hieß nichts anderes als den Kaiser ausliefern. Ja, auch dies hat der Marschall sogar angeboten.[14]) Diese Verbindung mit Porfirio Diaz hat Bazaine zweifellos auf Veranlassung des amerikanischen Konsuls, Freimaurers und Juden Markus Otterburg angeknüpft. Markus erklärte ihm: „Es sei Zeit, die Augen auf denjenigen

---

[14]) Vergleiche den Brief des Korrespondenten der „Independence belge" bei Fürstenwärther: „Kaiser Maximilian von Mexiko", Wien 1910, Seite 11.

juaristischen General zu lenken, dem man die Stadt Mexiko überantworten könne, um die Unordnungen zu vermeiden, die von einem Augenblick zum andern ausbrechen könnten." (Vorsicht ist bekanntlich eine besonders empfohlene freimaurerische Tugend!) „Porfirio Diaz schiene, nach seiner Meinung, würdig, von den Franzosen dazu auserkoren zu werden. Es sei also klug, ihn, in Voraussicht der Ereignisse, einzuladen, sich der Hauptstadt zu nähern; er teile übrigens dem Hauptquartier" — (Bazaine) — „mit, daß er bereits von den Bankiers der Stadt die nötigen Gelder erlangt habe, um den Truppen des Porfirio Diaz einen zweimonatlichen Sold auszuzahlen." 15) Unter diesen Umständen überrascht es natürlich nicht, daß die von den Franzosen mit großartiger Geste der kaiserlich-mexikanischen Armee übergebenen Granaten später bei der Belagerung Mexikos nicht platzten, da sie — wie die Untersuchung ergab — statt mit Pulver, mit — Sand gefüllt waren. 16)

Graf Kératry sagt: „Im liberalen Lager des Porfirio Diaz war man besser, wie im französischen Hauptquartier über die Schritte unserer Regierung unterrichtet." Napoleon, der immer gerne zwei Eisen im Feuer hatte, ließ nämlich seine geheimen Beauftragten bereits zur Zeit des Kaiserreiches in Mexiko, als die französischen Truppen angeblich noch dafür kämpften, mit den Republikanern wegen der Person eines von ihm unter Umständen zu unterstützenden Präsidenten verhandeln. Wie weit Bazaine über diese ge-

---

15) Graf Kératry a. a. O., Seite 248/49. Der Ordonnanzoffizier Bazaines bemüht sich selbstverständlich, seinen Chef mit allen Mitteln zu verteidigen. Mit vollem Recht hat Conte Corti (a. a. O., 2. Band, Seite 137 Anmerkung) unter Heranziehung eines anderen entscheidenden, von Kératry nicht gebrachten Briefes Bazaines darauf hingewiesen, es sei „wenig ehrend für Bazaine, daß er in dem Werke seines Ordonnanzoffiziers, Graf Kératry, die unbeeinflußte Autorschaft" (des Todesdekretes vom 3. 10. 1865) „ohne ein Wort der Berichtigung völlig auf den unglücklichen Kaiser abwälzen ließ...." Auch hier hat Kératry gegeben, was er hatte, und Bazaine hat sich in diesem Falle natürlich erst recht gehütet, die ihm günstigen Darstellungen seines Ordonnanzoffiziers zu berichtigen oder zu ergänzen.

16) Montlong a. a. O., Seite 45.

heimen Verbindungen und Verhandlungen seines Herrn und
Meisters unterrichtet war, wird der Ordonnanzoffizier natürlich
nicht gewußt haben. Bei solcher Lage der Dinge ist es auch
sehr schwer, festzustellen, wie weit der Marschall nach geheimen
Instruktionen und wie weit er nach seinem eigenen Ermessen
gehandelt hat. Jedenfalls lagen Weisungen aus Paris vor, nach
denen man französischerseits alles tun solle, um „den Ehrgeiz
der verschiedenen Führer der Dissidenten auf das äußerste zu reizen
und die Präsidentschaft der Republik demjenigen unter ihnen —
Juarez ausgenommen — zuerkennen zu lassen, welcher ein-
willigt, der Intervention die entschiedensten Vorteile zu gewähren".
Das heißt also: Nachdem das Ziel der „hohen" Politik durch die
drohende Einmischung der Vereinigten Staaten als unerreichbar
fallen gelassen war, trat die — in des Sinnes wahrster Bedeutung — niedrige Politik in den Vordergrund, d. h. die Geld-
interessen, zu denen auch die Jeckersche Schwindelanleihe gehörte.
Da der Kaiserschwindel nicht zu verwirklichen war, suchte man jetzt
einen Präsidenten, der diese Anleihen zahlen würde, da Juarez
dies seiner Zeit abgelehnt hatte. Sehr richtig sagt Graf Kératry
als französischer Offizier: „Das also war das Ergebnis von fünf
Jahren voller schmerzlicher Opfer! .... Im Jahre 1861 hatte man
für die Erhebung Maximilians konspiriert; im Jahre 1866 kon-
spirierte man zu seinem Sturze, und für den Fall, daß der unglückliche Fürst nicht zu einem freiwilligen Verzicht auf seine Krone
zu bestimmen war, bereitete man sich vor, das Ende zu beschleuni-
gen, indem man durch unsere Diplomatie und durch Vermittlung
der Vereinigten Staaten mysteriöse Verhandlungen mit den Führern der mexikanischen Liberalen anknüpfen ließ." [17]

Es ist nun aber völlig undenkbar, daß Bazaine, dessen Schwiegervater zu diesen Führern der Liberalen gehörte, nichts von diesen
Verhandlungen gewußt haben sollte, wie man es uns einzureden

---

[17] Kératry a. a. O., Seite 187.

versucht. Er wußte dies im Gegenteil — wie seine Äußerungen und Maßnahmen bezeugen — ganz genau. Offen bleibt nur die Frage, ob er selbst unter diesen Umständen nach der Präsidentschaft gestrebt hat. Vielleicht haben ihm die Kundgebungen im Theater in Mexiko, welches er wegen der aus dem Publikum erfolgenden Demonstrationen gegen Napoleon schließen lassen mußte, gezeigt, wie verhaßt die Franzosen und Napoleon in Mexiko waren und daß eine Präsidentschaft eines französischen Marschalls noch weniger Anhänger gefunden haben würde, als das Kaisertum eines österreichischen Erzherzogs. Reichlich naiv, allerdings in einem anderen Sinne ganz treffend, ist die Bemerkung Kératrys zu diesen Vorfällen: „Schon beleidigte man Frankreichs Herrscher: mit gleicher Dankbarkeit hatten uns die Italiener nach Villafranca bezahlt." In Villafranca verriet Louis Napoleon — von allen nationalen Gesichtspunkten einmal abgesehen — die Freimaurer, mit denen er nach Italien gegangen war, an die Jesuiten; nach Mexiko ging er mit den Jesuiten und arbeitete jetzt mit den Freimaurern zusammen. Die Demonstrationen waren dann der Ausdruck der jeweils von dieser oder jener Seite beeinflußten sogenannten öffentlichen Meinung, bei der selbstverständlich die nationale Erregung eine besondere, von diesen überstaatlichen Mächten jeweils genutzte Triebkraft bildete. Die Völker — die Franzosen eingeschlossen — haben bei den „Interventionen" des stets so oder so an die überstaatliche Politik gebundenen Louis Napoleons nur Übles erfahren.

Bazaine hat eine politisch unklare Rolle gespielt. Recht merkwürdig war die Ankunft des Marschalls später in Frankreich. Es war angeordnet, ihm bei seinem Eintreffen keine Ehrenbezeugungen zu erweisen. Das Verhalten der französischen Bevölkerung in Toulon war ihm gegenüber „feindselig". „Unsere Regierung," — so klagt der für den Marschall eintretende und dieser Erscheinung fassungslos gegenüberstehende Kératry — „gewöhnlich für die Ehre

des geringsten ihrer Diener so eifersüchtig besorgt, versteht es, die Presse zu mäßigen oder fremden Blättern das Passieren der Grenze zu verbieten, sobald dieselben von einer bestimmten Richtung abweichen. Schon drei Monate vor der Rückkehr des bisherigen Höchstkommandierenden hatten Pamphlete amerikanischen und anderen Ursprungs ungehindert das Land überschwemmt und so den Namen des Marschalls an den Schandpfahl geschlagen...."
Es gelang Louis Napoleon jedoch nicht, sich auf diese Weise auf Kosten seines Marschalls der Verantwortung zu entziehen. Bald mußte er Bazaine wieder in Gnaden aufnehmen und ihn mit einem hohen Kommando auszeichnen. Diese plötzliche Wendung — so schreibt Ebeling — kam daher, „daß Bazaine sich einen großen Teil des Briefwechsels zwischen Morny und Jecker zu verschaffen gewußt hatte, wodurch der Erstgenannte, der übrigens schon im März 1865 gestorben war, auf das äußerste kompromittiert wurde. Der Kaiser wollte das ohnehin schon nicht allzu reine Andenken seines ‚Bruders' nicht noch mehr bloßstellen; er nahm deshalb die Briefe an sich und den Marschall wieder in Gnaden auf. Also, wohin man sieht in diesem trostlosen mexikanischen Feldzuge, nichts wie unsaubere Menschen und Dinge: Geldspekulationen und Lug und Trug, Schwindel und geflissentliche Irreleitung der öffentlichen Meinung, Wortbruch und Gewissenlosigkeit, und in dem ganzen politischen gâchis (ich finde das richtige Deutsche Wort nicht) nur eine einzige wirklich noble und ehrenhafte Figur: Maximilian, das beklagenswerte Opfer!" [18])

In dem Kriege von 1870 erhielt Bazaine das Kommando der sogenannten französischen Rhein-Armee, die nach Metz hineingeworfen und, von der Armee des Prinzen Friedrich Karl eingeschlossen, schließlich kapitulierte, während Bazaine nach dem Sturz des Kaiserreiches mit der Kaiserin Eugenie Verbindung aufnahm, um mit Bismarcks Zustimmung über einen Friedensschluß zu ver-

---

[18]) Ebeling a. a. O., 3. Band, Seite 163/64.

handeln. Bazaine glaubte vielleicht mit seinen frei werdenden Truppen das Kaiserreich wieder herstellen zu können. Er wurde nach dem Friedensschluß verhaftet und am 10. 12. 1873 vom Kriegsgericht zum Tode verurteilt. Der derzeitige Präsident, der bei Sedan geschlagene Marschall Mac Mahon, begnadigte ihn zu zwanzigjähriger Festunghaft auf dem Fort der Insel Ste. Marguerite. Seine geliebte Josefa verhalf ihm noch zu einer abenteuerlichen Flucht — d. h. man ließ ihn offensichtlich entfliehen. Darauf verließ sie ihn bald, um sich einen jüngeren Liebhaber zu suchen. Das Gold auf seiner Uniform war ja verblaßt. Er starb im Jahre 1888 in ärmlicher Lage in Madrid. Ein „Verräter" — wie dies behauptet wurde — ist dieser vielleicht zum Feldwebel aber nicht zum Marschall befähigte Mann im Jahre 1870 jedoch kaum gewesen. Er war dagegen zum Sündenbock ausersehen, der für die Regierung Louis Bonapartes in die Wüste geschickt wurde. Das Ende so vieler vernutzter Werkzeuge einer „hohen" Politik. —

Die schnell und unaufhaltsam wachsenden Schwierigkeiten auf allen Gebieten, besonders auch die durch das immer befremdender wirkende Verhalten Bazaines herbeigeführte ungünstige militärische Lage, hatten bei Maximilian bereits ernste Gedanken aufsteigen lassen, die sich mehr und mehr in der Richtung einer Abdankung bewegten. Der Franzose Léonce Détroyat, der in französischen Kreisen so lange als Freund Maximilians verdächtigt wurde, bis er seinen Posten als Unterstaatssekretär für das Marinewesen in der kaiserlich-mexikanischen Kanzlei aufgeben mußte, verfaßte einen Bericht, in dem er die Verhältnisse ganz offen darstellte und den Kaiser eindringlich warnte. Er versuchte in seinen Ausführungen den um Maximilian aus Täuschung und Irrtum gewobenen Schleier zu zerreißen und ihn zu veranlassen, die unhaltbare Lage zu erkennen. Es heißt u. a. in diesem, von Conte Corti angeführten und von Détroyat im Jahre 1868 bis auf die Napoleon betreffenden Stellen veröffentlichten Briefen: „Das Los des Kaiserreiches steht in diesem Augenblick auf dem Spiel. Der Schleier ist gefallen, die seit einiger Zeit zweifelhafte Politik Napoleons ist nun heute klar vor aller Augen. Der Sturz Eurer Majestät wird die Folge sein. Man darf nicht mehr an die Versprechungen von Miramar denken, nicht mehr an die Freundschaft eines brüderlichen Souveräns glauben, es gibt niemand mehr, der nicht von Europa einen Brief bekommen hätte mit den Worten: ‚Der Kaiser wird fallen.‘ Euer Majestät können auf Kampf und Widerstand Hoffnungen setzen, ich aber glaube, daß sie unnütz, ja mehr als das, gefährlich sind.... Die französischen Truppen müssen sich nun um jeden Preis zurückziehen. Bazaine war eine Art störender, schlecht aufgefaßter und falsch angewandter Vormundschaft, die klägliche Resultate gezeitigt hat. Jetzt aber sagt Napoleon: ‚Ich kann meine Versprechungen nicht mehr halten, ich verletze alles, ich ziehe meine Truppen zurück, ich fordere mein Geld und verlasse Sie.‘"

Détroyat riet — ähnlich wie später der Freimaurer Eloin und der Jude Fould —, Maximilian solle sich mit einer entsprechenden Proklamation an die Mexikaner wenden und dann nach Österreich zurückkehren. „Das täte ich," — so schrieb er — „und zwar ohne Zögern und ohne Aufschub."

Diese und andere ernste Warnungen verfehlten ihre Wirkung nicht. Der Kaiser wollte bereits öffentliche, auf eine Thronentsagung abzielende Maßnahmen einleiten, als die Kaiserin Charlotte eingriff und ihren noch schwankenden, aber sich in diesem Falle gerade zu der einzig richtigen Auffassung durchringenden Mann von dem Entschluß zurückhielt. Charlotte hatte sich schon lange nicht mehr um die Politik gekümmert und sich dafür den Aufgaben der Wohltätigkeit und sozialen Fürsorge zugewandt. Als sie jedoch von den Abdankungsabsichten hörte, fuhr sie, plötzlich in ihrem hochentwickelten Stolz und empfindlichen Ehrgeiz getroffen, auf. Sie brachte alle möglichen, zwar annehmbar klingenden, aber dennoch irrigen Gründe vor, um Maximilian von dem Gedanken, die Krone niederzulegen, abzubringen. Die zweifellos tapfere, aber die tatsächliche und besondere Lage in Mexiko völlig verkennende Frau bot ihre ganze temperamentvolle Beredsamkeit auf. Sie wies dabei auf die Abdankung ihres Großvaters Louis Philipp und andere der europäischen Geschichte entnommene, aber auf mexikanische Verhältnisse unanwendbare Beispiele hin, um den mexikanischen Zuständen eine andere Beleuchtung zu geben. Ihre lebhafte Einbildungkraft verführte sie dabei zu den ausschweifendsten, alle Tatsachen übersehenden Kombinationen. Besonders ließ sie sich — jene Seite ihres Mannes recht gut kennend — angelegen sein, die moralische Wirkung und die Beurteilung eines solchen Rücktrittes in Europa recht ungünstig auszumalen. Sie wies sehr eindringlich darauf hin, wie der Makel der Feigheit, der Charakter- und Ehrlosigkeit auf ihm haften bleiben müsse, wenn er sich wegen der zur Zeit bestehenden Schwierigkeiten im Augenblicke der Gefahr zurückziehen würde. So sagt sie in ihrer, diese Frage betreffenden Denkschrift für den Kaiser: „Abdanken heißt, sich verurteilen, sich selbst ein Unfähigkeitszeugnis ausstellen und das ist nur annehmbar bei Greisen und Blödsinnigen, das ist nicht Sache eines Fürsten von 34 Jahren voller Leben und Zukunftshoffnung. Die Souveränität ist das heiligste Besitztum, das es unter den Menschen gibt, man verläßt den Thron nicht wie eine Versammlung, die ein Polizeikorps umschlossen hält. Im Augenblick, wo man die Geschicke einer Nation übernimmt, tut man dies auf sein Risiko, auf eigene Gefahr und hat niemals die Freiheit, sie zu verlassen. Ich kenne keine Lage, wo Abdankung etwas anderes wäre, als ein Fehler oder eine Feigheit, sie könnte nur notwendig werden im Falle eines gegen die Interessen, die man wahren muß, begangenen Verbrechens, eines in Aussicht stehenden lastenvollen Vertrages oder einer Gebietsabtretung: dann ist es eine Entschuldigung und eine Sühne, es könnte nie etwas anderes sein. Auch kann man noch abdanken, wenn man in den Händen des Feindes ist, um den Handlungen, die zu vollführen man gezwungen wäre, jeden legalen Charakter zu benehmen." [19])

Das hatte aber alles nur scheinbare Berechtigung. In Wirklichkeit lagen die Dinge ja ganz anders. Maximilian war weder von der mexikanischen Bevölkerung gerufen oder eingesetzt, noch war seine Regierung gewünscht. Er war und blieb den meisten Mexikanern ein fremder Usurpator. Aber was wußten denn Maximilian und Charlotte von den Hintergründen und Zwecken dieses Kaiserschwindels, bei dem sie nur die ihnen zugewiesenen Rollen zu spielen hatten? — Ihre Fähigkeiten mochten unzulänglich, ihre Kenntnisse der Verhältnisse mangelhaft, ihre Erwartungen sämtlich trügerisch sein, ihre Gesinnungen waren aber zweifellos anständig und ihre Absichten uneigennützig auf das von ihnen vielleicht falsch verstandene, aber doch erstrebte Wohl Mexikos gerichtet. Der Gedanke, als feige und ehrlos gebrandmarkt nach Europa zurückzukehren, wirkte bestimmender auf Maximilian als alle Einsicht in die Schwierigkeiten oder die Vorstellungen von drohenden Gefahren. An dieser Seite seines Charakters hatten noch alle ihn beeinflußenden Personen den Hebel angesetzt, wenn es galt, unlautere Absichten zu erreichen; wieviel mehr mußten solche, mit der ganzen Leidenschaft einer stolzen Seele vorgebrachten Mahnungen der eigenen und geliebten Frau wirken! So übersah Maximilian die Fehlerhaftigkeit und das Unzutreffende der geschichtlichen Vergleiche seiner Frau ebenso, wie er es bei jenen des Franzosen Pierron übersehen hatte. Als nun Charlotte außerdem noch erklärte, tatkräftig an der Behebung der Schwierigkeiten mitarbeiten zu wollen und sich erbot, wegen der für die Festigung des mexikanischen Kaisertums notwendigen Unterstützung persönlich mit dem französischen Kaiser zu verhandeln, entschied sich Maximilian noch einmal, auf dem von ihm bereits als wankend empfundenen Thron

---

[19]) Conte Corti a. a. O., 2. Band, Seite 32.

Der Zapoteke Benito Juarez

Nach einer zeitgenössischen Photographie

Der bedeutendste und indianische Präsident der mexikanischen Republik, dem selbst seine Gegner größte Ehrlichkeit in seinen Absichten zugestanden und der sich — allerdings als Freimaurer mit Unterstützung der Freimaurerei — gegen die Franzosen durchsetzte. Er beschlagnahmte den großen Kirchenbesitz zu Gunsten des Staates, errichtete Glaubens- und Religionsfreiheit und führte die Zivilehe ein.

Abdruck erfolgt mit Genehmigung des Karl May Verlages, Radebeul b. Dresden

Kaiser Franz Joseph I.

Der Bruder des Erzherzogs Ferdinand Max (Kaiser Maximilian von Mexiko). Zwischen ihm und Maximilian entstand eine wachsende Spannung. Nach dem für den österreichischen Kaiserstaat unglücklich verlaufenen Kriege mit Preußen im Jahre 1866 waren Bestrebungen im Gange, die auf Franz Josephs Abdankung und auf die Einsetzung des Erzherzogs Ferdinand Max hinzielten.

Graphische Sammlung München

Eine im Jahre 1870 erschienene satirische italienische Lithographie über den politischen Lebenslauf Napoleons III. (Bilderklärung umseitig)

Napoleon III. als Uhr

„Krieg" und „Frieden" hämmern wechselnd auf Europa und künden die Abschnitte im Wirken dieses Mannes. Seine Zeit beginnt mit

I
Er betätigt sich politisch als Republikaner.

II
Er wird Präsident der französischen Republik (die Darstellung als Bänkelsänger deutet auf die bonapartistische Agitation für das Kaiserreich hin, die selbst die Pariser Bänkelsänger für ihre Propaganda kaufte. Die Stelzen zeigen, daß er nicht auf eigenen Füßen steht).

III
Der 2. Dezember 1851 beziehungweise 1852. Er macht sich zum Kaiser und enthüllt sein wahres Ziel.

IV
Er beginnt den Krim-Krieg, der mit der siegreichen Erstürmung der Festung Sebastopol beendet wird.

V
Durch das Attentat des Carbonaro Orsini bedroht und durch freimaurerischen Einfluß veranlaßt, greift er, der selbst abtrünniger Freimaurer ist, in den Krieg Italiens gegen Österreich ein und verkündet die Einheit und Freiheit Italiens bis zur Adria.

VI
Er verbrüdert sich mit dem italienischen König Victor Emanuel und siegt bei Magenta und Solferino.

VII
Er ist jedoch jesuitisch gebunden und kann auf diesem Wege nicht mehr weiter; bricht den Krieg plötzlich ab und schließt trotz der Siege den Italien preisgebenden und schmählichen Frieden von Villafranca.

VIII
Er trennt Nizza und Savoyen von Italien. Der italienische Staatsmann Cavour muß dies hinnehmen.

IX
Er unternimmt die von den Jesuiten gewünschte mexikanische Expedition und zieht den mexikanischen Kaiserschwindel auf, der mit der Erschießung des Kaisers Maximilian endet. Der über die Augen gefallene Hut deutet an, daß er nicht mehr sieht, wohin ihn diese jesuitische Politik führt.

X
Er verhindert die Besetzung und Einverleibung des Kirchenstaates durch das geeinigte Italien und leistet dem bedrohten Papst Hilfestellung.

XI
Er beginnt, durch jesuitische Einflüsse angetrieben, den Krieg gegen Preußen-Deutschland. Darauf schlägt es

XII
und der mit jesuitischer Unterstützung errichtete Kaiserthron wird im September 1870 durch die Freimaurerei gestürzt. Frankreich wird wieder Republik.

zu verharren. Am 9. 7. 1866 verließ Charlotte Mexiko, um sich auf einem französischen Dampfer nach Europa zu begeben und — nicht wieder zurückzukehren.

Maximilian hatte sich angesichts dieser neuen Lage nochmals an Bazaine gewandt, um die entstandene Spannung zu überwinden. Er gab den früher verweigerten Forderungen des Marschalls auf bestimmte, eigentlich nur einem souveränen Staatsoberhaupt zustehende Rechte nach. Er hoffte, dadurch eine neue Angriffstätigkeit der Franzosen auszulösen, die angesichts der bedrohlich vorrückenden juaristischen Truppen notwendig war, wenn man sich behaupten wollte. Viele, bereits von den Kaiserlichen eroberten Provinzen waren völlig verloren gegangen und im nördlichen Teil des Landes, aus dem sich die Franzosen — die amerikanischen Truppen fürchtend — zuerst zurückgezogen hatten, wurde das Kaiserreich überhaupt nicht mehr anerkannt. Bazaine handelte jedoch weiter nach den von Paris erhaltenen Instruktionen und fuhr fort, die Truppen in der Richtung auf die Stadt Mexiko zusammenzuziehen und die Räumung des Landes planmäßig vorzubereiten. Hinter den abziehenden Franzosen besetzten die Juaristen ebenso planmäßig die Städte und Provinzen, weil diese nicht von den schwachen kaiserlich-mexikanischen Truppen verteidigt, geschweige denn gehalten werden konnten. Jetzt rächte sich die versäumte und von Bazaine sabotierte Aufstellung einer eigenen Macht durch Maximilian. Die eilig betriebene Vermehrung des kleinen mexikanischen Heeres stieß auf unüberwindliche Hindernisse. Ganz abgesehen von der trostlosen Finanzlage war die Werbung der Freiwilligen in Österreich und Belgien untersagt worden. Die Rekrutierung, erst recht die Vermehrung der kaiserlichen Truppen, wurde daher immer spärlicher, während sich Juarez der vollen Unterstützung der nahen amerikanischen Union erfreute. Das Verhältnis Maximilians zu Österreich hatte sich bis zu einer Spannung entwickelt, die es der Kaiserin Charlotte unmöglich machte, auf ihrer Europareise einen Besuch in Wien zu erwägen. „Daß die europäischen Monarchen sich vor unserer Nachbarrepublik, sie nicht kennend, in unverzeihlicher Schwäche beugen," — so schrieb Maximilian am 5. 7. 1866 an seine Mutter, die Erzherzogin Sophie — „werden sie einstens bitter bereuen.... Insonderheit war die österreichische Regierung durch die politische Lage gezwungen, mit unseren Freiwilligen in Triest auf eine Art umzugehen, welche Charlotten eine Reise nach Wien in diesem Augenblick unmöglich macht. Ähnliche Gründe sind in Brüssel vorhanden. Es ist dies auch ein hartes Opfer für die arme Charlotte, doch die Pflicht geht allem voran." Zweifellos hatte Maximilian mit seiner Warnung vor den Ausdehnungbestrebungen der Vereinigten Staaten in mancher Beziehung recht. Aber er kannte die tatsächlichen Verhältnisse auf dem amerikanischen Kontinent ebenso wenig und ahnte vor allem nicht, welche geheimen Ursachen dieses Eingreifen der Union in die mexikanische Angelegenheit hatte.

Nach der Abreise der Kaiserin verschlechterte sich die Lage zusehends. Selbst die belgischen und österreichischen Freiwilligentruppen erkannten aus Bazaines Verhalten, daß Frankreich das Kaiserreich fallen ließ. Die österreichische Niederlage von Königgrätz wirkte niederdrückend auf die Stimmung der Österreicher und beeinträchtigte Maximilians Ansehen als Bruder des geschlagenen österreichischen Kaisers. Unwillkürlich brachte man dessen Niederlage in Europa mit dem Niedergang des Kaisers von Mexiko in Verbindung. Die Disziplinlosigkeit mehrte sich, das Überlaufen zu den juaristischen Truppen nahm zu und Desertationen waren tägliche Vorkommnisse. Diese Zustände wurden durch schlechte Verpflegung, ausbleibende Löhnung und mangelhafte Ausrüstung der kaiserlichen Truppen nur noch schlimmer.

Durch neuerliche Briefe von Gutierrez und besonders auch durch die Berichte des statt Hidalgo jetzt in Paris wirkenden Almonte hatte sich Maximilian der konservativ-klerikalen Partei wieder ge-

nähert. Almonte versprach in diesem Falle Unterstützung an Geld
und Kriegsmaterial seitens Frankreichs und log, die französische
Regierung werde nach der Zurückziehung ihrer Truppen energisch
gegen die Intervention jeder anderen Macht in Mexiko — also
auch der Vereinigten Staaten — protestieren. Ob Maximilian
diesen Blödsinn geglaubt hat? — Der Brief zeugt jedenfalls davon,
mit welchen albernen Argumenten die gewissenlosen Kaiserschwindler ihn zum Bleiben zu veranlassen versuchten. Wenn Louis Napoleon wirklich solche Absicht gehegt hätte, so würde es eben nur
bei einem papierenen Protest geblieben sein. Denn, um solchen
Protesten Nachdruck und irgendeine Bedeutung zu verleihen, hätte
er auf eine kriegerische Verwicklung mit den Vereinigten Staaten
gefaßt sein müssen, die er ja gerade durch die Räumung Mexikos
vermeiden wollte. Es ist aber durchaus möglich und würde seiner
Lügenhaftigkeit entsprechen, wenn er etwas derartiges geäußert
hätte, so daß Almonte in diesem Falle ein betrogener Betrüger gewesen wäre und es dann nur seine Dummheit dokumentieren
würde, wenn er, anstatt Louis Napoleon hell ins Gesicht zu lachen,
solche albernen Äußerungen ernsthaft weitergab.

Die Beschäftigung des Kaisers mit Abdankungsplänen und die
ihm durch die Freimaurer dringend empfohlene Rückkehr nach
Österreich war für den Jesuiten Fischer zweifellos ein zwingender
Anlaß, sich wieder nach Mexiko zu begeben.[20]) Die Hintergründe
werden wir im nächsten Abschnitt bei der Betrachtung der damit zu-

---

[20]) Die Verbindung des Jesuiten Fischer mit Beust ist recht bemerkenswert.
Beust arbeitete bekanntlich vor dem Kriege 1870/71 an dem Abschluß eines fran-
zösisch-österreichischen Bündnisses gegen Preußen und betrieb nach Ausbruch
dieses Krieges umfassende Rüstungen, um noch an Frankreichs Seite in den
Krieg eintreten zu können. Nur die schnellen und entscheidenden Siege Preußen-
Deutschlands und die drohende Haltung Rußlands verhinderten die Ausführung
dieser Pläne. Beust wollte — wie er am 20. 7. 1870 an Metternich nach Paris
schrieb — „einen Damm aufrichten gegen jenes Überschäumen des Teutonismus,
welches Preußen, die protestantische Macht par excellence, in Deutschland hervorgerufen hat." Diese Äußerung kennzeichnet die Stellung Beusts besser als sein
gleichzeitig erfolgendes, der Zeitströmung nachgebendes, auch von Bismarck als

sammenhängenden Verhältnisse im preußisch-österreichischen Kriege aufzuhellen versuchen. Der Pater nahm seinen Reiseweg über Paris, wo er sich nach seinem eigenen, später an den österreichischen Kanzler Beust gerichteten Schreiben überzeugen konnte, daß Louis Napoleon Mexiko aufgeben würde und für Maximilian daher keine Aussichten auf Erfolg bestanden, aber desto größere Gefahren drohten.

Diese folgenschwere Entdeckung verheimlichte er jedoch zunächst ebenso, wie er den Kaiser über die Haltung der Vereinigten Staaten täuschte, obgleich er sich bereits gelegentlich seines ersten Aufenthaltes in New York überzeugt hatte, daß diese zu Gunsten des Juarez in Mexiko eingreifen wollten, falls sich Maximilian nicht zurückziehen würde. Auch dies geht aus seinem Brief vom 18. 10. 1865 hervor. Statt dessen schrieb er am 1. 7. 1866 nichtssagend aus Paris: „Ich bringe Euer Majestät zwar kein Konkordat mit," (na also!) „aber dennoch solche Vorschläge von Seiten des Heiligen Vaters, welche nach meiner Meinung zu einem schleunigen und günstigen Ende führen." Allerdings — ein merkwürdiger Doppelsinn liegt in diesem Satze, wenn man nämlich bedenkt, daß die Vorschläge des Paters zu dem „schleunigen und günstigen Ende" von Queretaro führen sollten. Dort hat Maximilian dann während seiner Gefangenschaft zu seinem Arzte Dr. Basch gesagt: „Pater Fischer hat mich mit dem Konkordate belogen und betrogen." Mit Recht fügt Dr. Basch hinzu: „In diesen Worten des Kaisers liegt das erschöpfende Urteil über diese Leistung des Paters."[21]) Aber diese Erkenntnis kam zu spät.

---

völlig belanglos bewertetes Auftreten gegen die Geistlichkeit. Dies war lediglich ein „acheronta movebo" (die Hölle aufrühren), um die angestrebte Tripelallianz Frankreich—Italien—Österreich gegen Preußen-Deutschland zu schaffen. „Die Aufkündigung des Concordats" — schreibt sehr richtig Wolfgang Menzel („Geschichte der neuesten Jesuitenumtriebe in Deutschland", Stuttgart 1873, Seite 453) — „durch die Beustsche Note vom 30. Juli 1870 war nicht ernst gemeint. Das scheinbare Aufgeben des Papstes sollte nur dazu dienen, Italien in die Tripelallianz hineinzulocken."

[21]) Dr. S. Basch: „Erinnerungen aus Mexiko", Leipzig 1868, 1. Band, Seite 99.

Während das Reisegeld für die Kaiserin Charlotte bei der trostlosen Finanzlage nur mit großer Mühe aufgebracht werden konnte, hatte der Jesuit in Rom monatelang herrlich auf Kosten des Staates gelebt und erholte sich nun obendrein in Paris von der „anstrengenden Arbeit" der von ihm geführten, völlig ergebnislosen Verhandlungen, bevor er die Reise in die gefahrvolle Heimat antrat. Nach dem, was wir von Fischers Vorleben wissen, war die Dirnenmetropole an der Seine der richtige Aufenthaltsort für ihn, wie sie es auch für den frommen Hidalgo gewesen war.

Alle hatten dem Kaiser falsche Angaben gemacht; nur der Freimaurer Eloin hatte ihn der tatsächlichen Lage entsprechend unterrichtet. Er konnte in diesem Falle aufrichtig sein, weil es der Freimaurerei daran lag — wie wir im nächsten Abschnitt noch sehen werden —, Maximilian auf annehmbare, sein Ansehen nicht beeinträchtigende Weise aus Mexiko zu entfernen. Der Jesuit dagegen mußte — auch diese Ursachen werden wir kennen lernen — schwindeln, weil er eben das Gegenteil erreichen wollte. Daher hielt es Fischer, in Mexiko angekommen, zunächst auch nicht für angebracht, den in jenen, von Almonte genährten trügerischen Hoffnungen weiterer französischer Unterstützungen lebenden Maximilian aufzuklären, obgleich er alles wußte. Dagegen gelang es ihm, — wir wollen, wie schon so oft, um nicht in den Verdacht der parteilichen Darstellung zu geraten, die Worte Conte Cortis wählen — „sich in solchem Maß in das Vertrauen des Kaisers einzuschmeicheln, daß langsam alle übrigen Ratgeber in den Hintergrund gedrängt wurden. Pater Fischer verstand nicht nur zu schmeicheln, sondern auch mit klugen Worten zu betören. Der Pater erkannte Maximilians geheimen innigen Wunsch, sich zu halten, und darauf bauend, setzte er ihm seinen Plan auseinander, wie er sich, selbst von den Franzosen verlassen, aus eigener Kraft mit eigenen Mitteln halten könnte. Diese Illusion bestach den Kaiser und schmeichelte seiner Eitelkeit. So hatte denn Pater Fischer gewonnenes Spiel.

Auch nach außen hin wurde seine Stellung klar, als er als Nachfolger Eloins zum kaiserlichen Kabinettssekretär ernannt wurde.
Wenig später war Pater Fischer in Mexiko allmächtig, die Periode
seines für den Kaiser verhängnisvollen Einflusses begann." [22]

Noch in Rom hatte der Jesuit selbst auf den unausbleiblichen
Zusammenbruch des Kaisertums hingewiesen, falls nicht eine wirksame Unterstützung seitens der Kirche erfolge. Sie erfolgte nicht.
Man hatte diese Feststellung Fischers im Vatikan stillschweigend zur
Kenntnis genommen und damit das Urteil gesprochen. Der Jesuit
mußte also — persönlich und amtlich — von seinem jetzt beginnenden, dieser Erkenntnis widersprechenden Handeln überzeugt sein,
da er ja nicht blödsinnig war. Folglich hatte er auch einen Zweck,
der mit dem später bei ihm vermuteten Streben nach dem Bistum
von Queretaro nicht ausreichend erklärt ist. Die so auffallende
Doppelzüngigkeit hat vielmehr eine Bedeutung, die noch zu klären
sein wird.

Der Freimaurer ging — der Jesuit kam, um dem mexikanischen
Kaiserdrama die letzte, überraschende Wendung zu geben und es zu
beenden, wie er es begonnen hatte.

---

[22] Conte Corti a. a. O., Seite 252.

ACHTER ABSCHNITT

DER WAHNSINN IM VATIKAN

―――

Die aufstrebende Macht Preußens, dessen König Wilhelm I. bekanntlich Freimaurer war und — wie Bismarck sagte — die „Pflichten gegen die Brüder mit einer fast religiösen Treue erfüllte", war nicht nur aus den äußerlich erkennbaren Ursachen und nicht nur für den österreichischen Kaiserstaat gefährlich geworden. Der römische Papst fürchtete bei einer weiteren Ausdehnung dieser Macht des protestantischen Nordens eine, seinen Interessen abträgliche Wirkung in Süddeutschland. Der Krieg zwischen Preußen einerseits und Österreich mit den Staaten des sogenannten „Deutschen Bundes" andererseits, hatte ausgedehnte jesuitische Hintergründe. Allerdings brach der Krieg durch Bismarcks genialen staatsmännischen Weitblick früher aus, als es von der Gegenseite vielleicht beabsichtigt war. Bismarck verstand es dabei, durch seine überaus geschickte Diplomatie Frankreich aus diesem Kriege herauszuhalten. Er hatte zu diesem Zwecke im Jahre 1865 in Biarritz eine gute Miene zu dem bösen Spiel Napoleons III. gemacht, der beabsichtigte, Luxemburg, Belgien und — wie er heimlich dachte — auch das linke Rheinufer Frankreich einzuverleiben. Diese phantastische Hoffnung, die völlige Unterschätzung Bismarcks, die bestimmte Erwartung einer preußischen Niederlage und die Enttäuschung über die noch nicht beendigte und fehlgeschlagene mexikanische Expedition, ließen Louis Napoleon im Jahre 1866, trotz der dringenden Vorstellungen seiner Frau, beziehungweise der sie beinflußenden Beichtväter von einer Beteiligung am Kriege gegen

Preußen absehen. Der klerikal eingestellte französische Außenminister Drouyn de Lhuys, dessen Bemühungen sich mit denen der Kaiserin vereinigt hatten, trat infolgedessen zurück. Dieses Mal wäre die Beteiligung indessen auch im französischen Interesse richtig gewesen. Es ist ein Beweis für die staatsmännische Unfähigkeit Louis Napoleons, daß er die Lage selbst nicht erkannte und zeigt eben, daß er nur eine Schachfigur in der Hand überstaatlicher Mächte gewesen ist.

Der französische Geschichteschreiber de Mazade führt eine von Johannes Scherr übersetzte, vertrauliche und bezeichnende Äußerung eines süddeutschen Fürsten aus dem Jahre 1869 an. Dieser hohe Herr von „Gottes Gnaden" hatte sich einem Franzosen gegenüber wegen der im Jahre 1866 ausgebliebenen französischen Hilfe beklagt und u. a. gesagt: „Warum hat Ihr Kaiser uns den Preußen preisgegeben? Warum hat er die Herstellung des Norddeutschen Bundes geduldet, welcher eine beständige Drohung für Frankreich und Europa ist? Preußen hat schon lange von alledem geträumt; es wird nicht inne halten auf seinem Wege, sein Ehrgeiz geht weit. Ich hoffe, daß es nicht zur Verwirklichung seiner Absichten kommen wird. Wir werden versuchen, dieselben zu vereiteln; aber ihr müßt uns dabei helfen. Gedenken Sie dessen, was ich Ihnen jetzt sage, und teilen Sie es Ihrem Kaiser mit. Er soll sich bereit machen, an dem nämlichen Tage, wo er den Krieg anheben will, den Rhein zu überschreiten. Der geringste Erfolg von eurer Seite wird die Südstaaten bestimmen, mit euch zu marschieren. Wenn ihr aber zaudert, wenn ihr Preußen den Vorteil des Angriffs laßt, so seid ihr sicherlich verloren; denn wir werden dann genötigt sein, mit Preußen zu marschieren, und einmal soweit, können wir nicht mehr zurück." [1])

Wenn solche Ansichten noch im Jahre 1869 von regierenden Deutschen Fürsten vertreten wurden, so kann man die feindselige

---

[1]) M. Ch. Mazade: „La guerre de France", Paris 1875, 1. Band, Seite 51.

Stimmung ermessen, welche herrschte, als sich die Süddeutschen Staaten drei Jahre vorher tatsächlich mit Preußen im Kriege befanden. Es war also von dem im Hintergrunde wirkenden Beauftragten der überstaatlichen Macht des Jesuitismus in Deutschland gut vorgearbeitet worden. Falls Frankreich im Jahre 1866 in West- beziehungweise Süddeutschland einmarschiert wäre, während Preußen im Nordwesten gegen Hannover und im Südosten gegen Sachsen und Österreich im Felde stand, so konnte ganz zweifellos eine recht gefährliche Lage für diesen Staat entstehen. Es ist fraglich, ob Preußen einen solchen Dreifrontenkrieg überstanden hätte, zumal sein italienischer Bundesgenosse zu Lande bei Custozza und zur See bei Lissa entscheidend geschlagen wurde. Bismarck hat jedenfalls viele Jahre später in Varzin einmal zu dem französischen Botschafter de Courcel gesagt: „Ich begreife noch immer nicht, warum die französische Armee im Juli 1866, als wir in den böhmischen Engpässen steckten, nicht den Rhein überschritten hat. Und wenn ich von der französischen Armee spreche, so irre ich mich, eine einzige Division, 15 000 Mann hätten genügt! Das bloße Erscheinen Ihrer Rothosen im Großherzogtum Baden und in der Pfalz hätte ganz Süddeutschland gegen Preußen auf die Beine gebracht. Zu jener Zeit wären die prächtigen Truppen des Erzherzogs Albrecht, die nach Custozza von den Italienern nichts mehr zu fürchten hatten, zur Verstärkung der Armee Benedeks herbeigekommen. Dann waren wir verloren. Ich bin noch nicht einmal sicher, ob wir Berlin hätten decken können."

Falls diese Einkreisung also damals gelungen wäre, hätte der Papst seinen im Jahre 1870 an Italien verlorenen Kirchenstaat behalten und ebenso wäre die geplante Rekatholisierung des Nordens durch die, von Bismarck später aus dem Deutschen Reich ausgewiesenen Jesuiten begonnen worden. Die vor Gericht erwiesenen, zeitgenössischen Darstellungen Karl C. Ludwig Maurers zeigen u. a., daß bereits entsprechende Verabredungen getroffen waren, um die Protestanten Süddeutschlands mittelst einer organisatorisch durchzuführenden Hetze bei der katholischen Bevölkerung zu entrechten, ja teilweise sogar zu ermorden. Dadurch ist die jesuitische Mitwirkung bei diesem Kriege jedoch erwiesen.[2]) Im begreiflichen Zorn über die Zurückhaltung Napoleons und die dadurch herbeigeführte Niederlage Österreichs schrieb — laut „Logenblatt" Hamburg (Nr. 24 vom 12. 4. 1870, Seite 192) — das jesuitisch geleitete „Tiroler Volksblatt" etwas vorlaut: „....ein gekrönter Freimaurer (Napoleon III.) brüstet sich mit unerhörter Heuchelei als Beschützer des Heiligen Stuhles —."

Der überraschend schnelle und unerwartete Sieg Preußens machte diese Ketzerverfolgungen und die Ausführung anderer römischer Pläne unmöglich. „Il mondo casca" — „die Welt stürzt ein" — hatte der Kardinalsstaatssekretär Antonelli entsetzt und von seinem Standpunkt aus sehr verständlich ausgerufen, als die Nachricht von dem preußischen Siege bei Königgrätz im Vatikan eintraf. Damit siegte aber nicht allein Preußen, sondern auch das mit Preußen verbündete Italien erfuhr einen erheblichen Machtzuwachs. Dadurch wurde aber der Papst wiederum in seinem Kirchenstaat bedroht, während der Einfluß des romtreue Politik treibenden Österreichs in Italien gänzlich beseitigt wurde.

Der Brief einer Palastdame beleuchtet die in den Tagen nach der Schlacht von Königgrätz am französischen Hofe herrschende Stimmung: „Der gewöhnliche kleine Donnerstagempfang bei der Kaiserin" — so schreibt die Gräfin P. — „war an jenem Abend abbestellt worden, denn die Majestäten wollten allein sein. Die wenigen Hofdamen vom Dienst blieben im großen Salon der Kaiserin, einige Kammerherren und Ordonnanzoffiziere gesellten sich

---

[2]) Die Schrift Maurers wurde von General Ludendorff unter dem Titel „Geplanter Ketzermord im Jahre 1866" neu herausgegeben. Ludendorffs Verlag GmbH., München 19. Es waren übrigens auf Grund ganz bestimmter Nachrichten zu Beginn des Krieges 1870/71 in Frankreich ganz ähnliche Pläne gegen die Protestanten geschmiedet worden.

zu ihnen, man besah eine neue angekommene Sammlung von Aquarellen und blätterte in den Bildermappen, aber die Unterhaltung ging nur im Flüsterton. Es war noch nie so still gewesen in diesen Räumen, besonders nicht an einem Donnerstag, wo sich immer wenigstens 50 Personen aus der intimen Hofgesellschaft einzufinden pflegten und wo dann lebhafte Gespräche, Musik und Lektüre, auch wohl eine kleine Kartenlotterie miteinander wechselten.... An diesem Abend war indes von alledem nicht die Rede.

Der Kaiser saß bei seiner Gemahlin in ihrem kleinen Boudoir, das nur selten ein fremder Fuß, vielleicht mit alleiniger Ausnahme des Fräulein Bouvet, betreten durfte, denn die Kaiserin bewahrte dort ihre Privatkorrespondenz auf. Beide unterhielten sich angelegentlich, und die Kaiserin schrieb manchmal minutenlang, wie es schien, unter dem Diktat des Kaisers. Schon zweimal war ein maitre d'hotel an der halboffenen Flügeltür des Salons erschienen, um dem Kammerherrn du jour die Abendtafel anzumelden, aber dieser zuckte die Achseln und winkte ab. Die sechzehn bis zwanzig Gäste, gewöhnlich nur Herren, die das vielbeneidete Privilegium hatten, jeden Donnerstag an dieser Abendtafel teilzunehmen, warteten bereits im Vorsaale, und man sprach natürlich von nichts anderem, als von den außerordentlichen Erfolgen der preußischen Heere, von Sadowa, vom Rhein, von den Kompensationen usw. Endlich verließ der Kaiser das Boudoir, aber allein; die Kaiserin blieb zurück und kam auch nicht zur Tafel, sondern ließ sich allein servieren. Der Kaiser entschuldigte sich mit seiner bekannten Liebenswürdigkeit wegen der Verspätung und begab sich dann in den Speisesaal. Er war sehr schweigsam und nachdenkend und aß fast gar nichts. Da nach der Tafel diesmal kein Empfang stattfand, so zogen sich alle in der Stille zurück, und der Kaiser ging wieder zu seiner Gemahlin hinüber.

Noch um ein Uhr war Licht in seinem Kabinett, und kurz vor

Mitternacht trat die Schloßwache unters Gewehr, weil Niel und Mac Mahon angekommen waren."³)

Es ist durchaus verständlich, daß die Jesuiten alles unternahmen, um Eugenie nachdrücklich zu mahnen, ihrem Mann wenigstens noch nach Königgrätz die Kriegserklärung gegen Preußen abzuringen. Sie tat zweifellos alles, um dies zu erreichen. Diesmal waren ihre Bemühungen jedoch vergebens. Der persönlich kriegsunlustige, durch Krankheit und mexikanische Sorgen recht trübe blickende und in Lüsten erschlaffte Louis Napoleon fand eine seinen Friedenswünschen entsprechende Unterstützung durch den plötzlich wieder in Erscheinung tretenden Prinzen Napoleon. So blieb Louis Napoleon dem heftigen Drängen seiner Frau und seines Außenministers gegenüber, auf seine mit Bismarck gepflogenen Unterredungen pochend, fest. Am 11. 7. 1866 schrieb die in Paris matt gesetzte Eugenie an den österreichischen Gesandten Metternich: „Mein lieber Fürst, was wollen Sie, alles, was menschenmöglich ist, habe ich getan, man antwortet mir mit der Betonung der ungeheueren Verantwortlichkeit, die auf jenem lastet, der entscheiden muß, man ist nicht (kriegs-) bereit und will sich nicht in Abenteuer stürzen, da man nichts hat, um einer Kundgebung Nachdruck zu verleihen; mein Wort hat kein Gewicht mehr, ich bin fast allein mit meiner Ansicht, man übertreibt die Gefahr von heute, um sich besser jene von morgen zu verbergen.... aber ich vermag nichts mehr, weiß selbst nicht mehr, was vorgeht."⁴) Etwas später setzte sie mündlich hinzu, daß „es das Beste wäre, wenn der Kaiser auf einige Zeit wenigstens plötzlich verschwände." Das klang fast wie damals, als sie äußerte, ihren Mann „lieber ermordet als der ewigen Verdammnis preisgegeben zu sehen", was nüchtern und den derzeitigen Ereignissen entsprechend heißen muß, daß sie ihn lieber

---

³) Aus einem Briefe der Palastdame, Gräfin P., an Miß L. in Brighton bei Ebeling a. a. O., 3. Band, Seite 192.

⁴) Conte Corti a. a. O., 2. Band, Seite 157. Nach dem Briefe Eugenies in Metternichs Meldung nach Wien vom gleichen Datum.

einem freimaurerischen Attentat zum Opfer fallen, als antipäpstliche Politik treiben sehe. Ob sie mit dem „plötzlichen Verschwinden" nur einen Ausflug ins Lager von Chalons gemeint hat, oder noch auf andere Mittel sann, um ihn vor einer „ewigen Verdammnis" zu retten, mag hier auf sich beruhen. Auf jeden Fall hat Eugenie — selbstverständlich auf Anraten ihrer jesuitischen Ratgeber — Louis Napoleon damals zur Abdankung zu veranlassen gesucht, um — wie bereits einigemale und später im Kriege 1870 — die Regentschaft selbst und allein führen zu können.

Der alte Hausfreund der Gräfin Montijo, der vertraulich in den Tuilerien verkehrende Dichter Prosper Mérimée erzählt in den „Lettres à Panizzi", der Herzog von Persigny — d. h. jener am 2. 12. 1851 so freigebig gestohlene Banknoten austeilende Monsieur Fialin — habe einmal warnend zu Napoleon gesagt: „Sie lassen sich von Ihrer Gemahlin beherrschen, ganz wie ich. Ich aber opfere nur mein Vermögen, und ich tue das, um Ruhe zu haben, während Sie Ihr eigenes Wohl, das Wohl Ihres Sohnes, das des ganzen Landes opfern. Sie machen den Eindruck abgedankt zu haben. Sie büßen Ihr Prestige ein und entmutigen alle, die Ihnen verbleibenden treuen Freunde." Es ist möglich, daß sich Louis Napoleon zu einer Zeit, als die meisten seiner Spießgesellen vom 2. Dezember in ihrer Sünden Blüte hingerafft waren, diesen Rat zu Herzen genommen hat. Es ist aber ebenso möglich, daß er den Weisungen der wieder mächtig gewordenen Freimaurer folgend und auf deren Unterstützung bauend, an seiner neutralen Politik festhielt. Ausschlaggebend bei seinem Widerstand im Jahre 1866 ist aber wohl außer seinem, nach den mexikanischen Erfahrungen wachsenden Mißtrauen gegen die politischen Ratschläge seiner Frau, die Beeinflußung des Prinzen Napoleon gewesen. Der Prinz Napoleon — der Sohn des alten „Morgen-wieder-lustig"-Jérôme — haßte Eugenie nicht nur persönlich, sondern war geleitet durch einen Kreis bei ihm ein- und ausgehender Freimaurer und freimaurerisch ein-

gestellter Politiker. Diese bemühten sich, ihre Absichten und Pläne
durch den Prinzen ebenso durchzusetzen, wie die Jesuiten es mit
Hilfe der Kaiserin taten. „Im Palais royal" — so heißt es in dem
Buche „Der letzte Napoleon" — „unter der Präsidentschaft des
Prinzen Napoleon, strömten herbei und konspirierten gegen ganz
Europa alle Revolutionäre dieser Zeit.... Zur Seite dieser Rats-
versammlung von allen Verschwörern, gab es auch eine der Oppo-
nenten und aller ernstlichen Feinde des Kaiserreiches. Für diese
Freunde gab es im Palais royal stets zärtliche Aufnahme und
offene Tafel.... In diesem süßen Kreise der Vertraulichkeit pro-
phezeite man die Vertilgung des Papstes und der Priester und
feierte den Karfreitag mit frohen Toasten und Fleischspeisen." In
den Papieren, welche der Carbonaro Orsini nach seinem Attentat
auf Napoleon III. Miß Elisa Cheney in London hinterließ, fand
sich auch eine von Ebeling wiedergegebene Aufzeichnung einer
Unterredung Orsinis mit dem Prinzen Napoleon vom September
1855. Nach dieser, allerdings etwas phantastisch aufgemachten
Darstellung, hätte Orsini damals den Prinzen Napoleon aufge-
sucht und ihm als Republikaner im Namen Mazzinis das Angebot gemacht, an die Spitze der italienischen republikanischen Bewegung zu treten. Es wurde ihm unter Hinweis auf die bereits
erfolgten Attentate auch angedeutet, daß seinen Vetter Louis Napoleon für den gebrochenen Freimaurerschwur die Rache ereilen
werde. Ihm wurde das gleiche angedroht, falls er die italienische
Revolution verraten würde. Damals war der Prinz Lulu noch
nicht geboren und der Prinz Napoleon hatte berechtigte Hoffnung
auf die französische Thronfolge. Deshalb lehnte er das Anerbieten
ab.

Es ist möglich, daß der Freimaurer Prinz Napoleon irgendwelche, ihm durch seine Verbindungen bekannt werdende Absichten
von Mordanschlägen auf den Kaiser an diesen weitergegeben hat
und ihn damit in besonderer Abhängigkeit hielt. Es sind wohl kaum

auf ein Staatsoberhaupt so zahlreiche Attentate geplant, aber erfolglos ausgeführt, wie auf Louis Napoleon. Ein Umstand, der bei seiner Wandlung vom freimaurerisch geförderten Republikaner zum jesuitisch geleiteten Monarchen sehr begreiflich ist. Louis Napoleon erhielt aber meistens rechtzeitig Warnungen über diese größtenteils von der weitverzweigten Geheimorganisation „Marianne" [4a]) ausgehenden Anschläge, was ebenso unbegreiflich sein müßte, wenn er nicht über irgendwelche Verbindungen bis in diese Geheimorden hinein verfügt hätte. Vielleicht hat man daher auch gemeint, daß es sich bei diesen Veranstaltungen im Palais royal um ein abgekartetes Spiel zwischen den beiden „Vettern" gehandelt habe, das zu einem doppelten Zwecke gespielt wurde; einmal, um die sich dort versammelnden Personen auszuhorchen und zu überwachen und andermal, um den Eindruck einer Duldung und Pflege revolutionärer Gedanken und Erinnerungen von 1879 zu machen. So möglich es also auch an sich ist, daß solche, zu dem jesuitischen System des Bonapartismus passende Methoden für das Errichten dieser edlen Tafelrunde maßgebend gewesen wären, so **unmöglich** war jedenfalls der Prinz Napoleon für die geistige Führung einer solchen Scheinopposition. Dazu hätte es denn doch eines vollendeten Jesuiten bedurft! Dieser eitle Mann jedoch, der z. B. stundenlang damit beschäftigt war, sich vor dem Spiegel eine in die Stirne fallende napoleonische Haarlocke zu drehen, und der seinen berühmten Onkel, Napoleon I., wie ein schlechter Schauspieler kopierte, konnte solche getarnte Opposition nicht nur nicht leiten, sondern mußte allmählich selbst unter deren Leitung geraten. Es ist daher in der Wirkung ziemlich gleichgültig, in welchem Verhältnis der Prinz zu seinen republikanischen Freunden stand. Ein Zeitgenosse hat folgendes Bild von ihm entworfen: „Philosophischer Gleich-

---

[4a]) „Marianne" wurde nach dem Sturz des Kaiserreiches eine, die französische Republik darstellende symbolische Gestalt, welche im Jahre 1941 von der in Vichy residierenden französischen Regierung wieder beseitigt wurde. Alle Darstellungen dieser Gestalt wurden entfernt.

mut und zügellose Sinnlichkeit, seiner Epikuräismus und lächerlichste Eitelkeit, vereinigen sich in dem Prinzen. Demokratisch von Gesinnung, ist er tyrannisch im Gebieten; lässig bis zur vollsten Apathie, ist er auffahrend bis zur rohesten Brutalität, besonders Frauen gegenüber; er ist ein Verschwender und doch wieder ein Knicker, einer, der oft mit weiten Blicken mißt und in den gewöhnlichsten Dingen wieder nicht um die Ecke schaut, halb Idealist, halb Zyniker." [5]) Ein geeigneter Mann für die Freimaurerei!

Wie Eugenie ein Werkzeug der sie umgebenden Jesuiten, Priester und frommen Leute war, so wurde der Prinz Napoleon mehr und mehr zum Sprachrohr der sich bei ihm versammelnden und ihn beeinflußenden Freimaurer und demokratischen Politiker. Man konnte ihm, der sich als der echte Sohn des Bruders Napoleons I. ohnehin zur Thronfolge bevorrechtigt hielt, leicht einreden, bei einer durch bestimmte politische Ereignisse herbeizuführenden Abdankung Louis Napoleons, selbst Kaiser zu werden. Er hatte seiner Zeit die Prinzessin Clothilde, die Tochter des Königs von Italien, geheiratet, dessen Politik damals in scharfem Gegensatz zu der des römischen Papstes stand. Also auch von dort wurde er — besonders natürlich als im Jahre 1866 Italien auf Seiten Preußens kämpfte — zweifellos beeinflußt, auf jeden Fall für die Neutralität Frankreichs einzutreten.

Im Bewußtsein, eine Prinzessin geheiratet zu haben, versäumte der Prinz Napoleon keine Gelegenheit, um auf die merkwürdige Herkunft Eugenies hinzuweisen und durch die „Ritter" von seiner Tafelrunde die schwersten Verdächtigungen aussprengen zu lassen. Die haarsträubendsten Geschichten über das Privatleben Eugenies

---

[5]) Julius Walter: „Der rote Prinz" in der „Gartenlaube", 1877, Nr. 5, Seite 84. Der Prinz Napoleon war auch der Vorsitzende der im Juni 1867 in Paris tagenden internationalen Münzkonferenz, welche die Einführung der einheitlichen Goldwährung für ganz Europa beschloß und durchführte. Wir wissen ja heute, wozu diese, die Menschen „beglückende" Goldwährung gedient hat und von wem sie betrieben wurde. (Vergleiche Schumann: „Kriege der Milliardäre", Ludendorffs Verlag GmbH., München 19.)

sind auf solche Weise und in ganz bestimmter Absicht ins Volk getragen. So behauptete er z. B. auch, der kleine Lulu sei nicht das Kind Napoleons, sondern es sei von der Gräfin Montijo untergeschoben worden. Solche Gerüchte — ob begründet oder nicht, bleibe hier dahingestellt — wirkten natürlich um so glaubhafter, als der Tatsachenbereich aus dem Leben der Gräfin Montijo und ihrer Tochter nun wirklich recht eigenartige Ereignisse aufwies und Raum genug für solche Möglichkeiten bot. Jedenfalls gelang dem Prinzen Napoleon diese Gerüchtemacherei mühelos, denn — Shakespeare sagte schon ganz prachtvoll —:

> „.... Rumour is pipe
> Blown by surmises, jealousies, conjectures,
> And of so easy and so plain a stop
> That the blunt monster with uncounted heads,
> The still = discordant wavering multitude,
> Can play upon it." [6]

Am 15. 5. 1865 hatte der Prinz Napoleon — zweifellos veranlaßt durch freimaurerische Auftraggeber —, gelegentlich der Einweihung des Napoleon-Denkmals zu Ajaccio, eine durch ihre Opposition Aufsehen erregende Rede gehalten, welche die unter scharfer Zensur stehenden französischen Zeitungen nicht zu bringen wagten. Der Pariser Buchhändler Dentu erlitt wegen der Veröffentlichung dieser Rede eine Geldstrafe von 500 Frs. Der Prinz hatte dabei besonders auch — ganz im Sinne derzeitiger freimaurerischer Politik — gegen das von den Jesuiten erstrebte und mit Hinblick auf das Jahr 1866 wichtige Bündnis Frankreichs mit Österreich Propaganda gemacht. Er zitierte dann die Worte aus

---

[6] „King Henry IV.", second part (induction):
„...... Gerücht ist eine Pfeife,
Die Argwohn, Eifersucht, Vermutung bläst,
Und von so leichtem Griffe, daß sogar
Das Ungeheuer mit zahllosen Köpfen,
Die immer streit'ge wandelbare Menge
drauf spielen kann." (Übersetzt von Schlegel.)

dem Briefe, den Napoleon I. nach seiner Rückkehr von Elba an Benjamin Constant geschrieben hatte.⁷) Daran anschließend entwickelte er seinen Standpunkt und erklärte, den Forderungen der französischen Republikaner entsprechend und sehr verlockend: „Ich liebe die Freiheit, unter welcher Form sie sich zeigt, aber ich verhehle nicht, daß ich die Freiheit für alle wünsche. Ich will eine Politik, die allein von einer freien öffentlichen Meinung beeinflußt wird, von einer freien Presse und von freien Versammlungen, und keine Politik von Ministern, die dem Monarchen zumeist nur durch parlamentarische Intrigen aufgedrängt sind." Absichtlich den Konflikt Napoleons I. mit dem Papste aufgreifend, sagte er — wiederum ganz im Sinne der Freimaurer —: „Sieht man nicht, daß angesichts aller dieser durch das weltliche Besitztum des Papstes hervorgerufenen Kämpfe heutzutage allen Anhängern der Freiheit und des Geistes der Neuzeit darum zu tun sein muß, diese letzte Burg des Mittelalters zu erstürmen? In den Händen des Papstes ist und bleibt Rom der Herd der Reaktion gegen Frankreich, Italien und die bürgerliche Gesellschaft überhaupt. Das sind wahrlich seltsame Katholiken, welche die Zukunft der Religion von einer durch Gewalt in Rom aufrechterhaltenen weltlichen Macht abhängig machen wollen! Ich kenne keine für den Katholizismus gefährlichere, verletzendere, demütigendere Auffassung. Wäre es wahr, daß die Religion nur auf der Gewalt beruhen könnte; so müßte die Seele nicht bloß der Katholiken, sondern überhaupt aller aufrichtig religiösen Menschen in tiefe Trauer sich einhüllen."

Der zornige Pius beantwortete diese Rede — über deren Herkunft er nicht im Zweifel war — mit der bereits im vorigen Abschnitt erwähnten Allocution gegen die Freimaurer. Wenn er auch

---

⁷) Die Stelle lautet in Deutscher Übersetzung: „Teilen Sie mir Ihre Ideen mit; dieselben können mir nur willkommen sein: Freie Wahlen, freie politische Diskussionen und verantwortliche Minister, auch ich will das alles. Vor allem aber Pressefreiheit. Die Presse unterdrücken wollen, ist Unsinn." (Vergleiche Delord a. a. O., 4. Band, Seite 24 und 25.)

bereits früher verschiedene Kundgebungen gegen die Freimaurerei erlassen hatte, so war diese zweifellos die bedeutendste und heftigste.

Um den entstandenen peinlichen Eindruck zu verwischen, ließ Louis Napoleon, der „Beschützer des Papstes", das am 23. 5. an den „Sehr lieben Vetter" gerichtete Schreiben sogar am 27. 5. 1865 im „Moniteur" veröffentlichen. Es hieß da u. a.: „Das politische Programm, welches Sie unter die Ägide des Kaisers stellen, kann nur den Feinden meiner Regierung einen Dienst erweisen. Zu Aufstellungen, welche ich nicht zulassen kann, fügen Sie die Gefühle des Hasses und des Grolles, die unserer Zeit nicht mehr angehören." Als Antwort legte der so öffentlich gerüffelte „sehr liebe Vetter" seine innehabenden Staatsämter nieder und begab sich, nachdem es zuvor noch in den Tuilerien einen Krach gegeben hatte, in die Schweiz, bis am 28. 8. 1865 eine Versöhnung stattfand. Ein Jahr später trat der Prinz Napoleon dann an die Spitze der Opposition gegen Eugenie. Es wurde ihm leicht, Louis Napoleon mit dem Hinweis auf die verunglückte, von ihr veranlaßte mexikanische Expedition gegen ihre Politik einzunehmen und im Sinne freimaurerischer Politik und italienischer Interessen vom Kriege gegen Preußen zurückzuhalten. Die Bonapartisten haben später offen erklärt, daß der Prinz Napoleon den Sturz des Kaiserreiches systematisch vorbereitet und herbeigeführt habe, indem er dem Kaiser die liberalen Ideen und das Ministerium des Freimaurers Ollivier aufzwang, um dann den Thron selbst zu besteigen. Die ihn umgebenden demokratischen Politiker dachten natürlich niemals daran, ihn jemals zum Kaiser zu erheben, wie es sich der in den einfachsten Angelegenheiten „nicht um die Ecke schauende" Prinz gedacht hatte. Sie haben ihn nach Erreichung ihrer Zwecke nicht nur fallen gelassen, sondern noch obendrein beschimpft.

Der Prinz Napoleon trat natürlich — wenn er sich auch noch so sehr als Republikaner gebärdete nicht etwa grundsätzlich gegen die kaiserliche Regierung als solche auf. Er strebte ja selbst nach der

22 W. Löhde: „Ein Kaiserschwindel der ‚hohen' Politik"

Kaiserkrone. Er bekämpfte jedoch, von den mit ihm in engster Verbindung stehenden freimaurerisch ausgerichteten Politikern klug benutzt, die jesuitisch beeinflußte Politik der Kaiserin Eugenie. Das wäre für einen nicht zum kaiserlichen Hause gehörenden Minister recht schwierig, ja wahrscheinlich unmöglich gewesen. Um jedoch in Zukunft ganz sicher zu gehen, verstand man es, von jener Seite auch noch einen Juden mit dem Deutschen Namen Bauer als Karmeliter-Pater in den Tuilerien einzuführen. Dieser Bauer erschien im Jahre 1866 auf dem politischen Schachbrett. Er wurde auf Napoleons Veranlassung als Fastenprediger berufen, und es gelang ihm, sogar einer der Eugenie beeinflußenden Beichtväter zu werden. Nach dem Kriege von 1870/71 und der Erfüllung seiner ihm gestellten Aufgaben zog der Jude den Priesterrock wieder aus und lebte als reicher Mann mit einer Tänzerin von der Pariser Großen Oper zusammen, die er schließlich im Jahre 1899 noch heiratete. „Jene unglückliche Kaiserin" — so klagt der fromme und daher nur einseitig unterrichtete Franzose Drumont — „hat die Unbedachtsamkeit, einen solchen Ränkeschmied zu ihrem Beichtiger erwählt zu haben, teuer genug bezahlt". Er hätte sich trösten können. Auch mit einem anderen Beichtvater wäre der Krieg von 1870/71 gekommen, denn schließlich trieben alle Parteien durch Preßelärm und Boulevardgeschrei erhitzt zum Kriege. „Die Bonapartisten der alten Schule, weil sie das erbleichende ‚Prestige' des Empire mittels kriegerischer Erfolge aufzufrischen hofften. Die Jesuiterlinge, weil sie durch Besiegen des Deutschen Protestantismus den Protestantismus überhaupt tödlich treffen zu können erwarteten, Anhänger des althergebrachten Dogmas von der unbedingten Präponderanz Frankreichs in Europa wie Herr Thiers, weil sie die Macht und Größe ihres Landes nur sichergestellt sahen, wenn dasselbe lauter kleine und ohnmächtige Staaten zu Nachbarn hatte." [8]) Zu dieser Aufzählung Scherrs wäre noch hinzuzufügen — und die Frei-

---

[8]) Johannes Scherr: „1870/71", 1. Band, Seite 88.

maurer, weil Napoleon gestürzt werden sollte.⁹) Wir können an diesen Tatsachen den getarnten Kampf der beiden überstaatlichen Mächte gegeneinander recht gut erkennen. Der Freimaurer, Br. Prinz Napoleon, schrieb später, unsere Darstellungen von der zwischen der Freimaurerei und dem Jesuitismus schwankenden Stellung Napoleons III. bestätigend: „L'empereur (Napoléon III.), par crainte du partie clerical, que son entourage lui représentait comme très influent, n'osait abandonner le pouvoir temporel du pape à Rome et cependant, dans son opinion intime, il le condamnait." („Der Kaiser wagte nicht, aus Furcht vor der klerikalen Partei, welche seine Umgebung ihm als sehr einflußreich darstellte, die weltliche Herrschaft des Papstes in Rom preiszugeben, die er doch in seiner inneren Anschauung verurteilte.")

Nach dem, den Krieg zwischen Preußen und Österreich beendenden Waffenstillstand von Nikolsburg glaubte Napoleon als Ausgleich für das unterlassene Eingreifen teils durch Hinweis auf seine Preußen bekundete Haltung, teils durch Drohungen seine Ziele erreichen zu können. Mit der bestimmten Aussicht auf diesen zu erwartenden Erfolg, hatte er den ihn zum Krieg treibenden Außenminister zurückgewiesen. Er wollte aber auch das durch seine Tatenlosigkeit gesunkene Ansehen des Kaiserreiches nach innen und außen heben. „Von Nikolsburg nach Berlin zurückgekehrt" — so erzählt der französische Gesandte, Graf Benedetti, in seinem Buche „Ma mission en Prusse" — „ging mir in den ersten Augusttagen ein Vertragsentwurf zu, welchen ich dem Herrn von Bismarck vorlegen sollte. Dieser Entwurf beschränkte sich nicht mehr auf eine

---

⁹) Nach dem amtlichen Bericht des Konventes der französischen Freimaurer vom Jahre 1894 (Seite 389) erklärte der Hochgradbruder Gedaud: „Die Freimaurerei, das ist die heimliche Republik, ebenso wie die (französische) Republik nichts als die öffentliche Freimaurerei ist." Auf dem Konvent des Jahres 1924 (Bericht Seite 393) wurde erklärt: „Man hat schon einmal (im Jahre 1894) von der Höhe dieser Tribüne (d. h. dem Rednerpult des Konvents) gesagt: die Freimaurerei ist die heimliche Republik." (Vergleiche Sonderbericht der „Krakauer und Warschauer Zeitung" vom 10. 8. 1940.)

,Grenzberichtigung', sondern sollte Frankreich in den Besitz des rechten Rheinufers setzen, die Festung Mainz inbegriffen." Diese unverschämte Forderung kam — wie Benedetti sagt — aus Vichy, wo Napoleon eine Brunnenkur machte. Ganz geheuer scheint es dem gegraften Gatten der ehemaligen griechischen Sklavin auf diesem Wege zu Bismarck nicht gewesen zu sein. „Es ist bekannt," — so hat der Deutsche Reichskanzler am 2. 5. 1871 darauf zurückkommend im Deutschen Reichstag gesagt — „daß ich noch am 6. August 1866 in dem Fall gewesen bin, den französischen Botschafter bei mir eintreten zu sehen, um mir mit kurzen Worten das Ultimatum zu stellen, Mainz an Frankreich abzutreten oder die sofortige Kriegserklärung zu gewärtigen. (Hört, hört!) Ich bin nicht eine Sekunde zweifelhaft gewesen über die Antwort. Ich antwortete ihm: Gut, dann ist Krieg! (Bravo!) Er reiste mit dieser Antwort nach Paris; in Paris besann man sich einige Tage nachher anders und man gab mir zu verstehen, diese Instruktion sei dem Kaiser Napoleon während einer Krankheit entrissen worden. (Heiterkeit.)"

Man erkennt an diesem Vorgang, wie Eugenie mit ihren Jesuiten noch immer versuchte, allen diesen diplomatischen Aktionen ultimativen Charakter zu verleihen, um den Krieg doch noch im Jahre 1866 zu entfesseln. Während man französischerseits die Abtretung von Mainz forderte, trat das katholische „Mainzer Journal" ganz offen und sehr bezeichnend für die Fortsetzung des Krieges ein und erklärte am 19., 22. und 26. August 1866, daß Süddeutschland im Falle eines Krieges zwischen Frankreich und Preußen auf die Seite Frankreichs gehöre.[10]

Wenn auch der Krieg nicht kam, so konnte man nun aber wenigstens über die verletzte Ehre der „Grande Nation" lärmen und in

---

[10] Enno Kopperschmidt: „Jesuiten arbeiten", München 1940, Ludendorffs Verlag GmbH., München 19. In dieser empfehlenswerten Schrift ist außerordentlich reiches Material aus der Zeit von 1866—1872 zusammengestellt.

der Presse entsprechende Fanfaronaden loslassen, um damit das Volk in den künftigen Krieg zu treiben. Zweifellos hatte der großgezüchtete Dünkel von einem Frankreich gebührenden Übergewicht in Europa einen schweren Schlag erhalten. Aber das französische Volk war keineswegs von Preußen-Deutschland bedroht.

In diesen kritischen Tagen, als die politischen Spannungen eine wachsende Unruhe in den französischen Regierungskreisen erzeugten, als Minister, Generale und Botschafter eilfertig im Schlosse zu St. Cloud ein- und ausgingen, während die beiden dort gegeneinander wirkenden Parteien des Prinzen Napoleon und der Kaiserin Eugenie Napoleon III. von einem zum anderen Entschluß zerrten, traf folgendes Telegramm ein: „Ich bin heute in St. Nazaire angekommen, mit dem Auftrage des Kaisers, Euer Majestät über verschiedene, Mexiko betreffende Angelegenheiten zu sprechen. Ich bitte Sie, Ihre Majestät meiner Freundschaft zu versichern und an das Vergnügen zu glauben, das mir das Wiedersehen mit Euren Majestäten bereiten wird. Charlotte."

Das hatte in diesen aufregenden und entscheidenden Tagen in St. Cloud gerade noch gefehlt! Louis Napoleon war von dieser Ankunft derartig überrascht, „daß ihm die Zigarre ausging", wie Scherr dies auf seine bekannte Kettenraucherei anspielend, sehr niedlich ausdrückt. „Sacre nom de Dieu" — was war zu tun? — Er verfiel sofort auf den Gedanken, sich, seine eben überstandene Krankheit vorschützend, ins Bett zu legen, um dieser peinlichen Zusammenkunft aus dem Wege zu gehen. Dann war es erforderlich, die Kaiserin von Paris fernzuhalten. Daher antwortete er: „Ich erhalte eben die Depesche Euer Majestät. Leidend von Vichy zurückgekehrt, gezwungen das Bett zu hüten, bin ich leider außerstande Ihnen entgegenzufahren. Wenn, wie ich vermute, Euer Majestät zuerst nach Belgien gehen, werden Sie mir Zeit zu meiner Wiederherstellung geben. Napoleon." Er meinte in seiner Schlauheit, die Frau des von ihm so schmählich betrogenen Erzherzogs auf

solche Weise abschieben zu können. Es war vielleicht auch ein biß-
chen viel für ihn, nach der soeben durch Bismarck erhaltenen Abfuhr wiederum ein Eingeständnis seiner tatsächlichen Schwäche und
persönlichen Hilflosigkeit abzulegen. Aber die hartnäckige Charlotte ließ sich in dieser plumpen Form nicht abschieben. Sie kam
doch! Aber bei ihrer Ankunft waren nur der alte Gutierrez mit seinen Söhnen zugegen, weil die zum Empfang befohlenen Adjutanten und die kaiserlichen Hofkutschen — absichtlich oder zufällig, ist
schwer zu entscheiden — nach einem anderen Bahnhof bestellt worden waren. Die „Kaiserin von Mexiko" mußte also bei ihrer Ankunft in der Hauptstadt des alliierten „Kaisers der Franzosen"
allein und in einer gemieteten Droschke nach dem Grand Hôtel
fahren, wo sie Wohnung nahm. Ein schlechter Anfang der von ihr
übernommenen Aufgabe, der sie selbstverständlich sehr ungünstig
beeindruckte. Am 10. August, am gleichen Tage als der bei Bismarck hinausgeworfene Benedetti in Paris eintraf, machte Eugenie
ihren Besuch bei der Frau, welche mit ihrem Manne das Opfer
ihrer Idee, der „größten Idee des Kaiserreiches", geworden war
oder werden sollte. Man hat gesagt, daß sie sehr bewegt und ergriffen die Schilderungen und Vorhaltungen Charlottens angehört
habe. Wir wollen hoffen, daß sie noch so viel seelische Empfindung-
kraft besessen hat, wenigstens betroffen zu werden. Dadurch ist sie
natürlich nicht von der Verantwortung, diese Zustände herbeigeführt zu haben, irgendwie entbunden. Als sie aber merkte, daß
Charlotte unbedingt Louis Napoleon sprechen wollte, bemühte sie
sich, diese Zusammenkunft mit allerlei Ausflüchten zu verhindern,
so daß die erregte Charlotte schließlich drohte, eine solche Unterredung nötigenfalls erzwingen zu wollen. Sehr bezeichnend für die
Umstände sowohl, als für ihre scharfe und ungetrübte Beobachtung,
schrieb Charlotte nach dieser Unterredung: „Was mir auffiel war,
daß ich mehr von China weiß, als diese da von Mexiko wissen, wo
sie eine der größten Unternehmungen wagten, in die sich die fran-

zösische Fahne jemals eingelassen. Ich glaubte zu erkennen, daß die Kaiserin viel von ihrer Jugend und ihrer Kraft verloren hat, seit ich sie zuletzt gesehen, und daß irgendein eingebildeter oder wirklicher Druck inmitten all ihrer Größe auf Napoleon und seiner Gemahlin laste, den sie nicht mehr ertragen."

Am nächsten Tage mußte Louis Napoleon Charlotte wohl oder übel in St. Cloud empfangen. Mit aller Leidenschaftlichkeit trat sie für ihre Sache ein und brachte ihre Anliegen und Forderungen vor. Es muß sie eine große Überwindung gekostet haben, jenen Mann um Unterstützung anzugehen, der die Angehörigen ihrer Familie so erbittert verfolgt — und sich ihres Besitztums völlig ungesetzlich bemächtigt hatte. Hilflos saß Louis Napoleon der erregten Frau gegenüber. Er warf nur dann und wann verstohlene Blicke auf Eugenie, die ihn als Sprachrohr des Jesuitismus zu jener mexikanischen Unternehmung veranlaßt hatte. Ähnlich wie jener Adam der biblischen Legende, als er sich in jenem Garten wegen des genossenen Obstes verantworten sollte. Er konnte in diesem Falle ja auch sagen, „das Weib, was du mir zugesellt, verführte mich..." Conte Corti schreibt sogar: „Tränen rannen ihm über die Wangen. Endlich ermannte er sich, um der Kaiserin zu versichern, es hänge nicht von seinem Willen ab, er könne aber nichts tun." Er hatte Recht. Denn trotz aller scheinbaren Macht, trotz allem vorgetäuschten Glanze, war er ja schließlich auch nur eine armselige Figur in dem großen Spiel der beiden überstaatlichen Mächte, wie es der Kaiser von Mexiko war, und wurde wie dieser auf dem großen Felde der „hohen" Politik hin- und hergeschoben, gleich dem elfenbeinernen König auf dem Schachbrett.

Während dieser Unterredung in St. Cloud ereignete sich ein höchst merkwürdiger Vorfall, der Anlaß zu mancherlei Vermutungen gegeben hat. Die Aussprache, die bereits sehr lange währte, war teilweise recht erregt geworden. Plötzlich öffnete sich die Tür, ein Diener erschien mit einem silbernen Tablett und bot Charlotte ein Glas Orangeade an. Die Eugenie sehr nahestehende Hofdame Carette hatte ihn geschickt, weil sie — so wurde gesagt — von dem im Vorsaal wartenden Gefolge gehört hatte, daß dies in Mexiko Gebrauch sei. Zweifellos trank man in Mexiko — wie in heißen Ländern überhaupt — gerne zur Erfrischung ein Glas Orangeade. Daß man dies jedoch in den Tuilerien bei einem so wichtigen Besuch gerade in dem Augenblick für nötig hielt, wo unter sechs Augen besonders wichtige Angelegenheiten verhandelt wurden, und solche Unterredung in dieser Weise und aus diesem Grunde völlig unaufgefordert störte, ist ganz zweifellos erstaunlich. Charlotte war jedenfalls über diese merkwürdige und unerwartete Störung der Unterhaltung derartig überrascht, daß sie plötzlich der Gedanke durchzuckte, man wolle sie mit diesem Glase Orangeade vergiften. Es trat eine betretene Stille ein und es ist anzunehmen, daß jener Gedanke in ihren Zügen Ausdruck gewann. Sie wies die Orangeade wiederholt zurück, während sich Eugenie eifrig bemühte, sie zum Trinken zu veranlassen. Schließlich trank Charlotte.

Es ist bemerkenswert, daß beim Ausbruch der Erkrankung der Kaiserin der Gedanke, vergiftet zu sein und vergiftet zu werden, eine besondere Rolle spielte und daher ist es auch verständlich, daß man bei diesem seltsamen Vorfall an eine Vergiftung dachte; eine Vermutung, die unter den obwaltenden Umständen nur nahe lag. Erweisen ließe sich ein solches politisches Verbrechen natürlich sehr schwer oder überhaupt nicht, weil darüber keine schriftlichen Unterlagen vorhanden sind. Wer aber weiß, wie es seit je in der Politik hergegangen ist, daß man darin verstrickte Menschen sogar mittels vergifteter Hostien zu beseitigen suchte, der wird eine Vergiftung durch ein Glas Orangeade nicht unwahrscheinlicher finden, weil sie sich im 19. Jahrhundert und an diesem Hofe ereignet hätte, den wir bereits in mancher Beziehung als eine Räuberhöhle kennen gelernt haben. Die Tränen Louis Napoleons wären in diesem Falle sogar etwas verständlicher.

Nach dieser Audienz hatte Charlotte noch eingehende Unterredungen mit den französischen Ministern, auf deren ablehnende Stellungnahme Napoleon verwiesen hatte, um einer Erklärung auszuweichen. Von diesen Verhandlungen schrieb Charlotte am 22. 8. 1866 an Maximilian: „Ich habe alle Etats der Finanzkommission gesehen, auch Schmutz von Anfang bis zum Ende." Der Außenminister Drouyn de Lhuys konnte sich, um der Kaiserin zu gefallen, leicht im günstigen Sinne aussprechen; er hatte seine Entlassung bereits in der Tasche und wußte, daß er niemals in Verlegenheit kommen würde, das praktisch ausführen zu müssen, was er theretisch empfahl. Der Finanzminster, der Jude Fould, dessen sprichwörtliche Habgier Charlotte mit dem Hinweis auf die reichen Bodenschätze Mexikos zu reizen versuchte, log ihr alles mögliche von zu gewährenden Anleihen vor, während er tatsächlich ganz anders über die mexikanische Frage dachte. Am 14. 8. 1866 schrieb er an Louis Napoleon und setzte ihm, jede Unterstützung ablehnend, die Lage auseinander. Die klerikal-monarchistische Partei hätte sich nicht so tragfähig erwiesen, wie die mexikanischen Emigranten dies angenommen und behauptet hätten. Daher habe Maximilian sich auf die liberale Partei stützen müssen, die ihn jedoch verlassen und verraten hätte. Er stehe nunmehr ohne jede Unterstützung zwischen den Parteien, könne sich nicht mehr halten und infolgedessen auch nicht mehr in Mexiko bleiben. Er solle — so empfahl der Jude weiter — die Krone niederlegen und zu diesem Zwecke eine entsprechende Proklamation an die Bevölkerung erlassen. Dabei müsse er den Mexikanern sagen, daß sie sich geirrt hätten, als sie ihm den Thron anboten. Er solle nur noch bis zur Wahl eines neuen Regierungchefs die Ordnung aufrecht erhalten.[11] Der Jude machte also hier im großen und ganzen die gleichen Vorschläge, die der Freimaurer Eloin dann in seinem Briefe vom 17. 9. 1866 dem

---

[11] Französischer Text des Briefes in „Papiers secrets", Paris 1873, Seite 312—314.

Kaiser Maximilian von Brüssel aus machte und von denen wir noch hören werden. Diese Übereinstimmung in der Auffassung ist immerhin recht beachtlich.

Noch einmal erschien Charlotte völlig überraschend und unerwartet am 13. 8. 1866 in St. Cloud und setzte Louis Napoleon in die größte Verlegenheit, als sie im Verlauf ihrer Vorhaltungen auf die entscheidenden Stellen seiner von uns bereits angeführten Briefe an den Erzherzog hinwies, die seine jetzt gebrochenen Versprechungen einer unbedingten Hilfe und Unterstützung enthielten. Der auf diese Weise in die Enge getriebene Mann machte alle möglichen Ausflüchte und log, daß die Entscheidung über Mexiko ja noch nicht gefallen sei. In dem nach seinem geschichtlichen Hauptwerk im Jahre 1933 erschienenen, die Ereignisse zusammenfassenden Buche, hat Conte Corti die sich an diese Audienz anschließende Szene in freier Darstellung sehr eindrucksvoll geschildert, die wir daher geschlossen bringen müssen, um die Wirkung nicht abzuschwächen. Eugenie mußte einschreiten — so heißt es dort —, „um ihren Gatten von Charlotte zu befreien. Sie sieht, daß die unglückliche Frau schon ganz außer sich ist, und fürchtet neue peinliche Szenen. Mühsam bringt sie sie in ihre Privatgemächer hinüber, wo der Finanz- und der Kriegsminister warten. Nun beherrscht sich Charlotte nicht mehr. Sie schreit das heraus, was sie denkt: ‚Was ist es mit der Differenz des Nominales der mexikanischen Anleihe und der geringen Summe, die davon wirklich an Mexiko zur Auszahlung gelangte? Eure Bankiers und Finanzleute haben geschwindelt und gestohlen, ich will die Taschen kennen, die sich auf Kosten Mexikos mit Gold gefüllt haben![12] Und Bazaine, er hat uns und euch belogen und betrogen, seine Anordnungen haben zu der heutigen katastrophalen Lage geführt und das soll euer bester General sein? Wenn man sich in Paris zum Sturze des Kaisertums verschworen hätte, kein besseres Werkzeug hätte man finden können.' Fould ver-

---

[12]) Vergleiche die Angelegenheit mit Langlais Seite 248.

KAISER WILHELM I.

König Wilhelm von Preußen,
der spätere Kaiser Wilhelm I. als Freimaurer

Nach einem Gemälde in der Loge „Zum treuen Herzen" in Straßburg i. E.

KAISER FRIEDRICH III.

Der Kronprinz Friedrich Wilhelm von Preußen
und spätere Kaiser Friedrich III. als Freimaurer

Nach einem Gemälde in der Loge „Zum treuen Herzen" in Straßburg i. E.

sucht, sein Herrscherpaar in Schutz zu nehmen: ‚Euer Majestät haben nicht recht. Die Mexikaner vor allem haben gestohlen und betrogen. Was Euer Majestät da vorbringen, ist Undank', wagt er zu sagen. ‚Überall herrscht Mißtrauen und Intrige. Wenn die Dinge so weitergehen, müssen wir alles im Stich lassen.'

Da springt Kaiserin Charlotte vom Sitze auf. Sie vergißt ganz die Anwesenheit der Kaiserin Eugenie: ‚Wie, was ich sage, ist unwahr?', donnert sie, ‚also so weit treibt ihr die Frechheit? Nun pfeife ich auf Eure Sitte und Eure Etikette. Sie gehören auch zu all denen, die uns bewußt und mit Vorbedacht ins Unglück stürzten.' Der Kriegsminister steht wie zur Bildsäule erstarrt daneben. Kaiserin Eugenie kann sich nicht mehr helfen. Sie greift zu dem altbewährten Mittel jeder Frau, die nicht mehr weiß, was sie tun soll, sinkt in ein Fauteuil, schluchzt in ihr Taschentuch hinein und droht jeden Augenblick in Ohnmacht zu fallen. Unter allgemeiner höchster Bestürzung und Erregung geht man endlich auseinander." [13]

Ob sich dieser Auftritt nun gerade so abspielte, wie es hier geschildert ist, kann unerörtert bleiben. Jedenfalls ist mit dieser plastischen Darstellung die Lage und das Verhältnis der Persönlichkeiten zueinander ganz hervorragend gekennzeichnet. Die Spannungen waren unerträglich geworden und der sich feige hinter törichten Ausflüchten verkriechende Louis Napoleon mußte sich nun endlich zu einer Entscheidung — oder besser zu einer abschließenden Erklärung aufraffen; denn die Entscheidung war ja bereits gefallen, bevor Charlotte Mexiko verließ. Zu diesem Zweck traf er am 19. 8. 1866 nach vorheriger Anmeldung offiziell als „Kaiser der Franzosen" bei der „Kaiserin von Mexiko" im Grand Hôtel ein. Trotz der peinlichen Auftritte in St. Cloud versuchte die verzweifelnde Charlotte noch einmal, eine günstige Entscheidung herbeizuführen, indem sie Louis Napoleon vorschlug, das „Corps législatif" einzuberufen und gegebenenfalls aufzulösen. Sie wies

---

[13] Conte Corti: „Die Tragödie eines Kaisers", Leipzig 1933, Seite 299/300.

in diesem Zusammenhang darauf hin, daß die mexikanische Sache ja auch seine eigene Angelegenheit wäre und die Ehre Frankreichs dabei in Mitleidenschaft gezogen sei. Louis Napoleon lehnte alles frostig ab und verließ mit stummer zeremonieller Verneigung das Zimmer.

Während die enttäuscht zurückbleibende Charlotte mit ihren Gedanken und Plänen beschäftigt in Grübelei versank, erwachten in ihrer Seele die Regungen der alten, zwischen den Orléans und den Bonapartes herrschenden Feindschaft. Bald war aus der Kaiserin von Mexiko unter dem Eindruck ihrer Erlebnisse eine zorn- und haßsprühende Prinzessin von Orléans geworden. „Ich reise morgen früh von hier ab nach Miramar über Mailand," — schrieb sie am 22. 8. 1866 an Maximilian — „dies beweist Dir, daß ich nichts erreicht habe." Über Louis Napoleon schreibt sie, „für mich ist er der Teufel selbst und bei unserer letzten Unterredung hatte er einen Ausdruck, um die Haare in die Höhe stehen zu machen". Mag diese Charakterisierung Louis Napoleons auch nicht ganz richtig sein, denn der Begriff des „Teufels" hat ja als Merkmal eine ganz bestimmte Größe und eine, wenn auch Grauen einflößende Genialität — desto sicherer hat Charlotte jedoch getroffen, als sie schrieb: „.... seine Tränen waren falsch, wie seine Worte, alle seine Handlungen sind Betrug.... ganz aimabler Mephistopheles, hat mir sogar beim Abschied heute die Hand geküßt, aber es ist Komödie, denn ich habe ihn ein paar Mal durchschaut, daß mir noch schaudert, denn so etwas hat die Welt nicht erlebt, noch wird — aber le règne touche à sa fin — und dann wird man wieder atmen." Mit diesem Hinweis auf das bevorstehende Ende der Regierung Louis Napoleons hat Charlotte noch auf der Schwelle der sie bald umfangenden Nacht des Wahnsinns — eine unheilkündende Kassandra — eine Prophezeiung ausgesprochen, die sich fast genau vier Jahre später wörtlich erfüllte.

Am 23. 8. 1866 fuhr die Kaiserin in einem ihr zur Verfügung

gestellten Sonderzuge von Paris ab und begab sich nach Italien, wo sie herzlich begrüßt und zuvorkommend vom König und dem Kronprinzen empfangen wurde. Rechnete man hier vielleicht auch bereits mit einer Rückkehr Maximilians und seiner Thronbesteigung in Österreich? — „Das Königreich Italien" — schrieb Charlotte — „entsteht in wunderbarer Art und was frappiert, ist das Aufgehen der Revolution in einem neuen und kräftigen Nationalgeist." Und wie sie das Ende Louis Napoleons vorausverkündete, schrieb sie von Italien: „...... in meiner Ansicht wird Italien eine große Macht."

In Miramar überwand sich Charlotte, trotz der Vorfälle in St. Cloud und Paris infolge einer Depesche ihres Mannes nochmals an Napoleon zu schreiben. Man kann leicht ermessen, welche seelischen Kämpfe diesem Brief vorangegangen sein mögen, den die stolze Enkelin Louis Philipps von Orléans jetzt an den bonapartistischen Emporkömmling schrieb, dessen erbärmliche Charaktereigenschaften und nichtswürdige Handlungweise ihrem Stolz — von allen Geburts- und Standesvorurteilen abgesehen — eine volle Berechtigung verliehen. War die letzte Zeit in Mexiko bereits von nagenden Sorgen erfüllt gewesen, hatte während der Überfahrt brennende Ungeduld und quälender Zweifel an den geistigen und seelischen Kräften der unglücklichen Frau gezehrt, so waren die sich steigernden Aufregungen in Paris und die damit verbundene Schlaflosigkeit und Unruhe für den Zustand ihrer überreizten Nerven höchst gefährlich geworden. Zu der niederschmetternden Enttäuschung über den Mißerfolg, zu dem beleidigten Stolz gesellte sich die verstärkte Sorge um den geliebten Mann, welche durch die drückende Bürde der Verantwortung noch vermehrt wurde, die sie auf sich genommen hatte, als sie ihn von der Thronentsagung zurückhielt. Anstatt Ruhe zu finden, zermarterte sie täglich und nächtlich Hirn und Seele, immer nach einem Ausweg suchend, wo nur der Rücktritt möglich war. Sollte sie jetzt nochmals als Bittstellerin

vor den verhaßten Mann in den Tuilerien hintreten? — Wie viel
schwerer mußte ihr das jetzt werden, nachdem sie ihn durchschaut und
auch mit ihrer Meinung nicht zurückgehalten hatte. In solcher verzweifelten Lage und unter diesen quälenden Überlegungen tauchte
plötzlich der Gedanke bei ihr auf, den Papst wegen Hilfe und Unterstützung aufzusuchen. Der Gedanke war an sich folgerichtig. Louis
Napoleon und Pius IX. hatten gemeinsam das mexikanische Kaisertum gewollt. Der eine gab die Truppen, der andere den Segen
und beide waren an diesem Kaisertum interessiert gewesen. Allerdings war es zwischen Maximilian und dem Papst dann zum Bruch
gekommen. Aber dieser Bruch — so mochte Charlotte meinen —
konnte doch wohl bei dem Stellvertreter jenes „Gottes der Liebe"
ausgeglichen werden, und das hoffte sie bewirken zu können. Sie
hatte zwar selbst die Unversöhnlichkeit des Vatikans kennen gelernt.
Sie hatte aber auch bereits von Mexiko aus durch den belgischen
Gesandten eine Annäherung anzubahnen versucht. Der Papst hatte
damals schriftlich geantwortet: „Mein lieber Gesandter! Ich bin
von den besten Absichten gegenüber der Kaiserin beseelt, die ich sehr
achte und schätze. Unglücklicherweise hat sie gewisse Maßnahmen
nicht verhindern können, die den Heiligen Stuhl in größte Verlegenheit setzen. Mit dem besten Willen kann ich in diesem Augenblick nicht die Gründe für den Zwiespalt zwischen Rom und Mexiko
zu Papier bringen, weil ich die Instruktionen noch nicht kenne, die
Herr Velazquez de Lèon wahrscheinlich in einigen Tagen erhalten
wird. Aber was ich Ihnen sagen kann, ist, daß ich alles, was ich
vermag, tun werde, um zu einem Arrangement zu gelangen, wenn
diese Instruktionen mir ein wenig zu Hilfe kommen." [14]

Wenn man die ihm aus seiner Jugend so sehr vertraute, den
Damen gegenüber geübte, nichtssagende Galanterie abrechnet, so
lautete die ablehnende Antwort Pius IX. auch hier, wie überall:
non possumus. Einen ähnlichen Eindruck hatte anscheinend auch der

---

[14] Conte Corti a. a. O., 2. Band, Seite 287.

belgische Gesandte, als er dazu meinte, man habe dem Papst geraten, die Konkordatsverhandlungen so lange hinauszuzögern, bis sich das Schicksal des Kaisertums entschieden habe. Der mexikanische Beauftragte hatte dann am 11. 8. 1866 sehr bezeichnend an Charlotte geschrieben, daß der Papst das Konkordat zwar persönlich wünschen würde, aber gesagt habe, es müsse nicht nur vom „Chefgeneral" (!!), sondern auch von den anderen „Generalen" genehmigt werden. Ein doppelsinniges Gleichnis, bei dem man zwar unter dem „Chefgeneral" den Papst selbst verstehen konnte, während man wohl den Jesuitengeneral meinte. Aber was wußte Charlotte von diesen Verhältnissen und den Plänen Roms? Sie entschloß sich, die von ihr seiner Zeit angeknüpfte Verbindung aufzunehmen und diesen Gang zum Vatikan zu tun. Er schien ihr immer noch leichter zu sein, als der Rückweg in die Tuilerien.

Ihre Briefe beginnen jetzt verworren zu werden und die Anzeichen des über sie hereinbrechenden Wahnsinns beschatten ihren hellen Geist, bis die Gedanken schließlich zusammenhanglos durcheinander wirbeln. Am 17. 9. 1866 feierte sie noch einmal in Miramar das Fest der mexikanischen Unabhängigkeiterklärung und saß als Kaiserin von Mexiko in strahlender Schönheit, mit dem Diadem geschmückt an der prangenden Festtafel.

Am nächsten Morgen reiste sie ab — nach Rom. Man weiß nicht, welche Gedanken das überreizte Hirn der bedauernswerten, hin- und hergezerrten Frau bewegten und welchen Erfolg sie sich von dieser Reise versprach, die sich unter besonderen Verhältnissen auch körperlich recht anstrengend gestaltete. „Hätte ihr aber Pius IX. nicht schon längst beistehen können" — so versuchte Conte Corti ihren vielleicht gehegten Zweifeln Ausdruck zu verleihen — „und hatte es doch nicht getan? Waren nicht gerade von kirchlicher Seite dem Kaisertum die größten Schwierigkeiten entstanden?" Schon zeigten und mehrten sich die Wirkungen der noch unerkannten geistigen Erkrankung. Aber auch die körperlichen Erschöpfungszustände nahmen zu, so daß man bereits erwog, die Reise abzubrechen. Bei ihrer ersten Audienz in den Tuilerien hatte Charlotte das ihr dort angebotene Glas Orangeade nur zögernd genommen, weil sie eine Vergiftung fürchtete. Der Gedanke, verfolgt und vergiftet zu werden, begann sie jetzt in zunehmendem Maße zu beschäftigen und sie ließ sich immer schwerer von ihrer Umgebung beruhigen. Überall mußten besondere Vorsichtmaßregeln getroffen werden, um sie vor befürchteten Anschlägen zu schützen. In diesem Zustand, von Nervenzuckungen und Herzklopfen befallen, ging es weiter.

Bleich und abgezehrt — das blasse Gesicht trat durch das schwarze Kleid noch mehr hervor — traf Charlotte eines Abends bei strömendem Regen in Rom ein. Eine vorgesehene Begrüßungsfeierlichkeit durch die vom Papst abgesandten Kardinäle war infolge ihres Befindens abgesagt worden. Bei düsterrotem Fackelschein fuhr die Kaiserin, einer nächtlichen Spukerscheinung ähnlich, durch die leeren, regenfeuchten Straßen in das Grand Hôtel. Dieser sonderbare Zug glich wahrlich mehr einem Leichenbegängnis als einem Staatsempfang, wie die junge Frau, die dort im Wagen saß, mehr die Erscheinung einer Toten als einer Lebenden darbot.

Um sich dem peinlichen Empfang zu entziehen und der unangenehmen Auseinandersetzung wegen der von ihm unbeabsichtigten Hilfe zu entgehen, hatte der „Stellvertreter Christi" — wie Louis Napoleon seine Frau — den Kardinalstaatssekretär Antonelli in das Hotel geschickt. „Eine volle Stunde blieb er bei ihr," — sagt Conte Corti — „er hielt ihr alle Sünden vor, die sich ihr Gemahl der Kirche gegenüber hatte zuschulden kommen lassen, um der erregten Kaiserin zu erklären, weshalb das Konkordat nicht zustande kam." Wie wir diesen Mann kennen, wird er auch nicht verfehlt haben, auf den „Finger Gottes" hinzuweisen, da die Hand der Menschen bei dem Kaiserschwindel und der Gestaltung des Schicksals des Erzherzogpaares so deutlich erkennbar war. Er kannte ja den Standpunkt, den Charlotte in Mexiko dem Nuntius gegenüber

vertreten hatte und so war es für den Priester naheliegend und
genugtuend zugleich, in bekannter Weise die Ursachen solcher
Wirkungen aus dem Bereich der Tatsächlichkeit in das sich einer
Nachprüfung entziehende Gebiet des Glaubens zu verlegen. Auf
den zerrütteten seelischen Zustand der unglücklichen Frau wirkten
solche Vorwürfe und Vorhaltungen natürlich verschlimmernd und
mußten ihre schwindende Nervenkraft noch weiter zermürben. Den
Vorschlag, irgendwie auf Napoleon einzuwirken, lehnte der Kardinal scharf ab. Ihm steckte noch der jüngst erlebte Schrecken von
Königgrätz in den Gliedern und er sah sich dem täglich mächtiger
werdenden Italien gegenüber, das immer bedrohlicher nach der
Stadt Rom und dem Kirchenstaat griff. In dieser politischen Lage
konnte man schon eher einmal auf die Hilfe Gottes als auf die der
Franzosen verzichten, wie sich dies im Jahre 1848 gezeigt hatte und
wie es sich dann auch im Jahre 1870 wieder zeigte. Daher tönte
Charlotte auch hier, wie in Mexiko, der bekannte, durch die Geschichte hallende Kehrreim entgegen: non possumus — wir können
nicht!

Am 27. 9. 1866 wurde Charlotte nach einem anstrengenden, von
Besuchen erfüllten Tage von Pius IX. mit der großen Ceremonie
im Vatikan empfangen. Es mag dem eigensüchtigen und überheblichen Priester, der nach dem „Observateur catholique" (Jahrgang 1866, Seite 357) von sich selbst sagte, „ich bin der Weg, die
Wahrheit und das Leben", eine Wollust bereitet haben, die jugendschöne und stolze Kaiserin, die seinem Nuntius so kühn und geistvoll entgegengetreten war, hilfesuchend vor sich knien zu sehen.
Aber diese beschämende Demütigung trifft — wie man mit ihren
eigenen Worten aus jenem Briefe an Eugenie sagen kann — „alle
Katholiken des Jahrhunderts"! Nach dem offiziellen Empfang zog
sich der Papst mit Charlotte in einen Nebenraum des Saales zurück und nachdem er sie — wie der Kirchenhistoriker Nippold
schreibt — „mit rohen Vorwürfen überhäuft hatte", brach bei ihr

23 W. Löhde: „Ein Kaiserschwindel der ‚hohen' Politik"

die Krankheit säh aus. Der erschreckte Pius rief seine Kardinäle herbei und von diesen geleitet, verließ Charlotte erregt den Vatikan.

Wir möchten die erschütternden Einzelheiten der geistigen Erkrankung, die mit einer zunehmenden Angst, von Napoleon oder Juarez verfolgt und ermordet zu werden, begann, nicht schildern. Die Behandlung der sonst so gütigen Frau wurde zur wachsenden Qual für ihre Umgebung. Die Züge ihres jugendschönen Antlitzes verfielen und neben den von Sorge und Kummer gezogenen Furchen machten sich die Spuren der Geisteskrankheit bemerkbar. In ihrer steigenden Angst, vergiftet zu werden, verweigerte sie die Aufnahme von Nahrung und von brennendem Durst und quälendem Hunger gepeinigt, verfiel sie auch körperlich zusehends. Bald erschien sie wieder unangemeldet im Vatikan, wo der Papst sie in Gegenwart zweier, schnell als Kammerherren verkleideter Ärzte empfing. Er mußte mit der in herzzerreißende Klagen ausbrechenden Frau frühstücken und seine Schokolade trinken. Ein Umstand, der für ihn recht lästig war, und dieses so behagliche Frühstück erheblich störte. Schließlich gelang es dem Kardinal Antonelli die Wahnsinnige ins Hotel zu bringen, indem er scheinbar auf ihren Wunsch, die ihr nach dem Leben trachtenden Leute ihrer Umgebung zu verhaften, einging. Die plötzliche Entdeckung, daß man die Schlüssel zu den nach der Straße gelegenen Zimmern abgezogen hatte, erregte die Kranke erneut und derartig, daß sie in den Vatikan flüchtete und erklärte, die Nacht dort verbringen zu wollen. Eine Frau im Vatikan nächtigen zu lassen, war — wenigstens seit Menschenaltern — für die Priester an sich schon eine seltsame Angelegenheit. Unter diesen Verhältnissen rief sie natürlich eine große Aufregung hervor. Es gelang aber nicht, die Kaiserin zu entfernen und so war man gezwungen, ihr in der Bibliothek ein Nachtlager herzurichten. Am nächsten Morgen bemühte man sich wieder, die arme Frau aus dem Vatikan fortzubringen. Der Kardinal Antonelli schlug ihr einen Besuch in einem nahegelegenen

Nonnenkloster vor, dessen Insassen schnell verständigt wurden. Es war bereits alles gut abgelaufen, als man die Klosterküche zeigte und meinte, ihr auch eine Kostprobe des Essens reichen zu müssen. Sie vermutete jedoch plötzlich Gift und rief triumphierend, daß sie die Absicht, sie hier zu vergiften, noch rechtzeitig erkannt habe. In der Küche niederkniend, dankte sie Gott für die wundersame Errettung. „Da sieht die heißhungrige Frau," — so schildert Conte Corti die nun folgende Szene — „die seit vierundzwanzig Stunden so gut wie nichts gegessen hat, in einem großen Topf ein Stück Fleisch. Noch ehe man sie daran hindern kann, fährt sie blitzschnell mit dem ganzen Arm in das siedende Wasser, reißt ein Stück Fleisch heraus und verschlingt es heißhungrig, während sich Arm und Mund mit Brandblasen bedecken. ‚Nur so', ruft sie, ‚kann ich nun endlich meinen Hunger stillen, denn das ist nicht vergiftet.' Erst dann merkt sie den rasenden Schmerz, den die Brandwunden verursachen. Eine wohltuende Ohnmacht umfängt sie, man holt Verbandzeug herbei, betreut die Wunden und schafft dann die Unglückliche schleunigst in den Wagen. Die Gardinen werden heruntergelassen und die Pferde ziehen an. Durch den Ruck erwacht die Kaiserin aus ihrer Ohnmacht. Sofort reißt sie die Vorhänge von den Fenstern. ‚Hilfe, Hilfe,' ruft sie gellend, ‚man will mich auf den Richtplatz bringen.' Inzwischen ist eine Zwangsjacke besorgt worden. Man wirft sie der Kaiserin über, und im Galopp entführt man sie der auf der Piazza zusammenströmenden neugierigen Volksmenge." [15])

Ihr Bruder, der inzwischen benachrichtigte und jetzt eintreffende Graf von Flandern, führte die Kranke unter Hilfeleistung von Ärzten und Pflegepersonal zunächst nach Miramar. Die Erkrankung erwies sich dann als unheilbar und man mußte Maximilian von der furchtbaren Tatsache in Kenntnis setzen.

---

[15]) „Die Tragödie eines Kaisers", Leipzig 1933, Seite 345.

NEUNTER ABSCHNITT

SCHÜSSE IN QUERETARO

———

Die Folgen der Niederlage von 1866 waren durch Bismarcks kluge, gegen den Willen König Wilhelms behauptete Zurückhaltung für Österreich nicht sehr schwerwiegend gewesen. Bei der scharfen Einstellung des Br. König Wilhelms gegen Österreich mögen freimaurerische Beeinflussungen wirksam gewesen sein. Bismarck war es jedoch nicht um die Ziele irgendwelcher überstaatlicher Mächte zu tun, sondern er dachte an die Lösung nationaler Fragen. Denn der Bruderkrieg hatte die Deutschen dieses Staatengebildes stark in Mitleidenschaft gezogen. Die sehnsüchtigen Gedanken von 1848, von einem großen, alle Deutschen Stämme umfassenden Reiche und das Bewußtsein der Deutschen Zersplitterung waren wieder geweckt worden, während die österreichische Regierung andere Wege ging und, sich mehr und mehr auf die fremden Nationalitäten ihres Staatengebildes stützend, mit Zwang und Gewalt regierte. Der Kaiser Franz Joseph war an sich nicht gerade beliebt gewesen und büßte durch diesen verlorenen Krieg bei den Deutschen des habsburgischen Kaiserstaates sehr viel von seinem Ansehen ein. Die Sympathien wandten sich naturgemäß mehr und mehr seinem volkstümlichen, in Mexiko weilenden Bruder zu. Bei Königgrätz war der gegenwärtige Franz Joseph mit dem Heer geschlagen, während der abwesende Maximilian durch die junge, von ihm ausgebaute und bis zu seiner Abreise geführte Flotte bei Lissa glänzend gesiegt hatte. Nach dem unvolkstümlichen Kriege von 1866 wäre die Lage mit geeigneten Mitteln wohl tatsächlich sehr leicht dahingehend zu beeinflussen gewesen, daß Maximilian, gestützt auf die Volksstimmung, den Kaiser Franz Joseph zum Rücktritt hätte veranlassen können, wie dieser seiner Zeit den Kaiser Ferdinand zur Thronentsagung zwang. Der Freimaurer Eloin versuchte daher, Maximilian auf eine gute und — vor allem — einwandfreie Weise von dem mexikanischen Unternehmen zu lösen und für die freimaurerischen Pläne in Österreich zu gewinnen. In einem Schreiben vom 17. 9. 1866 schlug er daher vor, Maximilian solle den endgültigen Abzug der französischen Truppen beschleunigt herbeiführen und sich dann mit einem entsprechenden Aufruf an die mexikanische Bevölkerung wenden. „Bleibt dieser Aufruf ungehört," — wie es leicht vorauszusehen war, so heißt es in jenem Schreiben aus Brüssel — „so wird Euer Majestät, nachdem Sie Ihre erhabene Sendung bis zum Ende erfüllt, nach Europa mit demselben Glanze zurückkehren, der Sie bei der Abreise umgab, und, inmitten der wichtigen Ereignisse, welche sicher nicht ausbleiben werden, wird Euer Majestät die Stelle einnehmen können, welche Ihnen in jeder Hinsicht zukommt.... Bei der Durchreise durch Österreich hatte ich Grund, das allgemein dort herrschende Mißvergnügen zu bemerken. Der Kaiser ist entmutigt; das Volk wird ungeduldig und fordert öffentlich seine Abdankung. Die Zuneigung zu Euer Majestät breitet sich sichtbar über das ganze Ländergebiet Österreichs aus. In Venedig ist eine ganze Partei bereit, ihren früheren Landeschef mit Zuruf zu empfangen; wenn aber eine Regierung über die Wahlen unter der Herrschaft des allgemeinen Wahlrechts verfügt, so ist das Ergebnis leicht voraus zu sehen."[1]) Mit Recht und **sehr** bezeichnend sagte Scherr von diesem Brief: „**Es ist ein merkwürdiges Aktenstück, dieser Brief, und er wirft grelle, fast unheimliche Streiflichter.**" (!)

Ob sich dies alles so verhielt, ob die Erwartungen Eloins eingetroffen wären, oder ob Maximilian nach dem jesuitischen Kaiser-

---

[1]) Der vollständige Brief bei Kératry a. a. O., Seite 219/20.

Schwindel in Mexiko einem neuen freimaurerischen — in Österreich zum Opfer gefallen wäre. kann dahingestellt bleiben. Tatsache ist jedenfalls, daß gelegentlich der Fahrt Franz Josephs nach Schönbrunn in der eisig schweigenden Menge plötzlich der Ruf laut wurde: Es lebe Maximilian! Gleichzeitig erwog Louis Napoleon, das ihm im Jahre 1866 von Österreich zur Entscheidung abgetretene Venetien statt an Italien an Maximilian zu geben. Darauf bezieht sich wohl jene Stelle in Eloins Brief. In Oberitalien war Maximilian aus der Zeit seiner Regentschaft außerordentlich beliebt und dieser Umstand ließ einen solchen Plan daher ausführbar erscheinen. Die wiederholten Schritte, die Maximilian wegen des Familienpaktes und dem ihm vor seiner Abreise nach Mexiko abgerungenen Thronverzichtes in Wien unternahm, lassen jedenfalls erkennen, daß er die Absicht, die Regierung in Österreich unter Umständen und auf irgendeine Weise zu übernehmen, nicht aufgegeben hatte. Wie er als Kaiser von Österreich gehandelt haben würde, ist natürlich nicht zu sagen. Auf jeden Fall hätte er Preußen gegenüber eine günstigere Haltung gezeigt. Der Prinz von Salm-Salm hatte in der letzten Zeit, nachdem Maximilian über Napoleon klar sah, in Queretaro verschiedene Unteredrungen mit ihm über die damals schnell wachsenden Spannungen in Europa. „Er (Maximilan)" — so schrieb der Prinz — „sprach auch über europäische Verhältnisse und seine Äußerungen über den Kaiser von Frankreich und die Franzosen waren keineswegs schmeichelhaft. Desto wärmer und teilnehmender sprach er sich über den Kronprinzen von Preußen aus und sagte mir, daß er im Fall eines Krieges zwischen Frankreich und Preußen denselben in Begleitung des Kronprinzen mitmachen wolle, vorausgesetzt, daß es nicht auch gegen Österreich gehe." [2]

Eine völlig entgegengesetzte Politik betrieb jedoch der österreichische Kanzler Beust, der auf ein Bündnis mit Frankreich gegen Deutschland hinarbeitete, um die jesuitischen Pläne, die im Jahre

---

[2]) Prinz Felix zu Salm-Salm a. a. O., Seite 65.

1866 zerschlagen waren, mit Louis Napoleon gemeinsam durchzuführen.

Unter diesen Umständen läßt sich jenes merkwürdige Verhalten des Jesuiten Fischer ganz einfach und widerspruchslos erklären und die Zusammenhänge der politischen Ereignisse in Mexiko mit denen in Europa werden in dieser Beleuchtung erkennbar. Sehr richtig hat Friedrich von Hellwald bemerkt: „Die Lage der Dinge in Europa hatte unterdessen eine rasche Änderung erfahren. Die Schlacht von Königgrätz — welche Österreich zu dem Frieden von Nikolsburg zwang — entschied auch über die Krone Maximilians. Seitdem Österreich nicht mehr durch eigene Kraft Preußen ein ausreichendes Gegengewicht in Europa bildete, vermochte das Tuilerien-Kabinett weitgehende überseeische Projekte nur mit einem großen Aufwande von Geld und Truppen zu verfolgen.... So hängt denn sichtlich das unglückliche Ereignis des Sommers 1866 in Nordböhmen mit dem Geschicke des Kaiserthrones in Mexiko zusammen." Um diese Zusammenhänge zu verstehen, mußten wir daher in gedrängter Kürze auf den preußisch-österreichischen Krieg näher eingehen und können den Faden jetzt dort wieder aufnehmen, wo wir ihn am Ende jenes Abschnittes aus der Hand legten.

Für Maximilian persönlich war der Jesuit unter den eingetretenen Umständen verhängnisvoller als der Freimaurer. „In jeder Hinsicht bedauerlich" — so schreibt selbst Graf Kératry — „war das Zutrauen, welches Maximilian dem Pater Fischer schenkte, welcher später eine so verhängnisvolle Rolle spielte; und sicherlich würde der Glaube des Herrschers nicht getäuscht worden sein, hätte er die Lebensgeschichte dieses zum Katholizismus übergetretenen früheren Lutheraners gekannt." Wenn der Franzose hier mit der Betonung jenes Übertrittes seine Kirche etwa zu entlasten gedenkt, so müssen wir sehr eindringlich darauf hinweisen, daß Fischer nicht etwa ein x-beliebiger Konvertit war, sondern als Jesuit einer sehr straff geleiteten katholischen Organisation mit besonderen politischen Aufgaben angehörte, die auch für ihn verantwortlich war. Aber „es ging ein Gemunkel um," — so schrieb der Zeitgenosse Johannes Scherr — „der Jesuitenpartei daheim in Österreich wäre sehr daran gelegen gewesen, die Rückkehr des ‚liberalen' Erzherzogs nach Europa zu verhindern, und der Pater hätte darauf abzielende Instruktionen gehabt." Scherr meinte zwar in seiner demokratischen Einstellung damals noch, „die österreichischen Jesuiten müßten ja noch dümmer sein als sie aussehen, falls sie nicht gewußt hätten, was es mit dem angeblichen ‚Liberalismus' des Prinzen auf sich habe". Allerdings vertrat Maximilian keinen „Liberalismus" wie ihn Scherr vielleicht im Auge hatte und der nicht etwa mit dem, was heute darunter verstanden wird, verwechselt werden darf. Dagegen geht aus den jetzt vorliegenden, Scherr noch unbekannten und von Corte Corti gebrachten Briefen, Akten und Urkunden doch wohl hinreichend hervor, daß der Erzherzog unter bestimmten Umständen und bei entsprechender Unterstützung, trotz seiner Achtung vor der Kirche und den vermeintlichen kulturellen Leistungen einzelner Jesuiten, den Bestrebungen des derzeitigen Jesuitismus in Österreich, ja, sogar darüber hinaus in Europa, sehr gefährlich, wenigstens sehr unbequem werden konnte. Das hatte seine oppositionelle Haltung in der Kirchenfrage, die durch die jetzt gemachten Erfahrungen zweifellos noch gefestigt worden war, hinreichend gezeigt. Maximilians Wort: „Wenn man mich zu sehr quält, stecke ich meine Krone in die Tasche und lasse mich zum Präsidenten wählen", ist nicht etwa völlig scherzhaft aufzufassen. Hellwald, der Johannes Scherr gerade wegen dieser Auffassung heftig angreift, hat sehr berechtigt darauf hingewiesen, daß „weitaus die größere Mehrzahl der Liberalen die Person Maximilians innig verehrte und sich glücklich gepriesen hätte, ihn an der Spitze der Republik zu sehen, ihn, den Fremden und zugleich den ersten ihrer Machthaber, der es mit dem Lande ehrlich gemeint".[3]

---

[3] v. Hellwald a. a. O., Seite 444/45.

Wenn die Freimaurer — und das zeigt der Brief und das Verhalten Eloins — Maximilian für „liberal" genug hielten, um mit ihm ihre geheimen Pläne in Österreich zu erreichen, so ist wohl anzunehmen, daß die Jesuiten aus dem gleichen Grunde von ihm eine Störung ihrer gegen Preußen-Deutschland gerichteten Wirksamkeit befürchteten. Zweifellos waren ihnen die geheimen freimaurerischen Absichten über einen Thronwechsel in Österreich bekannt geworden, die Maximilians fortgesetzte Verhandlungen wegen des Familienpaktes ja nur bestätigten. Unter diesem Gesichtspunkt überrascht auch das viele so befremdende Verhalten des österreichischen Gesandten in Mexiko, des Freiherrn v. Lago, nicht mehr. Dieser hat in seinen Berichten u. a. auf den Brief Eloins und die Thronfolge Maximilians in Österreich hingewiesen. Es ist dabei mehrfach festzustellen, daß die österreichische Regierung gerade diese Frage sehr ernst genommen hat und sehr besorgt an eine solche Möglichkeit dachte. Der Franzose Pierron schrieb auf Grund von Äußerungen jenes Gesandten am 7. 11. 1866 an Maximilian, daß die österreichische Regierung ihm den Aufenthalt in Miramar oder in Österreich untersagen wolle, falls er nach Europa zurückkehre. Eine offizielle Note würde darüber vorbereitet. Auch ein ihn zum Bleiben auffordernder Brief seiner Mutter, der Erzherzogin Sophie, war abgegangen, über den v. Lago dem Franzosen Dano Andeutungen gemacht hat, der aber später nicht aufgefunden wurde. Ob tatsächlich bestimmte Anweisungen in dieser Richtung vorgelegen haben, ist hier nicht so wichtig als die erfolgten Äußerungen des Freiherrn v. Lago, die Pater Fischer „brühwarm" übermittelt und von diesem sofort verwandt wurden, um Maximilian die Unmöglichkeit seiner Rückkehr nach Europa zu demonstrieren. Auf jeden Fall zeigen alle diese merkwürdigen Vorgänge, daß die jesuitisch beeinflußte österreichische Regierung und darüber hinaus natürlich auch die Mitglieder der kaiserlichen Familie unter dem Eindruck des durch recht merkwürdige Umstände bekannt gewordenen und in einer amerikanischen Zeitung veröffentlichten Briefes von Eloin, mit allen Mitteln gegen die Rückkehr Maximilians arbeiteten. Selbstverständlich hat seine Mutter, die zwar sehr ehrgeizig war, das tragische Ende nicht gewollt oder auch nur vorausgesehen, wenn sie ihm am 9. 1. 1867 in diesem Sinne auf die Zustände in Mexiko und den Familienkonflikt anspielend u. a. schrieb: „....Mir kamen die Tränen in die Augen. Der Kaiser" (Franz Joseph) „bemerkte sie, glaube ich, und erriet ihren Grund, denn er wandte sich rasch ab. Und doch muß ich jetzt wünschen, daß Du in Mexiko so lange ausharrst als möglich ist und mit Ehren geschehen kann." Am gleichen Tag schrieb der Erzherzog Ludwig an Maximilian: „.... So lange Du kannst nur bleiben, nur ausharren in Deiner jetzigen Stellung." Auf das Verhalten des Freiherrn v. Lago fällt noch ein besonderes Licht. Während er durch seine Äußerungen dem Pater Fischer bei dessen Bemühen, Maximilian in Mexiko zu halten — bewußt oder unbewußt bleibe unerörtert —, Hilfe leistete, versuchte er eifrig, den Eintritt der Österreicher aus dem aufgelösten Freikorps in die neuaufgestellte kaiserlich-mexikanische Armee zu verhindern und den Kaiser der so notwendigen militärischen Unterstützung zu berauben.

Wie groß die Macht der Jesuiten in Österreich damals war, zeigt die einfache Tatsache, daß Ende November 1866 eine Anzahl Wiener Zeitungen wegen einiger, von ihnen gebrachter Aufsätze gegen die Jesuiten verboten wurden. Der Jesuitenorden war in Österreich des Schutzes der Regierung Franz Josephs sicher,[4]) während die Freimaurerei auch in Österreich verboten war. Der Gegensatz zwischen Freimaurern und Jesuiten war im Jahre 1848 besonders klar hervorgetreten.

---

[4]) Es ist für diese Jesuitenwirtschaft kennzeichnend, daß selbst in dem frommen Lande Tirol bereits im Jahre 1860 u. a. folgendes Lied entstand und sogar heimlich gesungen wurde:

„Es geht ein finsteres Wesen um,   Es hat nicht Rast und hat nicht Ruh,
Es lächelt nicht, ist still und stumm,   Und hat ein bleich Gesicht,
Und schleichend ist sein Tritt.   Und drückt am Tag die Augen zu,
Das nennt sich Jesuit;   Als beiße es das Licht.

Wir müssen daher wiederholt fragen, sollte „der mit seltener Einsicht begabte Pater Fischer" — wie Kératry ihn gekennzeichnet hat — die völlig hoffnunglose Lage Maximilians in Mexiko nicht erkannt haben, als er ihn, alle seine Beredsamkeit aufbietend verhinderte, abzudanken und nach Europa zurückzukehren? — Wenn er aber die Lage erkannte — und sie war nicht zu verkennen —, aber dennoch so handelte, wie er gehandelt hat, so hatte er eben in Rom Instruktionen in der von Scherr angedeuteten Richtung erhalten! Nach der Rückkehr Fischers war die Lage in Mexiko nun gar derartig geworden, daß jeder sehen mußte: das Kaiserreich war verloren. Auch der Kaiser sah es und entschloß sich daher ganz richtig zur Abdankung. Trotzdem fuhr Pater Fischer in auffallendster Weise fort, Maximilian in ein Lügengewebe von günstigen Darstellungen, unerfüllbaren Versprechungen und unwahrscheinlichsten Möglichkeiten zu verstricken, zu dem offensichtlichen Zweck, ihn um jeden Preis in Mexiko festzuhalten. „Wenn diese Gaukelei dem modernen Jesuitismus auf Rechnung gesetzt werden dürfte," — so hat Scherr, von falschen Voraussetzungen ausgehend, von diesen dem Kaiser vorgeschwindelten Aussichten gemeint — „so müßte man nicht mehr sagen: dumm wie ein Hammel, sondern: dumm wie ein Jesuit!" Allerdings! — Wenn nämlich die Jesuiten je ernsthaft daran geglaubt hätten! — Aber wer sagt denn das? — So dumm war kein Jesuit, daß er den unausbleiblichen Zusammenbruch des Kaiserreiches auch nur einen Augenblick bezweifelte, oder gar die günstigen Darstellungen und Kombinationen Fischers als Tatsächlichkeiten ansah. Die Jesuiten waren nicht „so dumm wie Hammel" und folglich steckten ganz andere Beweggründe hinter dem Treiben ihres so klugen Paters Fischer! Wer den Lebens-

Es hat ein langes Trau'rgewand
Und kurz geschornes Haar,
Und bringt die Nacht in jedes Land,
Wo schon die Dämm'rung war.

Es wohnt in einem öden Haus,
Und sinnt auf neuen Zwang,
Und schaut es in die Welt hinaus,
So wird's der Menschheit bang."

Griesinger: „Das politische Welttheater", Jahrgang 1861, Seite 46.

wandel des Jesuiten Fischer und den Jesuitismus kennt, wird der naiven Auffassung des kaiserlich-mexikanischen Majors Wilhelm v. Montlong nicht beipflichten können, der ihn einen „treuen Diener des Kaisers" nennt und ihn gegen die damals bereits sehr richtig und sehr bezeichnend erhobenen Vorwürfe verteidigen zu müssen glaubte. Pater Fischer war — das wollen wir festhalten — Jesuit und konnte als solcher einzig und allein nach den in Rom empfangenen Instruktionen seines Ordens, beziehungweise des Jesuitengenerals handeln, wie es im Jesuitenorden gar nicht anders möglich ist. Die Jesuiten wünschten, den Erzherzog gerne beseitigt oder ihn doch wenigstens von Europa ferngehalten zu sehen. Ein Sieg Maximilians war zwar völlig ausgeschlossen und ein solcher lag — wie wir bereits gesehen haben — auch gar nicht mehr im Sinne Roms. Drohend stieg dagegen die ernste Gefahr seiner Rückkehr nach Europa, ja, sogar die Möglichkeit einer Thronbesteigung in Österreich mit einer Annäherung an Preußen-Deutschland auf. Man denke an die dem Prinzen Salm gegenüber gemachten Äußerungen über seine Teilnahme an einem Kriege gegen Frankreich und seine ausgesprochene Sympathie für den preußischen Kronprinzen, der bekanntlich Freimaurer war. Die Pläne des österreichischen Kanzlers Beust, mit Frankreich ein Bündnis gegen Preußen abzuschließen, wären durch eine Dazwischenkunft Maximilians zweifellos gefährdet gewesen. Damit wäre aber der zweite, von den Jesuiten gegen Preußen, gegen diese — wie Beust sagte — „protestantische Macht par excellence" beabsichtigte Schlag ernstlich gefährdet worden. Der erfolgreiche Ausgang jenes Krieges war jedoch für das Papsttum wie für den Jesuitismus nicht nur wichtig, sondern er war entscheidend für beider Zukunft. Nur weil der Krieg für Frankreich ungünstig verlief, verlor der Papst im Jahre 1870 seinen bisher in allen Unruhen erhaltenen Kirchenstaat.

Wie man sich die Entwicklung der Lage in Mexiko vorstellte, kann unerörtert bleiben. Aber „mit dem absoluten Königtum" —

so sagte Bismarck — „werden die Jesuiten immer gehen, mit dem absoluten Parlamentarismus auch, mit der absoluten Demokratie auch. Sie werden immer so schwimmen, daß sie dabei obenauf bleiben und eine gewisse Macht, vielleicht eine reichliche, mit ihrem stets steigenden Vermögen behalten". Diese Erkenntnis Bismarcks ist im Jahre 1925 erst wieder von katholischer Seite bestätigt worden, indem man über die katholische Politik schrieb: „Sie verbindet sich mit entgegengesetzten Strömungen und Gruppen und tausendmal hat man ihr vorgerechnet, mit welchen verschiedenen Regierungen und Parteien sie in den verschiedenen Ländern Koalitionen geschlossen hat; wie sie, je nach der politischen Konstellation, mit Absolutisten oder Monarchomachen geht; während der heiligen Allianz nach 1815 ein Hort der Reaktion und Feind aller liberalen Freiheiten, und in anderen Ländern dieselben Freiheiten, besonders Preßfreiheit und Schulfreiheit, in heftiger Opposition für sich beanspruchend; wie sie in europäischen Monarchien das Bündnis von Thron und Altar predigt und in den Bauerndemokratien schweizerischer Kantone oder in Nordamerika ganz auf der Seite einer überzeugten Demokratie zu stehen weiß.... Mit jedem Wechsel der politischen Situation werden anscheinend alle Prinzipien gewechselt, außer dem einen, der Macht des Katholizismus." [5])

Diese Kennzeichnung entspricht wiederum etwa dem Bilde, welches Johannes Scherr bereits im Jahre 1850 von dem Jesuitismus entwarf, als er in seiner „Deutschen Kultur- und Sittengeschichte" unter anderem schrieb: „In ewiger Proteuswandlung und dennoch stets dieselbe, führte sie (die Gesellschaft Jesu) den immerrastenden Krieg wider die Freiheit.... Der Jesuit war Gelehrter, Staatsmann, Krieger, Künstler, Erzieher, Kaufmann, aber stets blieb

---

[5]) Carl Schmitt: „Römischer Katholizismus und politische Form", mit Imprimatur München 1925, Seite 6—7. Hervorhebungen von uns. Hier wird auch, zur Zeit als die Freimaurerei noch existierte, festgestellt: „Der letzte europäische Gegner war die Freimaurerei." Man wußte also bereits deren Ende.

er Jesuit. Er verband sich heute mit den Königen gegen das Volk, um morgen schon Dolch oder Giftphiole gegen den Kronenträger in Anwendung zu bringen, weil bei veränderter Konstellation der Vorteil seines Ordens dies heischte. Er predigte den Völkern Empörung und schlug zugleich schon die Schafotte für die Rebellen auf.... Er führte in Südamerika das Beil und den Spaten des Pflanzers und gründete in den Urwaldwildnissen einen Staat, während er in Europa Staaten untergrub und über den Haufen warf... Er war Zelot, Freigeist, Kuppler, Fälscher, Sittenprediger, Wohltäter, Mörder, Engel und Teufel, wie die Umstände es verlangten...."

Ob man mit der Erschießung Maximilians durch die Juaristen oder mit seinem Tode bei einer Kampfhandlung rechnete, ob man ihm durch einen ruhmlosen Zusammenbruch in Mexiko als weggejagten und flüchtigen Kaiser[6]) in Österreich unmöglich machen oder ihn nur bis zur Beendigung des erwarteten Krieges gegen Preußen dort beschäftigen wollte, kann auf sich beruhen. Auf jeden Fall stehen wir hier vor Ergebnissen einer planvollen Arbeit der „hohen" Politik, einer Politik, welche die Menschen wie die Figuren auf einem Schachbrett setzt und schiebt, einer Politik, über deren Hemmungs- und Gewissenlosigkeit sich allerdings — wie Scherr zu diesem Fall bemerkte — „nur Schwachköpfe und Nichtkenner der Kirchengeschichte .... verwundern" können. „Wir müssen glauben," — so schrieb im Jahre 1867 Graf Kératry —, „daß Maximilian von einer schuldigen Faktion in den Tod geschleppt" ist! Diese nicht genannte „schuldige Faktion" deutet auf jenes von dem Jesuiten Fischer geleitete klerikal-konservative Konsortium, welches den Kaiser mit erlogenen Darstellungen in Mexiko zurückhielt.

---

[6]) Es ist bezeichnend, daß die Fürstin Metternich in einem Gespräch mit Eugenie über Maximilians Rückkehr äußerte, Österreich wolle nichts von einem Thronerben wissen, der auf einem anderen Thron versagt habe.

Louis Napoleon hatte in einem Briefe vom 29. 8. 1866 endlich einmal klar und brutal erklärt, er könne weiterhin weder Geld noch Truppen für Mexiko aufwenden und müsse die bisher dort operierende Armee zurückziehen. Er empfahl Maximilian nach dem Vorschlag des Juden Fould, abzudanken und unter dem Schutz der bisher noch in Mexiko stehenden französischen Truppen eine regierungbildende Nationalversammlung zu berufen. Sehr richtig hat Maximilians Arzt, Dr. Basch, dazu ironisch bemerkt: „Großmütig sollte nun der Schmerzensschrei Mexikos gehört werden, und Europa Gelegenheit haben, die Vielseitigkeit Napoleons zu bewundern, indem er zur Abwechslung die Gesellschaft auch einmal mit einer Republik beglückte." Aber auch die Franzosen waren sich bewußt geworden, mit Blut- und Geldopfern eine recht unsaubere Angelegenheit gefördert zu haben. „In diesem großen Schiffbruch" so klagt Bazaines Ordonnanzoffizier — „ging alles zugrunde, die Regeneration der lateinischen Rasse, wie die Monarchie, die Interessen unserer Nationalen, welche den Vorwand zum Kriege gegeben hatten, wie die französischen Anleihen, welche dazu gedient, dieses verhängnisvolle Resultat herbeizuführen. Auf der Oberfläche hatte sich bloß der einzige Anspruch Jeckers schwimmend erhalten, welcher zu zwölf Millionen gelangt war." [7]

Maximilian, unschlüssig wie immer, beriet sich mit seinen sogenannten „klugen Freunden", was jetzt zu tun sei. Zu diesen „Freunden" zählten nun zu jener Zeit der judenblütige Staatsrat Herzfeld und der Jesuitenpater Fischer. Dadurch kommt der bestehende Gegensatz — natürlich ganz zufällig — recht hübsch zum Ausdruck. Herzfeld empfahl, sofort abzudanken und nach Europa zurückzukehren, weil in Mexiko doch alles verloren sei und das Leben des Kaisers ernstlich gefährdet wäre, falls er nicht abreisen würde. Der Jesuit strebte indessen bei der jetzigen Haltung der Franzosen danach, die Besetzung des Landes zwar möglichst bald

---

[7] Graf Kératry a. a. O., Seite 307.

zu beenden — das lag auch im Bereich der jesuitischen Interessen hinsichtlich der Zuspitzung der Lage in Europa —, den Kaiser aber unter allen Umständen im Mexiko zurückzuhalten. Für Maximilian persönlich war der Rat Herzfelds sicher der beste und wir brauchen angesichts der Lage keineswegs an dessen Aufrichtigkeit zu zweifeln. „Pater Fischer dagegen" — so urteilt Conte Corti — „war ein Werkzeug der Geistlichkeit und der konservativen Partei; diese wirkten durch ihn auf den Monarchen und solcher Art spielte Fischer nunmehr die entscheidende Rolle in Mexiko. Der kleine, einst wegen mannigfaltiger Verfehlungen entlassene bischöfliche Sekretär fühlte sich sozusagen als Gebieter über Wohl und Wehe von Millionen von Menschen. Der Einfluß, den der Kaiser ihm einräumte, überstieg jedes Maß; dies stolze Gebäude mußte aber wie ein Kartenhaus zusammenfallen, wenn Maximilian Mexiko verließ." Es wäre durchaus mit ihm erteilten Instruktionen vereinbar gewesen, wenn den Jesuiten außerdem noch persönliche Gründe bei seinem Handeln leiteten. Umso zuverlässiger war er in dieser Angelegenheit als Werkzeug für die Ziele seines Ordens, der ihm das gute Gewissen dazu verlieh, falls er solche Ausrichtung überhaupt noch nötig hatte.

Maximilian hatte seine, dem Vorschlage Eloins entsprechende Absicht, die Entscheidung der Bevölkerung durch eine Abstimmung herbeiführen zu wollen, erklärend, am 5. 10. 1866 an Charlotte geschrieben: „Spricht die Nation für das Kaiserreich, so gehen wir mit legitimer freier Kraft in die Hauptstadt zurück und weihen und opfern uns für immer dem Lande; will die Nation eine andere Regierungsform, so ziehen wir uns würdevoll zurück mit dem reinen, erhebenden Bewußtsein, unsere Pflicht redlich getan zu haben.... In wenigen Wochen hoffe ich Dich, mein Lebensglück, an mein wundes Herz zu drücken! Dein Dir ewig treuer Max."

Da erhielt er am 18. 10. die erschütternde Nachricht von der geistigen Erkrankung seiner Frau.

Dieses entsetzliche Unglück konnte aber nur bewirken, daß er noch eiliger nach Europa zurückzukehren strebte. Ganz abgesehen von dem menschlich verständlichen Verlangen, seiner unglücklichen Gattin jetzt nahe zu sein, war ja nur die von ihr erwartete und betriebene Hilfe aus Paris und Rom die Veranlassung seines bisherigen Verbleibens gewesen. Man begann daher unverzüglich mit den Reisevorbereitungen und setzte sich mit dem Kommandanten der österreichischen Korvette „Dandolo" wegen der Überfahrt nach Europa in Verbindung. Da man fürchtete, Franz Joseph könnte die Einschiffung und Rückkehr auf einem österreichischen Kriegsschiffe untersagen, beorderte Herzfeld außerdem durch Vermittlung des Grafen Rességuier geheim einen Segler nach St. Thomas, der in diesem Falle Maximilian und sein Gepäck aufnehmen könnte. Man sieht an solchen Erwägungen, wie ernst die Lage in Österreich angesehen werden mußte. Maximilian diktierte indessen Dr. Basch folgenden Reiseplan: „Der Kaiser geht zunächst mit dem ‚Dandolo' nach St. Thomas, dorthin ist das von Rességuier bestellte Segelschiff, nachdem es alles Gepäck aufgenommen hat, zu senden. Von St. Thomas nach Gibraltar. Von dort telegraphieren, und wenn möglich, die Kaiserin nach Korfu bestellen. Kann die Kaiserin nicht kommen, so wird jemand von Miramar nach Korfu berufen. Das Segelschiff bringt alle Depeschen, die vor seinem Abgange eingetroffen, nach St. Thomas." Maximilian verließ die Stadt Mexiko und begab sich auf dem Wege nach Veracruz zunächst nach Orizaba. Der gesamte Hofstaat wurde entlassen. „Die Abdankung als solche" — so schrieb Dr. Basch — „kostete den Kaiser keinen Kampf mehr, nur sträubte sich sein Selbstgefühl dagegen, durch diesen Akt dem ganzen Lande gegenüber bekennen zu müssen, daß er ohne Unterstützung der Franzosen sich nicht mehr behaupten könne, und — daß er von Louis Napoleon sich habe täuschen lassen." — Eine durchaus verständliche Empfindung.

Um Maximilian eine günstige Volksstimmung vorzutäuschen,

hatte Fischer nach der Abreise aus der Stadt Mexiko veranlaßt, daß ihm in Orizaba ein besonderer Empfang mit entsprechenden Demonstrationen bereitet wurde. „Da man zur Organisation des Empfanges Zeit brauchte," — so schreibt Conte Corti — „hatte der Jesuit unter dem Vorwande, der Kaiser dürfe seines geschwächten Gesundheitszustandes wegen nicht zu stark ermüdet werden, durchgesetzt, daß man volle sieben Tage nach Orizaba unterwegs war. Nun klappte alles aufs Beste. Der Pater kannte die Empfänglichkeit des Kaisers für angebliche Äußerungen der Volksliebe, gerade im jetzigen Augenblick mußte der Eitelkeit des Kaisers und seinem Wunsche nach Volkstümlichkeit geschmeichelt werden, um ihn in jenen Seelenzustand zu versetzen, der allein Hoffnung bot, ihn zu einer Änderung seines Entschlusses zu bewegen." Aber auch diese psychologisch so gut berechnete und geschickt aufgeführte Komödie wirkte nicht mehr.

Der Entschluß, abzudanken und abzureisen, war während der Abwesenheit des Jesuiten Fischer gefaßt und auf eisriges Betreiben Herzfelds sofort ins Werk gesetzt worden. Der überraschte Pater bot jetzt alle Mittel auf, um die weitere Ausführung dieser Pläne zu verhindern und den Kaiser umzustimmen. Da er aber in Orizaba ziemlich allein stand und sein Einfluß unter dem Eindruck der Erkrankung der Kaiserin nicht mehr so unmittelbar wirkte, erschien plötzlich — natürlich ganz zufällig — der einen Urlaub antretende englische Gesandte Scarlett, von dessen Zusammenarbeit mit dem Jesuiten Fischer der in Orizaba anwesende Dr. Basch schreibt: „Ob Scarlett, indem er, wie ich aus direkter Mitteilung des Kaisers weiß, sich für das Verbleiben desselben aussprach, dies aus eigener Überzeugung tat, kann ich nicht mit Sicherheit behaupten; ich weiß nur, daß zwischen ihm und Pater Fischer stundenlange Unterredungen stattfanden, und daß das Resultat dieser Konferenzen ein langer Brief an den Kaiser gewesen ist, in welchem Scarlett, welcher übrigens bald darauf nach Europa abreiste, energisch die Abdankung widerriet." Da der Jesuit wußte, daß der Arzt einen gewissen Einfluß auf seinen Patienten nehmen konnte, suchte er auch diesen für seine Pläne zu gewinnen. „Er kannte meine Skepsis" — so sagt Dr. Basch — „und gab sich denn alle erdenkliche Mühe, mir zu beweisen, daß ich unrecht tue, wenn ich die Hilfsquellen seiner Partei gar so gering anschlüge. Er malte mir goldene Berge für die Zukunft vor; ich stellte ihm die nackte Wirklichkeit vor Augen."

Die Vorbereitungen zur Abreise nahmen ihren Fortgang, das Gepäck wurde bereits auf die im Hafen von Veracruz Kohlen nehmende und klarmachende Korvette gebracht. In seinen Briefen an Mexikaner gab Maximilian seinem Entschluß bereits offen Ausdruck, indem er die Wendung brauchte, „im Begriff, mich von unserem lieben Vaterland zu trennen usw.". Es mußte also gehandelt werden! Es gelang dem Jesuiten endlich, den Kaiser mit geschmeidiger Heuchelzunge zu bewegen, den die Abreise so unerschütterlich betreibenden Staatsrat Herzfeld, dessen Einfluß er sonst nicht zu beseitigen vermochte, im voraus nach Europa zu schicken, um alles für die Ankunft Maximilians vorzubereiten. Ja, er brachte es sogar fertig, daß Herzfeld keine Gelegenheit mehr fand, den Kaiser vor seiner Abreise noch einmal zu sprechen. Daher setzte dieser von der Habanna aus, in einem an Fischer gerichteten Briefe vom 5. 11. 1866 die Lage nochmals auseinander, indem er warnend schrieb: „Hochwürdigster Herr! Ich hoffe, daß Sie dieses Schreiben nicht mehr auf mexikanischem Boden trifft. — Jede Stunde Verzug wird zur furchtbarsten Gefahr. — Die Vorwände, unter welchen der Kaiser zurückbleibt, sind nichtig. **Fort, fort aus diesem Lande, das in wenigen Wochen der Schauplatz der blutigsten Bürgerkriege wird.** Von allen Seiten stürmt es. — Die Yankees fallen ein; Miramon prononciert sich in Campeche, der furchtbarste brudermörderischste Krieg entbrennt in Tagen. — Drängen Sie den Kaiser fort, um jeden Preis. — Ich habe dem

Kaiser gehorcht, weil meine Gegenwart nutzlos, ja schädlich wurde. — Ich bekam den Kaiser nicht mehr zu Gesichte; wußte nichts mehr, war plötzlich in Ungnade, ohne nur entfernt das Geringste verschuldet zu haben. Nur noch Stunden fehlten zur Erfüllung der Aufgabe, die ich mir in Europa gestellt und in Mexiko durch vier Monate mit Logik und Energie durchgeführt hatte. — Doch das bekümmert mich nicht. — Ich habe nie auf Dank gerechnet, nur die Freiheit, Sicherheit des Kaisers beschäftigt mich. — Ihnen ist nun die Vollendung des Werkes von der Vorsehung beschieden. — Retten Sie den armen, edlen Gebieter — Österreich, Europa, das kaiserliche Haus wird es Ihnen danken. — Seien Sie fest. — Lassen Sie sich nicht von Mexiko aus beeinflussen. Sie haben ihre Pflichten gegen Ihre Standesgenossen" (d. h. die Jesuiten) „treu erfüllt, erfüllen Sie nun die Pflichten der Religion, retten Sie den Kaiser, den Menschen. —

Ich erwarte in New York die Nachricht der Abreise und agiere dann auf eigene Verantwortung, wie es das Beste des Kaisers erfordert.

Unterstützen Sie mich, verteidigen Sie mich gegen ungerechte Anschuldigungen, wie ich es Ihnen gegenüber immer getan. Wissen Sie, daß ich von den Franzosen verhaftet werden sollte — das danke ich Pierron. — Leben Sie wohl, und gedenken Sie in Freundschaft Ihres ergebenen Freundes Herzfeld."[8])

Dieser Brief ist in mehr als einer Beziehung aufschlußreich! Er zeigt, daß der mit Fischer in Verbindung stehende Franzose Pierron sogar mit Verhaftungen drohte, um den Kaiser von allen unliebsamen Ratgebern zu isolieren. Herzfeld kannte aber — wie man sieht — den mutmaßlichen Verlauf der mexikanischen Ereignisse sehr genau und war mit dieser Kenntnis schon aus Europa gekommen. Er wußte weiter, daß es in Fischers Hand lag, Ma-

---

[8]) Brief vom 5. 11. 1866 im Wiener Staatsarchiv bei Conte Corti (2. Band, Seite 326/27).

ximilian zu retten, und daß er in der Erfüllung seiner den Jesuiten gegenüber eingegangenen Pflichten handelte. Wenn Conte Corti zu dem Brief schreibt, „Pater Fischer las den Brief mit stillem Lächeln und legte ihn beiseite", so ist dies sicher ein sehr vielsagendes Lächeln gewesen, dessen Deutung wir dem Leser getrost überlassen können.

Den Mahnungen und Warnungen völlig entgegengesetzt, begannen zunächst die bereits demissionierenden konservativen Minister auf Fischers Veranlassung den Kaiser zu bestürmen. Man wies auf die ihn in Österreich erwartende schmähliche Stellung hin, man stachelte sein Ehrgefühl, indem man nicht von „Abdankung", sondern absichtlich immer nur von „Flucht" sprach, man erregte sein Mitgefühl, indem man das Schicksal seiner Anhänger nach seinem Fortgang in gräßlichen Farben schilderte. Der Minister Lares erinnerte ihn an frühere und unter ganz anderen Voraussetzungen gesprochene Worte, daß er jedes Opfer bringen wollte, ja, er hatte sogar die Unverschämtheit, ihn auf jenen Eid hinzuweisen, den Maximilian bei der auf erschwindelten Abstimmungergebnissen beruhenden Annahme der Krone geleistet hatte. „Was würde die Welt sagen," — rief er pathetisch aus — „was die Geschichte, wenn er nicht erfüllt würde?!" Nun, die Geschichte würde gesagt haben, daß die Geschichten der klerikal-konservativen Partei und ihrer Auftraggeber keine Grundlagen waren, auf denen man eine Monarchie errichten konnte, und daß Maximilian recht getan hätte, den vorgefundenen Verhältnissen und seinen Erkenntnissen gemäß zu handeln und abzudanken. „Kein, auch nicht der geringste Vorwurf konnte ihn treffen," — so schrieb Fürstenwärther sehr richtig — „wenn er den Entschluß faßte, das Land zu verlassen, in welches er mit der redlichsten Absicht gekommen, wenn er diesen Entschluß, wie schon alles eingeleitet war, am 4. Dezember in Ausführung gebracht hätte.

Es sollte nicht sein. In Orizaba, mit der Erklärung zu bleiben, begann das blutige Drama, dessen Held Maximilian war, begann die Frucht der Intrigen und Verrätereien zu reifen, deren Opfer durch neuen Verrat der edle Fürst werden sollte."

Sehr erwünscht und sehnlichst erwartet traf jener bestellte Brief des Engländers Scarlett an den Pater Fischer ein, in welchem er sich ganz in dessem Sinne aussprach und vor einer Abdankung des Kaisers warnte. Dieser von Fischer triumphierend vorgelegte Brief, der wie das derzeitige Erscheinen des Schreibers dem Jesuiten merkwürdig gelegen kam, wurde tatsächlich der Anlaß, daß Maximilian die Weiterreise nach Veracruz zunächst einmal verschob. „Pater Fischer" — so schreibt Conte Corti — „sah darin ein günstiges Zeichen, vergnügt rieb er sich die Hände, er wollte und mußte siegen."

Rechtzeitig eintreffende Briefe und Ratschläge haben an bestimmten Abschnitten des Kaiserschwindels eine besondere Rolle gespielt. Es wird den Leser kaum überraschen, daß jetzt noch ein Brief des alten Gutierrez eintraf. In der gewohnten phrasenreichen Art suchte auch er Maximilian von der Abdankung zurückzuhalten. Er sprach mit großen Worten von Heldentum, Tradition des Hauses Habsburg, von Ehre und Beharrlichkeit. Er wagte es ebenfalls, sich auf die Geschichte berufend, an die Geschichte des von ihm aufgeführten Schwindels von Miramar zu erinnern. In gefahrvollen Augenblicken — so schrieb der alte G... roßsprecher aus dem sicheren Paris — müsse man sich dem Staate weihen (von dem er, ohne etwas dafür zu tun, behaglich lebte) und sich dem Vaterland widmen (das er wohlweislich mied). „Welcher General" — so heißt es in seinem Briefe — „verließe in der Stunde der Schlacht seine Befehlshaberstelle über das Heer aus einem privaten Grunde, welcher Natur er auch immer wäre? — Die Kaiserin habe ihre Gesundheit dargebracht, wie sie auch gerne ihr Leben geopfert hätte, alle Welt sei sich in Bewunderung darüber einig und würde dem Kaiser Beifall klatschen, wenn er den gleichen Opfermut zeigte. Dann würde

Napoleon III. im Granatfeuer bei Sedan
Gemälde von W. Camphausen

Mit Genehmigung von Franz Hanfstaengl, München

(Bilderklärung umseitig)

Napoleon III. im Granatfeuer bei Sedan

„Es gewinnt fast den Anschein, als hätte der Sohn von Hortense Beauharnais diesen letzten Tag seiner schon seit Wochen verblichenen Kaiserherrlichkeit nicht überleben wollen. Warum auch? — Er mußte ja merken, daß sein ‚Stern' im Begriffe wäre, in Blutlachen unterzugehen.... Die größenwahnsinnigen Träume seiner Jugend waren zur glänzenden Wirklichkeit geworden. Er hatte das knechtische Europa zu den Füßen des verlachten Abenteurers von Straßburg und Boulogne, des verachteten Schuldenmachers von London gesehen. Er hatte erfahren, wie hoch oder niedrig die Ehre der Männer und die Tugend der Frauen im Preise stände. Die menschliche Niedertracht hatte ihm die Überzeugung beibringen müssen, daß die Wahrheit ein Wahn und das Recht ein Wind wäre. Er hatte das Ei der Lust, der Eitelkeits- und Herrschsuchtsbefriedigung ausgeschlürft bis zum Grunde — fort mit der Schale. Sollte er noch weiter leben, um sich von demselben Menschenpack verfluchen zu hören, welches sklavenhaft vor ihm gekrochen war? — Nein!.... Schon um 6 Uhr zu Pferde, irrte Napoleon wie ein Gespenst mehrere Stunden lang auf der Walstatt umher.... Hier.... schlugen die Wurfgeschosse in seiner nächsten Nähe ein und töteten oder verwundeten Offiziere seiner Umgebung. Ihn selber traf keins, als ob die ‚geflügelte' Nemesis ihn mit Fittichen geschützt hätte, weil sie ihm den Tod auf dem Felde der Ehre nicht gönnen mochte." (Johannes Scherr: „1870—1871", 1. Band, Seite 410/20.)

es einen glorreichen Sieg geben und die Kaiserin vielleicht gesund wieder an seine Seite zurückkehren können. Wenn aber trotzdem alles mißlänge, dann hätte der Kaiser das Bewußtsein, alle menschlichen Mittel angewandt und seine Ehre ebenso wie jene seines erhabenen Stammes gewahrt zu haben." Sehr richtig urteilt Conte Corti, der diesen Brief vom 28. 10. 1866 aus dem Wiener Staatsarchiv inhaltlich wiedergibt: „Der Brief des Gutierrez war der Mentalität des Kaisers teuflisch geschickt angepaßt; er verfehlte seine Wirkung nicht."

Eine weitere wesentliche Hilfe, den schwankenden Kaiser umzustimmen, erwuchs Fischer, als der aus Europa eintreffende General Miramon mit dem General Marquez in Orizaba erschien und beide ihren Einfluß, ihre Hilfe und ihre angebliche Kriegserfahrung zur Verfügung stellten. Allerdings hatte Maximilian — wie Dr. Basch mitteilte — zunächst sehr richtig entgegnet: „Mit Generälen allein und seien es die besten, läßt sich kein Krieg führen. Hierzu sind auch Truppen und Geld nötig." Aber auch diese Einwände wußte man bald zu zerstreuen, indem man Truppenzahlen nannte, die nur auf dem Papiere standen, und von Geldmitteln log, die überhaupt nicht aufzubringen, geschweige denn vorhanden waren. Conte Corti bringt ein von ihm zuerst veröffentlichtes Schreiben eines Major Krickl vom österreichischen Freikorps, welches, vom 21. 11. 1866 datiert, die Lage außerordentlich gut kennzeichnet. Der Major schrieb:

„Der Kaiser befindet sich in Orizaba von lauter Abenteurern und Schwindlern umgeben, dermalen ganz in Händen der klerikalen Partei, die Generale Miramon und Marquez, die dieser Partei angehören, schmeicheln ihm mit trügerischen Hoffnungen. Der Kaiser ist unschlüssig, was er tun soll; mit den Franzosen überworfen; will er einen Tag wieder nach Mexiko ihnen zum Trotz zurückkehren, den anderen Tag will er sich einschiffen, alles dies vermehrt die hier herrschende Konfusion, — nach meiner Meinung wäre es am besten, er ginge, der Fall des Kaiserreiches kann wohl verzögert, jedoch nicht verhindert werden; denn der Kaiser hat es mit allen Parteien verdorben."

"Abenteurer und Schwindler" sind nun einmal überall und immer die Träger eines Schwindels. Daher sind auch die Veranstalter des mexikanischen Kaiserschwindels solche gewesen; nur steckten die ersten in glänzenden Uniformen, während die letzteren geistliche Gewänder trugen.

Den vereinten Bemühungen dieser "Abenteurer und Schwindler" gelang es schließlich, Maximilian durch geschickte Ausnutzung seiner von Fischer erspähten Schwächen umzustimmen und zu veranlassen, nach der Stadt Mexiko zurückzukehren. Dieser Triumph wurde am Abend vor der Abreise von dem Pater und den Ministern mit einem Gelage im engsten Kreise begangen, bei dem der reichlich fließende Sekt etwaige Gewissensskrupel und Bedenken hinwegspülte. "Der Kaiser aber täuschte sich," — schreibt Fr. v. Hellwald — "denn seine Minister haben ihm schlechte Dienste geleistet; sie hielten ihr Wort nicht, ihm Soldaten und Geld zu verschaffen und machten die Regierung verhaßt, indem sie die weltliche Macht unter das Joch der Kirche zu stellen versuchten." Zweifellos hat Maximilians besondere seelische Veranlagung bei dieser verhängnisvollen Wendung eine ausschlaggebende Rolle gespielt und den Personen seiner Umgebung ihr Wirken erleichtert. Nur mit einem so gearteten Manne war das ganze Unternehmen des Kaiserschwindels überhaupt nur möglich gewesen. Ganz abgesehen von den geschickten Täuschungen, mit denen man ihm die Wirklichkeit verschleierte, war aber auch jetzt der innerste und brennende Wunsch, sich in Mexiko zu behaupten, der Vater seines Entschlusses gewesen. Deswegen sind aber diejenigen nicht etwa entlastet, welche ihn mit kaltblütiger Berechnung für ihre Zwecke mißbrauchten und ihn so seinem Schicksal entgegenführten. Dieses Schicksal war ebensowenig die Folge seines eigenen Handelns allein, wie dessen Gestaltung völlig in der Hand der ihn umgebenden Personen lag. Es war das Ergebnis eigenen und fremden Handelns in ganz bestimmten Verhältnissen. Dabei fällt aber die teuflische Verschlagenheit jener ins Gewicht, die mit falschen Darstellungen und einer sich selbst verliehenen Bedeutung die Wahl der Gründe für das eigene Handeln dadurch verwirrten, daß sie die Tatsachen in eine trügerische Beleuchtung zu rücken verstanden.

Die Bemühungen der Franzosen, eine von ihnen beeinflußte republikanische Regierung zu bilden, hatten die Abdankung Maximilians zur Voraussetzung. Um diese zu erreichen, hatte Louis Napoleon seinen Adjutanten, den General Castelnau, eigens nach Mexiko gesandt, um im Sinne des Juden Fould mit Maximilian zu verhandeln. Maximilian hatte aber — durchaus verständlich — erklärt, er wolle nicht in den Gepäckwagen der französischen Armee nach Europa zurückkehren und das bereits recht schlechte Verhältnis zwischen den Franzosen und ihm war unter den wachsenden Schwierigkeiten von Tag zu Tag gespannter geworden. Der mit Fischer in Verbindung stehende Franzose Pierron, dessen Aufträge dahin gingen, Maximilian in Mexiko zu halten, deutete geheimnisvoll an, daß man französischerseits durch besondere Maßnahmen seine Abreise erzwingen wolle. Fischer hatte offenbar gemerkt, daß man durch Drohungen bei Maximilian nichts erreichte, sondern nur seinen Widerstand stärkte, und rechnete auf eine solche Wirkung, als er ihm diese Mitteilungen zutrug. Tatsächlich hatte General Castelnau von Napoleon mündliche Instruktionen in dieser Richtung erhalten. Außer der in freimaurerischer Richtung liegenden Absicht hatte eine solche Heimführung den nicht zu unterschätzenden Vorteil, daß Napoleon sein bisher so ängstlich gehütetes Prestige, das nicht mehr viele Erschütterungen vertrug, wahren konnte. Denn wenn Maximilian selbst abdankte, so war der Rückzug der Franzosen in den Augen der Welt eine selbstverständliche Folge dieses Rücktrittes. Niemand konnte den Franzosen dann Vertragsbruch vorwerfen oder behaupten, Napoleon habe den auf den Thron gesetzten Kaiser von Mexiko, vor den Vereinigten Staaten weichend, schmählich im Stich gelassen.

Am 10. 1. 1867 erhielt Castelnau jedoch von Napoleon folgende, ihn völlig überraschende Depesche: „Die Depesche vom 7. Dezember erhalten. Zwingen Sie nicht den Kaiser abzudanken; aber verzögern Sie nicht den Abzug der Truppen. Führen Sie alle, die nicht bleiben wollen, nach Hause." Bazaines Ordonnanzoffizier fragt erstaunt, „welches Ereignis hatte diese so unzweideutige Depesche veranlassen können?" Nun, zweifellos sind hier die jesuitischen Einflüsse am Tuilerienhof erkennbar. Hatten sich die Anweisungen Castelnaus unter Berücksichtigung der besonderen staatlichen französischen Interessen in dem überstaatlichen freimaurerischen, von dem Juden Fould und dem Freimaurer Eloin umrissenen Rahmen gehalten, so entsprach jene entgegengesetzte Depesche wiederum dem jesuitischen Wollen, das dahin zielte, Maximilian in Mexiko zu belassen, dagegen die französischen Truppen für den Krieg gegen Preußen-Deutschland schnellstens nach Frankreich zurückzuführen. Diesem Umstand trug die bereits am 10. 12. 1866 — also genau einen Monat früher — an Bazaine gerichtete Depesche Napoleons Rechnung, die nach Conte Cortis Übersetzung lautet: „Angesichts der schweren Komplikationen, die sich in Europa vorbereiten, habe ich mich definitiv entschlossen, das gesamte französische Heer wieder zu vereinigen. Demzufolge wird sich das Expeditionsheer ohne Aufschub mit Beginn des kommenden März einzuschiffen haben. Sie werden zusammen mit dem Gesandten Frankreichs und dem General Castelnau prüfen, ob es angezeigt ist, die Österreicher und Belgier auf unsere Kosten einzuschiffen."

Wir erwähnten bereits, daß der österreichische Gesandte von Lago die österreichischen Freiwilligen heimlich und offen bearbeitete, mit den Franzosen zurückzukehren. Auf diese Weise verlor Maximilian 3600 Mann österreichischer Truppen, die den Kern des kaiserlich-mexikanischen Heeres bildeten. In Anbetracht der jesuitischen Bestrebungen, Frankreich und Österreich gemeinsam gegen Preußen-Deutschland einzusetzen, sind diese, vielen Autoren so merkwürdig vorkommenden Vorgänge völlig verständlich.

Der Marschall Bazaine handelte indessen in freimaurerischem Sinne, wenn er dennoch alles aufbot, um Maximilian aus Mexiko zu entfernen. Ganz abgesehen von seinen Verhandlungen mit den juaristischen Generalen Porfirio Diaz und Riva Palacio, von der Veräußerung des französischen Kriegsmaterials und der Pferde der französischen Armee an juaristische Agenten und so weiter, stellte der Korrespondent der „Independence Belge", Herr A. de Thiers, fest, „daß Bazaine, am 22. Oktober 1866 um 5 Uhr nachmittags, dem ....., der vom Kaiser nach Mexiko berufen worden war, zwei am 27. Dezember 1866 in Paris zahlbare Wechsel auf den französischen Tresor übergeben habe, von welchen der eine, a 2 bezeichnet, auf 20 000 für ..... und der andere, a 5, auf 11 000 für ..... lautete und wofür? Damit diese zwei loyalen Diener durch ihren Einfluß, Rat und alle ihnen zu Gebote stehenden Mittel es dahin brächten, daß Maximilian abdanke und nach Europa zurückkehre." Wenn die Verhandlungen und Beziehungen des Marschalls zu den liberalistischen Führern zweifellos auf den Einfluß und die Vermittlung seines Schwiegervaters, beziehungweise auf die Lenkung durch seine junge Frau zurückzuführen sind, so ist hinter der Angelegenheit mit den französischen Schatzwechseln der Jude Fould zu erkennen. Ob eine jener, diese Wechsel empfangenden Persönlichkeiten Herzfeld war, ist nicht festzustellen, aber durchaus möglich. Thiers schrieb weiter: „Der Zug, der Bazaine bei diesem Geschäfte am besten charakterisiert, ist, daß er, als die Mission der beiden Österreicher fehlschlug, es für überflüssig fand, daß der französische Tresor diesen beiden Landsleuten, Freunden und Ratgebern des Kaisers ein Geschenk machte und daß er Zeit gewann, ein Telegramm nach Paris zu senden, infolgedessen die beiden, auf die geheimen Dispositionsfonds Bazaines zu Gunsten ..... und ..... ausgestellten Wechsel protestiert wurden. Der Tresor kann das Vorhandensein der beiden Wechsel nicht leugnen, ebensowenig den Befehl des Marschalls, ihre Auszahlung zu verweigern, da ich die Personen nunmehr kenne, die bei der Prolongierung dieser Wertpapiere zugegen waren." [9])

Bazaine erklärte Maximilian denn auch ganz in Übereinstimmung mit dem Staatsrat Herzfeld, daß er nach dem Abzuge der Franzosen ohne die geringste Aussicht auf einen Erfolg nur noch unvermeidlichen Gefahren entgegengehe. Selbst ein Hilfskorps von hunderttausend Mann könne nichts ausrichten, da die Vereinigten Staaten — d. h. in diesem Falle die Freimaurer — den Kaiserthron nie dulden würden. Der Pater Fischer, der ängstlich darüber wachte, daß Maximilian isoliert blieb, schnitt daher auch die, wenn auch noch so lockere Verbindung mit den Franzosen schleunigst ab, indem er einen von Bazaine an den Kaiser gerichteten Brief mit einer brüskierenden Antwort zurückschickte. Wenn der Graf Kératry dazu schrieb: „Der Klerus spielte im Jahre 1867 bei der französischen Intervention die letzte Rolle, wie er 1861 die erste gespielt hatte", so bezieht sich das nicht etwa nur auf diese engere Angelegenheit, sondern gilt in umfassendem Sinne von dem ganzen Kaiserschwindel. „Der Plan der Konservativen" — so urteilt Conte Corti — „war gelungen. Pater Fischer hatte seine Rolle mit teuflischem Erfolg gespielt. Die letzte Gefahr war beseitigt. Nun war Maximilian nur noch ein Spielball der Lares, Fischer, Marquez und Genossen."

Maximilians verhängnisvoller, von anderen unter listiger Ausnutzung seiner Schwächen herbeigeführter Entschluß, unter den schnell wachsenden Schwierigkeiten und den fortschreitenden Erfolgen der Juaristen in Mexiko zu bleiben, ist das Wesentliche und Entscheidende für die nachfolgenden Ereignisse gewesen. Daher

---

[9]) Fürstenwärther: „Kaiser Maximilian von Mexiko", Wien 1910, Seite 11.

können wir auf die Darstellung der vielen Einzelheiten verzichten. Es ist auch völlig belanglos, was noch in dieser oder jener Hinsicht angeordnet oder versucht wurde. Die Katastrophe war die vorauszusehende und unausbleibliche Folge dieses Entschlusses.

In der Stadt Mexiko angekommen, veranlaßte man den Kaiser, angesichts der militärischen Mißerfolge seiner Generale und der gesunkenen Stimmung im Heere wie bei der Bevölkerung, sich an die Spitze der Truppen zu stellen und sich zu diesem Zweck nach Queretaro zu begeben. Dieser Zug nach Queretaro fällt durch seine militärische Sinnlosigkeit auf. Er wird nur noch von dem größeren Unsinn, sich mit dem einzigen Heere in dieser Stadt gemächlich einschließen zu lassen, übertroffen. „Der Abmarsch des Kaisers aus Mexiko" (Stadt) — so schrieb der an diesen Kämpfen teilnehmende Hauptmann Fürstenwärther — „war so plötzlich, der Mangel an aufrichtigen Ratgebern war so auffällig, daß man unwillkürlich auf den Gedanken kommen muß, daß der Reichsverweser und die in Mexiko zurück verbleibenden Minister schon damals die Absicht hatten, die Hauptstützen des Kaisers: Khevenhüller und Hammerstein, zurückzuhalten, daß diejenigen, welche dem Kaiser so schöne Versprechungen gemacht hatten, schon damals entschlossen waren, dieselben nicht zu erfüllen und es nicht erwarten konnten, den Kaiser aus Mexiko entfernt zu wissen."

Man kann ruhig weiter gehen und sagen, daß der sich vor dem Zuschlagen dieser Falle von Queretaro noch rechtzeitig in Sicherheit bringende General Marquez den sich seinen Generalen anvertrauenden Maximilian absichtlich — sei es eigener Zwecke willen, sei es im Auftrage — dorthin geführt hat. Denn jeder — auch der Laie — muß, wie Hauptmann Fürstenwärther sehr richtig meinte, beim ersten Blick auf die Karte erkennen, „daß Queretaro eigentlich ein ganz unhaltbarer Punkt ist, welchen gegen eine gute Artillerie verteidigen zu wollen, fast unmöglich ist, da die Stadt von drei Seiten durch in Schußweite liegende Höhen eingeschlossen, also ganz dominiert wird". Der Feind brauchte nur diese Höhen zu besetzen und die Stadt lag wie auf einem Präsentierteller vor ihm, im Bereich seines gut zu beobachtenden Artilleriefeuers. Wir stehen somit vor der erstaunlichen Tatsache, daß sich der Herrscher eines unruhigen und vom Feind bedrohten Landes mit seiner einzigen Armee in eine, von der Regierungzentrale schwer erreichbare, militärisch denkbar ungünstig gelegene Stadt begibt, um sich dort, ohne irgendwelche Maßnahmen zu treffen, von den feindlichen Truppen einschließen zu lassen. Statt die Hauptstadt zu decken, statt eine Stellung zu wählen, von der man über entsprechende Rückzugslinien und notwendige Verbindungwege zu den wichtigen Küstengebieten verfügte, ging man in diese Mausefalle und zog dort nahezu sämtliche verfügbaren Truppenteile zusammen, damit nur ja keine Abteilungen für die Aufrechterhaltung der Verbindungen verfügbar waren. Ja, noch mehr! Fürstenwärther teilt uns mit, daß sich der Feind von allen Seiten näherte, „ohne daß man ihm irgendwo entgegengetreten wäre.... weil General Marquez einem Entgegentreten auf offenem Terrain entschieden entgegen war". Dieser famose Generalstabschef ließ das Heer also ruhig in dieser offensichtlichen Falle einschließen und Maximilian war gezwungen, zuzusehen, daß der Feind immer näher rückte — wie Fürstenwärther schreibt —, immer mehr Truppen an sich zog, „bis die Absicht, Queretaro einzuschließen, nicht mehr zu verkennen war". Als die Einschließung vollzogen und ein Durchbruch unmöglich schien, verließ General Marquez unter dem Vorwand, Entsatz aus der Stadt Mexiko heranzuführen, vom Feinde unbehelligt, Queretaro, um — nicht wiederzukehren! Nachdem er noch das Häufchen der sogenannten „Entsatzungtruppen" in einem Gefecht dem Feinde ausgeliefert, in der Stadt Mexiko durch seine unsinnigen Anordnungen ebenfalls größte Verwirrung angerichtet und sich außerdem durch auferlegte Kontributionen bereichert hatte, brachte er sich, nach der Habanna flüchtend, in Sicherheit.

Es gehört schon eine recht merkwürdige Einschätzung der Leser dazu, ihnen zuzumuten, alle diese Ereignisse als Folgen unglücklicher Umstände, unberechenbarer Zufälle oder falscher Entschlüsse hinzunehmen, wie es manche Autoren tun. Mit solchen Auffassungen brauchen wir nicht viele Umstände zu machen! Selbst wenn die in der Hauptstadt zurückbleibenden Minister nur die Regierung selbständig führen wollten — wie manche gemeint haben —, brauchten sie den Kaiser dazu. Fürchteten sie aber, er könnte von Mexiko aus Verhandlungen mit den Liberalen anknüpfen — wie andere annahmen —, so war das ja in dem belagerten Queretaro erst recht möglich, ja sogar wahrscheinlich. Ein besonderes Licht fällt insofern auf diesen Zug nach Queretaro, als er die sich Maximilian — als Persönlichkeit, nicht als Kaiser — zuwendende öffentliche Meinung in den Vereinigten Staaten ungünstig beeindruckte und dort jeder erklärte, daß er sich damit selbst sein Grab gegraben habe.

Solche „merkwürdige" Verschickung nach Queretaro konnte also nur den einen Sinn haben, Maximilian zu beseitigen, ohne daß er nach Europa zurückkehren konnte. Wie die Fäden des Netzes nun im einzelnen geschlungen waren, wird sich ebenso wenig aufklären lassen wie das Rätsel, auf wessen Veranlassung Miramon sich in diese verlorene Sache einließ, deren Aussichtslosigkeit ihm nicht verborgen sein konnte, da er die Verhältnisse kannte und seiner Zeit in Europa sehr richtig geäußert hatte, es gäbe in Mexiko überhaupt keine monarchistische Partei. Besonders dieses rätselhafte und widerspruchsvolle Verhalten Miramons hat man auf die Einwirkung von einem der vielen unbekannten Geheimorden zurückzuführen versucht. Damit hat man sicher richtige Vermutungen ausgesprochen, wenn man auch nichts Bestimmtes nachweisen konnte. Selbst der vertrauensselige Maximilian ahnte — natürlich wieder einmal zu spät — den Verrat seines Generalstabschefs und äußerte seinem Arzt gegenüber schwere Bedenken. „Eines Tages," — so schreibt dieser in seinen Aufzeichnungen — „als er mit mir auf dem

Platze vor der Cruz auf und ab ging, äußerte er sich auch dahin, daß er nun anfange, wirklich zu glauben, von Marquez und Vidaurri verraten zu sein." Später sagte er in diesem Zusammenhang: „Gesetzt den Fall, man böte mir Marquez und Lopez, und ließe mir freie Wahl zwischen beiden, ich ließe den Verräter aus Feigheit, Lopez, laufen und den Verräter mit kaltem Blute und mit Berechnung: Marquez hängen." Auch der General Mejia äußerte sich über das Verhalten des Marquez und sagte zu Dr. Basch: „Ich verstehe Marquez nicht, wenn man einen Feldwebel nach Mexiko geschickt hätte, würde er's besser gemacht haben." Dieser Indianer, dessen Haltung in jeder Hinsicht klar und einwandfrei gewesen ist, konnte sich eine solche Verräterei eben nicht vorstellen und suchte die Gründe für das Verhalten des Verräters in seinen versagenden Fähigkeiten.

Dieser merkwürdige Zug nach Queretaro und die Belagerung der Stadt mag eine Wirkung der Bestrebungen irgendwelcher in Mexiko bestehender Geheimorden gewesen sein, oder als eine von den überstaatlichen Mächten durch ihre Beauftragten oder Beeinflußten herbeigeführte Komödie angesehen werden, die den mexikanischen Kaiserschwindel mit einem recht dramatischen Kampf beendigen sollte. Fest steht, daß es dabei nicht mit rechten Dingen zuging und außer den jesuitischen Einflüssen noch andere wirksam waren. Man rechnete zweifellos auch damit, daß Maximilian bei den Kämpfen fallen würde und ebenso zweifellos hat der unglückliche Mann auch den Tod gesucht. Truppen und Offiziere waren voller Bewunderung über die Unerschrockenheit, mit der ihr Kaiser jede ihm gebotene Bequemlichkeit zurückweisend mit seinen Soldaten in den vordersten Linien ausharrte und stets an die gefährlichsten Stellen eilte, um persönlich helfen und eingreifen zu können. „In den ersten Maitagen" — so schreibt Conte Corti — „war es klar geworden: der Kaiser suchte den Tod. Stundenlang verharrte er an Orten, wo knapp vorher Leute gefallen waren; kummervoll ging

er rastlos die Linien ab, ohne daß er auf Salms Flehen, sich doch
zu schonen, gehört hätte. Der Kaiser glaubte, es werde der Stadt
und ihren Bewohnern, wenn er fiele, kein so trauriges Geschick be-
vorstehen, wie wenn er sie verließe. Sein häusliches Glück war zerstört, in der Heimat erwarteten ihn nur unerfreuliche Dinge, er war
des Kampfes müde und hatte keinen Ehrgeiz und keine Hoffnung
mehr."

Aber trotz ihrer günstigen Stellung und der zahlenmäßigen Überlegenheit konnten die republikanischen Truppen die von der kaiserlichen Armee tapfer verteidigte und unter den Verhältnissen außerordentlich leidende Stadt nicht nehmen. „Wenn man den Plan betrachtet" so schrieb Hauptmann Fürstenwärther — „und weiß, daß
ein kleines Häuflein gegen fast zehnfache Übermacht in der Stadt
einer siebzigtägigen Belagerung widerstanden hat, weiß man fürwahr nicht, ob man die Erbärmlichkeit der Belagerer oder die
Zähigkeit und Umsicht der Garnison mehr bewundern soll. Eine
europäische Truppe von geringer Stärke hätte die Stadt in wenigen
Tagen bezwungen." Der tüchtigen Armee des Juarez unter der
bemerkenswerten Führung des ehemaligen Maultiertreibers und
damaligen „Generals" Escobedo blieb der Erfolg jedoch versagt.
Da die Kämpfe nun vielleicht doch noch mit einem erfolgreichen
Durchbruch der kaiserlichen Truppen geendet hätten, mußte sich
außer dem General Marquez, der dieses Heer in diese Falle geführt
hatte, noch ein anderer Verräter einstellen, der die Juaristen nun
auch noch in die Stadt führte. Der von Maximilian mit großem
Vertrauen ausgezeichnete Oberst Lopez, ein mit dem Orden der
französischen Ehrenlegion ausgezeichneter Onkel der Frau Marschallin Bazaine gewordenen Josefa Peña, übernahm nach einer
heimlichen Unterredung mit Escobedo in der Nacht vom 14. auf
den 15. 5. 1867 diese Aufgabe und brachte die republikanischen
Truppen durch die kaiserliche Postenlinie bis in die Stadt. Es
entstand infolgedessen natürlich eine ungeheuere Verwirrung. Die

überraschten kaiserlichen Truppen ergaben sich teilweise oder wurden im Handgemenge niedergemacht. Trotz vieler Mahnungen weigerte sich Maximilian, seine Armee zu verlassen, obgleich man ihm — wie aus den Ereignissen ersichtlich ist — bei dieser Flucht feindlicherseits keine Hindernisse in den Weg gelegt haben würde. „Je ernster sich sein Schicksal gestaltete," — hat Conte Corti sehr wahr bemerkt — „desto mehr wuchs die Gestalt des Kaisers." Seine Haltung zeigt bis zum letzten Augenblick eine überragende Seelenstärke und erhebt sich zu einer wahrhaft bewunderungwürdigen tragischen Größe. Noch gab er die Hoffnung auf einen Durchbruch nicht auf und befahl daher zunächst den Rückzug auf den Cerro de la Campanas, um sich dort zu sammeln und zu einer solchen Bewegung zu ordnen. Aber auch dieser Hügel wurde durch die immer zahlreicher anrückenden Juaristen bald eingeschlossen und mit Tagesanbruch von deren Artillerie unter starkes Feuer genommen. — „Salm" — so rief Maximilian seinem Adjutanten zu, während die juaristische Soldateska das geschmacklose Spottlied auf die Kaiserin, „Mama carlotta" brüllte — „jetzt eine glückliche Kugel!"

Als ihn aber keine traf, dagegen immer mehr Soldaten in dem zunehmenden Feuer ihren Tod fanden, ließ er die weiße Fahne aufziehen, nachdem selbst der unerschrockene General Mejia erklärt hatte, daß jeder Durchbruch unmöglich sei. „Ich ergebe mich Ihnen mit allen meinen Offizieren," — sagte Maximilian zu dem juaristischen General, als er ihm seinen Säbel übergab — „soll noch Blut fließen, so sei es das meine, wenn nicht, so bitte ich, mich nach Veracruz gehen zu lassen, um mich einzuschiffen."

In seiner Geschichte des Abfalls der Niederlande hat Schiller jene Kämpfe mit denen der Römer und Bataver vergleichend, gesagt: „Einen Unterschied bemerken wir doch: die Römer und Bataver kriegen menschlich, denn sie kriegen nicht für die Religion." Damit wollte unser großer Deutscher Dichter allgemein betrachtet sagen, daß sich die Völker in sittlichen, der Volkserhaltung dienenden Kriegen zwar lange und blutig bekämpfen können, sich aber auch als Gegner noch achten, und es mit der Überwindung des einen Teiles bewenden lassen. Daher sind solche Kriege menschlich. Anders verhält es sich jedoch bei den von Religions- beziehungweise Parteifanatismus entfachten und genährten Kämpfen, wie sie Mexiko fünfzig Jahre lang heimsuchten. In solchen Kämpfen gibt es keine Achtung vor dem überwundenen Gegner und sei er persönlich noch so tapfer und edel. Da es sich in solchen Kriegen um den Glauben oder um einen Wahn handelt, da der Sieger dem Besiegten die Überzeugung nicht rauben kann, so raubt er ihm — auch wenn er keinen Widerstand leistet — das Leben und mordet möglichst alles, was ihm in die Hände fällt. Denn — so sagt Schiller wiederum in einem seiner historischen Aufsätze: „Die Gefühle für Gerechtigkeit, Anständigkeit und Treue, welche sich auf anerkannte Gleichheit der Rechte gründen, verlieren in Bürgerkriegen ihre Kraft, wo jeder Teil in dem anderen einen Verbrecher sieht und sich selbst das Strafamt über ihn zueignet." Solche Kriege sind daher unmenschlich, bestialisch oder teuflisch.

Während aber in der kaiserlich-mexikanischen Armee dank des Wirkens Maximilians und vieler, in europäischen Heeren erzogener Offiziere eine einigermaßen geregelte und menschliche Kriegführung erstrebt, wenn auch nur in den wenigsten Fällen erreicht wurde, so waren die Methoden der Liberalisten und das Betragen ihrer sogenannten „Offiziere" im allgemeinen noch abstoßender. Wir wollen die zahlreichen und schauderhaften Greueltaten an wehrlosen Gefangenen — eine der feigsten und unedelsten Handlungen, die es gibt — nicht aufzählen, wir wollen nur zwei kennzeichnende, von Teilnehmern berichtete Vorfälle bei der Einnahme von Queretaro erwähnen. „Kapitän Krausenek vom 2. Bataillon" — so schreibt Hauptmann Fürstenwärther — „war zwei Offizieren in die Hände gefallen, deren einer Kommandant, der andere Kapitän war. Um die Wette zogen die beiden Helden den armen Kameraden aus und gerieten nach wahrer Banditenmanier in Gegenwart der Mannschaft ihres Bataillons um die Uhr Krausenecks in Streit, indem der Kapitän darauf Anspruch machte, weil er Krausenek gefangen genommen hatte, der Major aber ob seines höheren Ranges; sie erhitzten sich immer mehr und zogen endlich die Revolver, als ein Höherer hinzutrat und den Streit zu Gunsten des Herrn Kommandanten entschied." Ein anderes, ebenso bezeichnendes Erlebnis berichtet der Arzt Dr. Basch. Nachdem er bereits von einem juaristischen Offizier völlig ausgeplündert war, entdeckte ein anderer einen Ring an seiner Hand. „Es war ein Siegelring," — so schreibt Dr. Basch — „den mir ein guter Freund vor meiner Abreise von Europa zur Erinnerung geschenkt hatte. ‚Möchten Sie mir das nicht geben, was Sie hier haben?' — so fragte jener Offizier in der gewöhnlich freundlichen, mexikanischen Weise. ‚Lassen Sie mir das,' antwortete ich ihm, ‚es hat doch nicht viel Wert, und mir ist es nur teuer, weil es ein Geschenk von einem Freunde ist.' — ‚Ach was,' polterte er hervor, ‚ich bin auch Ihr Freund', und bemächtigte sich des Ringes."

Diese Zustände und solche Eigenschaften der juaristischen „Offiziere" muß man nämlich beachten, wenn man das „Kriegsgericht" würdigen will, welches Maximilian jetzt zum Tode verurteilte. Dieses Gericht bestand aus achtzehn- bis zwanzigjährigen dummen Jungen in Offiziersuniformen, deren „Präsident", ein „Oberstleutnant" Platon Sanchez — man denke — schon dreiundzwanzig Jahre zählte! Sehr richtig sagt Dr. Basch in seinen Tagebuch-Aufzeichnungen von diesem „Kriegsgericht": „Unerhört! Jungen, die kaum lesen und schreiben können, überträgt man die Aufgabe, internationale Verhältnisse zu beurteilen." Dieses „Kriegsgericht" erkannte mit drei Stimmen für den Tod und mit drei Stimmen für lebenslängliche Verbannung. Bei Stimmengleichheit hatte der Vorsitzende zu entscheiden und dieser junge Mann fällte programmäßig und ohne mit der Wimper zu zucken das Todesurteil.

Wir wissen die Verdienste des Juarez durchaus zu würdigen, aber er hätte besser getan, sich und die mexikanische Republik nicht mit dieser schändlichen Posse — denn man kann uns unmöglich zumuten, dieses „Kriegsgericht" anzuerkennen oder auch nur ernst zu nehmen — zu belasten. Die Deutschen sind — mit Recht — nicht müde geworden, den brutalen Standgerichten des Jahres 1848 ihre verdammenswerten Urteile vorzuwerfen. Diese vielen irregeleiteten, aber von glühendem Idealismus beseelten, unter falschen Voraussetzungen und mit unzulänglichen Mitteln für die Einheit Deutschlands kämpfenden und stand„rechtlich" erschossenen Deutschen sind natürlich von uns noch weit schmerzlicher zu beklagen als Maximilian. Aber kein Mensch — weder Freund noch Feind — kann diesem so schmählich getäuschten und zu überstaatlichen Zwecken mißbrauchten Manne absprechen, nach bestem Wissen und Willen für Mexiko gestrebt zu haben. Mit dem sehr richtigen Hinweis auf jene 48er Zeit schrieb Dr. Basch: „Ich spreche ein hartes Wort, aber ich spreche es mit ruhiger Überlegung aus: Kaiser Max wurde nach der ganzen Art und Weise, wie man den Prozeß eingeleitet und durchgeführt hat, nicht durch rechtlichen Richterspruch verurteilt, sondern gemordet. Ein Militärgericht mit zynisch übermütiger Roheit und Willkür, in ähnlichem Stile, wie sie in Europa nach dem Jahre 1848 gewütet, ward nach den Bestimmungen eines Ausnahmegesetzes konstituiert...."

Es ist für diesen Prozeß ebenso kennzeichnend, daß er in dem Theater von Queretaro stattfand, wie es für Maximilian ehrend ist, daß er es ablehnte, bei dieser Farce zu erscheinen. Das tatsächlich auf der Bühne tagende „Kriegsgericht" brachte sehr gut zum Ausdruck, was es für jeden ernsten Menschen und Geschichteschreiber bedeutet und zu bedeuten h a t — ein Theater!

Und trotzdem barg das ganze Verfahren einen tiefen Sinn! —
Dieser Sinn besteht aber nicht etwa in einer Sühne der Erschießungen, die infolge jenes, unter falschen Voraussetzungen von Ma-

ximilian erpreßten und unterzeichneten Todesdekretes erfolgten. In dieser Hinsicht hatten sich die Liberalen bereits ausgiebig an ebenso unschuldigen Opfern ihrer Gegner gerächt, so daß man in dieser Beziehung mit Hebbels Worten aus „Krimhilds Rache" sagen könnte:

„Hier hat sich Schuld in Schuld zu fest verbissen,
Als daß man noch zu einem sagen könnte:
,Tritt du zurück!' Sie stehen gleich im Recht."

Nein, dieser tiefere Sinn findet sich in dem schweigenden, tief im Blute liegenden Haß des Indianers Juarez gegen den europäischen Fürsten und besonders gegen den Habsburger, den Nachkommen jenes spanischen Karls V., dessen Conquistador Cortes das große aztekische Reich zerstört und dessen Schergen sich vor Jahrhunderten in unsühnbarer Weise an den Indianern Mexikos vergangen hatten. Wenn auch Maximilian selbstverständlich persönlich an diesen, einst an der indianischen Rasse verübten Untaten und Scheußlichkeiten völlig unschuldig war, so ist ein solches Empfinden des Indianers Juarez immer noch sinnvoller — und ein offenes Bekenntnis zu solcher Volksrache wäre würdiger —, als die Berufung auf jenes alberne „Kriegsgericht", dessen Urteil bereits vorher feststand, durch welches der Indianer seinen verständlichen Rachegefühlen einen gesetzlichen Schein in den Augen der Europäer verleihen wollte und — doch nicht konnte! Diese Verhüllung seiner seelischen Rasseeigenart steht dem Indianer Juarez ebenso schlecht, wie die europäische Kleidung. Sie macht bei aller Achtung für die indianische Rasse und aller Berücksichtigung des ihr durch die christlichen Europäer zugefügten Unrechts und schuldlos bereiteten Elends einen unsagbar peinlichen Eindruck. Wenn man Juarez überhaupt eine Berechtigung für sein Handeln Maximilian gegenüber zusprechen will, so kann sie nur auf diesem, der Logik unzugänglichem Gebiete des Rasseerbgutes und der Rasseeigenart gesucht werden. Auf juristischen Schleichwegen oder auf den Gemeinplätzen eines abstrakten Staatsrechtes wird man sie jedoch niemals finden; wenn auch der Vollstrecker dieser rassetümlichen Volksrache dies, entweder in einer auf europäische Einflüsse zurückzuführenden Instinktlosigkeit oder nur zum Schein selbst versucht hat. In richtigem Gefühl hat der republikanisch gesonnene Mexikaner Vasquez, einer der Verteidiger Maximilians, vor diesem „Kriegsgericht" warnend gesagt: „Wenn ihr den Erzherzog zum Tod verurteilt, so fürchte ich weniger eine Koalition Europas noch ein Zerwürfnis mit Nordamerika; denn ich vertraue auf die siegreichen Truppen des liberalen Heeres, welche ihren Boden den Klauen Frankreichs entrissen haben: aber ich fürchte die allgemeine Mißbilligung, die wie ein Anathem auf unser Vaterland fallen wird, **weit mehr wegen der Art der Prozedur als wegen der Tendenz selbst.**" [10])

Da sich Juarez nicht offen zu dem Amte des Vollstreckers einer über die Jahrhunderte reichenden Volksrache bekennen wollte, da er diese nicht juristisch, sondern nur völkisch wägbare Frage nicht im Namen seiner mißhandelten Rasse vor das Forum der Weltgeschichte brachte, ist er mit seinem vor dem Kriegsgericht geführten Prozeß kläglich unterlegen, wenn auch die plumpe Gewalt praktisch siegte. Er ist unterlegen wie eben jeder andere Gewaltherrscher in solchen Fällen, trotz seines vermeintlichen Sieges moralisch unterliegt. Daher haben ihn seine Gegner auch auf diesem Wege angegriffen und — mit Erfolg angreifen können! „**Dieser Prozeß ist es,**" — so konnte Fritz v. Hellwald schreiben — „welcher als ein ewig unauslöschbarer Schandfleck auf Juarez und seiner Regierung haften und sie brandmarken wird in dem Andenken zukünftiger Geschlechter. Hätte er, das damals trotz aller Phraseologie immer noch illegitime, nur durch eigene Machtvollkommenheit, auf Grund keinerlei Gesetz und Konstitution bestehende Haupt einer siegreichen Partei, noch am Tage der Einnahme Queretaros den

---

[10]) Montlong a. a. O., Seite 102.

Kaiser und seine Generale ohne irgendein gerichtliches Verfahren über die Klinge springen lassen, wie er nach Kriegsbrauch berechtigt, das Entsetzen und das Mitleid für Maximilian wäre zwar nicht minder groß und allgemein gewesen, aber selbst die Imperialisten hätten zugestehen müssen, daß ein solcher Racheakt, weil in der menschlichen Natur gelegen, begreiflich sei; und der Zweck der Vernichtung Maximilians wäre nicht weniger erreicht gewesen."
Also selbst ein spontaner Racheakt in den engen, von Hellwald gezogenen Grenzen der Parteikämpfe wäre noch verstanden worden, „weil es in der menschlichen Natur" gelegen hätte. Wie begreiflicher wäre aber eine solche Rache auf dem Gebiet des jahrhundertealten Kampfes zweier Rassen gewesen, bei dessen Verlauf das Recht anerkanntermaßen auf Seite der Indianer lag. Aber was wußte man schon im 19. Jahrhundert von solchen Fragen der Rassenseele, der Rasseneigenart und der ungeschriebenen Rassengesetze. Man berief sich auf eine papierene Gesetzgebung, deren kümmerliche Unzulänglichkeit in die Augen sprang, während die Gegenseite berechtigt sagte: „Die Komödie eines Scheingerichtes, welche Juarez vor den Augen der ganzen gebildeten Welt aufzuführen sich nicht entblödete, die ist es, welche ihm die Achtung jedes ehrlichen Mannes verwirkt, die ist es, welche die Geschichte schonungslos verdammt."

Es ist nicht nur durchaus abwegig, sondern völlig verständnislos, wenn Scherr entschuldigend meinte, Juarez wollte Maximilian retten und nur die Rücksicht auf den Rachedurst seiner Parteigänger hätte ihn zu der Erschießung des Erzherzogs gezwungen. Die Wut der liberalen Truppen hätte wohl dazu führen können, daß man den ihnen verhaßt gemachten Kaiser bei der Einnahme von Queretaro in plötzlicher Aufwallung erschossen hätte. Hatten sich die Soldaten jedoch während der Gefangenschaft und des Prozesses Maximilians beherrscht und ruhig verhalten, so hätte sich solche Stimmung durch geeignete Maßnahmen zweifellos überwinden lassen. Man hatte Maximilian beim Eindringen in Queretaro jedoch sogar fliehen lassen wollen und die bereits in sein Quartier in der Cruz eingedrungenen Soldaten und Offiziere ließen ihn daher ungehindert passieren, obgleich sie ihn an seinem Bart erkannten. Eine Flucht wäre damals eine Kleinigkeit gewesen. Es ist dagegen aufgefallen, daß die Flucht nach der Gefangennahme selbst nicht mit Hilfe von angebotenen Bestechungen bewerkstelligt wurde, beziehungsweise werden konnte, besonders da man sich in einem Land befand, in dem die Bestechungen an der Tagesordnung und infolgedessen auch die juaristischen Offiziere in dieser Beziehung zugänglich waren. Tatsächlich ist dieser Umstand auch eines der vielen ungeklärten Rätsel bei dieser traurigen Angelegenheit. Allerdings erschwerte Maximilian die gefaßten und vorbereiteten Fluchtpläne dadurch, daß er nicht ohne Mejia und Miramon Queretaro verlassen wollte, und daß er die Zumutung, seinen in Mexiko einzigartigen blonden Vollbart für die Flucht abzuschneiden, als seiner unwürdig zurückwies. Als sich Louis Napoleon aus der Festung Ham schlich, war er nicht so bedenklich; er schnitt sich nicht nur den Bart ab, sondern er verkleidete sich noch obendrein. Aber auch die Folgen solcher Bedenklichkeiten hätten sich ja immer erst nach einer Flucht aus Queretaro ausgewirkt und im ungünstigsten Falle zu einer neuen Ergreifung geführt. Wenn man bedenkt, daß mehrere maßgebende juaristische Generale nach der Einnahme von Puebla ohne jede Schwierigkeit aus der französischen Gefangenschaft entwischen konnten, so ist es ebenso merkwürdig, daß die Flucht Maximilians unter den obwaltenden Verhältnissen unmöglich gewesen sein soll. Dem Indianer Mejia ist dagegen nach der Mitteilung von Malortie die Gelegenheit zur Flucht durch Escobedo selbst geboten worden, indem ihn dieser am Vorabend der Erschießung besuchte und mitteilte, daß ein gesatteltes Pferd vor der Tür stände und der Adjutant angewiesen sei, ihn zu geleiten. Mejia wies das Angebot zurück, da es sich nicht auf Maximilian erstreckte. Escobedo, der wegen jeder Kleinigkeit in dieser Angelegenheit bei Juarez anfragte, hätte in dieser wichtigen Angelegenheit nie ohne dessen Anweisung, beziehungweise Einwilligung gehandelt. Es ist aber durchaus verständlich und bestätigt unsere Auffassung, daß der Indianer Juarez seinen Rassegenossen nicht erschießen lassen wollte, während er ihn im Rahmen des „Kriegsgerichtes" selbstverständlich verurteilen lassen mußte, um sich das „Recht" zur Erschießung Maximilians zu erwerben.

Noch vor der Verurteilung war die tapfere, nach Queretaro geeilte Frau des Prinzen Salm-Salm — eine frühere amerikanische Kunstreiterin — nicht nur persönlich bei Juarez gewesen, um die Freiheit Maximilians zu erbitten, sondern sie setzte sich tatkräftig für die Flucht des Erzherzogs ein. Sie hat auch den Versuch unternommen, den ausschlaggebenden juaristischen Obersten Palacio für den Fluchtplan zu gewinnen, nachdem man sich, wie es scheint, mit dem Obersten Villanueva bereits verständigt hatte. „Sie bat ihn," — so schreibt Conte Corti — „sie des Abends nach Hause zu geleiten; in ihrem Schlafzimmer versuchte sie ihn durch das Versprechen der Zahlung von 100 000 Pesos zur Teilnahme am Komplott zu bewegen. Als der Oberst zögerte, soll sie noch weiter gegangen sein. ‚Genügt Ihnen die Summe nicht?' soll sie gefragt haben. ‚Nun, Oberst, hier stehe ich!' und die schöne Prinzessin begann sich zu entkleiden. Oberst Palacio soll in höchster Bestürzung auf die abgeschlossene Tür zugeeilt sein und erklärt haben, seine Ehre sei doppelt im Spiele, und wenn sie nicht sofort öffne, werde er durch das Fenster auf die Straße springen. Als sie ihn beruhigte, erinnerte sie ihn an das Ehrenwort, das er ihr zu Beginn der Unterredung gegeben, er werde darüber kein Wort verlauten lassen, und der Oberst verließ sie, ohne eine klare Antwort auf ihr Ansinnen, dem Kaiser zur Flucht zu verhelfen, gegeben zu haben."

Da Maximilian über kein Bargeld für die Bestechung der Offiziere verfügte, stellte er verschiedene Wechsel aus. Man verlangte jedoch, daß diese Wechsel von den inzwischen auf sein Ersuchen eingetroffenen Gesandten von Italien, Österreich, Preußen und Belgien ebenfalls unterzeichnet würden. Diese Unterschriften wurden verweigert, da die Gesandten fürchteten, sich und damit ihre Regierungen zu kompromittieren. Die zärtlichen Gewissen! Während sich die Prinzessin von Salm bedenkenlos kompromittierte, um das Leben Maximilians zu retten und sogar ihre Frauenehre preiszugeben bereit war, machten jene Gesandten leere Ausflüchte und brachten den Fluchtplan durch ihre Bedenken zum Scheitern. Wieder fällt das Benehmen des österreichischen Gesandten, des Freiherrn von Lago, merkwürdig auf. Er hielt sich nicht nur auffallend zurück, sondern bemühte sich, Maximilian die Aussichtslosigkeit der Flucht eindringlich vorzustellen. Nach der Verkündung des Urteils und dem fehlgeschlagenen Fluchtversuch begab sich die Prinzessin Salm noch einmal zu Juarez, um ihn zur Begnadigung des Verurteilten zu veranlassen. Sie warf sich vor ihm auf die Knie, während sie für das Leben Maximilians bat. „Es tut mir weh, Madame," — sagte der alte Indianer — „Sie so auf ihren Knieen vor mir zu sehen; allein wenn alle Könige und Königinnen Europas an Ihrer Stelle wären, könnte ich sein Leben nicht schonen. Ich bin es nicht, der es nimmt; es ist mein Volk und das Gesetz, und wenn ich nicht dessen Willen tun würde, so würde das Volk es nehmen und das meinige dazu." „Es ist mein Volk!", das wäre der einzige Satz, der — vorausgesetzt, daß Juarez hier die Indianer und nicht die europäischen Mexikaner gemeint hat — echt klingt. Die übrigen Phrasen glauben wir ihm nicht! Wir glauben vielmehr, daß ihm angesichts der vor ihm knieenden „weißen" Frau alle die an seinen Rasseangehörigen verübten Greuel bewußt geworden sind und dieser Augenblick für ihn noch größer gewesen wäre, wenn er tatsächlich alle „Könige und Königinnen Europas" an diesem Platz gesehen hätte. Aber durch den Liberalismus des 19. Jahrhunderts, der die Rassenunterschiede leugnete — oder doch als wesenlos hinstellen wollte —, war auch dieser Indianer bereits von dieser Verlogenheit angekränkelt. Daher das feige Verkriechen hinter haltlosen Argumenten und das Abwälzen der Verantwortlichkeit auf ein kümmerlich genug konstruiertes Gesetz. Ein Gesetz (das Dekret des Juarez vom 15. 1. 1862), welches nach der Erschießung Maximilians — man denke — durch den republikanischen Kongreß als ungesetzmäßig und unkonstitutionell bezeichnet wurde!

Der Freimaurer Eloin war indessen wieder in Mexiko eingetroffen, um dem Erzherzog zur Verfügung zu stehen. Aber die unwägbare, nur völkisch verständliche, auf die seit Jahrhunderten begangenen Untaten christlicher Europäer antwortende Volksrache des Indianers machte den europäischen Freimaurern einen dicken Strich durch die Rechnung, wenn sie mit der Rückkehr Maximilians gerechnet hatten. Daher lag ihnen jetzt alles an der Rettung des Erzherzogs. Es ist nämlich sonst wirklich nicht zu erklären, daß sich — ausgerechnet der Republikaner Garibaldi, der Großmeister der italienischen Freimaurer und der große Feind des Hauses Habsburg, veranlaßt gesehen hat, in einem feierlichen Manifest vom 5. 6. 1867 für das Leben Maximilians einzutreten. Der an Juarez gerichtete Brief schließt: „Sei gegrüßt, Juarez! Verfechter der Freiheit der Welt und der menschlichen Würde! Sei gegrüßt! Du verzweifeltest nicht an der Freiheit deines Volkes, zur Schmach der vielen Verräter, ebenso den vereinigten Mächten dreier Königreiche Trotz bieten, wie den Künsten der Nekromantie, welche stets bereit ist, sich mit der Tyrannei zu verbinden. Das italienische Volk grüßt dich zum Beweis der Dankbarkeit dafür, daß du die Brüder seines Unterdrückers in den Staub getreten. Abgesagte Feinde des Blutvergießens, bitten wir dich um das Leben Maximilians: verzeihe ihm! Es bitten dich darum die Mitbürger des Demokratengenerals Garibaldi, welche auf seinen Befehl von seinen Sbirren erschossen wurden, verzeihe ihm! Gib ihn der Familie unserer Henker zurück, als Beispiel der Großmut des Volkes, welches stets siegt, aber auch stets verzeiht."

Dieser Brief ist in seinen Wendungen und Windungen äußerst aufschlußreich für die Lage. Man erkennt auf jeden Fall, von welcher Seite und in welchem Interesse die Rettung Maximilians betrieben wurde. Selbst die sich vorher so sehr für Juarez betätigenden Freimaurer der Vereinigten Staaten regten sich plötzlich, um für Maximilians Rettung zu wirken. Die Stimmung schlug derartig zu Gunsten Maximilians um, daß sich der mexikanische Gesandte in Washington veranlaßt sah, in der New Yorker „Evening Post" einen Brief zu veröffentlichen, in dem er den Standpunkt des Juarez verteidigte und nachzuweisen versuchte, daß eine Begnadigung des Erzherzogs nicht möglich sei. Die Begründungen bezogen sich auf möglicherweise eintretende, Mexiko abträgliche Umstände und Verhältnisse, die man leicht durch Bürgschaften zu sichernde Vereinbarungen hätte beseitigen können. Es ist aber sehr beachtlich, daß dieser Brief des Gesandten bereits gleich nach der Gefangennahme Maximilans geschrieben und man schon auf die Erschießung hinwies, bevor noch das „Kriegsgericht" zusammengetreten war. Ein Beweis dafür, daß der Beschluß vorher feststand und in juaristischen Kreisen erörtert wurde.

Der amerikanische Botschafter Campbell wurde durch den Staatssekretär Seward angewiesen, sich zu Juarez zu verfügen, und für Maximilian einzutreten. Der Gesandte, dem die plötzliche Wendung ebenso unverständlich wie überraschend sein mußte, zögerte diese Reise offensichtlich hin, weil er der Meinung sein mochte, daß es sich nur um eine Geste handle. Da erhielt er nach einem entsprechenden Depeschenwechsel am 11. 6. den dringenden persönlichen Befehl des Präsidenten Johnson, in dieser Angelegenheit und im Sinne der Rettung Maximilians unverzüglich und energisch bei Juarez vorstellig zu werden. Die Sache war also doch wohl ernst. Campbell, der persönlich vielleicht anderer Meinung war und sich wahrscheinlich bereits in gegensätzlicher Richtung festgelegt hatte, meldete sich krank und bat um seine Entlassung. Dagegen gingen

die amerikanischen Bemühungen weiter und auch der preußische
Gesandte, Baron Magnus, begab sich zu Juarez, um mit großem
Eifer für die Befreiung Maximilians zu wirken. Man hätte ja
eigentlich annehmen müssen, daß sich der ö s t e r r e i c h i s c h e Gesandte
in diesem Falle für den Bruder seines Kaisers besonders einsetzte.
Wie wir jedoch bereits bei anderen Gelegenheiten gesehen haben,
tat er dies aber nicht. Jetzt, wo es galt den Herzog vor dem Tode
zu bewahren, war es der Gesandte jenes Staates, der mit Österreich vor knapp einem Jahre noch Krieg geführt hatte, der Maximilians Befreiung und seine damit verbundene Rückkehr nach
Europa so hartnäckig betrieb.

Dieser erkennbare freimaurerische Druck macht auch verständlich, was das freimaurerisch geleitete ungarische Tageblatt „Buda-
pesti Naplo" vom 15. 1. 1897 über Juarez und gewisse Vorgänge
vor der Vollstreckung des Urteils berichtete. Es heißt dort in einem,
dem Andenken des Grafen Zichy, des ehemaligen Obersthofmeisters
Maximilians gewidmeten Aufsatz: „Als der ritterliche Monarch
bereits zum Tode verurteilt war und in Queretaro im Armensünder-
stübchen saß, sandte der Präsident der Republik, Juarez, seinen
Adjutanten, den Baron Gagern, zum Kaiser. In Mexiko flüsterte
man sich nämlich zu, daß Kaiser Max, der ein außerordentlich liberaler, von menschenfreundlichen Gefühlen durchdrungener Mann
war, ein Freimaurer sei; da nun auch Juarez dem Orden angehörte,
schickte er den Baron Gagern zu ihm, um im Gespräche heraus-
zubringen, ob der Kaiser tatsächlich ‚Bruder' sei. Falls das Gerücht
auf Wahrheit beruhen sollte, war Gagern von Juarez ermächtigt,
dem Kaiser mitzuteilen, daß im Hafen ein Schiff vor Anker liege
und der Kapitän nur den Befehl erwarte, ihn, den Kaiser, entfliehen zu lassen. Gagern gelang es, den Kaiser allein zu sprechen
und er suchte nun herauszubekommen, ob dieser ein Freimaurer sei
oder nicht. Aber der Kaiser wollte nicht Farbe bekennen: ‚Lassen
Sie das', sagte er, dann senkte er sein Haupt und versank in tiefe

Gedanken. Gagern sah, daß er nicht ans Ziel komme, nahm verehrungsvollen Abschied und meldete Juarez, daß der Kaiser sich nicht erklärt habe...." [11])

Mögen nun auch vielleicht die Einzelheiten einer solchen Darstellung in der Zeitung entsprechend willkürlich gestaltet sein, der Vorfall selbst ist erläuternd und aufschlußreich genug. Tatsache ist, daß von Gagern mit Maximilian insgeheim verhandelt hat und die hier berichteten Umstände stimmen durchaus zu den übrigen Vorgängen. Als Juarez festgestellt hatte, daß Maximilian nicht Freimaurer war, brauchte er als Freimaurer auch keine Rücksicht mehr zu üben. Er konnte handeln, ohne fürchten zu müssen, von der Loge zur Rechenschaft gezogen zu werden. Die empfangenen freimaurerischen Suggestionen verloren bei ihm naturgemäß ihre Wirkung, sobald er feststellte, daß es sich nicht um einen „Bruder" handelte. Wäre Maximilian jedoch Freimaurer gewesen, wie dies irrtümlich angenommen wurde, so gab es für ihn in dieser Lage keinen Grund mehr, es zu verbergen. Er war jedoch nicht Freimaurer, sonst wäre die ganze Angelegenheit überhaupt unverständlich. Er wollte sich aber auch nicht durch eine Lüge retten, denn dies entsprach nicht seinem edlen Charakter. Mit Recht sagt Wichtl, der damals in Unkenntnis der näheren Umstände diese Frage noch nicht für entschieden hielt: „War er es nicht, so hätte ihn einfach ein ‚Ja' vom sicheren Tode errettet, er aber wollte selbst um den Preis seines Lebens nichts Unwahres behaupten." Es ist sehr gut denkbar, daß Maximilian nach solchem Gespräch in „tiefe Gedanken versunken" ist, wie es in jener Zeitung heißt. Nach den Erlebnissen mit Rom und den Jesuiten mochte dieses neue Erlebnis mit der Freimaurerei seine Gedanken auf die merkwürdigen Zusammenhänge lenken, und ihm eine Ahnung von dem Wirken dieser beiden überstaatlichen Mächte aufdämmern. Aber es war zu spät! —

[11]) Wichtl: „Weltfreimaurerei, Weltrepublik, Weltrevolution", 11. Auflage, München 1928, Seite 140/41.

Die Vollstreckung des Urteils war auf den 16. 6. 1867 drei Uhr nachmittags festgesetzt. Die Verurteilten hatten sich an diesem Tage in jeder Hinsicht auf ihren Tod vorbereitet und warteten zur festgesetzten Stunde auf die mit der Erschießung beauftragten Soldaten. Eine Viertelstunde nach der anderen verrann jedoch, ohne daß das Kommando erschien, oder irgendetwas erfolgte. Als auf diese Weise eine qualvolle Stunde verstrichen war, wurde mitgeteilt, die Vollstreckung des Urteils sei um drei Tage verschoben worden. Zweifellos hatte man, von freimaurerischer Seite veranlaßt, nochmals auf Juarez einzuwirken versucht, indem man mittels der Regierung der Vereinigten Staaten — man kannte dort Eloins Brief — Einspruch erhob. Denn der amerikanische Staatssekretär Seward äußerte sich am 17. 6. völlig beruhigend und sicher zu dem Freiherrn von Wydenbruck: „Sein (Maximilians) Leben ist gerade so sicher wie das meine und das Ihre." Um den Eindruck zu verstärken wandte sich der preußische Gesandte jetzt nochmals an Juarez. Er wies mit Recht auf die furchtbare Stunde hin, welche die den Tod erwartenden Verurteilten durchlebt hätten und ersuchte um eine endgültige Begnadigung. Er wies weiter auf die Verwandtschaft Maximilans mit den meisten Fürsten Europas hin und bot — in offensichtlichem Zusammenhang mit den in dem Schreiben des mexikanischen Gesandten in Washington zum Ausdruck kommenden Begründungen — Bürgschaften des Königs von Preußen dafür an, daß Maximilian nie wieder nach Mexiko zurückkehren würde. Auf diese Verwandtschaft Maximilians mit den europäischen Fürsten hinzuweisen, war — wie Conte Corti richtig urteilt — „sehr gut gemeint, aber es war nicht glücklich, Juarez vor Augen zu führen, daß ein Wink von ihm genügte, den ‚Cousin Europas' allen Monarchen der alten Welt zum Trotz vom Leben zum Tod zu befördern". Die von uns bereits angedeutete, unwägbare, zeitweilig wohl durch entsprechende Vorstellungen ins Unterbewußtsein zu verdrängende Rassenseele des Indianers trat wieder in dessen

Bewußtsein und warf alle freimaurerischen Berechnungen und diplomatischen Erwägungen über den Haufen. Auf diese Weise büßte Maximilian für die Sünden seiner spanisch-habsburgischen Vorfahren, wie so mancher Fürst die Untaten seiner Vorfahren büßen mußte. Ludwig XV. ist in seinem Bett gestorben, während der völlig unschuldige Ludwig XVI. auf dem Schafott endete. Alle unternommene Schritte und noch andere Versuche einflußreicher Persönlichkeiten blieben erfolglos und das Verfahren nahm seinen Lauf.

Weder die fehlgeschlagenen Fluchtpläne und vergeblichen Bemühungen, noch die Ankündigung und das Herannahen des Todes, oder gar die ungewisse Lage konnten den Erzherzog auch nur einen Augenblick niederdrücken. Er wahrte — wie stets — eine überlegene Würde und Ruhe, die selbst der juaristischen Soldateska stumme und freiwillig gezollte Achtung abnötigte. Wenn ihn diese Menschen auch unter sich kurz „Maximiliano" nannten, so sagten sie ehrerbietig „Vuestra Majestad" (Euer Majestät) oder „Señor Emperador" (Herr Kaiser), sobald sie ihm gegenüber traten. „Das zur höchsten Vollendung ausgebildete Ehrgefühl" — so hat Conte Corti geurteilt — „erhob sich im Charakter des Kaisers in den letzten Tagen seines Lebens zu antiker Größe."

In dieser Größe ist er am 19. 6. 1867 auf dem Cerro de la Campana, wo er kapituliert hatte, mit Miramon und Mesia gemeinsam erschossen worden.

„Wozu das Gräßliche weiter ausmalen?" — hat Johannes Scherr in seiner Darstellung des mexikanischen Trauerspiels sehr richtig gefragt. — „Warum bei einer jener Szenen verweilen, welche immer wieder aufs neue die trostlose Wahrheit bekräftigen, daß der Mensch trotz alledem und alledem nichts ist als eine schlecht gezähmte Bestie?" Wenn wir auch die Meinungen Scherrs nicht immer teilen konnten, so wollen wir ihm hier gerne folgen, indem auch wir nicht weiter auf die Darstellung dieser traurigen Szene eingehen. Wir können uns damit begnügen, untersucht und dargestellt zu haben, wie der Erzherzog auf diesen Weg gebracht worden ist, der zu diesem Ende führte und führen mußte. „Freund und Feind" — so sagt Conte Corti mit voller Berechtigung — „zog vor dieses Habsburgers Art zu sterben den Hut; er hatte stets nur das Gute und Hohe gewollt. Für sein Irren zahlte er mit seinem Leben. Die aber, welche ihn soweit gebracht, sie sahen in sicherer Ferne dem tragischen Ausgang des Dramas zu ————."

Nach dem Bericht eines die Verurteilten begleitenden Geistlichen hat Maximilian in einer kurzen Ansprache vor seinem Ende u. a. gesagt: „Mexikaner! Männer meines Standes und Ursprunges — von meinem Gefühl beseelt, sind durch die Vorsehung bestimmt entweder Beglücker ihrer Völker oder Märtyrer zu sein."

Ein bedeutungvolles, inhaltschweres Wort, welches im Zusammenhang mit unserer Darstellung noch einen ganz besonderen Sinn dadurch erhält, daß es in dieser Form von einem Priester übermittelt wurde. Auch das Leben Maximilians lag — wie das manches anderen — „angefangen und beschlossen in der santa casa heiligen Registern"!

Bismarck spricht
Gemälde von Anton v. Werner
Mit Genehmigung von Franz Hanfstaengl, München

(Bilderklärung umseitig)

Bismarck spricht:

„Daß der Krieg (1870/71) im Einverständnis mit der römischen Politik gegen uns begonnen worden ist, daß das Konzil deshalb abgekürzt ist, daß die Durchführung der Konzilsbeschlüsse, vielleicht auch ihre Vervollständigung, in ganz anderem Sinne ausgefallen wäre, wenn die Franzosen gesiegt hätten, daß man damals in Rom wie auch anderswo auf den Sieg der Franzosen als auf eine ganz sichere Sache rechnete, daß an dem französischen Kaiserhofe gerade die katholischen Einflüsse, die dort in berechtigter oder unberechtigter Weise — ich will nicht sagen ‚katholischen', sondern die römisch-politischen, jesuitischen Einflüsse —, die dort berechtigter- oder unberechtigterweise tätig waren, den eigentlichen Ausschlag für den kriegerischen Entschluß gaben, ein Entschluß, der dem Kaiser Napoleon sehr schwer wurde, und der ihn fast überwältigte, daß eine halbe Stunde der Frieden dort fest beschlossen war und dieser Beschluß umgeworfen wurde durch Einflüsse, deren Zusammenhang mit den jesuitischen Prinzipien nachgewiesen ist: — über das alles bin ich vollständig in der Lage, Zeugnis ablegen zu können. Denn Sie können mir wohl glauben, daß ich diese Sache nachgerade nicht bloß aus aufgefundenen Papieren, sondern aus Mitteilungen, die ich aus den betreffenden Kreisen selbst habe, sehr genau weiß." (Rede im Deutschen Reichstag am 5. Dezember 1874.)

ZEHNTER ABSCHNITT

WETTERLEUCHTEN
AUF DER PARISER WELTAUSSTELLUNG

———

Während man Maximilian mit seinen Truppen in Queretaro einschloß, wurde in Paris am 1. 4. 1867 die große Weltausstellung eröffnet. Der eigentliche Zweck dieser Ausstellung bestand aber weniger darin, etwas zu zeigen, als darin, recht viel zu verbergen. Diese letzte propagandistische Prunkvorstellung Napoleons III., bei der er selbst — wie rührend — sehr hübsche Modelle einiger von ihm ersonnener, aber nie gebauter „Arbeiterwohnungen" ausstellte, sollte die Franzosen von den Ereignissen des Jahres 1866 und besonders von dem niederschmetternden Ergebnis des mexikanischen Unternehmens ablenken. Außerdem machte es die durch die Luxemburger Frage entstandene Spannung mit Preußen notwendig, neue politische Verbindungen zu suchen, um diese diplomatische Niederlage Frankreichs auszugleichen.

Mit einem ungeheuren Kostenaufwand war die große Fläche des Marsfeldes zum Ausstellunggelände umgestaltet worden. In der Mitte erhob sich die für damalige Begriffe gewaltige Ausstellunghalle, in deren einzelnen Abteilungen 52 000 Aussteller aller Nationen ihre Erzeugnisse aufgebaut hatten. Der Platz selbst war mit großer Kunst in einen prächtigen Park mit Bassins, Springbrunnen, Wasserfällen und anderen Anlagen verwandelt. Um die Bauweisen der verschiedenen Völker zu zeigen, waren in diesem Park allerlei Baulichkeiten errichtet, in denen sich Eingeborene der betreffenden Länder in ihren heimischen, oft malerischen Trachten aufhielten. Es gab da Wirtschaftbetriebe und besonders hergerichtete Gaststätten, in denen die landesüblichen Speisen und Getränke verabreicht wurden, Musik und Tanz die Gäste erfreute und dergleichen mehr. Außer diesen auf der Ausstellung selbst gebotenen Genüssen und Lustbarkeiten hatte die festlich geschmückte Stadt Paris alles aufgeboten, um die aus der ganzen Welt herbeiströmenden Besucher mit Festen, Feuerwerken und allen erdenklichen Veranstaltungen zu vergnügen und zu unterhalten. So gab man z. B. aus Anlaß des Eintreffens des Kaisers von Rußland und des Königs von Preußen einen Ball, der allein 900 000 Franken kostete. Warum auch nicht? Wenn der französische Kaiser schon Modelle von Arbeiterwohnungen ausstellte, mußte für die sogenannten „besseren" Leute doch auch etwas getan werden!

Bei den prunkvollen Festvorstellungen in den Theatern und der Oper standen die Operetten des Juden Offenbach bemerkenswert im Vordergrund, dessen höhnisch-frivole Musik allerdings ausgezeichnet zu dem tollen Treiben paßte, und der sogar persönlich anwesend, den Taktstock zu dem letzten Bacchanal des dahinschwindenden Kaiserreiches schwang. Man tanzte, man trank und speiste, man erbaute sich an Kameliendamen-Romantik oder Cora Pearl-Novellistik und berauschte sich in Grisetten- und Kokotten-Abenteuern. Überall tobte eine mehr oder weniger verhüllte oder entfesselte Orgie, überall herrschte größenwahnwitzige Überspannung, gaunerhafter Schwindel, gleißende Luxustollheit, geifernde Genußsucht und protzend einherstolzierende Unzucht.

Um der Ausstellung in den Augen der Franzosen und in der Meinung anderer Völker einen höheren Glanz zu verleihen, hatte Louis Napoleon eine stattliche Reihe von Fürsten nach Paris geladen. Sie folgten diesem Rufe aus mancherlei Gründen. Napoleon selbst bemühte sich, aus der ihm bedenklich werdenden politischen Isolierung des bonapartistisch-jesuitischen Frankreichs herauszukommen und gelegentlich dieser Ausstellung neue Verbindungen anzuknüpfen. Auf diese Weise waren der russische Zar mit dem Thronfolger, der König und der Kronprinz von Preußen, der türkische Sultan, der Khedive von Ägypten, die Königin von Holland, die Kronprinzen von England und Italien, der Bruder des japanischen Kaisers und noch viele andere Fürsten in Paris versammelt. Der Papst drückte gelegentlich eines ihm am 1. 7. 1867 überreichten besonderen und eigenhändigen Schreibens der Kaiserin Eugenie sein Bedauern aus, die Ausstellung in Paris seines hohen Alters wegen nicht besuchen zu können. Schade! Er hat zweifellos dort gefehlt und hätte sich auch gewiß — trotz seines Alters — gut amüsiert! Und Päpste verstehen sich besser zu amüsieren als die frommen Christen im allgemeinen denken.

Unter den vielen hohen Besuchern war den Parisern ein General aufgefallen, der mit dem König von Preußen eingetroffen war und durch seine ehrfurchtgebietende Gestalt aller Blicke auf sich zog. Man zeige ihm nicht allein die Herrlichkeiten der Weltausstellung, sondern er ließ sich auch auf die Anhöhe der Butte chaumont führen, und konnte von diesem Punkt die Stadt überblicken. Der französische Geschichteschreiber Mazade schrieb einige Jahre später von diesem schweigsamen Gast: „Als zur Zeit der Weltausstellung die kaiserlichen Minister den General Moltke auf die Butte chaumont führten, um ihm Paris und dessen Herrlichkeiten zu zeigen, da ahnten sie nicht, daß sie dem Fremdling ein Schlachtfeld zeigten, daß drei Jahre später diese lachenden Gelände ringsum die Stadt von einem Deutschen Heere besetzt sein und die Monumente, deren Umrisse sich vom Horizont abhoben, von Deutschen Bomben getroffen werden würden. Herr v. Moltke seinerseits betrachtete das vor ihm ausgebreitete Schaustück wohl weniger mit den Augen eines Liebhabers des Malerischen als mit denen des Strategen." Ohne dem großen Deutschen Feldherrn etwa das Verständnis für die malerische Wirkung einer Landschaft absprechen zu wollen, glauben wir auch, daß der Sieger von Königgrätz damals ähnliche Gedanken gehegt haben mag. Denn angesichts der politischen Lage war es kaum zu verkennen, daß es in absehbarer Zeit zu einer Auseinandersetzung zwischen Preußen und dem bonapartistisch-jesuitischen Frankreich kommen würde. Die Pariser waren vielleicht anderer Meinung und wiegten sich, durch den ihnen vorgeführten Weltausstellungsrummel irregeführt, in der Selbsttäuschung unangreifbarer und unüberwindlicher Macht. Sonst hätten sie sich wohl auch die in der Ausstellunghalle aufgestellte Krupp'sche Riesenkanone, deren Wirkung sie im Jahre 1871 so unangenehm verspürten, mit anderen Augen angesehen, als sie es taten.

Aber nicht nur in Frankreich, sondern in der ganzen übrigen gedankenlosen Welt machte diese prunkvoll aufgebaute Weltausstellung einen mächtigen Eindruck. Denn — so schrieb Johannes Scherr, als einer der wenigen Zeitgenossen, die sich nicht von Louis Napoleon blenden ließen, über diese Veranstaltung — „was kümmerte es die urteillose Menge, daß all dieser Schimmer nur phosphoreszierende Fäulnis war? — Sie wußte es nicht, wollte es auch nicht wissen. In ihren Augen war der kleine Bastard-Holländer noch immer, ja, sogar mehr als je, Napoleon der Größere, nämlich des großen Onkels größerer Neffe.[1]) Ein wahres Wunder von Mensch! schrie entzückt so ziemlich die ganze Juden- und Christenheit. Alles, bis zu den Spitzen seines gewichsten Schnurrbartes herab, alles phänomenal an ihm! Nun sitzt er sicher auf seinem unwankbar befestigten Thron, er, der Zaumhalter und Schiedsrichter des Erdteils, er, welcher die Revolution erwürgt, die Republik in Cayenne eingepfeffert und das ‚Geschäft' in riesigen Flor gebracht hat. Nun ihm ein Sohn heranwächst und der Bestand seiner Dynastie gesichert ist, mag er in der Fülle seines Glückes und seiner Gloire ausruhend sich behagen und zur wechselnden Ergötzung sich von der Tingeltangel-Therese etwas vorsingen, vom Pater Hyazinthe-Loy-

---

[1]) Johannes Scherr: „1870—71", vier Bücher Deutscher Geschichte, Leipzig 1880, Seite 104.

son etwas vorpredigen, vom Cagliostro-Home etwas vorgespenstern und von der üppigen Marguerite Bellanger etwas vorlieben lassen."

Aber an diesem, sich scheinbar so heiter und leuchtend über der Pariser Weltausstellung wölbenden Empire-Himmel begann es bereits recht störend zu wetterleuchten.

Die erste schreckvolle Unterbrechung der rauschenden Festfreude brachte das am 6. 6. 1867 verübte Revolverattentat des Polen Berizowski. Dieser Pole schoß auf den Zaren, als dieser mit Louis Napoleon in einem Wagen fahrend, mit dem Zug der Fürsten von der großen Truppenschau in Longchamps zurückkehrte. Eugenie umarmte den Zaren und sank — wie ergreifend — vor Rührung über die wunderbare Rettung schluchzend an seine Brust. „Sire," — rief der ein Bündnis mit Rußland anstrebende Louis Napoleon anzüglich — „wir haben zusammen im Feuer gestanden, nun sind wir Waffenbrüder!" — „Unsere Tage sind in der Hand der Vorsehung" — erwiderte ebenso anzüglich der Selbstherrscher aller Reußen. Eine zwar kühl ablehnende und bezeichnende, aber keineswegs überraschende Antwort, wenn man weiß, daß Louis Napoleon eine jesuitisch beeinflußte Politik betrieb, während der wahrscheinlich gut unterrichtete englische Premierminister und Jude D'Israeli damals sagte: „Die geheimnisvolle, russische Diplomatie, die die ganze Welt Europas beständig in Aufregung hält, ist von Juden organisiert und wird von diesen geleitet."

Am 1. Juli sollte, gewissermaßen als Krönung der Ausstellung, die Preisverteilung durch Napoleon und Eugenie in der Form eines prunkvollen Festaktes und unter Anwesenheit der vielen Fürstlichkeiten vorgenommen werden. Eugenie war gerade damit beschäftigt, sich für dieses Fest anzukleiden, als man ihr die Erschießung des Erzherzogs Maximilian meldete. Die Nachricht rief eine ungeheuere Bestürzung hervor. Aufs höchste erschrocken, begab sie sich zu ihrem Mann. Was sollte man jetzt tun? — Es war unmöglich, dieses Fest, das den Höhepunkt, ja die Krönung der Ausstellung bilden sollte, abzusagen. Auf der anderen Seite konnte man angesichts des traurigen Ereignisses nicht auf dieser Veranstaltung erscheinen. Die Nachricht mußte also zunächst unterdrückt werden, bis das Fest vorüber war. Eugenie muß schlimme Stunden durchlebt haben, als sie mit dem nicht zu bannenden Gedanken an den hingeopferten Erzherzog freundlich zu lächeln gezwungen war, während die goldenen und silbernen Denkmünzen an die preisgekrönten Aussteller verteilt wurden. Nach Beendigung des Festaktes eilte sie in die Tuilerien und brach dort im Bewußtsein ihrer schweren Schuld an dem Tode dieses Mannes ohnmächtig zusammen.

Am folgenden Tage ließ sich die Nachricht nicht mehr unterdrücken. Die sich wie ein Lauffeuer durch Paris verbreitende traurige Kunde wirkte bei dem so gegensätzlichen Festtaumel wie der Einschlag eines Blitzes. Die mexikanische Angelegenheit, die unter Musik und Tanz, im Rausch der Vergnügungen vergessen werden sollte, war plötzlich nicht nur wieder in eines jeden Bewußtsein, sondern in aller Munde und wurde durch diesen tragischen Ausgang der Gegenstand leidenschaftlicher Erörterungen. Der Jubel verstummte, die Festlichkeiten wurden abgesagt, die fremden Fürstlichkeiten und Gäste verließen betroffen und in sich gekehrt Paris. Wo eben noch laute, leichtsinnige Freude geherrscht hatte, trat eine nachdenkliche Stille ein, die nur durch zunehmende Äußerungen des Unmuts gegen Napoleon und seine Regierung unterbrochen wurde. „Man kann sich kaum vorstellen," — so schrieb Metternich am 4. 7. 1867 aus Paris an Beust — „welch tiefen Eindruck die Nachrichten aus Mexiko hier ausüben." Die Erschießung Maximilians wurde bald mit der, die öffentliche Meinung seiner Zeit so ungünstig beeinflussenden Erschießung des Herzogs von Enghien durch Napoleon I. verglichen. Man bezeichnete Louis Napoleon überall als den verantwortlichen Urheber dieses in Mexiko geschehenen Mordes an dem Erzherzog. „Er wird sich von diesem

Fluch nicht mehr erheben," — knurrte der kleine Thiers und fügte im Vorgefühl eines einzunehmenden Ministersessels erfreut hinzu — „diese Gewalttat erledigt ihn in der Mißachtung Frankreichs." Alle diejenigen, welche das mexikanische Unternehmen seit Beginn desselben abgelehnt hatten — und das waren in erster Linie die Freimaurer gewesen —, konnten das französische Volk jetzt leicht gegen Louis Napoleon und sein Regierungsystem aufbringen. Hatte doch der Abgeordnete Glais-Bizoin bereits am 20. 6. im „Corps législatif" gesagt, die mexikanische Angelegenheit habe den Franzosen gezeigt, welche unermeßlichen Gefahren ihnen das persönliche Regiment bereiten könne. Wäre Frankreich nicht erwacht und hätte man den Plan, den man an hoher Stelle „die größte Idee" genannt habe, weiter verfolgt, so stünden heute 80 000 Franzosen in Mexiko und Frankreich müßte Krieg mit den Vereinigten Staaten von Amerika führen.

Tausende von französischen Soldaten, mehrere hundert Millionen Franken Kosten, die Ersparnisse der durch die Regierungspropaganda zur Zeichnung der mexikanischen Anleihen veranlaßten Kleinbürger, alles war unwiderbringlich verloren und jetzt — der Erzherzog selbst erschossen und seine unglückliche Frau der geistigen Umnachtung verfallen! Das war ein vernichtender, selbst für die denkfaulen großen Massen verständlicher Gegensatz der Tatsachen zu der „größten Idee des Kaiserreiches", der ein Urteil über dieses Kaiserreich geradezu herausforderte. Das kaiserliche Frankreich — so sagte die öffentliche Meinung der meisten Länder — steht vor einer Niederlage, von der es sich niemals wieder erholen könne.

Politisch hatte das Ereignis zunächst die bedeutsame Folge, daß der im Juli erwartete Besuch des Kaisers Franz Joseph in Paris unterbleiben mußte. Dieser Umstand war jedoch für das von dem österreichischen Kanzler Beust und Louis Napoleon angestrebte Bündnis zwischen Frankreich und Österreich sehr nachteilig. Wenn auch Napoleon alles aufbot, um die guten Beziehungen zwischen dem österreichischen Kaiserhause aufrecht zu halten und wenn auch Franz Joseph kaum Bedenken gegen eine weitere und engere Zusammenarbeit mit Frankreich hegte, so konnte er doch nicht der öffentlichen Meinung derartig entgegen handeln, die Louis Napoleon mit Fug und Recht für das Schicksal des Erzherzogs Maximilian verantwortlich machte. Besonders die Kaiserin-Mutter, die Erzherzogin Sophie, erblickte in Napoleon den Mann, der ihren Sohn in den Tod gejagt hatte. Auch der angesagte Besuch Napoleons und Eugenies in Wien mußte daher unterbleiben und die Zusammenkunft mit dem österreichischen Kaiser fand am 18. 8. in Salzburg statt, wo man sich unter jesuitischer Beeinflussung gegen Preußen-Deutschland zu verbünden anschickte. Aber auch hier erschien — wie Banquos Geist in jenem Shakespeare'schen Drama — der blutige Schatten des erschossenen Erzherzogs störend an dem Beratungtisch, so daß die gehegten Erwartungen nicht eintrafen und die weitgespannten Absichten einer Einkreisung Deutschlands nicht durchgeführt werden konnten.

Noch einmal sollte jedoch der dritte Napoleon die Figur sein, mit welcher der Jesuit Preußen Schach bieten zu können glaubte, nachdem er im Jahre 1866 versucht hatte, das große politische Spiel mit Hilfe Österreichs zu gewinnen. Noch einmal wurde das unglückliche französische Volk von der bonapartistischen Propaganda betört und mit dem bezeichnenden Schlagwort „revanche pour Sadowa" (Rache für Sadowa, d. i. Königgrätz) berauscht, bis es sinnlos durch die Straßen tobte und „à Berlin" schrie. Mehr wie je war Louis Napoleon ein willenloses Werkzeug in der Hand der überstaatlichen Mächte. Denn die von den Jesuiten beeinflußte Eugenie trieb zum Krieg, wie sie im Jahre 1866 bereits zum Krieg getrieben hatte und jetzt schlossen sich die Freimaurer sogar an. Der Jesuit verfolgte das bisherige Ziel, Preußen niederzuschlagen, um dessen Vorherrschaft in Deutschland zu brechen, damit die seit der Gründung des Jesu-

itenordens betriebene Rekatholisierung des Nordens endlich durch
zuführen war. Die Freimaurer auf beiden Seiten wollten den
Krieg, um mit der Deutschen Macht den nunmehr isoliert dastehen
den Napoleon zu stürzen und in Frankreich wieder die Republik
zu errichten. In welcher Richtung die geheimen Ziele der franzö
sischen Freimaurerei lagen, erkennt man vielleicht am besten aus der
am 25. Juli 1870 — also kurz nach Ausbruch des Krieges — an
Napoleon gerichteten programmatischen „Ansprache" des Mar
quis de Rochefort, in dessen Zeitschrift „Marseillaise". „Sie haben"
— so heißt es dort — „seit zwanzig Jahren Frankreich um die Frei
heit betrogen. Sie haben sich seit zwanzig Jahren mit den Pfaffen
eng verbunden, um alles Licht in Frankreich auszulöschen und die
Masse zu verdummen. Eine verdummte Masse treibt man leicht zur
Schlachtbank, das wissen Sie. Sie haben sich nicht gescheut, als
Erbe der unsterblichen Grundsätze von 1789 aufzutreten, während
Sie gerade wie Ihr Oheim die Revolution stets schmählich ver
raten haben. Heute brechen Sie einen Streit vom Zaune, weil
40000 Ihrer Soldaten beim Plebiszit gegen Sie gestimmt haben,
und wollen der Welt einreden, die Ehre Frankreichs sei verletzt.
Erbärmliche Täuschung! Die Ehre Frankreichs war verletzt, als es
die Schmach des 2. Dezember über sich ergehen ließ, als es eine
Beute Ihrer golddurstigen Blutschergen wurde. Um diese Ehre
Frankreichs wieder herzustellen, muß nicht Preußen besiegt werden,
sondern die Familie der Corsen. Diesen Sieg werden wir erringen,
Sie haben uns dazu die Bahn geebnet!"

Diesen Sieg hat die Freimaurerei, an deren Seite das durch das
bonapartistische Regierungssystem unterdrückte französische Volk
trat, denn auch im Jahre 1870 errungen.

Trotz besserer Einsicht konnte der sogenannte „französische Kai
ser" sich nicht dem Willen der ihn in der Richtung ihrer Ziele schie
benden überstaatlichen Mächte entziehen und so erklärte er aus
einem nur zu sehr an den Haaren herbeigezogenen Grunde den

Krieg an Preußen, während der römische Papst ihm sekundierend, mit seiner gleichzeitig erfolgenden Kriegserklärung an die gesamte Kultur und den gesunden Menschenverstand, mit der Erklärung des Unfehlbarkeitsdogmas, dem französischen Kriege den Sinn, das Ziel und die Weihe gab.²) Aber „wie viele haben das verhängnisvolle Zeichen der Zeit verstanden," — fragte Johannes Scherr unmittelbar nach Beendigung dieses Krieges — „daß fast zur selbigen Stunde, wo die Kriegserklärung Frankreichs an Deutschland erging, in Rom der ‚unfehlbare' Papst proklamiert wurde? — Wie viele haben den Geist der Deutschen Bewegung, welche durch den ungeheueren Erfolg von 1870/71 nur zu einem zeitweiligen Abschluß gekommen ist, erfaßt und haben einsehen gelernt, daß der Sieg Frankreichs gleichbedeutend gewesen wäre mit dem vollständigen Triumph des übermütigen Janitscharentums, der finstersten Pfafferei und des schamlosesten Schwindelhabers? — Wie viele sind zum Bewußtsein gekommen, daß Deutschland in Wahrheit und Wirklichkeit für die Freiheit, für den Frieden und für den Kulturfortschritt Europas gekriegt und gesiegt hat? — Nicht gar viele, im Gegenteil nur sehr wenige. Die Welt will ja belogen und betrogen sein und die großen Kinder, die Völker, wollen nicht mit herben Wahrheiten belehrt, sondern mit buntbemalten und überzuckerten Ammenmärchen ergötzt sein."

Louis Napoleon wußte jedoch, wie es um ihn stand. Kurz vor seiner Abreise zur Armee flüsterte er seiner, in der Jugend einmal sehr geliebten „Cousine" Mathilde, der Tochter des alten Jérôme

---

²) Der Kirchenhistoriker Nippold schrieb: „Von wem die Beichtväter der Kaiserin den Befehl erhielten, gerade denjenigen Moment zum Losschlagen zu wählen, der es ermöglichte, während der Kriegsstürme das Unfehlbarkeitsdogma einzuschmuggeln, das mag in keiner diplomatischen Aktensammlung zu lesen sein." (Nippold a. a. O., Seite 313.) Es ist auch noch manches andere nicht in solchen Aktensammlungen zu lesen! Denn — so können wir hinzufügen — die Drahtzieher der überstaatlichen „hohen Politik" schreiben keine Dokumente, sondern „immer ist der Gang der Geschichte selbst das beste Dokument", wie der Feldherr Erich Ludendorff in dieser Beziehung festgestellt hat.

Bonaparte heimlich zu: „Bringen Sie Ihre Siebensachen in Sicherheit! Ich renne einem zerschmetternden Unglück entgegen." ³)

Dieses Unglück traf ihn persönlich am 2. 9. 1870 bei Sedan und bedeutete sein Ende.

So brach auch der französische Kaiserschwindel drei Jahre nach seinem Tochterunternehmen, dem mexikanischen Kaiserschwindel, zusammen. Louis Napoleon wurde von den Deutschen Heeren in Sedan eingeschlossen und kapitulierte, während die Freimaurer in Paris unter Führung der Hochgradbrüder und Juden Crémieux und Gambetta die Republik wieder errichteten, welcher er im Jahre 1852 mit Hilfe der Jesuiten ein Ende bereitet hatte.

Das große Spiel der „hohen" Politik wurde mit anderen Figuren fortgesetzt.........

---

³) Auf Grund ihrer eigenen Aussagen in Brüssel nach der „République française" vom 17. 5. 1878 bei Johannes Scherr „1870—71", Leipzig 1880, S.167.

BENUTZTE
WERKE, BÜCHER UND SCHRIFTEN

Egon Conte Corti: „Maximilian und Charlotte von Mexiko", 2 Bände, Wien 1924. Das neueste, grundlegende und umfassendste Werk mit einer ausführlichen Bibliographie und zahlreichen Dokumenten.

Egon Conte Corti: „Die Tragödie eines Kaisers", Leipzig 1933.

Schurig: „Die Eroberung von Mexiko durch Ferdinand Cortez", Leipzig 1932.

Friederici: Der Charakter der Entdeckung und Eroberung Amerikas durch die Europäer", 3 Bände, Stuttgart 1925.

A. Miller: „Im Zeichen des Kreuzes. Die Verwüstung Westindiens, d. h. die Massenausrottung der süd- und mittelamerikanischen Indianer nach der Denkschrift des Bartolomäus de Las Casas, Bischofs von Chiapa, von 1542", Leipzig 1936.

v. Richthofen: „Die äußeren und inneren politischen Zustände der Republik Mexiko", Berlin 1859.

W. v. Montlong: „Authentische Enthüllungen über die letzten Ereignisse in Mexiko", Stuttgart 1868.

Gräfin Kollonits: „Eine Reise nach Mexiko im Jahre 1864", Wien 1867.

Graf Kératry: „Kaiser Maximilians Erhebung und Fall, Originalkorrespondenzen und Dokumente" (L'empereur Maximilien, son élévation et sa chute), Leipzig 1867.

„La créance de Jecker etc.", Paris 1868.

Dr. S. Basch: „Erinnerungen aus Mexiko", 2 Bände, Leipzig 1868.

E. Lefèvre: „Documents officiels recueillis dans la secrétairerie privée de Maximilien. Histoire de l'intervention française au Mexique', deux tomes, Bruxelles et Londres 1869.

Felix, Prinz zu Salm-Salm: „Queretaro, Blätter aus meinem Tagebuch in Mexiko", Stuttgart 1868.

Fürstenwärther: "Kaiser Maximilian von Mexiko", Wien 1910.

Fr. v. Hellwald: "Maximilian, Kaiser von Mexiko", Wien 1869.

Karl Baron von Malortie: "Mexikanische Skizzen. Erinnerungen an Kaiser Max", Leipzig 1882.

Ferdinand Max von Österreich: "Aus meinem Leben", Leipzig 1867.

Heinrich Heine: "Französische Zustände zur Zeit des Bürgerkönigtums", Hamburg 1867 (Werke Band 8, 9, 10).

"Prozeß des Prinzen Ludwig Napoleon Bonaparte und seiner Mitangeklagten vor dem Pairshofe", übersetzt von Eugen Huhn, Karlsruhe 1841.

P. Mayer: "Histoire du deux décembre", Paris 1852.

Wachsmuth: "Geschichte Frankreichs im Revolutionszeitalter", 4 Bände, Hamburg 1840.

Johannes Scherr: "1848", 2 Bände, Leipzig 1875.

Paul Wentzke: "1848. Die unvollendete deutsche Revolution", München 1938.

Georg Herwegh: "Werke".

Franz Grillparzer: "Werke".

Klaus Besser: "Das tolle Jahr", München 1940.

Eugène Mirecourt: "Napoleon III.", Berlin 1860.

"Louis Napoleon Bonaparte, Die Sphinx auf dem französischen Kaiserthron", Hamburg 1859.

"Le dernier des Napoléon", Paris 1872.

"Der letzte Napoleon", autorisierte Deutsche Übersetzung, Wien 1872.

Joseph Turquan: "Die Bürgerin Tallien", Leipzig 1899.

    " "Die Königin Hortense", 2 Bände, Leipzig 1897.

    " "Die Kaiserin Josephine", Leipzig o. J.

E. A. Rheinhardt: "Josephine", Berlin 1932.

"Memoiren des Grafen Miot de Melito", Stuttgart 1868.

"Tagebuch des Grafen L. P. Röderer", Berlin 1908.

Masson: "Napoleon und die Frauen", Berlin o. J.

Max Lenz: "Napoleon I.", Leipzig 1908.

Augustus St. John: "Louis Napoleon, Kaiser der Franzosen", Leipzig 1858.

Clara Tschudi: "Eugenie, Kaiserin der Franzosen", autorisierte Übersetzung aus dem Norwegischen von Erich Holm, Leipzig o. J.

Felix Schlagintweit: „Napoleon III., Lulu und Eugenie", München 1935.

E. A. Rheinhardt: „Napoleon III. und Eugenie", Berlin 1930.

Adolf Ebeling: „Napoleon III. und sein Hof", 3 Bände, Köln und Leipzig 1894.

Octave Aubry: „Napoléon III.", Paris 1928.

v. Wertheimer: „Napoleon III.", Berlin 1928.

„Papiers secrets et correspondence du second empire", Paris 1873.

„Sigilla veri", U.-Bodung-Verlag 1929.

„Fünf neue Briefe an Napoleon III.", München 1864.

„Kaiser Napoleon III. u. seine Herrschaft", Pariser Betrachtungen, Dresden o. J.

Marpelt: „Der militärische Ideendiebstahl. Ein Bruchstück aus dem Wirken des größten Abenteurers der Weltgeschichte." Gotha o. J.

Griesinger: „Das politische Welttheater", Jahrgang 1860 und 61 bei Mäntler, Stuttgart.

L. Herbert: „Carlo Alberto und Louis Napoleon", Leipzig 1864.

Taxile Delord: „Histoire du second empire", six tomes, Paris 1868—75.

Johannes Scherr: „Letzte Gänge", Stuttgart 1887.

- „1870—71", 4 Bücher Deutscher Geschichte, Leipzig 1880.
- „Der Dezemberschrecken" (Menschliche Tragikomödie).
- „Sommertagebuch 1872", Zürich 1873.
- „Hammerschläge und Historien", Zürich 1878.
- „Farrago", Leipzig 1870.
- „Das Trauerspiel in Mexiko" (Menschliche Tragikomödie).

Otto v. Bismarck: „Die gesammelten Werke", 13 Bände, Berlin 1924.

„Aus Fürst Otto von Bismarck's Briefwechsel", 2 Bände, Stuttgart 1901.

Moritz Busch: „Tagebuchblätter", 3 Bände, Leipzig 1899.

„Gedanken und Erinnerungen" von Otto, Fürst v. Bismarck, Stuttgart 1898.

M. Ch. de Mazade: „La guerre de France', Paris 1875.

Joseph Kürschner: „Der große Krieg 1870/71 in Zeitberichten", Leipzig o. J.

Erich Ludendorff: „Die Vernichtung der Freimaurerei durch Enthüllung ihrer Geheimnisse", München 1938.

- „Kriegshetze und Völkermorden", München 1937.
- „Vom Feldherrn zum Weltrevolutionär und Wegbereiter Deutscher Volksschöpfung", München 1940.

„Worte des Feldherrn Erich Ludendorff über die überstaatlichen Mächte", München 1940.

E. u. M. Ludendorff: „Das Geheimnis der Jesuitenmacht und ihr Ende", München 1935.

„   „Die Judenmacht — ihr Wesen und Ende", München 1939.

Gregor Schwartz-Bostunitsch: „Die Freimaurerei", Weimar o. J.

F. Wichtl: „Weltfreimaurerei, Weltrevolution, Weltrepublik", München 1928.

Ludwig Lewis: „Geschichte der Freimaurerei in Österreich und Ungarn", Leipzig 1872.

Heinrich Doering: „Denkwürdigkeiten der geheimen Gesellschaften in Unteritalien, insbesondere der Carbonari", Weimar 1822.

Graf Hoensbroech: „Der Jesuitenorden", 2 Bände, Leipzig 1926.

Karl Schmitt: „Römischer Katholizismus und politische Form", München 1925.

Wolfgang Menzel: „Geschichte der neuesten Jesuitenumtriebe in Deutschland", Stuttgart 1873.

Kohlheim: „Enthüllungen der verdammungswürdigen Lehr- und Grundsätze der Jesuiten", Berlin 1861.

„Katechismus der Jesuitenmoral", Leipzig 1913.

Graf Hoensbroech: „Das Papsttum in seiner sozial-kulturellen Wirksamkeit", 2 Bände, Leipzig 1905.

Koch S. J.: „Jesuitenlexikon", Paderborn 1934.

Karl C. Ludwig Maurer: „Geplanter Ketzermord im Jahre 1866", Neudruck München 1937.

E. Kopperschmidt: „Jesuiten arbeiten", München 1940.

F. Genin: „Die Jesuiten und die Universität", übersetzt von Gottlieb Fink, Bellevue b. Konstanz 1844.

Erich Drumont: „Das verjudete Frankreich (La France juive)", Berlin 1890.

Brosch: „Geschichte des Kirchenstaates", Gotha 1882.

Nippold: „Geschichte des Katholizismus seit der Restaurierung des Papsttums", Elberfeld 1883.

Leopold v. Ranke: „Die römischen Päpste", Neudruck München 1938.

„   „Historisch-biographische Studien", Leipzig 1877.

Leo: „Geschichte von Italien", 5. Band, Hamburg 1832.

N. G. van Kampen: „Geschichte der Niederlande", 2. Band, Hamburg 1833.

Heinrich Wolf: „Weltgeschichte der Lüge", Leipzig 1925.

F. A. Six: „Freimaurerei und Christentum", Hamburg 1940.

R. Ch. Darwin: „Die Entwicklung des Priestertums und der Priesterreiche", Leipzig 1929.

Friedrich Kapp: „Geschichte der Sklaverei in den Vereinigten Staaten von Amerika", Hamburg 1861.

Krainz: „Juda entdeckt Amerika", Leipzig 1938.

Th. Brecht: „Kirche und Sklaverei", Barmen o. J.

J. Margraf: „Kirche und Sklaverei", Tübingen 1865.

Schumann: „Kriege der Milliardäre", München 1940.

Jentsch: „Drei Spaziergänge eines Laien ins klassische Altertum", Leipzig 1900.

Th. Griesinger: „Freiheit und Sklaverei unter dem Sternenbanner", Stuttgart 1862.

„Latomia", Freimaurerische Vierteljahresschrift (die entsprechenden Bände).

„Logenblatt", Hamburg 1869—1875.

Ghillany: „Europäische Chronik", 5 Bände, Leipzig 1865—1778.

„Die Gartenlaube", Jahrgang 1875, 1876, 1911.

Jacob: „Beiträge zur französischen Geschichte", Leipzig 1846.

Gregor Cardon: „Sind Jesuiten Freimaurer?", Kavelaer 1934.